청소년 진로 독서 인문학

청소년 진로 독서 인문학

초판 1쇄 발행 | 2019년 2월 22일
초판 4쇄 발행 | 2021년 10월 14일
지은이 | 강정숙·고은영·이가윤·전영경
펴낸 곳 | 도서출판 해오름
펴낸이 | 박형만
주소 | (07214) 서울시 영등포구 당산로 44길 3 삼성타운 608호
전화 | 02) 2679-6270~2
누리터 | www.heorum.com
등록 | 1996년 10월 2일 (제 16-1371호)
인쇄제본 | 동진인쇄
기획 및 편집 | 이가윤

ISBN 978-89-90463-18-0 13370
이 도서의 국립중앙도서관 출판예정도서목록(CIP)은 서지정보유통지원시스템 홈페이지(http://seoji.nl.go.kr)와
국가자료종합목록시스템(http://www.nl.go.kr/kolisnet)에서 이용하실 수 있습니다. (CIP제어번호 : CIP2019004819)

값 20,000원

꿈을 찾는 청소년들을 위한 아주 특별한 독서수업

청소년 진로 독서 인문학

강정숙 고은영 이가윤 전영경 지음

책을 펴내며

전국 모든 중학교에서 자유학년제가 시행된 이후, 교육 현장에서 다양한 방식의 진로 교육이 활발하게 이루어지고 있습니다. 하지만 정작 학생들에게는 별다른 호응을 얻지 못하는 게 현실입니다. 주로, 직업 현장 체험이나 특정 직업 종사자의 강연을 듣는 것으로 구성되는 진로 교육의 한계 때문입니다. 일회적이고 이벤트성이 강한 진로 프로그램은 학생들의 관심을 불러일으키기 어렵습니다. 4차 산업혁명이 사회문화적 지형을 빠르게 바꾸어가는 현실 속에서 살아갈 아이들에게 특정한 정보나 지식, 경험을 전하는 진로 교육은 그 의미를 잃었습니다. 이 책을 기획하는 과정에서 검토한 수많은 진로 관련 도서들도 아쉬운 점이 많기는 마찬가지였습니다. 기질과 성격 테스트, 특정 직업군을 원하는 학생들을 위한 도서 리스트 등 구체적인 직업에 초점을 맞춘 책들은 많이 있었습니다. 하지만 왜 진로에 대해 고민해야 하는지 스스로 생각해보게 하는 책은 찾기 어려웠습니다.

우리의 고민은 여기에서 시작되었습니다. 단순한 직업 안내서가 아니라, 삶의 지향점과 방향성을 고민하는 청소년들에게 정말 도움이 될 수 있는 책을 만들고 싶었습니다. 구체적인 진로와 직업에 대한 고민과 탐색도 중요합니다. 하지만 그 전에 자신의 정체성을 제대로 파악하고 자신이 살아가는 세계에 대한 올바른 인식 형성을 돕는 것이 필요하다고 판단했습니다. 직업에 대한 정보 습득도, 살아있는 체험도 중요하지만 자기정체성과 가치관이 확립되지 않은 채 내리는 판단과 결정은 무의미할 뿐 아니라 위험할 수도 있기 때문입니다. 진로에 관한 책이지만 동시에 독서를 통한 인문학적 소양을 강조하는 이 책은 이러한 문제의식 속에서 태어났습니다.

이 책은 직업과 진로에 대한 직접적인 정보나 조언을 주지 않습니다. 다양한 텍스트 독해와 치열한 토론을 통해 현대 사회를 살아갈 주체적인 개인으로서 갖춰야 할 기본적인 태도가 무엇인지 스스로 고민해보라고 독려합니다. 그리고 급변하는 사회 속에서 올곧게 자기 자신을 지켜나갈 수 있는 내적인 힘을 기르도록 안내합니다. 주변 환경이 어떻게 변화하든 자신의 소중한 삶을 스스로 결정하고 꾸려나갈 수 있는 강한 힘을 기르도록 하는 것이 진정한 진로 교육일 것이기 때문입니다.

독서 교육 현장에서 오랫동안 학생들을 지도해온 독서 논술 교사들의 공동 집필로 이루어진 것도 이 책의 특징입니다. 다양한 경력과 경험을 가진 집필진들은 오랜 논의를 거쳐 청소년들의 자아 정체성 형성과 가치관 확립에 도움이 되는 지도서를 완성했습니다. 자신의 성장 과정과 현재를 담담하게 돌아보는 1장부터 행복한 삶에 대해 고민해보는 2장, 공감과 공존의 가치를 논하는 3장, 주체적이고 비판적인 사고의 중요성을 일깨우는 4장, 능동적인 삶의 자세를 이야기하는 5장까지, 모든 지도안들을 마음 열기-펼치기-마무리 활동으로 체계적이고 일관되게 구성하였습니다. 독서퀴즈식, 나열식 발문을 지양하고 핵심 주제로 집중해가는 몇 개의 발문을 제시하여 학생들의 사고를 단계적으로 발전시키는데 중점을 두었습니다.

각 장 마지막에는 주제 해설을 실어 선생님들의 이해를 돕고, 더 읽어볼 만한 관련 도서를 제시하여 활용도를 극대화했습니다. 오랫동안 현장에서 학생들을 지도하면서 습득한 효과적인 수업 방법론을 세세하고 친절하게 설명한 지도안들은 청소년 진로 독서 수업을 준비하는 선생님들에게 큰 도움이 될 것입니다.

꿈을 찾는 청소년들을 위한 아주 특별한 독서수업

청소년 진로 독서 인문학

1 내 이야기를 풀어내다

2 행복을 논하다

3 다른 존재를 생각한다

4 스스로 생각하고 판단한다

5 길에서 배운다

1

내 이야기를 풀어내다

루이스 쌔커, 『구덩이』

내 운명은 내 선택

김봉래, 『흑룡전설 용지호』

내가 가장 멋질 때

박완서, 『그 많던 싱아는 누가 먹었을까』

내 유년의 풍경

송승훈·이일훈, 『제가 살고 싶은 집은』

나를 닮은 집

김선우, 『김선우의 사물들』

내 삶의 무늬

✳ 같이 읽고 얘기하기 좋은 성장소설들

루이스 쌔커, 『구덩이』

내 운명은 내 선택

대상_ 중학교 전학년
함께 읽은 책_ 『구덩이』 (루이스 쌔커 / 창비 / 2007)
학습목표_
1. 지금 나를 힘들게 하는 것들을 떠올리고, 소설 내용과 연결시킬 수 있다.
2. 성장하면서 만나는 어려움을 이겨낼 힘을 기를 수 있다.
집필_ 고은영

누구도 선택할 수 없는 것들이 있다. 어떤 나라, 어떤 집안, 어떤 부모에게서 태어날 것인지를 선택할 수 있는 사람은 없다. 우리 삶의 시작은 순전히 우연적이거나, 내가 어찌할 수 없는 조건에 속박될 수밖에 없다. 그래서 대부분의 사람들은 자신에게 주어진 배경과 환경에 대해 만족하지 못한다. 더 좋은 집안에서 더 나은 조건을 갖추고 태어나지 않았음을 아쉬워한다. 하지만 언제까지 원망만 하고 있을 수는 없다. 불완전하고 부족한 환경 속에서 조금씩 자신의 영역을 일구고 구축해가는 것이 인생의 의미이고 묘미일 것이다.

여기, 자기 집안에 전해 내려오는 저주 때문에 되는 일이 없다고 생각하는 소년이 있다. 자신이 하지도 않은 일 때문에 수용소에서 하루 종일 구덩이를 파야 할 처지에 놓인 소년은 역시 또 조상을 탓한다. 자신의 불운이 '아무짝에도-쓸모없고-지저분하고-냄새-풀풀-나는-돼지도둑-고조할아버지' 때문이라고 생각하며 하루하루 무기력하게 지내던 소년은 예기치 못한 사건에 휘말리며 일생일대의 모험을 하게 된다. 그리고 집안에 얽혀 내려오던 오래된 저주를 풀고 새로운 전기를 마련하는 주인공이 된다. 자신의 의지와 선택으로 수용소 생활을 하게 된 것은 아니지만 주어진 상황 속에서 최선을 다해 적응하고 문제를 해결하는 과정에서 조금씩 성장하고 변화하는 소년의 흥미진진한 모험담을 따라가 보자.

생각열기

1. 시 「너의 하늘을 보아」(박노해)를 읽고 감상을 나누어보자.

인생은 고해(苦海)라고 했던가. 누구에게나 삶은 만만한 것이 아니다. 살면서 맞닥뜨리는 크고 작은 어려움 앞에서 고통 받고 힘들어하는 것은 사춘기 아이들도 마찬가지다. 아니, 살아온 경험이 적은 아이들은 자신이 당면한 어려움을 더 크고 이겨내기 어려운 고비로 받아들이기 쉽다. 시인은 그런 아이들의 마음을 토닥토닥 다독여준다.

"네가 지금 길을 잃어가는 것은 / 네가 가야만 할 길이 있기 때문이야"

거친 바람에 쓰러지고 예상치 못한 문제 때문에 길을 잃고 헤매더라도 포기하지 말라고 기운을 북돋아준다. 너무 힘들어 한 발도 움직이지 못할 것처럼 기운을 잃을 때는 가만히 자신의 마음을 들여다보고 그 마음이 가닿는 곳을 꿈꾸라고 말한다. 함께 낭송하고 음미하며 서로의 기운을 북돋아주기에 좋은 시다.

펼치기

1. 책 읽은 소감을 나누어보자. 재미있었던 대목을 이야기해보자.

책 읽은 소감, 재미있게 읽은 대목을 가볍게 나누는 시간을 갖는다. 이야기 구조가 다소 복잡하고 과거와 현재의 이야기가 교차 서술되어 있어 줄거리 파악을 힘들어하는 아이들도 있다. 등장인물들의 특성과 관계, 복잡한 이야기 구조는 다음 발문에서 정리하게 되므로 자유롭게 소감을 말하며 줄거리 큰 흐름만 파악할 수 있으면 된다.

2. 주요 등장인물들의 특성과 관계, 주요 사건을 정리하여 표현해보자.

마인드 맵 방식이든 캐릭터를 구상하여 줄거리를 그림으로 표현하는 방식이든 자유롭게 선택하여 큰 흐름을 정리할 수 있도록 지도한다. 마담 제로니와 스탠리 집안의 인연, 스탠리 옐네츠 4세와 제로의 인연, 캐서린 바로우와 양파 장수 쌤의 비극적 관계, 케이트 바로우와 트라우트 워커, 그의 딸 빨강머리 캠프 소장의 악연, '키스하는 케이트 바로우'에게 강도당한 스탠리의 증조부 등 정교하고 복잡하게 얽혀있는 인연의 그물을 잘 파악하여 정리하는 것이 필요하다. 캐릭터를 파악하여 그림을 그려 넣거나 덧붙이는 등 창의적이고 즐거운 과정이 될 수 있도록 지도하면 좋겠다.

1) 이 책은 세 갈래의 이야기가 씨줄 날줄처럼 엮여 있다. 다음 이야기 흐름에 따라 한 부분씩 맡아 재미있게 이야기해 보자.

★ 돼지 도둑이 되어버린
1대 스탠리 엘리아 이야기
– 집시 여인
마담 제로니의 저주와
스탠리 집안의 불운

★ 케이티 바로우와 쌤,
그리고 2대 스탠리 이야기
– 케이티 바로우와 흑인 양파장수 쌤의
비극적 사랑, 그녀가 강도가 되기까지
– 워커 집안의 대를 이은 보물찾기
– 복수의 피해자가 되어버린 스탠리 2세 이야기

★ 신발 도둑 누명을 쓴 스탠리 4세 이야기 (현재, 주인공)
– 누명을 쓰고 초록 호수에 와서 구덩이를 파고,
뭔가를 발견하다.
(스탠리의 성격, 초록 호수에 오게 된 이유와 초기 생활)
– 억울한 누명을 쓰고 제로가 쫓겨나고,
제로와 함께 엄지손가락 산으로!
– 다시 초록 호수에 돌아와 위기 극복,
그 후의 이야기들

2) 줄거리 파악을 위한 퀴즈를 곰곰이 생각하며 풀어보자.

앞 발문과 이 퀴즈 발문에 답하면서, 학생들은 연관 없어 보이는 세 이야기가 아주 밀접하게 연결되어 있다는 것을 깨닫게 된다. 결국 이 이야기는 구덩이 파던 소년 스탠리가 마담 제로니의 후손인 제로를 업고 엄지손가락 산에 올라감으로써 몇 대에 걸친 집안의 저주를 푸는 이야기임을 알게 되는 것이다. 또한 그들이 고난을 겪으며 먹었던 양파와 복숭아 통조림, 대사 하나하나까지도 전체 스토리 속에 큰 역할을 할 수 있도록 처음부터 작가가 궁리해 세심하게 작품 속에 배치한 것임을 이해하게 된다. 이 줄거리 파악 활동으로 학생들은 책 읽는 재미, 그리고 책을 꼼꼼하게 읽는 것의 중요함을 자연스럽게 파악하게 된다.

① 제로는 누구의 후손인가? 증거(복선)를 책 속에서 다시 찾아보자!

② 소장은 누구의 후손인가? 증거(복선)를 책 속에서 찾아보자!

③ 소장은 대체 왜 아이들에게 구덩이를 파라고 하나? 뭘 찾고 있는가?

④ 아이들은 사막과 엄지손가락 산에서 무엇을 먹고 버텼나? 그 음식은 갑자기 어디서 난 것인가?

⑤ 클라이막스에서, 독을 가진 도마뱀들이 아이들을 물지 않은 이유는 무엇일까?

⑥ 스탠리의 아빠가 드디어 발냄새 없애는 법을 발명한 날은 언제인가? 이것은 무슨 의미가 있을까?

3. 이야기의 진행에 따른 스탠리의 성격과 태도 변화, 변화의 계기를 정리해보자.

<예시>

	캠프 오기 전, 캠프 초반	캠프 중반 이후	변화의 계기
외모	둔하고 느리게 움직임	살 빠지고 건강해짐	규칙적 육체노동
태도	소극적, 조상 탓 느긋하고 낙천적	문제 해결 위해 스스로 판단하고 행동	초록호수 캠프에서의 위기, 캠프 탈출 후 위기
상황	불운, 가난	행운, 부자	조상의 유산과 자신의 노력

주인공 스탠리의 내적 성장과 외적 변화 추이를 분석하고 그러한 변화와 성장의 의의를 평가해보도록 한다. 변화의 내용 뿐 아니라 변화 계기를 구체적으로 잘 찾는 것이 중요하다. 초록호수 캠프 생활의 어려움을 극복하는 과정, 제로를 구하는 과정, 증조부의 유산을 되찾는 과정에서 나타나는 스탠리의 태도 변화를 상세하게 찾아본다.

뚱뚱하고 자신감 없는 소년이었던 스탠리, 자신의 불운을 조상 탓으로 돌리던 소극적인 스탠리는 자신에게 닥친 위기를 극복하고 해결해가는 과정에서 몸과 마음 모두 서서히 변화한다. 초록호수 캠프 소년원에서 도망쳐 제로를 구하고 도마뱀의 공격을 피해 살아남는 일들 속엔 물론 우연과 운명적인 요소가 작동하지만, 스탠리 자신의 결단과 행동이 없었다면 그러한 행운도 없었을 것이다.

"앞에 놓인 불가능한 일 대신 당장 내딛는 한 걸음, 한 걸음만 생각했다."는 스탠리의 독백처럼 오래된 저주를 풀고 자신의 처지를 극복하게 만드는 작은 실천의 힘을 발견할 수 있으면 좋겠다.

4. 스탠리네 가족과 제로네 가족은 비슷하지만 다른 노래를 부른다. 두 집안의 노래를 비교해보자.

스탠리와 제로는 조상들의 인연으로 묶여 있다. 그래서인지 두 집안에 내려오는 노래도 비슷하다. 그러나 구체적인 노랫말은 확연히 다르다. 스탠리네 노래가 소극적인 탄식처럼 느껴지는 반면, 제로네 노래는 지치고 힘들어도 용기 내어 도약하라고 말한다. 두 집안의 노래 비교를 통해 삶을 대하는 태도 차이를 찾아내고 제로와 스탠리의 성격을 비교하여 설명할 수 있다.

부모의 보호 없이 가난하게 성장하고 운동화를 훔치다 초록호수 캠프 소년원에 수용되었지만 제로는 자신의 처지를 비관하거나 낙담하는 데 머물지 않는다. 오히려 스탠리의 구덩이를 대신 파주며 글자를 가르쳐 달라고 제안할 만큼 적극적으로 행동한다. 제로가 도망친 후, 늘 망설이고 주저하던 스탠리도 용기를 내어 탈출을 시도한다. 그리고 위기에 처한 제로를 도와 살 길을 찾아 나서 마침내 문제를 해결하게 된다. 두 노랫말이 절묘하게 엮여있는 것처럼 스탠리와 제로도 서로 영향을 주고받으며 변화하고 성장하는 것이다.

5. 구덩이의 의미는 무엇일까? 구덩이를 파는 것이 인격 수양에 정말 도움이 될까?

소년원의 규칙에 따라 모든 아이들은 하루에 하나씩 구덩이를 파야 한다. 구덩이 파기는 빨간 머리 소장의 꼼수다. 인격 수양은 명분일 뿐이고 '키스하는 케이트 바로우'가 숨긴 보물을 찾기 위해 아이들의 노동력을 착취하는 것이다. 그

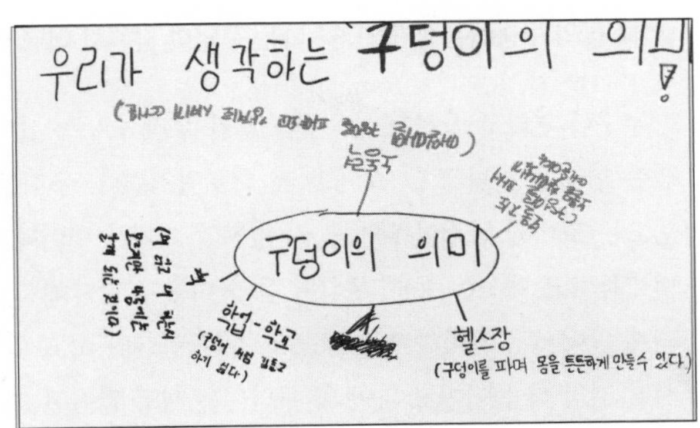

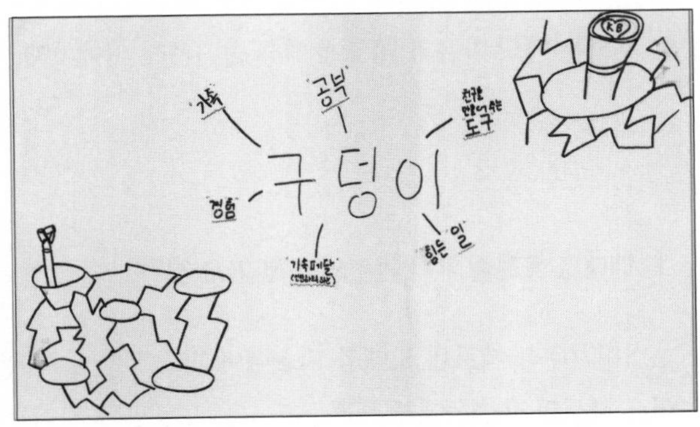

리고 그 보물은 스탠리의 증조할아버지가 '키스하는 케이트 바로우'에게 강탈당했던 것이기도 하다.

뚱뚱하고 굼뜬 스탠리에게 구덩이 파기는 너무 힘든 일이다. 하지만 시간이 지날수록 스탠리는 구덩이 파기에 점차 적응하게 된다. 땡볕 아래에서 매일매일 구덩이를 파다보니 살은 빠지고 근육은 점점 더 단단해진다. 구덩이를 파면서 얻게 된 강한 체력은 소년원 탈출 이후 제로를 구하고 자신도 살아남는 원동력이 된다. 그리고 자신이 팠던 구덩이 속에서 증조할아버지의 가방을 찾는데, 그 속에 들어 있었던 서류들은 스탠리와 제로의 삶에 보물 같은 도움이 된다.

이렇게 보면 구덩이는 단순히 보물을 찾기 위한 소장의 꼼수로만 여기기 어렵다. 구덩이 파기는 자신의 의사와 무관하게 억지로 주어진 과제지만, 그것을 해결하는 과정에서 자신의 약점을 극복하고 한계를 넘어서게 만드는 하나의 성장통이자 도약의 계기다. 자신에게 주어진 고통과 역경을 묵묵히 이겨내다 보면 자기도 모르는 새 강해질 수 있으며 예전엔 미처 알지 못했던 것들을 새롭게 발견할 수 있는 것이다.

6. 내 삶의 구덩이는 무엇인가? 나는 구덩이 앞에서 어떻게 행동하고 있나?

누구나 편하고 안전한 삶을 원하지만 우리 모두는 살아가는 과정에서 무수히 많은 함정을 만나고 그 속에 빠져 허우적거린다. 우리를 넘어뜨리고 좌절하게 만드는 고비와 함정이 달가울 리 없지만 거기서 벗어나기 위해 있는 힘을 다해 발버둥치고 애쓰는 동안 우리의 몸과 마음은 단단해지고 세진다. 해결해야 할 과제 앞에서 무기력하게 손을 놓고 신세 한탄만 하고 있다면 우리가 넘어야 할 산은 점점 더 높아지고 파야 할 구덩이는 점점 깊어질 뿐이다. 내가 원하지 않았지만 나에게 주어진 과제, 극복의 대상은 무엇인지 이야기해 본다. 그리고 그것을 대하는 나의 마음과 태도에 대해 솔직하게 이야기해 보자.

마무리

1. 대대로 물려줄 우리 가문의 노래 가사 짓기

스탠리네와 제로네 노래를 비교하여 바람직한 삶의 태도를 이야기한 것을 토대로 자신의 후손들에게 물려주고 싶은 노랫말을 지어보자. 기존에 있던 노래에 가사를 바꿔서 직접 불러보는 것도 좋다.

2. 글쓰기 – 이젠 벗어나자, 내 삶의 구덩이!

구덩이의 모양새와 크기는 각기 다르겠지만 누구에게나 해결해야 할 구덩이가 몇 개쯤 있다. 힘들다고, 하기 싫다고 손 놓고 있으면 처치 곤란한 구덩이는 점점 늘어날 뿐이다. 내 삶의 구덩이를 벗어나 새롭게 비상하기 위해 어떤 마음의 각오가 필요한지, 어떠한 실천적 변화를 이뤄내야 하는지에 대해 생각해보고 글로 표현해보자.

학생글

구덩이의 의미

_ 배주연 (중학교 1학년)

구덩이란 인생에서 안 좋은 점 같다. 내 인생에서 구덩이는 첫째로 태어난 것이다. 첫째로 태어난 것은 '선택된' 것이지 내가 '선택한' 것이 아니다. 내가 첫째여서 안 좋은 점은 엄마의 기대치가 너무 높아서 힘든 것이다. 기대치가 높아서 시험도 망치면 크게 혼나게 되고 꿈도 엄마가 원하는 것이 내 동생들에게 원하는 것보다 더 높다. 그래서 엄마의 기대치를 맞추려면 공부도 잘 해야 하고 동생도 잘 봐야 하고 양보도 해야 하고, 사고도 치면 안 되고, 동생과 싸우지도 않아야 한다. 동생이 어지른 것도 치우고 동생이 잘못한 것도 내가 혼나게 된다.

또 다른 구덩이는 우리나라에서 태어난 것이다. 우리나라에서 태어나면 한국어를 잘 하게 되고 미국에서 태어나면 영어를 잘 하게 된다. 지구에는 영어를 쓸 줄 아는 사람이 많아서 영어만 써도 된다. 하지만 우리나라는 한국어도 배우고 대학에 가기 위해서 영어도 배워야 한다. 또 우리나라는 문법을 중요시해서 또 어렵게 배워야 한다. 이 구덩이를 벗어나기 위해서는 영어를 아주 열심히 해서 영어와 한국어를 모두 잘 해야겠다.

구덩이를 읽고

_ 박정민 (중학교 1학년)

이 책은 서로 연관이 전혀 없어 보이던 세 개의 이야기가 점점 연결되면서 하나의 완성도 있는 작품이 된다. 첫 번째 이야기는 신발도둑이라는 누명을 쓰고 사막 한가운데 소년원에서 구덩이를 파게 된 스탠리 옐내츠의 이야기이다. 두 번째 이야기는 사랑하던 여인에게 배신감을 느껴 미국으로 떠나버린 스탠리의 고조부 엘리아 옐내츠의 이야기이다. 마지막으로 세 번째 이야기는 110년 전 소년원 자리에 있던 초록호수에서 일어난 양파장수와 캐서린 선생님의 슬픈 사랑이야기이다. 이 이야기들은 서로 복잡하게 얼키고 설켜 있다.

이렇게 재미있고 박진감 넘치는 책은 오랜만에 본 것 같다. 300쪽이 넘는 책을 읽는데 지루하기는커녕 점점 책에 빠져들었다. 그리고 이 책을 읽고 마담 제로니는 엘리아가 떠난 뒤 어떤 느낌이었을지 궁금해졌고, 마지막에 소장과 미스터 선생님, 펜댄스키 선생님은 어떻게 되었을지 궁금해졌다.

[인상적인 구절] 케이트가 죽는 장면에서 '케이트 바로우는 그렇게 죽었다, 웃으면서'라는 구절이 인상깊었다. 착하고 성실하던 캐서린이 마을 사람들과 사회 제도에 의해 180도 변해버린 것이 안타까우면서도, 앞으로 고생할 워커 부부가 우습기도 했기 때문이다.

구덩이와 운명

_ 한동현 (중학교 1학년)

이 책은 아수라 백작과 같은 책이다. 어느 방향에서 보느냐에 따라 다르게 보인다. 내 시점에서 바라볼 때는 이 책에서 자신의 불운한 운명을 선택으로써 이겨낸다.

우리는 많은 일들을 운명이라고 지칭한다. 하지만 단지 운명이라는 이유로 그 사실을 받아들이는 건 옳지 않다. 우리는 우리의 선택으로 그 운명을 이겨낼 능력을 가지고 있다. 그 능력을 사용하지 않는 것이야말로 인생을 포기하는 것이다.

김봉래, 『흑룡전설 용지호』

내가 가장 멋질 때

대상_ 중학교 1~2학년

함께읽은책_ 『흑룡전설 용지호』 (김봉래 / 문학동네 / 2014)

학습목표_

1. '자전거 타기'를 통한 주인공의 성장과정을 공감하고 이해할 수 있다.
2. 뭔가에 푹 빠지는 경험에 관해 이야기하고 서로 나눌 수 있다.

집필_ 강정숙

해마다 많은 청소년 성장소설이 출간되지만 취향과 성격이 다양한 학생들의 공감을 끌어낼 도서를 찾기는 의외로 어렵다. 일단 책을 추천하는 어른들은 '성장'이라는 개념을 소위 '개천에서 용 난 이야기', 즉 고난 극복의 스토리로 이해하는 경우가 많다. 어려움 속에서 힘을 키워내는 것은 세계 모든 영웅 신화의 공통 요소이기도 하고 우리 학생들 성장기 역시 그런 힘을 키워내야 하는 시기임은 맞다. 문제는 '어려움'의 내용이 많이 달라졌다는 것이다. 우리 역사의 특수성 속에서 '어려움'은 전쟁, 가난, 그 속에서 방치되어 자라는 유년기를 뜻하는 경우가 많았다. 하지만 2천 년대에 태어난 우리 학생들에게 '어려움'은 '개천'과 같은 뚜렷한 형태를 가지고 나타나지 않는 것들이다. 극복의 대상이 불확실한 가운데, 학생들은 '평균에서 떨어질까 봐' 두려워하며, 자신만의 세계를 찾지 못한 채 성장기를 보내기 쉽다. 누구나 내가 주인공인 세계에서는 영웅인데, 우리는 쉽게 그 세계를 찾지 못한다.

『흑룡전설 용지호』는 도시에 사는 평범한 중학생들을 주인공으로 삼고, 일상의 평범한 소재들을 특별한 것으로 인정해 준 반가운 소설이다. 영웅과 평범 사이, 모순된 간극을 오가며 소설은 전개된다. 그 모습이 우리 학생들과 비슷하기에 이 책은 중학생들, 특히 남학생들에게 가장 인기 있는 텍스트다. '자전거'로 대표되는, 무언가에 푹 빠지고 그것을 통해 타인과 동등하게 만나는 과정을 경험해본 적 있거나, 그런 경험을 갖고 싶은 심리를 소설이 잘 반영하고 있기 때문이다.

이 수업을 성공적으로 이끌기 위해서는 무언가에 '푹' 빠지는 경험, 그때의 기분을 이해하고 공감하는 것이 중요하다. 게임이나 아이돌 팬덤 같이 교사가 보기에 별 공감 가지 않고 걱정스럽기만 한 취미라 해도 일단 이 시간에는 다 인정해주는 태도가 너무나 중요하다. 용지호의 친구였던 꿍따리 아저씨나 하이바 아저씨처럼 긴 인생을 살아가는 '동료'로서 우리 청소년들을 바라본다면 그 동안 보이지 않았던 것들을 그 안에서 분명 발견할 수 있을 것이다.

생각열기

1. 『흑룡전설 용지호』는 재미있었나? 각자 소설 읽은 소감을 자유롭게 말해보자.

- 우리들과 거의 같은 주인공이어서 이해가 잘 되었다.
- 자전거, 축구 같은 내가 좋아하는 세계가 나와서 신나게 봤다.
- 욕이 너무 많이 나온다. 작가는 우리 중학생에 대해서 선입견을 갖고 있는 것 같다.

『흑룡전설 용지호』는 제4회 문학동네 청소년문학상 대상을 탄 작품이다. 그간 많은 책을 읽고 권했지만, '성장'이란 주제를 풀어내는데 적합하면서도 우리 중학생들이 공감할 수 있는 성장소설을 찾기는 어려웠다. 조금 특수하다고 생각되는 환경을 갖고 있는 '완득이'류, 어른들을 위한 성장소설인 박완서의 고전 '자전거도둑' 류, 또는 외국 소설들이 주로 추천도서 목록에 올라 있는 가운데, 바로 이 시간 이곳 대한민국 평범한 중학생의 모습을 제대로 그려주는 소설이 없었던 것이다. 『흑룡전설 용지호』는 그런 독자들을 편 들어 주는 반가운 소설이다. 기대했던 대로 학생들의 반응도 좋았다. 우리들의 이야기를 공감해주는 소설이라서 좋다는 것이 전체적인 평가였다. "손에 잡은 뒤 한 번도 놓지 않고 바로 읽었다. 두 시간만에 다 읽은 소설은 처음이다."라고 평한 아이도 있었다.

펼치기

1. 앞에서 말한 대로 주인공 용지호는 우리와 정말 비슷한 생활 속에 있는 평범한 대한민국 중학생이다. 하지만 평범해 보이는 지호는 그 속에 완전히 달라 보이는 모습이 들어있어 두 얼굴의 사나이처럼 보인다. 용지호와 드래곤, 두 가지 모습에 대해 말해보자.

★ 용지호

경기도 아파트 단지에 살고 있으면서 대치동 학원을 오가는 중학생. 엄마의 공부압박에 시달리고 있으며 여동생이 있다. 평범한 부모님 밑에서 살고 있다. 학교에서도 존재감이 없고 비슷한 성향의 친구 하나와 붙어 다닌다.

★ 드래곤

누구도 따를 수 없는 자전거 세계의 영웅. 위기에 빠진 사람을 보면 누구든 도와준다. 풀, 다람쥐, 바람과도 이야기를 나눌 수 있다는 하늘의 영감을 가진 존재, 다들 만나고 싶어 하는 신비한 존재.

소설 첫 부분은 양재천에 출몰하는 '드래곤'이라는 신비한 인물에 관한 신화로 시작된다. 판타지 소설을 좋아하는 아이들에게 친근하고 재미있게 다가간다. 멋진 자전거의 신 드래곤은 예수 같이 자비로운 눈길의 남자, 단 한 명의 추격도 허락하지 않는 자전거 천재, 또 자전거 안장에서 내려올 수 없는 천벌을 받은 인간 등 여러 가지 모습으로 그려진다. 그런데 바로 다음 장에서 그 신화의 주인공은 평범한 중학생임이 밝혀진다. 바로 이 대목이 아이들이 드래곤을 진짜 자기 편으로 느끼게 되는 부분이다. 아이들은 여기서 평범해 보이는 '나'와 친구들 한 사람 한 사람도 저마다 신화 속 주인공일 수 있다는 뿌듯함을 경험하게 된다.

2. 무지개 모임의 특징은 무엇일까? 무지개 모임은 지호에게 어떤 의미가 있었을까?

1) 어떻게 만났나?

– 양재천을 오가며 자전거를 타던 사람들이 용지호 이야기를 듣고 하나 둘 우연히 모이기 시작했다. 양재5교 다리 밑에서 만난다. 가족과 나누지 못한 솔직한 고민을 무지개 사람들에게 털어놓는데, 이것은 모임 사람 누구나 다 그렇다.

2) 각자 처지는 어떤가?

드래곤(용지호)
공부를 해야 하는 평범한 남자 중학생

로미
양재천 고급아파트에서 아빠와 둘이 산다. 부모님이 음악을 전공하라고 하지만 자신의 꿈과 달라 고민한다. 접이식 자전거를 갖고 있다. 드래곤이 살짝 좋아한다.

쿵따리 아저씨
사장님. 돈을 많이 벌었지만 아들을 잃고 이혼하고 뒤늦게 후회한다. 그래서 아들 또래의 드래곤을 만나면서 위로 받고 무지개 모임을 좋아하게 되었다.

하이바 아저씨
비정규직 노동자. 자전거 탈 때 노란 안전모(하이바)를 쓰고 다녀서 붙은 이름이다. 일터에서 노동쟁의를 해서 감옥에 간다. 아끼던 자전거를 드래곤에게 빌려준다.

스텔스 형
BMX선수. 고등학교를 중퇴하고 아르바이트 하면서 자전거 연습을 하느라 많은 부상을 당했다. 나중에 드래곤이 다니는 학교에 찾아가 자신이 갈고 닦은 자전거 묘기를 보여주며 드래곤에게 불의와 맞서 싸울 용기를 준다.

☞ 그림이나 표 등 다양한 도형을 이용해 관계를 표시하면 더 좋을 것이다. 무지개 모임 구성원 하나하나의 처지, 성격, 역할 등을 좀 더 자세히 이해해보아도 좋겠다.

3) 나이, 처지, 성별이 다 다른데 이렇게 마음을 털어놓는 것이 우리 현실에서 가능할까? 우리도 이런 모임을 가질 수 있을까?

– 가능하다. '자전거를 사랑하는 마음'이라는 공감대가 있어서 서로를 믿을 수 있었던 것처럼, 순수한 공감대가 있다면 나이 같은 선입견은 극복할 수 있을 것이다.
– 권위를 깨는 것은 어른들이 먼저 해야 한다. 쿵따리 아저씨가 썰렁 개그를 하면서 드래곤에게 접근했던 것처럼 말이다. 어른들이 먼저 마음을 열면 아이들은 얼마든지 친구가 될 수 있다.

3. 자전거 타기 전, 자전거를 타는 중, 그리고 소설의 결말에 이르면서 지호는 변한다. 하지만 확확 달라지는 지호의 모습 안에서 변하지 않는 모습도 찾을 수 있다. 소설이 진행되는 동안 지호에게서 변하는 모습과 변하지 않는 모습들을 정리해보자.

1) 지호의 변화를 다양한 측면에서 정리해보자.

구분	자전거 타기 전	자전거 타는 중	소설 마지막
지호의 모습	친구 오밤밖에 없다. 버스타고 다닌다. 학교에서 존재감 없는 아이 꿈도 자신감도 없다. 첼시 같은 멋진 아이를 부러워한다.	자전거 타기에 재능이 있다. 다른 라이더들의 자전거를 수리해주거나 친구들을 도와줄 능력이 생겼다. 다양한 친구들이 생겼다. 고민을 털어놓고 도움을 받는다. 건강해졌다. 좋아하는 여지친구가 생겼다.	첼시의 정체를 알게 된다. 싸움에서 이길 근육이 생겼다. 우정을 지켰다. 어른들의 고민을 이해하게 되었다. 외롭거나 기죽지 않는다.

2) 변하지 않은 모습도 있다. 무엇일까?

– 자전거를 좋아하고 계속 탄다

– 우정을 끝까지 지켜 오밤 곁에 있다

– 공부를 한다

– 잘난 척하지 않는다

– 절대로 욕을 안 한다

3) 지호는 변화무쌍하면서도 그 속에 뿌리처럼 단단하게 변치 않는 중심이 있다. 이러한 지호를 한 문장으로 표현해 보자.

– 나와 닮은 아이

- 태풍
- 개성이 있는 아이
- 겉과 속이 다 멋지다
- 화려함과 외로움이 다 있는 아이

이 활동은 수업에서 몸체에 해당하는 중요한 활동이다. 앞 표에 정리한 지호의 변화는 중학시절을 거치는 학생들 모두가 나름대로 겪는 변화이다. 고민중인 중학생이라면 누구나 지호처럼 신화의 주인공이 되어 우뚝 서고 싶은 소망을 갖고 있을 것이다. 이 활동은 관념적으로 하지 말고 지호에게 일어난 사건을 구체적으로 찾아내서 우리 학생들 생활 속 사건과 구체적인 공통점을 찾아낼 수 있도록 하는 것이 좋다. 그래야 다음 4,5번 나의 생활에 적용시키는 활동이 자연스럽게 된다. 문항 3)번 활동에서 교사는 '성장'과 '정체성'이라는 단어가 튀어 나오기를 바라지만 이 역시 관념적인 말이라 학생들이 표현하는 위와 같은 문장에 만족해야 한다. 우리 학생들이 1), 2)번 구체적 활동들을 3)번 말들로 개념화하고 정리할 수 있다면 자신에게 일어나는 복잡한 일들도 정리하고 풀어낼 힘을 가질 수 있을 것이다.

4. 앞에서 이야기 나누었듯이 지호에게 긍정적 변화를 가져온 강력한 요소는 자전거다. 자전거의 어떤 점이 지호에게 힘이 되어 주었을까?

- 새로운 세상에서 주인공이 된다 : 지호는 남들과 같은 시간에 같은 버스를 타고 같은 길로 같은 친구와 풍경을 보면서 매일 학교를 다녔다. 다른 애들이랑 똑같다. 그런데 자전거를 타고 가면 어쨌든 혼자 가게 되고, 그러면서 다른 것들을 보고 혼자만의 생각을 하게 된다. 이 점이 지호가 잃어버렸던 자기만의 세상을 찾게 해 주었을 것이다.
- 친구를 사귈 계기 : 자전거를 통해 사귀는 친구는 그냥 학교 친구와 다르다. 공감대를 갖고 있고, 자기가 좋아하는 것(자전거)을 사랑한다는 점에서 믿고 사귀게 된다. 그래서 마음도 털어놓게 되고 바깥에서 다른 모습도 별로 신경 쓰지 않게 된다.
- 자전거를 타기 위해 공부까지 하게 된다 : 지호는 공부를 잘 하게 되면서 기분이 좋아지고 성취감을 느낀다. 그래서 부모님에게 인정도 받는다. 자신감도 갖게 된다.
- 체력이 좋아진다 : 자신도 모르게 체력이 좋아져서 결국 첼시와 싸움에서 이기게 되고 공부를 잘할 힘도 갖추게 된다.

- 자전거 매니아로서 지식이 생긴다 : 남들도 도와 줄 정도로 자전거 전문가가 되었다. 이 정도면 나중에 자전거 선수로 나가거나 자전거 사업을 해도 될 것이다.
- 기분 좋은 시간이 많다 : 지호는 안 좋은 일이 있어도 자전거를 타거나 무지개 모임에서 이야기를 나누면서 기분전환을 한다. 어떤 때는 자전거 길에서 만나는 풀, 구름과 이야기를 할 때도 있다. 자전거가 없었다면 지호는 문제아가 되었을 수도 있었을 거다.

뭔가 좋아하는 것 하나에 빠졌을 때 느끼는 건강함, 생동감들을 찾아내기 바라며 이야기를 나누었다. 학생들은 지호를 부러워하지만, 이내 뭔가에 푹 빠졌던 자신의 경험을 자연스럽게 떠올리게 된다. 집이나 학교에서 공식적으로는 인정받지 못하고 '딴 짓'이라고 야단맞던 순간들이 지호가 자전거에 집중하던 것과 같은 느낌의 순간이었음을 알게 된다.

5. 지호의 자전거처럼, 나에게도 무엇인가 푹 빠져 행복감을 느끼게 하는 일들이 있을 것이다. 매니아가 되고 싶고, 내가 주인공처럼 느껴지는 순간 말이다. 지호의 '자전거'를 나에게 적용하면 나에겐 무엇인지 생각해보고 그것에 몰입할 때 느낌을 이야기해 보자.

- 게임하는 나, 점수 따고 적을 죽이는 나 : 게임이 잘 되면 기분 최고다. 용돈을 다 쓰고 몇 시간을 했냐고 엄마에게 야단을 맞아도 시간이 안 아깝다. 재미있고 더 잘하고만 싶다. 게임 캐릭터를 꾸미고 모양을 바꿔주는데 용돈을 다 써도 안 아깝다.
- 자전거 타는 순간의 나 : 나는 지호처럼 자전거를 탄다. 자전거를 타다 늦게 오기도 하고 다치기도 하지만 속상하다고 느낀 적이 없다. 자전거 동호회에서 자전거 시합도 하고 기술을 배우기도 하는데 다 착한 아이들이다.
- 클레이아트로 예쁜 인형을 창조하는 나 : 나는 친구들과 클레이아트를 매주 토요일 한다. 우리는 서로 만드는 모습을 촬영해 유튜브에 올린다. 케이크, 캐릭터, 여러 가지 만드는 법을 말해주면서 촬영해서 유튜브에 올리면 뿌듯하다. 그리고 점점 만든 것도 복잡해지고 멋지게 변한다. 나는 내가 예술가가 된 것 같다.
- 락 음악에 빠진 나 : 락, BGM 음악을 주로 듣는다. 스트레스가 치유된다. 내 전투력도 막 올라간다. 음악이 나만의 세상을 만들어준다.
- 피아노 치는 나 : 나는 피아노 치는 순간 세상의 주인공이 된다. 영화 '말할 수 없는 비밀'에서 남자 주인공처럼 나도 그런 멋진 모습의 나라고 스스로 착각한다. 주로 영화주

제곡이나 유행가 악보를 구해서 친다. 음악연주 중에 나는 유행가나 영화의 주인공이 되고 행복해진다.

남학생들이 가장 좋아하는 활동은 보통 게임과 축구다. 특별한 실력을 뽐내지 못하는 경우도 있지만, 즐겁게 하고 있다면 그것으로 족할 것이다. 수업에서 중요한 것은 그 활동이 어떤 것이든 인정해주는 것이다. 교사가 원하는 바람직한 성취는 아이들 입장에서는 매력적이지 않을 경우가 많고, 어른들이 예상치 못하는 다양한 문화가 아이들 속에 퍼져 있어 그런 것들이 지금 아이들 세대의 문화 특징을 이루기 때문이다. 자신이 즐거운 순간을 자유롭게 이야기할 수 있도록 열린 마음으로 해야 하는 활동이다.

마무리

1. 다음 두 가지 주제 중 하나를 골라 글을 써보자.

- 내가 멋진 순간
- 성장

학생글

내가 멋질 때

_ 이익원 (중학교 1학년)

내가 생활하면서 가장 멋지다고 느낀 순간은 게임을 할 때이다. 롤이라는 게임을 할 때인데 게임플레이 하던 중 팀원들은 다 지고 나만 혼자 이겨서 1대5로 적과 싸워서 팀원들을 이기게 해준 순간이 내가 생각하는 가장 멋진 순간이다. 이 게임을 할 때에는 시간도 아깝지 않고, 이 게임 안에 있는 스킨을 사기 위해 용돈을 사용하는 것도 아깝지 않게 느껴졌다. 아무리 긴 시간이라도 나에게는 짧은 시간처럼 느껴져 부모님들을 걱정하게 만들었다. 내 용돈으로 내가 사고 싶은 스킨을 사는 것은 나에게는 하나의 투자로 생각되었다. 하지만 부모님에게는 그냥 돈을 버리는 듯한 낭비였을 것이다.

나는 이 게임을 할 때 내 인생 게임에서 지는 최악의 상황도 나오지만, 내가 멋진 순간도 자주 나온다고 생각한다. 그때마다 나는 엄청난 쾌감과 흥미를 느낀다. 가끔 아주 잘 했을 때는 내가 우리나라에서 가장 잘 한다고 느낄 때도 있다. 내가 아주 잘 할 때 많은 칭찬과 흥미를 더 얻는다. 내가 이 게임의 주인공이 된 듯이 말이다. 나는 친구들한테 인정 받아 기분이 매우 좋아진다. 그래서 나는 게임을 더 잘 할 수 있을 거라는 믿음을 얻는다.

나를 성장시킨 것

_ 이윤기 (중학교 2학년)

나는 자전거라는 것을 처음 알았을 때 신기했다. 저렇게 크고 무거운데 어떻게 똑바로 나아갈까? 그리고 얼마 지나지 않아 나는 자전거를 타게 되었고, 자전거를 항상 즐겨 타게 되었다. 초등학교 때는 일주일에 한 번씩은 항상 아빠와 자전거를 타러 나갔고, 중학생이 된 지금은 걷는 시간이 거의 없을 정도로 먼 거리든 가까운 거리든 자전거를 타고 다닌다. 지금 생각해보니 자전거를 오랜 시간 타면서 참 많은 것들을 경험하고 많은 것들을 배운 것 같다.

초등학교 2학년 때, 아빠가 자전거를 새로 사줘서 그 길로 타러 나갔다. 자전거 안장에 처음 앉을 때, 처음 페달을 밟고 나아갈 때, 아빠가 뒤에서 잡지 않는다는 걸 알면서도 이상하게 멈출 수 없어 계속 달렸다. 그때의 짜릿함은 아직도 기억하고 있다. 그 이후로 자전거를 타다가 넘어져 팔이 부러지고 '자전거는 안전한 것이 아니다'라는 걸 몸으로 배웠고, 처음 한강에 나가서 그 풍경에 넋을 잃고 쳐다볼 때 '서울이라는 도시는 생각보다 훨씬 크구나' 라는 것을 느꼈다. 중학교에 들어가서 친구들과 무작정 모르는 곳에 모르는 길로 찾아갈 때 등등. 자전거는 지금까지 살면서 내게 단순한 취미를 넘어서 특별한 의미가 있는 것이다.

자전거를 타면서 나는 얻은 것이 정말 많다. 지난 주에는 남산에 자전거를 타고 올라갔다. 끝도 없이 펼쳐진 남산의 오르막길을 오르며, 다리를 움직일 수 없을 때까지 페달을 밟았다. 정말 폐가 터지겠다 싶을 정도로 페달을 밟고 나니 정상의 모서리부터 조금씩 보이기 시작했다. 그 순간 몸에 이미 한계가 왔지만 정신력으로 올라가다 보니 마침내 정상에 도달하게 되었다. 이때 나는 처음으로 '나의 한계'라는 걸 경험했고 극복하는 법을 배웠다. 밤에 한강을 달릴 때 나는 뼛속 깊이 해방감과 자유를 느꼈다. 그런 것들을 내가 직접 경험하고 나니 극복하는 법을 알게 되었고, 자전거를 탈 때뿐만 아니라 살아가면서 힘들다고 느낄 때 쉽게 일어설 수 있었던 것 같다.

하루는 자전거를 타다가 이런 생각이 든 적이 있다. '그저 바퀴 두 개와 프레임, 여러 가지 부품들로 이루어진 단순한 탈 것일 뿐인데, 나에게 이렇게나 많은 것을 알려주는구나.' 다른 사람들에게는 '자전거'라는 게 단순한 운동기구 혹은 이동수단 일지도 모르지만, 나는 저 단순한 탈 것에서 살아가는데 꼭 필요한 많은 것들을 배웠다. 그리고 아직도 배울 것이 많이 남았다고 생각한다. 나는 자전거가 나를 성장시킨 가장 중요한 것이라고 생각한다.

흑룡전설 용지호와 자전거

_ 전한영 (중학교 2학년)

김봉래 저자의 '흑룡전설 용지호'는 용지호라는 중학생한테 자전거가 생겨서 자전거 생활과 학교 생활 이야기가 연관되며 벌어지는 사건들 이야기다. 자전거를 타며 다른 사람들과 만나게 되고 용지호의 성격에 변화가 생기게 된다. 후반부에 스텔스 형과 쿵따리 아저씨가 지호의 학교에 와서 '부딪혀 보지 않으면 모르는 거야.'라는 말을 하고 용지호가 첼시에게 맞서 싸우는데, 나는 정말 이 사건이 지호에게 중요한 계기가 된 것인지 의문이 든다. 지호는 전에도 무지개다리 밑에서 고민에 대해 많은 조언을 얻었고 학교에서도 조언대로 맞서 싸웠기 때문이다. 스텔스 형과 쿵따리 아저씨의 등장이 없었어도 지호는 용기를 냈을 것이다.

엄마와 용지호와의 관계는 자전거와 성적을 연결시킨다는 문제가 있다. 성적이 떨어지면 자전거를 압수한다는 식의 문제이다. 엄마는 자전거를 싫어하지는 않지만 학원 가다가 사고가 나면 용지호가 다치고 공부를 못하게 되니 성적도 떨어지게 되기 때문에 반대하는 것 같다. 그러나 용지호가 그 동안 해왔던 것을 믿기 때문에 자전거 타는 것을 허락해준 것 같다. 엄마의 자전거 허락은 모든 일의 시작이 아닌가 싶다.

이 책에서 '성적'이라는 단어가 많이 나오는데 이 성적이라는 단어가 중반부에 많은 변수를 주고 있었기 때문에 재미있었다. 그리고 용지호의 방황이 용지호를 더욱 고비에 빠뜨리고 문제가 생기게 만들었다. 이것은 사춘기를 겪는 학생이면 누구나 있을 수 있는 일이므로 공감하게 되었다.

용지호는 자전거를 타게 되면서 생긴 문제들을 무지개다리 밑에서 조언을 얻고 문제를 해결하여 자신감을 얻었을 것이다. 만약 용지호가 자전거를 타지 않고 생활했으면 첼시와 오밤 사이에서 아무것도 하지 못했을 것이다. 또한 용지호는 자기 자신이 얼마나 강한 사람인지를 몰랐을 것이다.

수업을 마치며

모처럼 책 읽으라고 하면서 선물 주듯이 권할 수 있어서 좋았고, 수업 이후에 '자신이 뭔가에 푹 빠지는 순간들'을 학생들이 꺼내놓고 서로 인정해주는 모습을 보는 것이 기뻤다. 수업은 '지호에 대한 부러움 ⇒ 내 세계 발견하기'로 자연스럽게 연결되었다. 남학생들이 주로 자신의 세계를 당당하게 말하고 그 속에서 자신만의 기분을 표현했다. 여학생들은 자기중심적이라기보다 관계 지향적이어서 그런지 자신만의 세계가 없다고 말하는 경우도 많았다. 여학생들의 섬세한 성장특징을 담아낼 소설과 수업이 더 필요하다고 생각했다.

수업을 마치니 가을이었다. 나도 자전거를 새로 하나 샀다. 10년 전 타보고 다시 타려니 정말 10년 전 나로 돌아간 기분이었다. 마침 흑룡전설의 무지개모임이 있었던 자리가 우리 동네 양재천에 있었다. 자전거를 타고 달리니 가을바람이 몸 속으로 들어오고 양재천 가 억새들이 흔들리는 모습과 내 달리는 속도가 다 하나로 이어지는 느낌이었다. 작품 속에서 지호가 자전거 타기에 회의를 느껴 풀 속에 누웠을 때 풀들과 나뭇잎이 말을 건네주는 장면이 사실이라는 것을 알았다.

성적으로, 돈으로, 외모로 줄세우기 하는 세상 속에서 나는 늘 기준에 못 미치는 부족한 사람이다. 그것은 우리 학생들도 학교에서 사회에서 받는 익숙한 느낌일 것이다. 하지만 자전거를 타는 나는 역시 '내 이야기의 주인공'이었다. 우리는 '영웅인 나'와 '열등감 덩어리인 나'의 괴리감 속에서 살아가지만 세상의 기준은 다양하다는 것, 어떤 기준으로도 우열을 결론 낼 수 없으니 결국 '평가'라는 것은 무의미하다는 것을 깨닫게 된다.

학생들 대부분은 '무지개 모임'이 가능하다고 생각하고 그러길 희망했다. 어른들도 열린 마음일 수 있다면 기꺼이 대화할 수 있다고 사귐을 허락해주었다. 하지만 그런 어른이 된다는 것은 쉽지 않을 것이다. 학생들이 훨씬 더 열린 상태라는 것을 새삼 확인하는 수업이었다.

박완서, 『그 많던 싱아는 누가 먹었을까』

내 유년의 풍경

대상_ 중학교 전학년
함께읽은책_ 『그 많던 싱아는 누가 먹었을까』
(박완서 / 웅진지식하우스 외 다수 / 2005)
학습목표_
1. 주인공이 묘사하는 유년 시절의 추억담을 재미있게 읽고 감상을 이야기할 수 있다.
2. 나의 어린 시절 재미있는 추억담을 말하고 글로 쓸 수 있다.
집필_ 이가윤

『그 많던 싱아는 누가 먹었을까』는 힘겨웠던 시대, 작가의 내밀한 상처와 기억을 더듬어 써내려 간 자전소설이다. 많은 사람들이 이 소설을 읽으며 바로 내 이야기라고, 내 부모형제와 내 이웃의 이야기라고 여기며 말로 표현할 수 없는 그리움과 감동에 사로잡히게 되는 것은 왜일까. 그것은 사람들이 일제강점기 이후 해방과 분단, 전쟁과 독재 등 파란만장했던 시절을 저마다의 방식으로 열심히 살아왔기 때문일 것이다. 이 소설은 꼭 자신이 겪지 않았어도 어디선가 한번쯤 들어봤을 일들, 언젠가 한번쯤 지나친 장소들, 세월 속에 흐릿해져 버렸지만 결코 잊히지 않는 사람들에게 바치는 헌사이다. 작은 마을 박적골, 옛 서울역과 서울 거리, 현저동 달동네와 좁은 골목길 등 소설 속 장소 하나하나는 우리가 그간 보아왔던 평범하고 흔한 거리들과 다르지 않다. 다소 병적이리만큼 자식들의 교육에 집착하는 어머니상은 또 어떤가. 그의 모습 속에 비치는 헌신과 숭고함, 또 모순되게도 그와 대비되는 우악스럽고 이기적인 모습은 손에 잡힐 듯 생생하다.

중학교 1학년들에게 이 작품을 읽혀보니, 중반 이후 소설 내용이 복잡해지면서 끝까지 다 못 읽는 학생들이 많았다. 작품이 어려워서라기보다는, 너무 많은 사건들 속에 흐름을 놓쳐 흥미를 잃어버린 경우라 하겠다. 사람의 일생이 몇 개의 큰 단락으로 나누어지듯이, 이 소설도 주인공의 가족이 장소를 옮김에 따라 몇 줄기의 큰 덩어리로 나누어볼 수 있으니, 조금씩 천천히 읽어보면 좋겠다.

몇 년 전 슬로우리딩 학습이 한창 화제가 될 때, 텍스트로 가장 널리 선택되었던 작품이 바로 이 소설 『그 많던 싱아는 누가 먹었을까』이다. 이 활동이 EBS 다큐로도 방영되었는데, 책 속 문장을 소리 내어 읽고 말하기·모르는 단어 찾기·관련 그림 그리기·책 속에 나오는 요리 해먹기 등 다채로운 활동을 하면서 아이들이 천천히 책과 친해져가는 과정이 인상적이었다. 이 글에서는, '내 이야기 풀어내기'라는 주제에 맞추어 작품 초반부인 5장까지만 다루고, 작가의 어린 시절 이야기에 영감을 받아 '자기 자신의 이야기'를 말하고 쓸 수 있도록 수업안을 구성하였다.

생각열기

1. 어렸을 때 했던 놀이들을 생각나는 대로 다 얘기해보자. 옆 친구가 처음 들어보는 놀이가 있다면, 어떤 놀이인지 설명을 해보자.

- 어렸을 때 실컷 논 것 같은지, 많이 못 놀아서 아쉬운지 가볍게 개별 질문을 해봐도 좋겠다. 사방치기를 몇 판 하고 시작해도 좋다.

2. 다음 도표를 채우며 책 읽은 내용을 정리해보자. 1~2명씩 맡아서, 해당하는 장의 주요 내용을 이야기해 보자.

소제목과 주요 내용	소설 속에 드러난 시대 상황	작품 속 주인공 행보

<예시>

☞ 도표는 완벽한 문장으로 채울 필요는 없고, 예시처럼 키워드 중심으로 자유롭게 메모하도록 한다.

소제목과 주요 내용	소설 속에 드러난 시대 상황	작품 속 주인공 행보
1 야성의 시기	일제강점기. 그러나 시골에서 주인공은 어린 시절 일제 강점의 분위기를 잘 못 느낌 개성 근처 벽촌 박적골 – 같은 성씨, 친척들끼리 모여 산다. 모두 자작농, 빈부격차 거의 없음 아이들이 모여 하는 놀이들 변소 묘사 – 가장 재미있는 부분 중 하나	할아버지 양반 노릇 – 여성 차별, 흰 옷 주인공 – 세 살에 아버지 여의고 할아버지의 사랑 받고 큼, 할아버지 병환으로 마비 증세 엄마 – 서울로 오빠 뒷바라지 오빠 – 4년제 소학교+송도에서 2년 – 이어 서울 상업학교로 유학
2 아득한 서울	송도 풍경 서울역, 인파와 짐꾼 서울 현저동 모습, 분위기	오빠 – 서울 공립학교 합격, 전도유망 작은숙부 내외도 엄마에게 고무되어 서울로 엄마 – 주인공 땋은 머리 깎고 서울로 주인공 – 도시 체험, 문화적 충격, 현저동 꼭대기 문간방에서 다시 한번 문화적 충격
3 문밖에서	현저동과 사직동 물장수를 둘러싼 풍습	현저동에서 보낸 유년시절, 국민학교 입학 엄마 – 바느질 품으로 생계 유지
4 동무 없는 아이	초등학교에서 일본말 학습 무속 신앙 엿보기 – 설 이후 보름 안에 길흉화복 점치는 습관, 작두 타는 무당 본 경험 서대문 야시장 탐험 첫 소풍 – 총독부 뒷마당 시골의 설 – 농사꾼 축제, 돼지잡기, 강정	초등학교 생활에서 느끼는 외로움, 시골과 비교, 대조 / 그 많던 싱아는 누가 먹었을까 숙부 – 일본인 생선 도매상 배달꾼, 숙모 – 잡화 도매상 전표 떼는 일 귀향 – 다시 만난 고향, 설 풍경 엄마의 이야기로 외로움을 달래다
5 괴불 마당 집	엄마가 집을 사다 대동아전쟁을 둘러싼 분위기 창씨개명령	큰숙부 – 면서기 취직 오빠 총독부 취직, 그만두고 와타나베 철공소 취직 현저동은 못 변했으나 도시 생활에 적응 숙부 – 남대문 얼음 장사 할아버지 – 창씨 안 바꿈

펼치기

이 책을 읽어내는 여러 가지 관점과 독후활동이 있겠지만, 여기서는 최대한 아이들이 자기 이야기를 말로 표현할 수 있도록 하는데 초점을 둔다. 다음은 1~5장까지 기본적인 내용을 점검하면서 작품 속 인물들의 심리 이해를 끌어내기 위한 발문들이다. 이야기를 나누면서 '어, 나도 어릴 때 이런 적 있었는데' 하는 학생이 있다면 그 경험도 이끌어내 보자.

1. 야성의 시기

1) 엄마의 유난스런 교육열은 엄마의 결혼 전 경험, 결혼 후 아빠의 죽음과 관련이 있다. 무엇 때문에 엄마는 오빠와 주인공의 교육에 집착하고 있을까?

2) 작품 초반부 뒷간 이야기, 유년 시절 체험 이야기는 이 소설의 백미로 꼽히곤 한다. 책속 구절을 음미하고, 주요 부분을 골라 낭독한 후 느낌을 이야기해 보자.

[내 이야기 하기] 주인공은 불을 낼 뻔한 기억 때문에 성냥불 켜는 걸 두려워했다. 비슷한 경험이 있다면 이야기해 보고, 어렸을 때 다치거나 다칠 뻔 했던 사건에 관해 이야기해 보자.

2. 아득한 서울

1) 주인공 눈으로 바라본 도시(송도와 서울)는 어떤 모습이었나?

2) 엄마와 오빠가 사는 현저동은 어떤 동네인가? 묘사한 부분을 찾아보자.

[내 이야기 하기] 어렸을 때 내가 살았던 동네, 자주 다녔던 길이 기억나는가? 기억나는 만큼 이야기해 보고, 잊혀지지 않는 풍경이 있다면 말해보자.

3. 문 밖에서

1) 어린 주인공이 현저동에 와서 힘든 점은 무엇이었나?

2) 주인공의 눈에 비친 엄마의 집념과 이중성에 대해 말해보자. 엄마의 집요한 교육열을 드러내주는 다른 사례를 찾아보자. (서대문형무소, 초등학교 입학을 둘러싼 일들, 물장수를 대접해준 이유 등….)

[내 이야기 하기] 살아오면서 몸이나 마음이 힘들었던 시기가 있었다면 언제였나? 그 시기를 겪으며 좀 변한 것이 있다면? (이 질문에 대한 답은 억지로 끌어내지 않는다. 말하고 싶은 사람만 말하도록 한다.)

4. 동무 없는 아이

1) 주인공이 마음 붙일 데 없었던 이유는 무엇일까?

2) 주인공은 심심하고 외로운 나머지, 엄마 지갑에서 몰래 돈을 꺼내 눈깔사탕을 사 먹는다. 그러나 어떤 사건이 계기가 되어 그후로는 절대로 남의 물건을 물론 가족의 돈에 손 대지 않게 된다. 어떤 사건이었는지 이야기해 보자.

3) 작품의 제목인 '그 많던 싱아는 누가 다 먹었을까?'라는 문장이 4장에 나온다. 앞뒤 문맥을 생각하면서, 작품 제목의 의미에 관해 토의해 보자.

4) 방학이 끝나 그리운 고향에 돌아가는 주인공의 마음은 어땠을까? 책에서 찾아 이야기해 보자.

[내 이야기 하기] 인터넷도 핸드폰도 친구도 없는 하루가 주어진다면 어떨까? 혼자 재미있게 시간을 보내는 방법은 없을지 참신한 아이디어를 내 보자.

5. 괴불 마당 집

1) 엄마가 집을 사게 된 배경은?

2) 대동아전쟁을 둘러싼 주인공 주변의 분위기는?

3) 할아버지와 엄마가 창씨를 바꾸지 않은 이유는?

[내 이야기 하기] 5장에서부터는 주인공이 보는 시대적 상황에 관한 이야기가 더 비중 있게 그려진다. 오빠는 총독부에서 일하다 6개월 만에 직장을 옮겼고, 일본이 태평양전쟁을 시작했고, 조선인에겐 창씨개명이 강요된다. 내가 지금까지 살아오면서 전 국민이 함께 겪은 역사적 사건을 겪었다면 그것은 무엇일지, 그 사건은 내게 어떤 기억으로 남아 있는지 함께 이야기해 보자.

심 화

1. 지도 보며 '동네'에 관한 글쓰기

- 우리나라 전도와 서울 지도를 보고 소설 속에 나오는 지역을 체크해보자. 그곳에서 어떤 일이 있었는지 정리해보자.
- 우리나라 전도와 내가 사는 도시 지도를 보고 내가 살았던 곳, 부모님과 조부모님이 살아온 곳, 나와 인연이 있는 곳을 체크해보자. 그곳에서 어떤 일이 있었는지 대강 이야기해보자.
- 관련 글쓰기: 나와 오랜 인연을 맺은 동네에 관한 글을 써 보자.

학생글

자연과 함께한 어린 시절
_ 김승주 (중학교 1학년)

내가 태어난 곳은 부천이다. 부천에서 4학년 때까지 살았다. 우리집 근처에는 성주산과 소래산이 있는데, 볼거리가 많다. 산수유나무, 청설모, 다람쥐, 몇백 년 된 소나무, 단풍나무 등등 여러 식물들과 동물이 살고 있다. 내 생각으로는 소래산보다 성주산에 볼거리가 더 많은 것 같다. 소래산과 성주산은 정상까지의 높이가 비슷하지만, 경사는 소래산이 더 가파르기 때문에 더 힘들다. 성주산과 소래산을 넘어 내려가면 인천대공원이 나온다. 그 근처에 묵밥집이 있어서 항상 그쪽 방향으로 내려가서 묵밥을 먹었다. 조금 부족한 날에는 감자전이나 김치전을 먹었다. 올 때는 버스를 타고 왔다.

계절별로도 놀았다. 봄에는 진달래꽃을 따서 화전을 먹었다. 여름에는 성주산에 있는 계곡에 가서 돌로 댐을 쌓고 가재를 잡았다. 그리고 옆 개울에 사는 도롱뇽과 개구리를 잡거나 보기도 했다.

가을엔 낙엽을 가지고 놀았다. 낙엽을 던지거나 낙엽 위로 뛰어다녔다. 겨울에는 눈으로 놀았다. 눈을 먹거나 눈사람을 만들고 눈싸움을 했다.

나의 어린 시절은 자연과 함께한 것 같다. 성주산과 소래산, 그리고 봄, 여름, 가을, 겨울…. 장소와 시간에 따라 변하는 자연에 적응해 함께 놀고 함께 변한 것 같다. 기회가 되면 다시 가 보고 싶다.

나의 동네, 능곡

_ 김민 (중학교 3학년)

4살 이후로 쭉 살아온 능곡. 요즘 나는 더 이상 능곡에 있고 싶지 않아 고등학교를 다른 곳으로 가길 바라고 있다. 능곡초, 능곡중을 같이 나온 친구들과 함께 흔히 이런 이야기를 하곤 한다. 능곡초-능곡중-증곡고, 쓰리능곡을 하기 싫어서 절대로 능곡고만은 가지 않겠다고. 하지만 우린 이렇게 발버둥 쳐도 어차피 능곡인생이라며 한탄을 하곤 한다.

하지만 이런 능곡도 오랫동안 지내오니 미운정이 들었나보다. 여러 추억이 깃들어 있어서 그런가, 막상 고등학교 때문에 떠날지 모른다는 엄마 말에 섭섭해지기도 한다. 지금이야 공부하느라 학교, 집, 학원, 집을 반복해 별 추억이 없지만 어렸을 때, 초등학교 때만 해도 맨날 놀이터에 하루종일 나가 처음 보는 아이들과도 함께 스스럼없이 뛰어놀곤 했다. 경도, 이어달리기 등 여럿이서 함께 놀이를 즐기고 또 친구들과 이상하고도 재미있는 놀이를 만들어 놀기도 했다. 가끔은 자전거나 인라인도 타고 지금과 다르게 먹는 양보다 움직이는 양이 훨씬 많았다. 따로 놀자고 연락하지 않아도 그냥 나가면 아는 친구들이 천지였고 작은 놀이터 한곳에서도 할 놀이는 천지였다. 어둑어둑해져서야 퇴근하는 아빠와 함께 집으로 올라가곤 했다.

나는 어린 시절에 아주 엄마 껌딱지였다고 한다. 한시라도 엄마와 떨어져 있으면 안 되고, 잠깐 떨어지면 엄청 울곤 했다고 한다. 아빠가 아니라 꼭 엄마여야만 했다. 게다가 난 목청도 아주 좋아서 예전 아파트 경비아저씨가 가수 시켜도 되겠다 하신 적도 있고, 내가 하도 울어 옆집 아줌마가, 엄마아빠가 애 잡는 줄 알고 문을 열어보라고 한 적도 있다고 한다. 이렇게 우여곡절 많았지만 오히려 지금은 엄마와 나 서로가 하도 많이 싸우니깐 조금 떨어져 지내고 싶을 때도 있다. 어렸을 때는 너무 붙어 있어서 엄마를 괴롭히더니 지금은 잠시라도 떨어지고 싶어 안달이랄까.

어렸을 땐 매일 나가서 놀아도 질리는 법이 없었다. 가끔씩 진하게 똥냄새가 날 때도 있었다. 냄새가 지독하고 싫었고 지금 생각하면 주변에 논이 있는 시골인 듯 시골이어서, 이런 곳에 사는 걸 한탄한 적도 있지만 꽉 막힌 서울보다 우리 능곡이 더 편하고 좋다.

우리집에서 아마 가장 가까운 대학교는 연세대일 거다. 이렇게 좋은 학교가 이렇게 가깝다니…. 능곡은 참 좋은 동네다. 서울보다 집값이 훨씬 싸지만 이쁜 것들을 많이 파는 홍대와도 가까워, 일산과도 가까워 정말 좋은 위치다. 곧 있으면 능곡을 떠나게 될 수도 있으니 앞으로 여기서 살 시간동안은 능곡만의 한적한 분위기를 누리고 더 이상 미워하지 않을 거다.

마무리

1. 펼치기 활동 중 [내 이야기 하기]에서 내가 말하고 싶었던 이야기를 친구들과 선생님에게 충분히 했는가? 나도 내 인생의 주인공이다. 채 못다 한 이야기가 있다면 소설의 한 장면처럼 글로 써 보자.

예시)
- 나는 어린 시절 어떤 아이였다
- 평소 어땠기에?
- 한번은 이런 일이 있었다
- 마무리 (지금과 연결)

예시)
- 지금 내 몸에는 작은 흉터가 있다. (간략히 묘사)
- 상처가 생기게 된 경위
- 기억나는 에피소드
- 지금으로 돌아와 마무리

2. 책을 재미있게 읽었다면, 6장부터 끝까지 다 읽어보자. 읽은 느낌을 글로 써서 발표해보자. 이후 작가의 다음 이야기를 그린 『그 산이 정말 거기 있었을까』도 함께 읽어보자.

**보충자료 - 6장부터 끝까지의 내용 (키워드 중심 정리)

소제목과 주요 내용	소설 속에 드러난 시대 상황	작품 속 주인공 행보
6 할아버지와 할머니	장례 행렬, 상여와 만장, 5일장	할아버지 돌아가심 오빠와 창씨개명 초5, 처음 생긴 친구, 가슴 뛰는 독서경험 마지막 수학여행의 우울한 추억
7 오빠와 엄마	일본 패색 짙어짐, 징병제, 징용 여학교 - 운모 박리, 방공 연습 이승만, 김일성 이름 처음 들음 1944년 - 궁핍이 극에 달함. 박적골도 예외 아님, 정신대 때문에 조혼 유행	숙명고녀 지원, 합격 (중학교) 일제 말기, 학교 시작하자마자 군수품 산업 동원 배급이 끊기고 먹을 것이 없어 시골에서 쌀 갖다 먹음
8 고향의 봄	경성에 소개령(주민 시골로 분산) 숙부와 낚시 이야기 오빠의 개성식 결혼식 할아버지 고서로 그릇만들기	시골 큰숙부가 면 노무부장이 됨 - 징용, 보국대로 뽑아들이는 일 오빠 - 철공소 그만둠, 결혼할 여자 소개 개성으로 이사 - 호수돈고녀, 아파서 요양차 박적골에서 봄을 맞음 (15세) 작은숙부도 개성으로, 숙부에 얽힌 추억 1945년 초여름, 오빠 결혼

9 패대기쳐진 문패	해방 개성에 미군 주둔 갑자기 소련군 주둔 삼팔선 통행 자유로움, 만주에서 철길따라 내려오는 동포들. 남으로 가는 기차 끊김 삼팔선 근처 개성 분위기 복학, 일본말 가르치던 국어선생님이 그대로	박적골 - 친일파 집으로 분풀이 (숙부가 면서기 - 노무부장이었기 때문) 올케의 각혈, 오빠가 올케와 서울로 감 작은숙부 - 서울에서 장사 우리말로 된 소설 읽음, 지적 자극 개성에서 서울로, 드디어 신문로에 기와집 무리해서 살게 됨 올케의 죽음
10 암중모색	개성 - 삼팔선 이남으로 확정 학교에 자치회 생김 해방 후 혼란 정국	큰숙부가 소실을 들이고 불화의 기운 어떤 의식을 갖고 주변 일을 바라본 시초 오빠가 시국 참여 움직임, 대학 야간부 입학 돈암동으로 집 줄여 이사
11 그 전날 밤의 평화	남한 단독선거, 대한민국 수립 후 1년 좌익 근절이 신생독립국가의 기본 방침 공산주의자는 월북 또는 체포	오빠 재혼, 아들 태어남 중학교 5학년이 됨(고2) 문/이/가사과 친구들과 재미있는 추억, 소소한 일탈 오빠 고양중학교 국어선생, 보도연맹 1950년, 20세가 됨. 5월 졸업. 서울대 문리대 국문과 합격, 서울대가 혜화동에 있던 시절
12 찬란한 예감	6.25. 포탄 소리, 폭발 소리 인민군이 서울 점령 식량난 민청이 대학 접수, 북한 수령의 교시 읽고 예찬, 열광해야 했음 며칠만에 국군이 서울 수복, 애국+반공, 즉결 처분 성행, 도강파라는 특권계급 생겨남 1.4 후퇴 전 집단처형 9.28 수복, 적색분자 구별용 시민증 제도, 애국단체 난립	남침 소식 들었지만 처음엔 그런가보다 함 포탄이 서울 하늘을 가름 인민군 점령 후 오빠가 풀려난 사상범들을 데리고 들어옴 숙모 - 인민군 밥데기 됨 오빠 의용군으로 붙들려감 나 - 공산주의에 대한 감동과 매혹, 공감했으나 강제교육에 학교 그만둠 올케 아들 낳음 수복 후 가택수색, 빨갱이 취급 숙부네 몰락, 고발당해 사형 천신만고 끝에 등록증, 시민증 발급받음 1951.1.4. 후퇴 전, 피난준비 중 오빠 돌아옴, 오빠 총기사고, 피난 못가고 현저동으로 - 증언과 글쓰기의 필연성 느낌

수업을 마치며

누구나 자기 인생의 주인공이다. 다른 누구도 겪지 않은 단 하나뿐인 자기 이야기를, 두서없지만 신나게 해 보았다.

회고담 형태를 띠고 있는 다른 성장소설로도 비슷한 수업이 가능하다. 책 내용에서 영감을 받아 자기 얘기를 펼쳐나가는 수업이기에 어떤 소설을 선택하느냐에 따라 이야기의 방향과 무늬도 달라질 것이다. 다양한 성장소설을 읽고 학생들이 자신의 이야기를 펼칠 수 있는 기회를 마련할 수 있도록 하면 좋겠다.

송승훈·이일훈, 『제가 살고 싶은 집은』

나를 닮은 집

대상_ 중학교 3학년~고등학생
함께읽은책_ 『제가 살고 싶은 집은…』 (송승훈, 이일훈 / 서해문집 / 2012)
참고도서_ 『우리는 다른 집에 산다』 (소행주, 박종숙 / 현암사)
함께본영상_ SBS 스페셜 304화 〈내 생애 처음 지은 집〉
SBS 〈기자가 만나는 세상, 현장 21〉 96회, 〈新 이웃사촌 '코하우징'〉
학습목표_

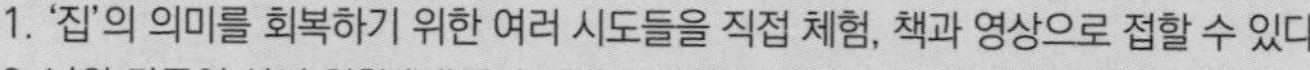
1. '집'의 의미를 회복하기 위한 여러 시도들을 직접 체험, 책과 영상으로 접할 수 있다.

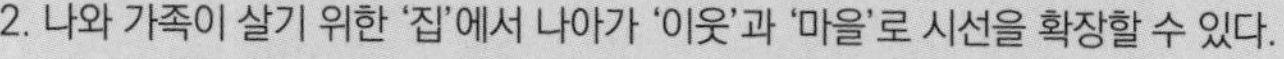
2. 나와 가족이 살기 위한 '집'에서 나아가 '이웃'과 '마을'로 시선을 확장할 수 있다.

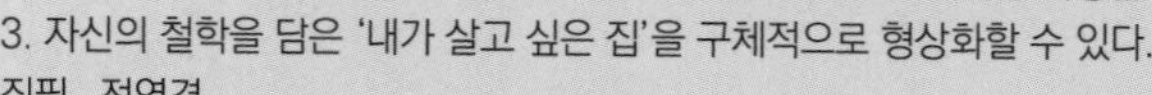
3. 자신의 철학을 담은 '내가 살고 싶은 집'을 구체적으로 형상화할 수 있다.

집필_ 전영경

건축가 르 코르뷔지에(Le Corbusier)는 '집은 사람이 살기 위한 기계'라고 말한 바 있다. 집은 권위와 지배를 위한 것이 아니라 사람이 살기 위한 효율적인 공간임을 이야기하는 것이다. 도시 거주자들의 생활환경을 개선하기 위해 치열하게 고민한 그가 실제 부모님을 위해 지은 집은 약 20평, 자신을 위해 지은 별장은 4평에 불과했다. 그곳은 그에게 휴식과 창작을 제공하기에 충분했다. 그러나 우리들의 '집'은 어떠한가.

함민복 시인은 시 「옥탑방」에서 '결국 도시에서의 삶이란 벼랑을 쌓아올리는 일 / 24평 벼랑의 집에 살기 위해 / 42층 벼랑의 직장으로 출근하'는 일이 아닌가 묻는다. 현대 대한민국에서 살아가는 소시민의 삶과 집이 단면적으로 읽히는 시다. 굳이 자본주의 사회니, 경쟁, 산업화, 인간 소외 등을 거론하지 않아도 될 만큼 당연한 상황이 되었다. 좋은 집과 좋은 차를 위한 좋은 직장이 삶의 목적이 되어버린 사람들에게 '좋은'은 대개 '좀 더 값나가는, 비싼'이라는 속된 의미로 받아들여진다.

근대화의 바람을 타고 집은 개인의 재력이나 권력을 과시하거나 돈을 벌기 위한 수단이 되었다. 할머니 때부터 대대로 아파트 단지에서 삶의 터전을 이루고 있는 아이들에게 아파트는 당연한 삶의

★ 건축가 르 코르뷔지에(1887~1965) : 근대 건축의 거장 중 한 사람이다. '사람'을 테마로 1927년 근대건축의 5원칙(필로티, 옥상 정원, 자유로운 평면, 자유로운 파사드, 연속적인 수평창)을 발표한다. 저서 『건축을 향하여』, 『도시론』 등을 저술하였다.

거주형태이다. 단지와 평수는 부모의 재력과 신분을 드러내는 옷과 같은 것이다. 이렇게 집에는 시대적 담론이 담기기도 하고 집에 깃들어 사는 개인의 욕망과 역사가 담기기도 한다.

이 수업은 아파트에 살면서 서민의 개인주택은 가난하고 불편한 것으로만 여기는 아이들에게 '집'에 대해 다시 생각해 볼 것을 제안한다. '내가 꿈꾸는 집, 혹은 내가 살고 싶은 집'을 설계하기 위해 나는 어떻게 살고 싶은가를 먼저 생각해 보아야 한다. 어떤 집에 살 것인가를 고민하는 과정에서, 나는 누구이며 어떤 삶을 살고 싶은지 즐겁게 그려보는 시간이 되기를 바란다.

1. 성미산 공동체 마을 탐방

생각열기

☞ 수업을 하기 전에 먼저 현장 탐방을 다녀왔다. 여건상 어려우면 생략해도 괜찮지만, 많은 것을 함께 볼수록 생각도 풍부해지고 깊어진다. 함께 가볼 곳을 정해서 학생들과 함께 탐방을 진행하는 것도 좋겠다.

먼저 아이들과 서울 망원역 근처에 있는 성미산 공동체 마을을 탐방했다. 성미산 공동체 마을은 뜻있는 사람들이 모여 공동주택을 짓고 살며 공동육아, 성미산 생태지킴이, 마을축제 등 공동의 활동과 문화를 공유해오고 있는 곳이다. 마침 축제 기간과 일정이 맞아 아이들은 축제 마지막 날 성미산 마을을 방문하기로 하고, '이 사람들은 어떻게 살고 있는가. 왜 그렇게 살고 있는가'를 중점으로 살펴보기로 했다.

5월은 동네마다 마을 축제가 열리는 곳이 많다. 일반 주택단지와 다르지 않다며, 이런 축제는 자기네 동네에서도 열린다고, 뜨거운 빛에 걷다 지치겠다고 투덜대던 아이들이 하나 둘, 축제 인파 속에 섞여들어갔다. 직접 체험에 참가하고 그늘에 앉아 사람들을 지켜보기도 하며 사람들에 주목하기 시작했다. 아이들은 동네 마을 축제와 비교하면 성미산 마을 축제는 무엇보다 마을 사람들이 축제에 참가하는 표정이 밝고 정말 흥겨워하는 것이 눈에 보인다고 이야기했다. 축제 곳곳에서 마을 사람들은 삼삼오오 짝을 지어 놀이를 만들어 아이들과 함께 즐기는데, 대화와 웃음이 끊이지 않았다. 이것이 마을 사람들의 순수 기획이라는 사실에 놀라면서, 아이들은 스스로 질문을 던지기 시작했다.

'이 더운데 귀찮지도 않을까, 일요일인데 쉬고 싶지 않나?'
'저 사람들은 도대체 시간을 어떻게 내지?'
'저 사람들은 좀 더 자유로운 것 같다. 왜일까?'

'나도 어렸을 때 저렇게 부모님과 즐겁게 놀았던가?'

마을 축제에서 느꼈던 작은 질문들은 문득 자신의 생활을 들여다보게 했다. 슬슬 성미산 축제가 열리는 성서초등학교를 뒤로하고 성미산 마을 공동체의 삶터를 둘러보기로 했다. 성미산 그림지도를 보고 찾아다니기는 어려워, 주민들에게 물어물어 '작은 나무 카페'를 출발점으로 마을을 한 바퀴 돌아보았다. '소행주'(소통이 있어 행복한 주택) 1호와 3호, 마을 공동체 학교, 성미산 학교와 별관, 작은 나무 카페, 두레 생협 등을 보았다. 사실은 축제에서 학교와 집 등의 삶터를 개방한다는 이야기가 있어 방문한 것인데 마을 사람들이 모두 축제현장에 있어, 소행주나 성미산 학교는 밖에서만 둘러볼 수 있었다. 초등학교를 둘러보는 것은 따로 문의하고 가면 된다고 주민이 알려주었지만, 평일에는 학생들이 시간을 내기가 어려워 아쉬웠다. 다행히 학교 별관은 공동체 마을 아이들이 있어 아이들의 양해를 얻고 마당을 둘러볼 수 있었다. 작지만 밭이나 황토 염색을 위한 것인 듯 보이는 흙물, 작은 놀이 집 등을 보면서 아이들은 학교에서 이런 재미있는 것도 해서 좋겠다고 부러워했다.

전체적으로 아이들은 도시임에도 가구나 시설이 마을 여기저기에 흩어진 채로 공동체 마을이 이루어졌다는 것과, 학교에서 카페나 극장까지 하나하나 체계적으로 조직되어 있다는 것에 흥미를 나타냈다. 생각보다 소행주가 세련되어 보여 좋다고 입을 모았다. 육아 교육 공동체에 관해서는 공동체가 개인의 사생활을 침해할 수 있어 싫지만, 아이는 육아 공동체 환경에서 키우고 싶다고 이야기하기도 했다. '아이가 다 크면 어떻게 하느냐'는 질문도 했다. '어릴 때는 좋지만 커가면서 자신들처럼 중고등학생이 되면 싫어하지 않겠느냐'는 질문과 '그래도 저렇게 살려면 돈이 어느 정도는 있어야 하지 않겠느냐'고 묻는 아이, 그래도 아파트가 좋다는 아이도 있었다. "왜 아파트에서 편하게 살지 않고 저렇게 모여서 살까, 무엇 때문에 불편한 것을 감수할까?" 라는 질문이 다시 나왔다. 문득 셔터를 눌러대는 아이들의 카메라에 담기는 장면이 궁금해졌다.

펼치기

1. 영상을 감상하고, 여기 나오는 집 주인들이 어떤 삶의 방향을 지향하는지 정리해보자. 전체적인 느낌과, 가장 마음에 들었던 부분에 대해 이야기해 보자.

다양한 매체를 참고자료로 하여 자신이 누구인지를 생각하고, 어떻게 살고 싶은지를 생각한다. 그 다음 자신이 원하는 삶에 맞추어 집을 설계해보는 것이 수업의 주된 활동이다. 현장 탐방과 연계하여 다음 다큐멘터리도 일부 감상했다.

▶ 〈내 생애 처음 지은 집〉, 〈신 이웃사촌 코하우징〉 SBS 스페셜 304화 〈내 생애 처음 지은 집〉 (2012년 방영)
▶ SBS 기자가 만나는 세상, 현장 21 96회, 〈新 이웃사촌 '코하우징'〉 (2013년 방영)

궁금해하던 소행주 내부도 보고, 다양한 삶터를 보면서 아이들은 사람들이 어떤 삶을 살고 싶은가에 따라 집의 구조와 형태가 달라질 수 있다는 사실에 재미있어 했다. 두 영상 모두, 집이 본래의 기능을 상실하고 돈을 벌기 위한 수단으로 전락하면서, 사람들이 억누르고 있던 삶에 대한 욕망을 드러내고 실현하기 시작했다고 전문가의 입을 빌려 사회적인 원인을 이야기했다.

2. 나는 어떤 삶을 살고 싶은지 곰곰이 생각해보자. 그리고 어떤 집이 그런 삶에 어울릴지 생각하여 이야기 나누어 보자.

다큐멘터리를 본 아이들은 '아파트와 같은 집 틀에 삶을 맞출 것이냐 삶에 집을 맞출 것이냐?'라는 선택에서 별로 망설이지 않았다. 그보다는 그렇다면 먼저 어떻게 살 것인가에 대한 문제를 해결해야 한다는 사실에 답을 내리지 못했다. 처음에 수업 안내를 할 때는 '집'과 '사는 게' 무슨 관계냐고 묻던 아이들이 이제는 당연하게 '어떻게 살 것인가'를 생각해야 한다는데 의견을 같이 했다. 그러나 답하기는 쉬운 문제가 아니었다.

질문을 계획하면서 어떻게 살고 싶으냐고 누군가 나에게 질문을 한다면 어떻게 대답할지 생각하니 막막했다. 뭐라고 대답해야 할까, 머리로는 나는 누구인가, 내가 좋아하는 것과 싫어하는 것을 생각하고, 어떤 때 나는 행복해하는가를 스스로 물어야 하지 않을까 생각했다. 그러나 그 과정은 욕심을 내기 어려웠다. 단시간에 해결해낼 수 있는 과제가 아니었다.

막막함에서 벗어나는 방안으로 『제가 살고 싶은 집은』 (이일훈·송승훈 지음,

서해문집, 28~37쪽, 11~113쪽)과 '소행주 관련 자료'를 함께 읽었다. 또한『우리는 다른 집에 산다』(소행주·박종숙 / 현암사) 31~32쪽, 91쪽, 275~277쪽을 부분 발췌하여 참고자료로 읽게 하였다.

1) 글로 지은 집 :『제가 살고 싶은 집은…』

이일훈 건축가는 앞으로 살 집을 지어 달라는 건축주 송승훈 선생님에게 '문학적이고 근사한 제안' 하나를 한다. 집주인이 갖는 꿈을 문장으로 써 보면 어떨까 하는 것이다. 이에 건축주는 막연하게 갖고 있었던 집의 전체 쓰임과 집모양, 침실과 부엌, 화장실, 마당 등에 바라는 점을 세세하게 묘사하여 메일로 보내고, 이에 건축가가 다시 메일로 화답한다. 이렇게 하여 수많은 메일을 주고받은 건축가와 건축주가 그간 나눈 메일과 실제 지어진 집, 집이 지어지는 과정 등을 예쁘게 묶어 낸 것이 바로 이 책『제가 살고 싶은 집은…』이 되었다. 건축주는 많은 사람들이 이 집에 와서 한숨 돌리고, 그간 나누지 못한 얘기꽃을 피우며 지내는 집이 되었으면 좋겠다는 큰 그림을 그렸다. 집 바깥과 많이 소통하며 살고 싶고 비오는 소리를 들을 수 있으면 좋겠다는 건축주의 바람도 그대로 집에 반영되었다. 글을 쓰고 아이들을 가르치는 일을 하는 건축주이니만큼, 수많은 장서로 가득한 아름다운 서재가 이 집의 중심이 되었다.

2) '내 집'에서 '우리 집', '공동체'로 :『우리는 다른 집에 산다』

집을 통해 실현하고 싶은 것이 많으면 많을수록 부담해야 할 비용이 증가한다. 그런데, 이 욕구를 '내 집' 안에서만 해결하고자 하는 것도 하나의 고정관념이 아닐까? 생각해보면 놀이방, 세탁실, 서재, 영화관, 나아가 주방에 이르기까지 공동의 공간에서 공동으로 해결하지 못할 리 없다. 믿을 수 있는 이들과 이런 공간을 함께 공유한다면 오히려 더 활용도 높고 멋진 공간이 될 수 있다. 아파트에 익숙해져 있는 많은 도시 아이들은 '살고 싶은 집'을 그려보라는 물음에 칸막이로 나뉘어 있는 아파트 내부 평면도를 그리고, 교사가 이런 고정관념에 대해 일깨워주면 비로소 외관과 마당을 상상한다. 그러나 아무리 훌륭하고 편리한 집도 어디에 놓여 있느냐, 주변에는 어떤 사람들이 사느냐에 따라 전혀 다른 공간이 될 수 있다.

이 책을 부분부분 발췌하여 읽고 이야기 나누면서, '내 집'이란 인식을 '우리 집', 나아가 이웃과 마을까지 확장해보는 것은 매우 새로운 경험이 될 것이다.

▶ 다큐멘터리에서 사람들은 무엇을 위해 집을 바꾸었는지 이야기해 본다. 그 사람들이 얻은 것과 잃은 것은 무엇인지 이야기해 본다.
▶ 이러한 관점에서 볼 때, 현재 우리 집은 어떠한지 이야기해 본다.
▶ 집에 대한 기본적인 의식이나 필요 여부와 상관없이 투자가치에 의해서만 인식되고 있는 현실을 돌아보고, 집이란 무엇인가, 나에게 맞는 집은 어떤 집인가, 내가 살고 싶은 집은 어떤 집인가 하는 등등에 대한 의문을 가져본다.
▶ 집이 재산 증식의 수단이 되면서 우리가 누리지 못하고 사는 것들에 대해 생각해보고, 이에 대한 대안으로 공동의 공간에 관해 이야기해 본다.
▶ 집에 있어서 공동공간의 활용과 의미에 대해 생각해보고, 재산으로서의 가치가 아니라 함께 생활하는 이들의 추억과 삶의 시간을 함께 할 수 있는 생활공간으로서의 가치에 대해서도 생각해 본다.
▶ 자신은 어떻게 살고 싶은지 이야기해 본다.
▶ 위의 '어떻게'와 연계하여 살고 싶은 집을 구상하고 이야기해 본다.

틀에 맞추어 습관적으로 살아왔다는 사실을 깨닫는 것만으로도 새로운 삶을 꿈꾸는 계기가 될 수 있다. 자기 주도적인 삶을 상상하고, 그런 삶에 맞춘 집을 설계하는 것은 매우 즐거운 활동이었다.

마무리

1. 과제 글쓰기와 설계도면 그리기

▶ 구상한 '내가 살고 싶은 집'을 글로 적어 본다.
▶ 글로 나타낸 것을 도면으로 그린다. 도면으로 그리면서 수정된 부분은 고쳐 쓴다.

중학생들에게 두 가지 방향으로 접근을 해보았다. 먼저 한 모둠에게는 ① 어떻게 살고 싶은지 ② 누구와 살고 싶은지 물었다. 현재든 미래든 시간제한을 두지 않았다. 어떻게 살고 싶으냐는 질문에 아이들은 웃으며 '잘 살고 싶다'고 대답한다. '잘 사는 것이 어떻게 사는 것이냐'는 질문에 "그러게요."라며 고개를 갸우뚱한다. 어떤 아이에게 잘 사는 것이란 지금 식구들, 친구들 나아가 친척들까지 모여 더불어 사는 것이었다. 일명 '집성촌 형'이라며 함께 웃었다. 그러자 사촌과 같은 친척들은 가끔 보아야 한다며 뭘 모른다고 이야기하는 친구들도 있었다. 어떤 아이에게 잘 사는 것이란 크고 넓은 집에 사는 것이기도 했다.

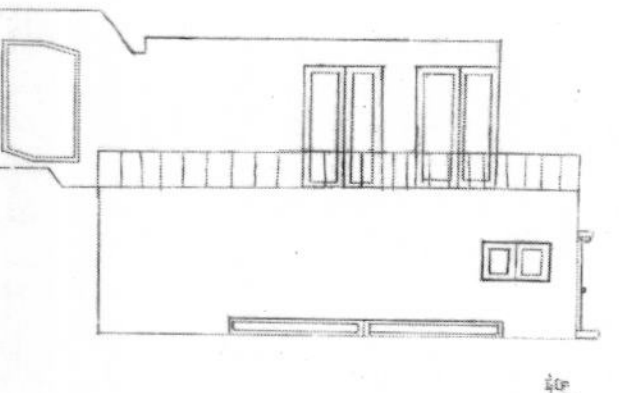

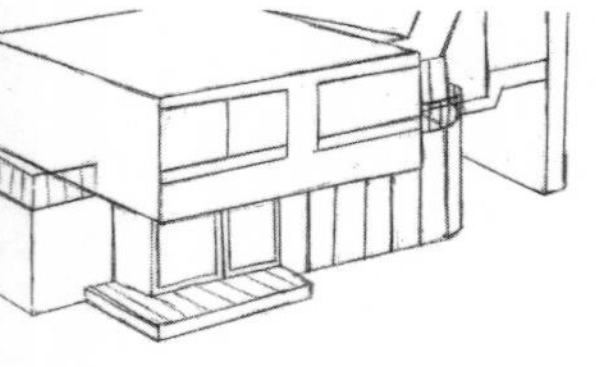

현재 생활에서 부족하거나 불편한 마음을 미래의 집 속에 담아보기도 한다. 거실에 욕실을 두 개, 그리고 방마다 욕실을 하나씩 둘 거란다. 후에 아이 어머님을 통해 아이가 요즘 너무 자주 오래 씻어서 아버님이 볼 때마다 욕실에서 빨리 나오라고 야단을 치신다고 전해 들었다. 아이들 현재 생활도 들여다보는 소소한 재미도 있다. 아이들이 그리는 집에는 과거와 현재의 삶이 그대로 담겨 있기도 하다.

다른 모둠에는 ① 어떻게 살고 싶은지 ② 스스로 생각할 때 '어느 때 자신이 가장 행복해하는지'를 물었다. 그래서인지 아이들이 그려낸 집은 자신이 행복한 일이나 함께하고 싶은 사람들에 초점이 맞춰져 있었다. 소중한 거북이와 함께하는 시간을 중심으로 공간이 구성되거나 음악을 좋아하는 사람들 앞에서 친구들과 악기 연주를 하기 위한 공간이 구성되어 있기도 했다.

고등학생 둘은 조금 더 진지했다. '어떻게 살고 싶은가'라는 질문에 쉽게 답을 내리지 못했다. 이렇게도 하고 싶고 저렇게도 하고 싶다, 동시에 이렇게 하면 이런 게 문제가 될 것 같고 저렇게 하면 저런 게 문제가 될 것 같기도 하다며 고민했다. 중학생들보다 조금 더 현실적인 것이 아이들의 상상을 방해했다.

자신이 행복할 때를 틈틈이 생각해 메모하기로 했다. 스스로 행복하다고 느끼는 때가 별로 없는 것 같다는 학생에게, 스스로 잘한다고 생각하는 것이 무엇인지를 생각하게 했고 그때 기분이 어떠했는지를 떠올리게 했다.

아이들의 일상은 스스로 원하는 것을 구체적으로 생각하지 못하도록, 바쁘게 돌아가고 있다. 진통을 겪듯 아이들은 설렘 속에서 틈틈이 고민의 시간을 가진다. 다행히도 이런 고민을 하는 이 시간이 정말 좋다고 이야기한다.

자연과 어우러진 집

_ 송승훈 (중학교 2학년)

전 동탄의 한 중학교 2학년입니다. 저는 환경친화적이고 자연과 어우러진 집을 짓고 싶습니다. 저는 옛날부터 거북이를 키우고 있습니다. 제가 동물들을 많이 키우지 않아서 그런 것인지는 모르겠지만 전 거북이를 굉장히 좋아하게 되었고 이제 전 거북이를 가족처럼 대합니다. 한데 거북이를 오랫동안 기르면서 언젠가부터 항상 조그만 어항에 키운다는 것이 정말 미안하기도 하고 가둔다는 생각밖에 들지 않았습니다. 과연 저들은 이러한 삶이 마음에 들까? 그들과 나는 같은 생명인데 나만 만족한 삶을 살아도 되는 걸까. 이러한 생각 때문인지 저는 우리 집에서 키우고 있는 생물들이 단지 저만의 흥미에 지나지 않게 하고 그들도 그들

☞ 이 활동은 글쓰기와 도면 그리기까지 시간이 오래 걸린다. 틈틈이 생각해서 다음 시간까지 이어 할 수 있도록 하는 것이 좋겠다.

의 생활에 만족하게 집이 구성되어야 한다고 생각하게 되었습니다. 그러므로 우리 집의 기능이자 목표는 내가 내 집에서 갑이 아닌 모두가 같이 살고 만족할 수 있는 것을 제공하는 장소가 되는 것입니다.

그런 이유에서 집 구상도의 제일 큰 부분은 제가 사는 공간이 아닌 거북이와 다른 동식물과 같이 어우러져 살기 위한 제집 주변의 큰 연못과 정원입니다. 이것과 연결할 수 있는지는 모르겠지만, 전 다른 사람들보다 위에 있지 않은 사람들과 같이 공존하는 삶을 살고 싶습니다. 저의 이 '드림 하우스'를 나중에 지을 수 있을지는 모르겠지만, 나중에 제가 제 집에서 연못에 놀고 있는 거북이를 바라보는 일이 일상이 되었으면 좋겠습니다.

학생글

내 꿈을 가득 담은 집

_ 김비나 (중학교 2학년)

지금까지 얼마 길지도 않은 삶을 살아오면서 집이란 편안히 쉴 수 있는 안식처 같다는 생각을 많이 했다. 그래서 어떻게 살 것이냐는 물음을 듣고, 편안하고 여유롭게 내가 하고 싶은 것을 하면서 살고 싶다고 생각했다. 내 집을 설계할 수 있다면 여기저기에 쉴 수 있는 공간이 있어 피곤할 때마다 침실까지 갈 필요 없이 아무 데서나 잘 수 있는 곳으로 만들고 싶다. 그리고 내가 하고 싶은 것을 좀 더 전문적으로 마음껏 할 수 있는 공간이었으면 한다.

마당이 있었으면 하는데, 마당은 전체적으로 그냥 가는 흙으로 되어 있고, 한편에 작은 밭이 딸려 있었으면 좋겠다. 난 너무 큰 것은 관리하지 못할 것이 뻔하므로 딱 1인용 침대 정도의 흙밭이 좋을 것 같다. 그리고 약간 넓어 여름에 한두 사람이 누워있을 수 있는 툇마루도 있었으면 한다. 툇마루 옆엔 적당한 크기의 개집을 만들어 두고, 그곳에는 큰 개를 기를 것이다. 솔직히 관리를 잘할 자신은 없지만 그래도 혼자 살 것인데다가 도둑이 들 수 있으니 기르고 싶다. 또 파라솔이 있어 여름에 너무 더울 때 그곳 의자에 앉아 편안히 독서를 즐기고 싶다.

집은 전체적으로 기역 모양으로 만들고 싶으며 현관을 열고 들어가면 바로 테이블과 의자가 있어 손님이 오면 곧바로 앉아 대화를 나누며 웃고 싶다. 그리고 곳곳에 선반을 두어 책과 장식품들을 놓고 싶다. 책을 많이 좋아하지만, 책장을 채울 만큼 많은 책을 알지 못하기 때문에 책장이 집안 대부분을 차지할 정도로 많지는 않았으면 좋겠다. 1층에는 부엌, 테이블, 의자, 소파 등 기본적으로 필요한 가구들로만 채우고 2층에 안방과 서재, 작업실 등을 두고 싶다. 그리고 여기저기에 언제 어디서든 쉴 수 있도록 두툼한 카펫(먼지가 많이 끼지 않는 것으로)이나 매트를 두고, 책장마다 근처에 편안한 의자와 찻잔이나 간식 등을 둘 작은 테이블을 두고 싶다. 이 의자나 테이블, 매트 등은 전부 다른 디자인으로 해 지루하지 않게 하고 싶다. 특히 의자는 두툼한 매트의 흔들의자로 두고 싶다.

화장실 역시 편안한 공간으로 만들고 싶다. 한 번 씻고 나면 개운함을 느낄 수 있는 공간으로 말이다. 욕조는 두 사람쯤은 넉넉히 앉을 수 있을 정도로 하고, 편안히 앉도록 목을 받칠 수 있게도 하고 거품 목욕이라든지 하는 꿈에 가까운 것들도 할 수 있는 욕조로 만들 것이다.

방은 별로 많지 않아도 되는데 컴퓨터가 되든 붓이나 연필이 되든 그림을 그릴 수 있는 작업실과 책을 읽거나 글을 쓸 수 있는 서재, 거의 빈 안방, 아담한 크기의 다락은 꼭 있었으면 좋겠다. 그건 일종의 꿈이기 때문이다. 특히 그림 작업실은 꼭 가져보고 싶다. 크지도 작지도 않은 방의 벽면은 온통 밑그림, 인체에 대한 자료, 사진 자료, 무언가를 적은 메모들로 채워져 있고, 한편의 책상에는 컴퓨터와 태블릿이 놓여 있고, 다른 쪽에는 이젤과 의자가 있는 그런 공간 말이다. 이것 역시 그림쟁이의 꿈이다.

서재는 각종 서적으로 채워 넣고 싶다. 그냥 집 이곳저곳에 있는 것이 재미 위주의 책들이라면 이곳은 자료를 수집하고 각종 정보를 얻을 수 있는 그런 책들로 말이다. 예를 들면 역사, 과학, 사회, 예술, 건축 등에 관한 책이랄까? 그리고 책상에 노트북을 두고 거기서 여러 이야기를 쓰거나 업무를 처리하고 싶다. 이번엔 글쟁이의 꿈인가? 안방은 그냥 침대나 기본적인 가구들만 두고 거의 비워둘 것이다. 난 하고 싶은 것이 많고 나름 할 줄 아는 것도 꽤 있어서 그날그날 하고 싶은 것이 바뀌기 때문이다. 갑자기 책을 읽고 싶다가도 글을 쓰고 싶다가도, 그림을 끼적이고 싶어진다. 그래서 안방은 비워둬도 곧 잡동사니들로 채워질 것이다. 채우고 비우기 쉽게 안방에 원래 있어야 할 것들은 줄여야 할 것 같다.

다 쓰고 보니 너무 두서없이 써서 빠진 것도 있고 겹치는 것도 있을 것 같다. 하지만 진짜 원하는 것이 무엇인지는 알 것 같다. 내 생각에 나는 무엇이든지 해보며 살아가고 싶어 한다. 이제 와 보면 개집을 둔 것이나 작은 밭을 만든 것 역시 한번 해보고 싶다는 흥미가 작용한 결과이다. 그리고 작업실이나 서재 같은 것들도 좀 더 전문적으로 해보고 싶다는 열망이고, 다락방이나 거품목욕 역시 한번 해보고 싶어서 썼던 것일지도 모르겠다. 하지만 무엇이든 해볼 수 있고 피곤할 때면 아무 데서나 쓰러지듯 잠들어 편안히 쉴 수 있는 곳이 내가 가장 살고 싶은 집이다. 그리고 그것이 내가 살고 싶은 삶이고 내가 가장 행복한 삶일 것이다.

아이들과 동물들이 뛰노는 집

_ 이건규 (중학교 2학년)

나는 누구인가. 나는 아이들과 놀고 동물을 키우는 것을 좋아한다. 게임을 하는 것 그리고 책도 읽으며 여유롭게 살아가고 싶다. 하지만 요즘 세상은 사람을 집에 맞추게 된다. 내가 생각하기엔 그럴 필요가 없다. 비싼 요금인데 그럴 바에는 그 돈으로 집을 나에게 꼭 맞는 나만을 위한 집을 짓는 편이 나은 것 같다. 그러려면 자기는 어떠한 집에 살아야 하나 한번쯤은 생각해 봐야 할 것 같다.

내가 살고 싶은 집은 아이들과 함께 활동하며 소통하고 살아갈 수 있는 집이다. 요즘 아이들을 보면 불쌍한 생각이 불쑥 든다. 집밖에 마땅히 놀만한 장소도 없고 집에도 층간소음 문제로 뛰어놀 수도 없다. 친구들과 만나 놀 수도 있지만 오직 그들이 향하는 길은 PC방이나 노래방이다. 난 이러한 주거 환경을 아이들에게 주고 싶은 마음은 없다. 뒤에 넓디넓은 산이 있어 맑은 공기를 마시며 살 수 있고 집에는 큰 마당이 있어 자신이 하고 싶은 운동이나 동물들과 뛰어놀며 건강하게 키울 것이다. 또한, 거실에는 커다란 탁자와 책장을 두어 전망 좋은 곳에서 자신이 읽고 싶어 하는 책을 읽게 해줄 것이다. 물론 게임이나 영화 같은 것을 아예 못하게 하겠다는 건 아니다. 적당히 야외 활동과 비율을 맞추면 게임도 좋은 여가 활동이 될 수 있다. 내가 제일 중요하게 활용될 수 있다고 생각되는 공간은 가족들의 추억을 담아둔 곳을 따로 만든다는 것이다.

아이들에게 제일 중요하다 생각하는 것은 어릴 적의 추억이 아닌가 한다. 난 집에 개를 키울 것이다. 아이들에게 또 하나 중요하다 생각 되는 게 책임감이 아닌가 한다. 개를 키우면서 자신이 무언가를 해야 한다는 책임감을 길러주고 싶다. 그리고 키우며 커가는 걸 보는 보람도 느끼게 해주고 싶다. 또한, 무언가 나의 소중한 것이 떠나가 그러한 슬픔과 무엇도 영원하지 못함을 일깨우고 싶다(개의 죽음을 통해서). 그래서 큰 마당이 있는 집이었으면 좋겠다.

건축가가 꿈인 고등학생의, 내가 살고 싶은 집
_ 이훈규 (고등학교 2학년)

내 집을 생각하기 전에 내가 원하는 삶에 대하여 생각해본다.

누구의 영향이었을까? 어린 시절부터 그림 그리기, 음악 듣기를 유난히 좋아했다. 초등학교 시절 내 꿈은 화가였다. 교내 미술 관련 대회에서 가끔 상을 타기도 했을 정도니 썩 못하지는 않았던 것 같다. 그리고 중학교에 다니며 내 꿈은 정해졌다. 건축가, 다른 사람의 부탁을 받고 원하는 건물을 설계해주고, 건설하는 일. 나에게 꼭 맞는 직업이라 생각되는 직업.

나와 비슷한 사람이 있다고 선생님께서 말씀해 주셨다. 나처럼 무언가를 만들고 그림 그리는 것을 좋아한다고. 그분은 건축가가 되셨다고 한다. 집에 돌아와서 건축가에 대하여 알아보았다. 의뢰를 받고 의뢰인의 의견에 따라 그에 맞는 건물을 설계해주는 직업. 이과적 성향뿐 아니라, 문과적 성향도 띠는 사람에게 아주 좋은 직업이라고 한다. 꼭 저렇다고 해서 내가 건축가가 되고 싶었던 것은 아니다. 사람들과 하나의 주제를 가지고 이야기를 나누며, 설계하고, 고치고 하는 일이 마음에 들었고, 그런 직업을 원했기 때문이다. 그 후, 고등학생이 된 나는 여러 가지 활동도 다니고, 집 고치기 봉사도 다니고, 2학년이 된 지금은 교내 건축 동아리 기장까지 맡으며 그 꿈을 키워 가고 있다.

나는 미래에 다른 이의 집을, 그 사람에게 맞는 집을 설계해주고 싶다. 그 사람이 그 집에 살면서 "이 집은 나에게 꼭 맞는 집이야"라는 말을 들으며, 그것에 보람을 느끼며 살고 싶다. 가족과 함께 행복하게 살면서, 다른 이가 부탁하는 집을 내 작업실에서 설계해주고 건설하는 일. 그 일을 미래에 내가 살고 싶은 집에서 하고 싶다.

지금도 그렇지만, 나는 항상 아파트에서 살아왔다. 이상한 것은 시골보다 사람은 많은데, 아는 사람, 친한 이웃은 얼마 없었다. 김장은 더는 마을 일이 아니다. 우리 집 일이다. 친구네 집이 어디인지도 모른다. 옆집에 누가 사는지도 모른다. 겉으로 봤을 때만 같은 곳에 살지 혼자 사는 거나 다름없다. 나는 이런 집에 살고 싶지 않다. 사람들과 떠들며 살지 않으면 난 살

수가 없기 때문이다. 내가 살게 될 집은 이웃들이 편하게 왔다 갈 수 있는 집이 되고 싶다. 마당에 정자를 만들면 이웃들이 와서 쉬고 놀 수 있지 않을까? 아니면 황토방도 괜찮다, 직접 불을 때서 찜질하며 감자랑 고구마도 구워 먹고, 수다도 떨고.

마당이 있으면 좋겠다. 생긴 건 이래도 뛰어노는 거 엄청나게 좋아한다. 종일 뛰어놀라고 해도 뛰어놀 수 있다. 마당에 툇마루 하나만 있으면 여름에 손님을 집안에서 맞는 것보다 더 시원하지 싶다. 비가 오면 비 오는 거 보면서 음악도 듣고, 낮잠도 자고, 맑은 날에는 햇볕도 좀 쬐면서…….

마루는 넓으면 좋겠다. 넓다고 해서 운동장만큼 넓은 게 아니라 넓은 느낌이 들 수 있도록, 갑갑하지 않게. 마루는 가족 공동장소이니까, 모여서 TV도 보고, 음악도 듣고, 이야기꽃도 피우고..

부엌은 마루랑 붙어 있으면 좋겠다. 밥 먹으러 갈 때 바로바로 먹을 수 있게. 또 넓으면 좋겠다. 좁아서 불편한 일은 없으면 좋겠다.

앞서 말했듯이 이웃들에게 개방된 집을 원하지만, 우리 가족들의 최소한의 사생활은 지켜주고 싶다. 우리 가족만을 위한 개인 침실, 공부방, 서재, 작업실은 이 층에 놓을 것이다.

서재랑 작업실은 계단 위아래로, 넓은 계단 위아래로 만들자. 책 보려고 다른 방으로 이동해야 하는 번거로움은 싫다. 서재에는 공부방을 두어 가족 모두 함께 책 읽기 삼매경, 상상만 해도 즐겁다.

개인 침실은 다섯 개. 세 개는 우리 가족 것 두 개는 손님 것. 여러 사람과 함께 어울리다 보면 한 집에 지인들을 초대해 식사하고 술을 마시는 경우가 빈번히 발생한다. 그때마다 거나하게 취한 손님들이 쉴 수 있는 방이 두 개쯤 있으면 좋겠다.

아이는 두 명을 낳고 싶다. 될 수 있으면 아들, 딸. 아들도 키워보고 싶고, 딸도 키워 보고 싶기 때문이다. 그 애들 각각 방 하나씩. 그리고 우리 부부 방 하나.

환기가 잘 되는 집이었으면 좋겠다. 지금 사는 집은 환기가 잘 안 되는 편이다. 창문 하나만 닫아도 바람이 뚝 끊긴다. 내 방은 창문이 하나밖에 없어서 방문이랑 창문을 다 열고 거실 창문도 다 열어야지 바람이 불면서 환기가 된다. 공부하거나 작업할 때는 방 밖이 시끄러워서 문을 닫아 놓곤 하는데, 그때마다 환기가 잘 안 되어서 불쾌했다. 내가 살게 될 집은 환기가 잘되는 집이면 좋겠다.

아침에 햇볕을 받으며 일어나고 싶다. 아침에 상쾌한 기분으로 일어났는데 방안이 캄캄하다면! 밝은 분위기를 좋아하는 나이기에 아침에는 햇볕을 받으며 밝은 분위기에서 일어나고 싶다. 천장에 창문을 내거나 집 방향을 햇볕이 잘 들게 위치하도록 하면 될 것이다.

나만의 운동공간이 있으면 좋겠다. 지하실에 공간을 만들어 스파링, 샌드백, 헬스기구들을 놓고 싶다. 지하이기 때문에 통풍은 기본으로 잘되어야 한다. 그러려면 지상으로 나 있는 창문이 필요하다. 일 층을 살짝 올려서 창문을 내면 되지 싶다.

내가 하고 싶은 일을 마음껏 할 수 있는 집이었으면 좋겠다. 노래를 부르고 싶을 때, 영화를 보고 싶을 때, 음악을 듣고 싶을 때, 방 하나에 이 모든 것을 넣어야겠다. 안방극장, 마이크, 스피커, 그리고 소파만 있으면 된다. 하얀 벽도. 가족과 함께 놀고 싶지만, 나가기 싫다는 경우가 다반사였다, 이런 경험을 한 나이기에 집에 한방에 이것들을 넣어 가족과 함께 놀 수 있는 시간을 늘리고 싶다.

내가 진정으로 원하는 집은 놀 수 있는 집. 내 가족들이 놀 수 있고, 쉴 수 있는 집.

나와 취미가 같은, 음악을 좋아하는 사람들, 나와 같은 업종에 종사하는 사람들, 노래 부르는 것을 좋아하는 사람들, 나와 마음이 맞는 사람들. 그런 사람들이 와서 편히 지내고, 이야기를 나누고, 쉬었다 갈 수 있는 집, 그런 집이 되었으면 좋겠다. 꼭 이 글에 쓰인 것처럼 지어지지 않아도 된다. 단지 이웃이나 동료, 친구들과 같은 지인들과 취미를 함께하는 사람들이 편히 쉬며 이야기를 나누다가 갈 수 있는 집이 되었으면 좋겠다.

수업을 마치며

주변을 둘러보고 자신의 삶을 들여다보기도 하면서, 아이들은 집을 통해 새롭게 삶을 마주한다. 집을 통해 부모님과 자신의 관계를 다시 들여다보기도 한다. 웃음도 짓고 아파 찡그리기도 한다. 그리고 부모의 삶에 의문을 던진다. 왜 그렇게 살았을까. 나름의 답을 찾으면서 아이는 부모에게 한 발 더 다가서 있다. 의외인 점은 미래의 집을 그리는 아이들에게 부모의 방은 없다는 것이다. 부모님을 배제한 채, 자신만의 공간을 그리는데 조금도 주저하지 않는다. 오히려 혼잣말하는 나에게 당연하지 않느냐고 되묻는다. 아이는 어른의 거울이라는데, 어른으로서 어떻게 살고 있었던 것인지 스스로 되묻지 않을 수 없었다.

이번 수업은 최종적으로 자신이 꿈꾸는 집을 설계하게 되어 있었다. 자신만의 집은 '나'에 초점을 맞추어야 한다. 오롯이 '자신'에게 맡겨진 삶을 집을 통해 실현하는 것은 자유를 주는 것 같지만, 동시에 책임도 준다. 들떠 도면을 그리기 시작하던 아이들은 도면을 완성해가며 스스로 반문한다. "정말 내가 이 집을 지을 수 있을까?" 누군가 소리 내어 이런 말을 하자 짧은 순간 침묵이 흘렀다.

"할 수 있지. 네가 정말 원한다면 말이야." 얼른 대답하는 나의 목소리는 크고 경쾌하다. 사실 그런 집에서 살고 안 살고는 그리 중요한 문제는 아니다. 그보다 살고 싶은 집을 그리면서 삶에 대한 기대를 갖게 되는 것이 중요하다. 또한 이를 계기로 삶을 이미지화하고 목표를 구체화시키는 것은 아이들의 삶뿐만 아니라 성장에도 큰 밑거름이 될 것이다.

김선우, 『김선우의 사물들』

내 삶의 무늬

대상_ 중학교 2~3학년
함께읽은책_ 『김선우의 사물들』 (김선우 / 단비 / 2012)
참고글_ 수필 「그믐달」(나도향), 「보름달」(김동리), 「체루송」(김진섭)
학습목표_
1. 수필을 차분히 감상하고, 작가의 독특한 개성을 발견할 수 있다.
2. 일상 속 사물들을 새롭게 바라보고, 사유를 이끌어내 글을 쓸 수 있다.
집필_ 이가윤

생소한 책 이름에 아이들은 "어떤 책이에요?"라고 묻는다. "'숟가락'이란 단어 하나 갖고 서너 장을 써 내려가는 책"이라고 간단하게 얘기하며 "우리도 써 봐야지?" 했더니 다들 엄살이다. 어른 아이 할 것 없이 누구나 빈 종이 앞에선 막막한가 보다.

『김선우의 사물들』은 숟가락, 바늘, 핸드폰, 못, 부채 등 일상생활 속에서 쉽게 볼 수 있는 사물들에 대한 단상을 모은 수필집이다. 섬세한 시선과 따뜻한 마음으로 쓰인 글들을 읽다 보면, 어느새 작가를 따라서 주변 사물들에 시선을 멈추고 자기 방식으로 말을 걸게 된다.

학생들에게 "수필(에세이)은 어떻게 써요?"란 질문을 자주 받는다. 가장 자유로운 형식의 글이기 때문에 '솔직하게, 자유롭게' 쓰라는 말을 일단 해 주지만, 그렇다고 아무렇게나 써도 좋다는 것은 아닐 것이다. 잘 쓴 수필을 보면 일단은 재미있고, 공감이 가고, 내가 경험하지 못했던 감정이나 분명 경험했음에도 제대로 표현하지 못한 느낌이 글 속에 담겨 있는 것을 보게 된다. 책을 읽으면서 작가가 글을 쓰게 되기까지의 과정을 상상해보고, 그 순서를 따라서 한 편의 수필을 써 보는 것은 어떨까.

생각열기

1. 만화 「도자기」를 함께 감상한다.

- 네이버 웹툰 「도자기」는 우리 문화재에 대한 독특한 상상이 돋보이는 만화다. 작가는 고고미술사학과 학부생 시절 이 만화를 그렸다. 작은 그릇 하나를 보더라도 그 속에 담겨 있는 이야기를 상상하는 작가의 시선과 문화재에 대한 애정을 담뿍 느낄 수 있다. 네이버 웹툰으로도 볼 수 있고 『도자기』(호연 / 애니북스)라는 단행본으로 출간되어 있다.

내용 이해

1. 책을 읽고, 한 개씩 골라서 내용을 분석한다.

소재가 된 사물의 성질 / 그 사물만의 특성 / 비슷한 다른 사물들과의 차이점 / 그 사물과 연관된 에피소드 등으로 분류하여 생각그물을 그리고 발표한다.

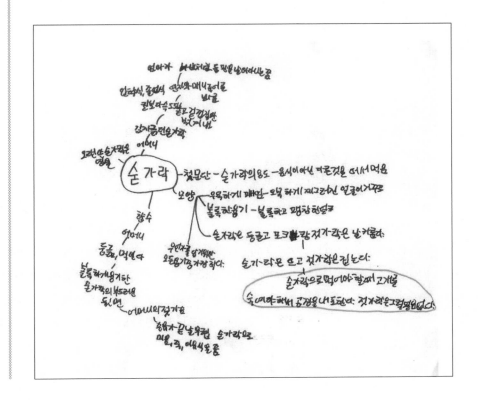

펼치기

2. 다른 사람이 관찰하지 못한 것을 작가가 찾아냈다면 무엇일까?

- 쓰레기통: "작가는 음식물 쓰레기와 관련하여, 기르고 짓는 마음을 느낄 수 없을 때 음식에 대한 모독은 이미 시작된다고 말하고 있다. 버리는 음식을 담아두는 쓰레기통에서 생각을 시작하여, 원래부터 쓰레기로 태어나는 물건은 없음에도 함부로 버리는 우리의 태도에 대한 반성을 유도하고 있는 점이 새로웠다."
- 못: "'못이 많으니 꽃이 피겠구나.' 처음엔 이 말이 이해가 가지 않았다. 전혀 연관되어 있을 것 같지 않은 사물 두 개를 연결시켰는데 그것이 생뚱맞지 않게 잘 연결된 점이 훌륭하다고 생각된다."
- 휴대폰: "작가는 지하철에서 사람들이 줄줄이 앉아 휴대폰을 들여다보고 있는 장면에서 이방인 같은 감정을 느낀다고 했다. 나도 직접 이래 본 적이 있고 이런 장면을 보면서 잠깐 동안 낯설음을 느끼기도 했지만, 그 낯설음을 잡아내어 글을 쓸 생각은 해보지 못했다."
- 거울: "사람들이 문에 매달아 놓은 거울을 보고 악귀가 해코지하러 왔다가 자기 모습에 놀라 도망간다는 이야기를 들어본 적은 있다. 그런데 작가는 여기에 자신의 해석을 보태어, 어쩌면 악귀는 해코지를 하러 왔다가 자기 속의 착한 얼굴을 발견하고 그 얼굴을 사랑하게 되어 돌아가는지도 모른다고 이야기한다. 작가의 따뜻한 마음이 느껴졌다."

※ 보충 활동: 나도향의 「그믐달」도 읽어보고, 느낌을 이야기해 본다. 그리고 앞과 마찬가지로 분석한 다음, 이 글을 쓰기 위해 어떤 과정이 필요했을지 생각해본다.

그믐달 _ (나도향 / 소설가·수필가 1902~1926)

나는 그믐달을 몹시 사랑한다. 그믐달은 너무 요염하여 감히 손을 댈 수도 없고 말을 붙일 수도 없이 깜찍하게 어여쁜 계집 같은 달인 동시에 가슴이 저리고 쓰리도록 가련한 달이다. 서산 위에 잠깐 나타났다 숨어 버리는 초승달은 세상을 후려 삼키려는 독부(毒婦)가 아니면 철모르는 처녀 같은 달이지마는 그믐달은 세상의 갖은 풍상을 다 겪고 나중에는 그 무슨 원한을 품고서 애처롭게 쓰러지는 원부(怨婦)와 같이 애절하고 애절한 맛이 있다. 보름에 둥근달은 모든 영화와 끝없는 숭배를 받는 여왕 같은 달이지마는 그믐달은 애인을 잃고 쫓겨남을 당한 공주와 같은 달이다.

초승달이나 보름달은 보는 이가 많지마는 그믐달은 보는 이가 적어 그만큼 외로운 달이다. 객창한등(客窓寒燈)에 정든 임 그리워 잠 못 들어 하는 이나, 못 견디게 쓰린 가슴을 움켜잡은 무슨 한 있는 사람이 아니면 그 달을 보아 주는 이가 별로이 없을 것이다. 그는 고요한 꿈나라에서 평화롭게 잠든 세상을 저주하며 홀로이 머리를 풀어뜨리고 우는 청상과 같은 달이다. 내 눈에는 초승달 빛은 따뜻한 황금빛에 날카로운 쇳소리가 나는 듯하고 보름달을 쳐다보면 하얀 얼굴이 언제든지 웃는 듯하지마는 그믐달은 공중에서 번듯하는 날카로운 비수와 같이 푸른빛이 있어 보인다. 내가 한 있는 사람이 되어서 그러한지는 모르지마는 내가 그 달을 많이 보고 또 보기를 원하지만 그 달은 한 있는 사람만 보아 주는 것이 아니라 늦게 돌아가는 술주정꾼과 노름하다 오줌 누러 나온 사람도 보고 어떤 때는 도적놈도 보는 것이다. 어떻든지 그믐달은 가장 정 있는 사람이 보는 중에 또는 가장 한 있는 사람이 보아 주고, 또 가장 무정한 사람이 보는 동시에 가장 무서운 사람들이 많이 보아 준다.

내가 만일 여자로 태어날 수 있다 하면 그믐달 같은 여자로 태어나고 싶다.

3. 작가만의 독특한 표현이 돋보이는 곳은 어디인가? 몇 개씩 살펴보며 이야기를 나눈다.

- 휴대폰을 과자처럼 커피에 찍어 먹고 싶다고 표현한 것이 인상적이다. 휴대폰이 갖고 있는 금속의 차가운 느낌처럼 우리 인간관계가 딱딱하고 차가운 것을 안타까워하는 마음이 잘 나타나 있다. 어찌 보면 유머러스하기도 하다. 그냥 '휴대폰을 없애버리고 싶다'고 말하는 것으로는 작가의 복잡한 감정을 제대로 표현할 수가 없었을 것이다.
- 못이 꽃핀다고 표현한 것. 어떤 그리운 느낌이 못의 뿌리로부터 대지로 번져나가는 것을 식물(꽃)로 은유해서, 못과 함께 꽃피며 늙어가고 싶다고 표현했다.
- 촛불을 '어둠이 지닌 숨구멍 속에 고요하게 웅크리고 앉아서 자기의 호흡에 몰두하는 한 마리 짐승'이라 표현한 것. 자기가 사랑한 두 마리의 짐승을 소개한다고 하면서, 한 마리는 자기가 키우는 고양이이고 하나는 촛불이라고 글을 전개한 것도 독특하다.

4. 지금까지 찾아내고 이야기한 것을 바탕으로 수필을 쓰는데 필요한 능력은 무엇이라 생각하는지 써 보자.

- 모두가 느낄 수 있는 것이 아니라 자신만의 느낌을 갖고 다른 사람이 관찰하지 못했던 것을 찾아내어야 하고, 개성을 살려 표현할 수 있어야 한다. 그러기 위해서는 집중하여야 하고, 참신한 생각을 가지고 살펴보아야 할 것 같다.
- 오랫동안 한 곳에 온통 집중하여 그것과 이야기를 나누면 된다. 그것이 살아 있으면 살아 있는 대로, 살아 있지 않으면 또 그런대로 그것이 하려는 말에 귀를 기울여야 한다. 또 독특한 그 사물의 언어를 이해해야 한다.
- 수필을 잘 쓰려면 기억력이 좋아야 한다고 생각한다. 단순한 암기력이 아니라 자기가 느끼거나 감동한 것을 기억하는 능력 말이다. 그래야 글을 더 선명하고 공감되게 쓸 수 있고, 『김선우의 사물들』처럼 어떤 사물에 대해 글을 쓰려면 그에 얽힌 사건들을 잘 기억해 내야만 잘 쓸 수 있다. 그래야 글이 알차고 풍부해질 것이다.
- 글을 조리 있게 짜 나가는 구성력, 그 구성에 따라 이어질 수 있는 에피소드, 그리고 그 에피소드를 화려하게 꾸며 나갈 수 있는 표현력이 중요하다. 이 세 가지가 조화롭게 이루어져야 수필이 재밌게 느껴질 수 있고, 더욱 잘 쓴 것처럼 보일 수 있기 때문이다.
- 주관적으로도 객관적으로도 사물을 볼 수 있어야겠다. 객관성이 필요한 것은 너무 작가의 개인적인 경험과 주관에 치우칠 경우 공감을 얻지 못하기 때문이다. 또 다른 사람이 생각하는 것보다 좀더 깊게 들어가서 사물을 보아야 한다.

심 화

1. 글감을 잡고 관찰한다.

- 책과 같은 방식으로, 우리 주변에서 쉽게 볼 수 있는 사물을 각자 하나씩 생각해서 그 사물의 성질 / 특성 / 관련된 에피소드 등으로 생각그물을 그린다. 시간을 충분히 주고, 관찰과 사고를 통해 다른 사람이 생각해내기 어려운 나만의 시각을 끌어낸다.

2. 생각그물을 바탕으로 간단한 개요를 짠다.

3. 개요를 바탕으로 수필을 쓰고, 합평한다. 다른 사람이 쓴 글을 읽어 보고, 자신이 생각하지 못했던 점을 찾아내 칭찬해준다.

풀, 이기적인 마음을 돌아보다
_ 김엄지 (중학교 3학년)

학용품 중에서 가장 대표적인 것이 '딱풀'이다. 바르면 착착 붙는 풀, 이것은 물론 학교에 갖고 다녀야 할 물건이지만, 연필, 샤프, 지우개처럼 필수적인 것은 아니다. 하지만 은근히 많이 쓰여지는 물건이다. 하지만 정작 가지고 다니는 사람은 몇 명 없다. 연필이나 샤프를 안 가져오면 걱정을 하지만, 풀을 안 가져왔다고 걱정하는 사람은 못 봤다. 왜냐하면 '누군가 가져왔겠지', '빌려 쓰면 되지', 심지어 '빌려 쓰면 되지 귀찮게 뭐하러 가져와' 하고 생각하기 때문이다.

나는 풀을 갖고 다니는 몇 명 안 되는 사람 중 하나였다. 풀이 필요할 때가 많은 걸 알고 항상 필통에 넣어가지고 다닌다. 하지만 정작 나는 내가 가지고 온 풀을 두세 번밖에 쓰지 못한다. 나머지는 모두 양옆, 앞, 뒤, 저 멀리 있는 친구들의 몫이다. 난 그것이 항상 억울하고 슬펐다. '왜 내 돈 주고 내가 사오는데, 정작 나는 조금밖에 쓰지 못하고 버리는 걸까?'하고 생각되기 때문이다. 계속 들고 다닐 때마다 듣는 소리. "야, 나 풀 좀 빌려줘." "나도.", "나도."

빌려달라는 메아리들이 끝없이 들려온다. 그러면 내 마음 속에서는 그 메아리들이 뜨거운 수증기로 변해 자꾸만 위로 치솟아 오른다. 억울함과 슬픔, 짜증이 마구 밀려와 기분을 팍 상하게 만든다. 어느새 내 손에 있던, 때로는 잡아 보기도 전에 벌써 풀은 저 멀리 아이들의 손을 타고 떠내려간다. 그럼 나는 맨 마지막에 간신이 끝이 다 보이지만 얇게 남은 풀을 쓰게 된다.

그렇게 몇 통이나 썼을까? 하지만 주위에서 누가 내 풀을 걱정해 주겠는가? 이런 일이 있을 후로 나도 한번 일부러 풀을 가져오지 않았다. 내가 원래 맨날 갖고 다녀서였을까? 아이들은 여전히 당연하다는 듯한 얼굴로 내게 눈을 돌린다. 하지만 "없어"라는 말에 바로 다른 곳으로 눈을 돌린다. 그때 '아, 이렇게 편하구나.' 하는 느낌이 들었다. 조금만 이기적이면 편하다는 달콤함을 살짝 맛본 나는 조금씩 그것을 맛보게 되었다.

물론 지금은 내 풀을 갖고 다니며 몰래 조용히 쓰고 집어넣지, 아예 안 갖고 다니지는 않는다. 하지만 꽤 오랫동안 안 가지고 다니면서 자연스럽게 빌리러 다니는 아이들의 기분에 동화되어 버린 느낌이다. 사실 풀은 아무 잘못도 하지 않았는데, 주위 사람들이 부주의한 것인데 풀이 나를 이기적인 사람으로 만들어 버린 기분이다. 나는 혼자 있을 때면 풀에게 괜히 화를 내곤 한다. 아닌 줄 알면서도.

자전거, 나와 세상을 이어주는

_ 김승주 (중학교 1학년)

나에게 자전거는 소중하다. 자전거는 내가 많이 쓰는 물건 중 하나이고 자동차와 달리 내 다리로 페달을 돌려서 움직이기 때문에 하나의 운동기구이다. 그리고 나와 내 친구들을 이어주는 연결고리이기도 하다.

나는 자전거를 타고 이곳저곳을 많이 다녔다. 부천에서 살 때는 초등학교 3학년 때 난지도까지 캠핑을 갔었다. 서울에서는 대부분 한강에 자주 간다. 가끔씩은 도림천을 통해서 신도림이나 구로쪽으로 간다. 한강에선 먼저 인라인트랙에 간다. 도림천을 통해서 신도림에 가면 신로딩의 랜드마크인 테크노마트에 가고, 구로에 가면 자전거 연습장과 지하주차장 바닥처럼 포장이 된 곳에서 논다.

사람에게도 성격이 있듯이 자전거마다 여러 특징이 있다. 먼저, '로드'는 스피드를 즐기는 사람들이 많이 탄다. 남들보다 앞서기를 좋아하는 사람들이다. 두 번째로 'MTB'는 산악자전거여서 산에서 내려올 때의 스릴이나 모험을 좋아하는 사람들이 많이 탄다. '하이브리드'는 로드나 MTB 중에 무엇을 탈지 고민되는 사람들이 많이 탄다. 마지막으로 '픽시'는 위험한 것을 좋아하는 사람들, 다른 사람들이 멋지게 타는 것을 보고 타는 사람들이 대부분이다. 나는 로드를 살지 MTB를 살지 고민되어서, 둘의 특성을 더한 하이브리드 자전거를 샀다. 하지만 타다보니까 속도가 안 나서 나중에는 로드를 타고 싶다.

나는 요즘 스키딩을 자주 한다. 스키딩을 할 때 바퀴가 밀리는 소리가 좋기 때문이다. 그런 소리는 아스팔트에서만 난다. 하지만, 아스팔트에서 하면 바퀴가 많이 닳기 때문에 자주 가는 한강의 인라인 트랙이나 포장된 곳에서 한다. 그곳에서 하면 마찰력이 줄어들어서 더 많이 미끄러질 수 있다.

자전거는 좋은 점이 많다. 다양한 곳을 자신의 힘으로 갈 수 있고 성취감도 느낄 수 있다. 그리고 건강을 지킬 수도 있고 자전거를 통해 새롭고 다양한 사람들을 만날 수 있을 것이다.

안경, 눈과 안경 사이의 조그만 공간

_ 서혜영 (중학교 3학년)

밥을 먹기에는 조금 거부감이 들고 둔탁한 은색에 상처도 많이 나 있는 숟가락을 오른쪽 눈에 가져다 대어 보란다. 멍하니 나를 마주보고 있는 환한 빛 속의 검은 글자들을 바라본다. 환한 빛 속에 서로 엉켜있는 그들은 제각각 춤을 춘다. 빠른 리듬의 음악에 그들도 빠르게 움직인다. 그들은 점점 음악의 리듬보다 앞서 나가 더욱 빠르게 움직인다. 마치 그들의 모습을 서로 감추려는 듯 어지럽게 자신의 몸을 흔든다. 못생긴 숟가락을 들고 있는 내 손에 힘이 주어진다. 그리곤 그들의 모습을 찾으려 애를 쓴다. 눈살을 찌푸려 본다. 하지만 이미 그들은 하얀 빛 속에서 모습을 감춰버렸다. 못생긴 숟가락을 왼쪽 눈으로 옮겨 대어본다. 오른쪽 눈에서 못생긴 숟가락을 떼어내는 순간 내 눈앞에는 신비한 광경이 펼쳐진다. 빛 속에서 춤을 추던 그들은 사라지고 환한 빛이 빠르게 퍼져나간다. 아주 잠시 동안.

6년 전 내가 10살 때만 해도 이렇지 않았다. 그때는 그 자리에 콱 박혀 선명히 자신의 모습을 서로 보이려고 하는 그들을 애써 피했다. 나는 분명히 1, 4, 7, 비행기……. 그들의 이름을 너무 잘 알고 있었다. 초등학교 다닐 적, 반 아이들 한 명 한 명 얼굴에 색색깔 안경을 쓰고 올 때마다 너무나 부러웠던 기억이 난다. 더운 여름날 햇살이 교실로 들어와 맨 끝 창가에 앉아있던 친구의 안경을 비춘다. 그 순간 안경에서 아름다운 빛이 번쩍 한다. 아마 그 빛을 본 이후로 시력검사날이면 일부러 눈이 보이지 않는 척을 했던 것 같다. 거짓말을 했다는 생각에 혹시 들킬까 불안했다. 하지만 안경을 너무나도 쓰고 싶다는 마음에 결국 나는 엄마 손을 잡고 안경을 고르러 갔다.

내가 처음 썼던 안경은 분홍색 테의 동그란 안경. 안경점에서 한눈에 쏙 들어왔던 안경이다. 안경을 써 보고 거울을 보며 이리저리 얼굴을 살핀다. 내가 아닌 것 같다. 안경 하나 코에 귀에 걸쳤을 뿐인데 그때는 마치 변신을 하기라도 한 듯 신기했다. 안경을 적응하는 데에 딱 1주일이 걸린 것으로 기억한다. 그 일주일 동안은 안경을 쓰고 세수를 한 적도 있고, 모르고 안경을 쓰고 자 버린 적도 있었다. 하지만 분홍빛을 띠고 마치 부끄러워하는 듯한 안경은 바라만 봐도 미소가 지어졌고 하루에 몇 번이고 정성스레 닦던 기억이 난다. 내가 성장하면서 나를 거쳐 갔던 가지각색 9개의 안경. 분홍색 테에 동글한 안경. 자주색 테 안경, 반 무테 네모난 안경, 무테 안경. 안경알이 커다란 뿔테 안경. 한번은 안경알에 파란색으로 물도 들여 줬다. 지금 생각해 보면 안경을 썼던 4년 동안 너무 많이 안경을 바꿔 낀 것 같다. 싫증나 버리면 엄마를 조르고 졸라서 안경을 사는 것을 반복한 듯하다. 아무래도 그 안경에 싫증이 난 것이 아니라 안경이라는 것 자체에 싫증이 나 버렸던 것 같다. 뜨거운 라면을 먹을 때면 앞이 안 보일 만큼 뿌옇게 흐려져 잘 먹을 수가 없었고, 달리기를 할 때면 땀에 미끌려 내려가기가 일쑤였고, 옆으로 누워서 티비를 볼 때면 안경에 얼굴이 눌려서 너무나 불편했고, 코에 난 안경 자국은 없어질 생각을 하지 않았다. 온통 불편한 것 투성이였다. 걸리적거려서 벗어 버리면 흐려지는 주변에 답답해서 다시 쓰기를 반복. 안경을 쓴지 2년쯤 되던 해. 벌써 나는 안경에 질려 버렸다. 결국은 렌즈를 착용하게 되었다. 눈이 너무 나빠져 착용할 수밖에 없었던 이유도 있었지만 안경을 쓰는 것이 너무도 싫었던 이유가 더 컸다. 렌즈를 착용하고 안경을 벗어 던져버리듯 했다. 렌즈를 착용한지 1년이 훌쩍 지나버린 지금 그 많던 안경은 어디에 감춰져 있는지 보이질 않는다.

그러던 어느 날 우연히 모습을 드러낸 자주색 테 동그란 안경 하나. 순간 얼마나 반갑던지 얼른 끼어 보았다. 어울리지도 않고 낯설고 너무 작아져버린 안경이었다. 오랜만에 발견한 안경을 쓰고 안경알과 내 눈 사이에 공간을 문득 생각했다. 안경을 쓰면 흐렸던 주위가 선명해져 너무도 신기하고 좋았던 그때. 안경알의 도수와 내 눈이 서로 맞추어 갈 때는 생각하지 못했던 안경알과 내 눈 사이의 작은 공간. 문득 흐릿하게 보이는 답답한 내 눈을 안경이 맞추어 주는 것이 아니라 이 작은 공간의 신비한 무언가 때문이 아닐까 하는……. 아닌 줄 알면서도, 안경알의 도수로 인해서 선명하게 보인다는 것을 알면서도 실질적으로는 이 작은 공간 때문이 아닐까 하는 생각을 계속해서 해보았다. 눈과 안경알 사이의 공간, 이 공간을 왜 남겨둔 것일까? 공간이 없도록 눈에 아주 바짝 당겨서 안경을 만들지 않고 말이다.

누군가 이 공간의 비밀을 알고 있을지도 모른다. 안경알과 눈 사이의 공간을 잘 활용한다면 굉장한 발명이 탄생할지도 모른다. 오랜만에 발견한 안경을 써보고는 너무 반가워서 엉뚱한 생각을 해댄다. 엉뚱한 생각인 줄 알면서도 그 생각을 자꾸 이어나간다. 생각해보면 렌즈에는 눈과의 공간이 없다. 눈알에 착 달라붙어서 쉴 틈도, 어떠한 공간도 허락하지 않는다. 이기적이다. 그냥 이기적인 것 같다. 안경은 눈에게 여유를 주고 숨 쉴 공간을 주고 시간을 주고 생각할 시간을 준다. 안경알과 눈 사이의 공간에서 그것들이 이루어지고 이런 원리로 눈이 잘 보이는 것은 아닐까. 이런 원리라면 렌즈는 다른 원리를 가지고 있는 것이 분명하다. 안경은 모든 것을 만족시키며 피해를 주지 않는 원리라면 렌즈는 조금은 이기적인 원리랄까? 안경을 벗어 던지고 렌즈를 처음 껴보았던 때, 안경을 끼지 않았음에도 세수를 할 때면 안경을 벗는 행동을 나도 모르게 하던 그때. 그때부터 안경에 대한 특별한 마음이 시작되고 있었던 듯하다.

지우개: 햇살처럼 따스한

_ 박정호 (중학교 3학년)

사람들은 항상 지우개를 연필과 짝지어 생각한다. 그러나 지우개는 연필과 동등한 지위에 설 수 없다. 지우개의 역할은 고작 연필의 흔적을 없애는 일이기 때문이다. 게다가 가끔 아이들이 하는 장난을 보면 지우개는 불쌍하기까지 하다. 아이들 손에 쥔 연필과 샤프에 의해 구멍이 송송 뚫리기도 하고 다 쓰기도 전에 모퉁이들이 뜯겨져 나간다. 그러한 온갖 수모를 당해도 지우개는 묵묵히 제 할 일을 한다. 이런 면에서 지우개는 수용적이다. 모든 고통을 자신의 품 속으로 흡수한다. 공격적인 모양의 연필, 샤프와 달리 비교적 방어적인 모습의 지우개는 그 모양만으로 듬직하기까지 하다.

지우개는 또 다양하다. 각각에 따라 색깔, 크기, 모양 그리고 용도도 다르다. 물론 연필도 용도에 따라 4B연필, HB연필이 있고 여러 가지 색연필도 있지만, 지우개의 다양성은 연필의 그것과는 차원이 다르다. 무언가를 '지운다'는 같은 용도로 쓰이면서도 색깔과 크기, 그리고 모양 면에서 큰 차이를 보인다. 특히 지우개의 모양은 사각형, 원기둥 등 여러 가지 도형과 동물 모양과 같은 특별한 모양이 있다. 지우개 몇 개만 있어도 나만의 작은 세상을 만들 수도 있다.

또한 지우개는 용도에 따라서도 구분이 된다. 미술 스케치용 지우개와 인쇄잉크도 지울 수 있는 컴퓨터용 지우개, 그리고 일반 지우개 등으로 나뉜다. 이처럼 지우개가 다양한데는 뚜렷한 이유가 없다. 그래서 오히려 다양한 지우개의 모습은 신비롭고 흥미롭다. 사용자를 웃음짓게 한다.

무엇보다 지우개의 가장 큰 특징은 '희생'이다. 자신의 몸을 바쳐 누군가를 돕는다. 단순히 낙서나 글자 몇 자를 지우는게 아니라 자신의 일부를 조금씩 조금씩 뜯어내며 누군가의 아픈 기억이나 뭔가 잘못된 오류를 지워나간다. 이렇게 남을 위해 쓰여진 지우개의 일부분을 흔히 '지우개똥'이라고 부른다. 어감이 분명 좋지는 않다. 이들을 만져본 적이 있는가? 지면과의 마찰로 그들은 종종 따뜻하다. 또한 그들을 뭉치면 작은 지우개가 재탄생한다. 그래서 그들은 봄볕 햇살 같다. 너무 뜨겁지도 않고 따스한 느낌에 결합하면 강렬한 햇빛이 되는 '지우개똥'은 '지우개 햇살'이 되어야 하지 않을까? 연필의 흔적을 없애기 위해 지우개는 연필의 흔적이 새겨진 지우개와 그의 사이 공간을 '지우개 햇살'로 끊임없이 메꾸며 자신의 일을 수행한다.

지우개를 다시 조용히 따뜻한 시선으로 몇 분간 바라본다. 내 방 문턱 너머의 부모님 모습이 머릿속을 스쳐 지나간다. 우리를 위해 모든 고통을 감수하는 당신들의 모습이, 우리를 위해 다양하게 변화하는 당신들의 모습이, 그리고 무엇보다 우리를 위해 몸과 마음을 아낌없이 바치는 당신들의 희생적인 모습이…….

수업을 마치며

수필 쓰는 데 어떤 능력이 필요하냐는 질문에 다들 너무 똑 부러지게 대답해서, '이론적으로는 완벽하네. 어디 잘 쓰는지 볼까?' 하며 원고지를 나누어 주었는데, 그래서 나온 글들이 정말로 수준이 높아 깜짝 놀라고 말았다. 글들이 다 개성 있고 좋은데, 그 중에서도 '풀'에 관해 쓴 투박하고 솔직한 첫 번째 글이 참 좋다. '딱풀'이란 사물에서 '가지고 다니면 꼭 쓸 일이 생기지만 안 갖고 다녀도 별 지장 없다'는 특성을 잡아낸 것도 놀랍거니와, 자기 이기심 때문에 괴로워하는 성실파 여자아이의 생활과 고뇌(?)가 잘 묻어나기 때문이다. 묘사가 훌륭한 글은 연습하면 좀더 잘 쓸 수 있을 테지만, 이런 글은 지금 이때가 아니면 쓰기 힘들 것 같아서 더 그렇다.

본래 청소년 대상으로 나온 책도 아니고, 『김선우의 사물들』에 담긴 성찰과 묘사를 아이들이 다 이해하기란 사실 좀 어렵다. 하지만 글을 읽고 글을 쓰고, 남들이 쓴 글을 읽으면 어느 새 한 편 더 읽고, 한 편 더 쓰고 싶어진다. 좋은 글에는 힘이 있다.

참고자료

☞ 나도향 「그믐달」과 비교하여 읽어보면 재미있다. 전혀 다른 관점이 주는 묘미를 맛볼 수 있을 것이다.

보름달 (김동리_ 소설가·수필가 1913~1950)

나는 지금 보름달 아래 서 있다. 한 깊은 사람들은 그믐달을 좋아하고, 꿈 많은 사람들은 초승달을 사랑하지만, 보름달은 뭐 싱겁고 평범한 사람들에게나 맞는다던가?

한이 깊은 사람, 꿈이 많은 사람도 적지 않겠지만, 그보다는 아무래도 싱겁고 평범한 사람이 더 흔할게고, 그래서 그런지 보름달을 좋아하는 사람이 더 많은 것 같다. 그리고 나도 물론 그 중의 한 사람이다. 나는 아직까지, 내 자신이 싱겁고 평범한 사람인지 아닌지 잘 모른다. 그러나 보름달을 좋아하는 사람이란 예외 없이 싱겁고 평범하기 마련이라면, 내가 그렇게 싱겁고 평범한 사람이 되어도 할 수 없다.

내가 가진 새벽달의 기억은 언제나 한기와 더불어 온다. 나는 어려서 과식하는 버릇이 있었기 때문에, 내가 그 하얗게 깔린 서릿발을 밟고 새벽달을 쳐다보는 것은, 으레 옷매무새도 허술한 채, 변소 걸음을 할 때였다. 그리고 그럴 때 바라보는 새벽달은 내가 맨발로 밟고 있는 서릿발보다도 더 차고 날카롭게 내 가슴에 와 닿곤 했었다.

따라서 그것은 나에게 있어 달의 일종이라기보다는 서슬 푸른 비수나 심장에 닿은 얼음 조각에 가까웠다고나 할까? 게다가 나는 잠이 많아서 내가 새벽달을 볼 수 있는 것은 언제나 선잠이 깨었을 때다. 이것도 내가 새벽달을 사귀기 어려워하는 조건의 하나일 것이다.

새벽달보다는 초승달이 나에게는 한결 더 친할 수 있다. 개나리꽃 복숭아꽃 살구꽃 벚꽃들이 어우러질 무렵의 초승달이나 으스름달이란 그 연연하고 맑은 봄 밤의 혼령같은 것이라고나 할까. 소식(蘇軾)의 봄 저녁 한 시각은 천 냥에 값하나니, 꽃에는 맑은 향기, 달에는 그늘이라고 한 시구 그대로다. 어느 것이 달빛인지 어느 것이 꽃빛인지 분간할 수도 없이 서로 어리고 서려있는 봄 밤의 정취란 참으로 흘러가는 생명의 한스러움을 느끼게 할 뿐이다. 그러나 그렇단들 초승달로 보름달을 겨룰 수 있으랴? 그것은 안 되리라. 마침 어우러져 피어있는 개나리꽃 복숭아꽃 벚꽃들이 아니라면 그 연한 빛깔과 맑은 향기가 아니라면, 그 보드라운 숨결같은 미풍이 아니라면, 초승달 혼자서야 무슨 그리 위력을 나타낼 수 있으랴? 그렇다면 이미 여건 여하에 따라 좌우되는 초승달이 아닌가?

보름달은 이와 달라 벚꽃 살구꽃이 어우러진 봄밤이나, 녹음과 물로 덮인 여름밤이나, 만산에 수를 놓은 가을밤이나, 천지가 눈에 쌓인 겨울밤이나 그 어느 때고 그 어디서고 거의 여건을 타지 않는다. 아무 것도 따로 마련된 것이 없어도 된다. 산이면 산, 들이면 들, 물이면 물. 수풀이면 수풀, 무엇이든 있는 그대로로서 족하다. 산도 물도 수풀도 없는, 아무것도 없는 사막이라도 좋다. 머리위에 보름달만 있으면 언제 어디서고 세상은 충분히 아름답고 황홀하고 슬프고 유감한 것이다.

보름달은 온 밤있어 또한 좋다. 초승달은 저녁에만, 그믐달은 새벽에만 잠깐씩 비치다 말지만, 보름달은 저녁부터 아침까지 우리로 하여금 온 밤을 누릴 수 있게 한다. 이렇게 보름달은 온 밤을 꽉 차게 지켜 줄 뿐 아니라, 제 자신 한쪽 귀도 떨어지지 않고, 한쪽 모서리도 이울지 않은 꽉 찬 얼굴인 것이다. 어떤이는 말하기를 좋은 시간은 짧을 수록 값지며, 덜 찬 것은 더 차기를 앞에 두었으니 더욱 귀하지 않으냐고 하지만, 필경 이것은 말의 유희에 지나지 않는다. 행운이 비운을 낳고 비운이 행운을 낳는다고 해서 행운보다 비운을 원할 사람이 있을까? 나는 초승달이나 그믐달같이 불완전한 것, 단편적인 것, 나아가서는 첨단적이며 야박한 것 따위들에 만족할 수는 없다. 나는 보름달의 꽉 차고 온전한 둥근 얼굴에서 고전적인 완전미와 조화적인 충족감을 느끼게 된다.

나는 예술에 있어서도 불완전하며 단편적이이며 말초적인 것을 높이 사지 않는다. 그것이 설령 기발하고 예리할지라도, 시간과 공간을 초월한 완전성과 거기서 빚어지는 무게와 높이와 깊이와 넓이에 견줄 수는 없으리라. 사람에 있어서도 그렇지 않을까? 보름달같이 꽉 차고 온전히 둥근 눈의 소유자를 나는 좋아한다. 흰자위가 맑고 동자가 뱅뱅 도는 사람을 대할 때 나는 절로 내 마음을 무장하게 된다. 보름달같이 맑고 둥근 눈동자가 눈 한가운데 그득하게 자리잡고 있는 사람, 누구를 바라볼 때나 무슨 물건을 살필 때 눈동자를 자꾸 굴리거나 시선이 자꾸 옆으로 비껴지지 않고 아무런 사심도 편견도 없이 정면을 지그시 바라보는 사람. 기발하기 보다는 정대한 사람, 나는 이러한 사람을 깊이 믿으며 존경하는 것이다.

보름달은 지금 바야흐로 하늘 가운데 와 있다. 천심에서 서쪽으로 기울어지는 시간은 더욱 길며 여유 있게 느껴지는 것이 또한 보름달의 미덕이기도 하다. 나는 여기서 다릿목 정자까지 더 거닐며 많은 시간을 보름달과 사귀고자 한다.

같이 읽고 얘기하기 좋은 성장소설들

독서 수업을 오래 하면 학생들이 착해진다고 한다. 수업 과정에서 소통, 가치 추구, 자기 성찰이 지속적으로 이루어지기 때문이다. 청소년들의 고민을 콕 집어 건드리고 열어놓는 텍스트가 요즘 아주 풍성해졌다. 출판사마다 '청소년 문학상'으로 좋은 작품들을 적극적으로 발굴하는가 하면, 출판사 이름을 내건 '청소년 시리즈'를 지속적으로 내놓기도 한다. 특히 성장기 십대 청소년을 주 독자로 삼아 그 시기 다양한 사건과 십대의 고민들을 소재로 한 작품들을 '청소년소설'이라 부르기도 한다. 과거 전통적인 '성장소설'은 평범하지 않은 특수한 고난을 겪는 주인공의 이야기를 소재로 삼는 것들이 많았지만 요즘 청소년소설은 평범한 아이들 속에서 개인적인 고민과 갈등들을 섬세하게 찾아 그려내는 작품들이 많다. 수업에서 다루기 적합한 작품들이 많아졌다고 볼 수 있다.

성장소설 또는 청소년소설을 읽고 수업을 하면서 얻는 효과 중 가장 중요한 것은, 말 못할 성장통을 혼자 겪고 있던 아이들이 '다른 아이들도 비슷한 고민을 한다'는 것을 깨닫는 것이다. 소설 속 주인공들이 하는 말과 행동에 아이들도 자기 일처럼 공감한다. 누구나 부모님 앞에서, 친구들 사이에서, 학교에서 완벽하게 만족스러운 존재가 되지 못하며, 나를 비롯한 대부분의 또래들이 외모·성적·성격 등 자기 단점만을 들여다보고 있다는 것을 알게 된다.

청소년소설 주인공들은 독자에게, '힘든 시기는 지나가고 노력은 반드시 결실을 맺는다'는 메시지를 전해준다. 뻔한 메시지라도, 나와 닮은 주인공들의 눈과 입을 빌려 전달되기 때문에 설득력을 지닌다. 청소년 독자는 지금 하고 있는 고민 때문에 너무 힘들어도, 괴로운 시간들은 언젠가 지나가게 마련이며 나중에 돌아보면 이 시간들이 절대 의미 없는 시간이 아닐 거라는 위안을 받게 된다.

소설을 읽고 자기 이야기를 말과 글로 표현해보는 것은 가장 좋은 활동이다. 소설 속 주인공이 멋지게 토해낸 말은 사실 내가 하고 싶었던 말이다. 그런데 그 말을 내 생활에 가져다 놓으면 딱 나한테 맞는 말이 된다. 즉 내 고민도 소설 속 주인공처럼 그럴 만한 가치가 있는 고민이고 내 고민 역시 밖에 꺼내놓아도 부끄럽지 않은 멋진 말이라는 사실을 깨닫게 된다.

이런 책들을 읽고 진솔한 이야기를 나누어보면, 서로서로 친해지는 느낌을 받는다. 이후 수업도 훨씬 편해진다. 가족과는 좀 다른 연대감도 갖게 된다. 개인적인 비밀 이야기도 하게 되는데 아이들과의 비밀 약속은 선생님도 꼭 지켜주어야 한다. 그것이 연대감의 핵심이다. 수업에서 학생들과 함께 읽은 소설 중 가장 성공적이고 의미 있었던 세 편을 골라 소개해보겠다.

1. 친구란 무엇일까 고민할 때

『굿바이 마이 프렌드』 (오리하라 미토 / 양철북)

일본 소설이다. 얇고 문장도 쉬워서 초등 6학년 이상이면 읽을 수 있다.

4총사 친구 중 한 명이 시골로 전학을 갔다. 4총사는 시골 친구 집 앞 산 속으로 샘물 '천명수'를 뜨러 가자고 약속한다. 하지만 도시의 세 친구는 입시공부에 매달리며 시골로 간 친구와 한 약속을 잊는다. 어느 날 시골 친구가 산에서 조난당해 죽었다는 소식이 들리고, 남은 세 친구는 자책감에 괴로워하다가 셋이 산에 오르기로 한다. 우여곡절을 겪으며 산에 오른 셋은, 죽은 친구의 배낭을 골짜기에서 발견한다. 그 속에 자기들을 위해 물을 떠오려 했던 빈 물병들이 있다. 세 친구는 결국 산 위의 천명수를 찾아내고 그 물병을 채워 온다. 일본 소설 특유의 섬뜩함이 있어 친구 하나가 죽으며 출발하는 것이 맘에 걸리지만 스토리는 단순하다. 소년들이 여행과정 속에서 우정의 가치를 깨닫게 된다는 감동적인 이야기다. '성장'과 '나'를 주제로 한, 중학교 1학년 수업에 적합한 흔치 않은 텍스트로, 남학생들이 "감동했다."며 친구들에게 권해주는 유일한 책이었다.

2. 내 상처가 나를 망치려 들 때

『이건 완전 종이 낭비야』 (션 테일러 / 다림)

주인공 제이슨은 학교에서 찍힌 '문제아'다. 그는 가정에서 폭력을 당하지만 아무에게도 말하지 못하는 분노를 폭력적 행동으로 표현하고, 학교 선생님들은 이런 저런 방식으로 그를 돕는다.

소설 안에서 이야기는 두 줄기로 흐른다. 하나는 애런 선생님이 들려주는 환상 동화 '사냥꾼 소년' 이야기고, 또 하나는 제이슨이 피트 선생님의 강요로 쓰게 되는 일기장 내용이다. 동화 속 사냥꾼 소년은 '황금빛 말'의 도움을 받아 나쁜 왕을 이기고 행복을 찾는다. 사냥꾼 소년이 사건을 해결해 가는 과정과 제이슨이 가정 내 폭력에 맞서는 과정은 나란히 진행된다. 제이슨에게 일어나는 모든 폭력들은 일기장에 그려지는데, 그는 일기쓰기 과정에서 이야기 속 황금빛 말이 자기 안에 들어 있음을 깨닫게 된다. 결국 제이슨은 폭력을 거부하는 용기를 내고, 가정에서 일어나던 사건은 마무리된다.

소설 속에 나오는 폭력적 상황은 똑바로 보기 힘들 정도로 암담하다. 하지만 우리 청소년들이 현실에서 느끼는 갖가지 두려움이 제이슨의 그것보다 작다고는 말할 수만은 없을 것이다. 우리 아이들에게 처한 거친 현실을 직시하라고 소설은 말한다. 외면하지 말라고, 내 잘못으로 생긴 일이 아니지만 나를 괴롭히는 현실에 맞설 사람은 나 자신 밖에 없다고 말하고 있다.

이 소설은 '왜 독서 인문학 수업을 하는가?'하는 궁극적 질문과 닿아 있다. 책 속에 들어 있는 진정한 격려는 책을 보는 청소년들의 마음을 움직인다는 것, 그리고 움직인 마음을 글로 표현했을 때 청소년들은 자기 스스로의 힘을 발견하게 된다는 것, 이 두 가지의 원리를 이 소설은 설명해내고 있다. 교사가 믿고 있는 '진실된 이야기의 힘'을 소설로 형상화해 낸 책이다.

쉽고, 분량도 적은 편이어서 중학교 1학년도 부담 없이 읽을 수 있다. 소년 주변에서 일어나는 마약과 폭력 사건이 거칠게 그려져 있어서 거부감이 들 수도 있지만 대부분 학생들은 주제를 쉽게 이해한다. 내면의 상처를 다독이고 마음을 열게 하고 싶을 때, 격려하고 싶을 때 적합한 책이다. 수업에 임하는 선생님들께 권하고 싶은 책이기도 하다.

3. 외롭지만 황홀한, 나만의 세상

『파란 아이』 중 「고양이」, 「파란 아이」 (공선옥 외 6인 / 창비)

『파란 아이』는 청소년 소설 대표작가 7인의 단편소설 일곱 작품을 모은 책이다. 표지부터 순정만화 겉표지처럼 신비한 파란색 물 속에 미소년이 그려져 있어 흥미를 끈다. 그중 「고양이」(이현)은 사랑하던 엄마 고양이가 어느 날 아기 고양이에게 쌀쌀맞게 대하며 집을 나가라고 요구하는 이야기이다. 아기 고양이는 너무나 섭섭해하며 엄마 품을 떠나려고 하지 않는데, 엄마는 위험한 건물 위로 아기 고양이를 데려가 아름다운 풍경을 보여준다. 엄마는 나의 세계를 만드는 것은 외로움을 받아들여야 하지만 멋진 일이라는 것을 알려준다. 나만의 세상과 바깥 세상의 관계 속에서 늘 모순을 느끼며 갈등하는 청소년들에게, 외로움이라는 것은 소외된 감정이 아니라 나의 세계를 이루려는 사람이 반드시 감당해야 할 감정이라는 것을 알려준다.

한편 표제작인 「파란 아이」(김려령)은 죽은 누나와 아주 닮은 소년의 이야기다. 엄마는 소년에게서 누나의 모습을 찾고자 한다. 소년은 외모가 닮았지만 입술이 파란색이라는 점만이 누나와 다르다. 소년은 엄마가 없는 곳에서 소년 특유의 모험을 하며 자라면서도 엄마에게는 비밀로 한다. 하지만 엄마의 상처를 이해하고 자신 속에 들어있는 누나의 모습을 포용한다. 소년은 사랑으로 엄마와 누나의 상처를 다 안아줄 더 큰 그릇으로 자라는 것이다.

이외에도 이 책 속에는 순간순간의 아름다움을 놓치지 않는 법(「아무도 모르게」, 공선옥)을, 청소년에게 가해지는 세상의 폭력(「화갑소녀전」, 구병모) 등을 그려내고 있다. 전체적으로 감각적 표현이 많고 단편소설 특유의 함축적 장면들이 많아 인상이 강한 소설집인데, 독해 난이도가 상당하여 중학교 3학년 이상에 적합하다.

2

행복을 논하다

헤르만 헤세, 「아우구스투스」

사랑 받으면 행복할까

스콧 피츠제럴드, 『리츠 호텔만 한 다이아몬드』

돈 많으면 행복할까

대니얼 키스, 「앨저넌에게 꽃다발을」

똑똑해지면 행복할까

레이 브래드버리, 「화성의 죽은 도시」

환상 속에서 행복해도 될까

어슐러 K 르 귄, 「오멜라스를 떠나는 사람들」

행복을 포기할 수 있을까

행복한 삶이 좋은 삶일까

헤르만 헤세, 「아우구스투스」

사랑 받으면 행복할까

대상_ 중학교 1학년~고등학교 1학년
함께읽은책_ 「아우구스투스」
『헤르만 헤세 환상동화집』 (민음사 / 2002),
『헤르만 헤세 환상동화집』 (보물창고 / 2014) 수록
학습목표_
1. 내가 행복하기 위한 조건이 무엇인지 찾아본다.
2. 사랑받는 것과 주는 것의 차이를 이해한다.
집필_ 강정숙

남편을 잃은 여인이 아기 출산을 앞두고 있다. 옆집 노인의 친절함 속에서 아이를 출산하고 아이의 이름을 '아우구스투스'라 한다. 아이의 대부가 된 노인은 아기를 위해 한 가지 소원을 들어 주겠다고 약속하고 어머니는 고심 끝에 '모든 사람이 아이를 사랑하게 해 달라.'고 소원을 빈다. 소원은 이루어져 아이는 아름답고 매력적인 청년으로 자란다. 그러나 모든 사람에게서 사랑만 받고 오만하게 자란 아우구스투스는 사람들에게 싫증을 낸다. 결국 자살을 결심하는 그에게 다시 노인이 나타나 새 소원을 들어주겠다고 하고, 그는 이제 사랑 받는 대신 '내가 모든 사람을 사랑하게 해 달라.'고 한다. 그는 사람들의 멸시 속에 늙어가면서도 자신을 미워하는 사람들을 사랑하는 마음을 갖게 되고, 그들을 돕는 일이라면 무엇이든 하면서 삶의 행복을 느끼다 노인 곁에서 죽는다. 헤르만 헤세 『환상 동화집』에 실려 있는 짧은 단편 「아우구스투스」의 줄거리다.

이 아름다운 동화는 '책 읽는 부담을 내려놓고, 편하게 동화 한 편 읽자' 하면서 수업 중에 간단히 읽을 수 있는 20여 쪽의 짧은 이야기다. 신화나 시에서 작가가 전하는 메시지의 맥락을 뽑아내듯, 이 짧은 이야기 속에서 인간의 삶과 심리구조의 원형, 우리가 간직해야 할 보석 같은 삶의 통찰을 찾아내 보는 것은 어떨까?

생각열기

1. (책을 읽기 전에) 마술사 노인이 나타나 내 인생의 한 가지 소원을 말하라고 하고 그것이 반드시 이루어진다고 한다면 나는 무슨 소원을 말할 것인가?

- 하버드대 법대 가서 변호사까지 되게 해주세요.
- 우리 가족이 한 사람도 안 아프고 건강하게 해주세요.
- 내가 아무 고통 없이 오래 살다가 고통 없이 죽게 해주세요.
- 돈이 잘 벌리는 직업을 찾게 해주세요.
- 전교 일등하게 해주세요.

2. 그럼 마술사 노인이 나타나 '내 자식'의 인생에서 한 가지 소원이 이루어지게 해 준다면 나는 무슨 소원을 빌 것인가?

- 평생 건강한 아이로 자라게 해주세요.
- 나를 속 썩이지 않는 아이로 자라게 해주세요.
- 나한테 효도하는 아이로 자라게 해주세요.
- 책만 보면 저절로 공부가 술술 되는 머리 좋은 아이로 자라게 해주세요.

내용 이해

엘리자베트 부인, 당신은 벌써 아들에게 아름답고 좋은 것을 많이 빌어주었겠지요. 이제 그 아이에게 무엇이 가장 좋을까 생각해 두십시오. 그것이 이루어지도록 해드리지요. 아들을 위해 원하는 것 한 가지만 소원을 선택하세요. 그러나 딱 하나여야 합니다. 잘 생각해 두세요. 오늘 저녁 저의 작은 음악상자가 연주하는 소리가 들릴 때 그 소원을 아들의 왼쪽 귀에 대고 말하면 이루어질 것입니다.

(……)

그녀는 한숨을 쉬면서 아기에게 몸을 굽혔다. 그리고 아이의 왼쪽 귀에 대고 속삭였다.

"내 아들아, 내가 네게 바라는 것은… 바라는 것은……."

그리고 아름다운 음악이 완전히 사라지려는 찰나 깜짝 놀라서 재빨리 말했다.

"내가 네게 바라는 것은, 모든 사람들이 널 사랑하지 않을 수 없게 되는 거란다."

이제 소리는 사라지고 어두운 방안은 쥐죽은 듯 고요했다. 그녀는 요람 위에 몸을 던졌다. 눈물을 흘리며 걱정과 불안에 가득 차 외쳤다.

"아, 난 내가 아는 한 가장 좋은 것을 원했다. 하지만 그게 옳은 것인지 모르겠구나. 모든 사람들이 널 사랑하게 되더라도 엄마처럼 널 사랑할 사람은 아무도 없을 테니까 말이야."

–「아우구스투스」,『헤르만 헤세 환상동화집』(민음사 / 2002), 98~100쪽

1. 노인은 아이와 엄마에게 어떤 일을 구체적으로 해 주었나?

- 엄마가 아이를 낳을 때 산파를 보내주어 도와주었다.
- 대부가 되어 주고 아버지가 없는 아우구스투스에게 다정히 이야기해 주고, 아름다운 음악을 들려주고, 천사를 보여주었다.
- 아이가 젊은이가 된 뒤에도 와서 쉬게 해 주었다.
- 그의 독을 빼앗아 대신 마셔주었다.
- 다시 새 인생을 시작하도록 새 소원을 들어주었다.

2. 엄마가 빈 소원은 아우구스투스에게 어떤 영향을 주었나?

- 다른 사람들이 자신도 모르게 그를 좋아하게 해 주었다.
- 모든 사람들이 그를 좋게만 보게 해 주었다.
- 다른 사람들이 그의 사랑을 원하는 마음을 갖게 해 주었다.
- 아우구스투스가 남들의 마음을 애정을 독차지해 마음대로 행동하게 했다.
- 엄마나 빈스반겔 씨(노인)를 함부로 대하려는 마음을 갖게 했다.

펼치기

1. 아우구스투스는 사랑만 받으며 자랐다. 보통은 사랑을 받아본 사람이 사랑할 줄 안다고 하는데, 아우구스투스는 왜 사랑을 하지 못하고 남을 깔보는 사람으로 자라게 되었을까?

- 다른 사람들이 그를 사랑한 것도 그의 외모나 행동 같은 겉모습에 대한 것이지 그의 본질을 사랑한 것은 아니었을 것이다. 그래서 그도 모르게 자신을 진심으로 이해해주지 않고 숭배만 하는 사람들에게 싫증을 느낀 것이다.
- 그래서 자신을 진심으로 이해해주는 엄마와 노인에게 사랑을 느꼈다.

- 자신이 잘못을 해도 지적해주지 않고 벌이나 미움도 받지 않으니 잘못을 계속 하게 되어 나쁜 사람으로 자라게 된다.
- 남의 사랑을 얻는 것이 힘든 일이라는 걸 알아야 타인에게 노력하게 되는데 저절로 되니 남을 노예처럼 부리게 되는 것이다.

2. 결국 아우구스투스는 남의 숭배를 받는 생활에 싫증을 느끼고 자살을 결심한다. 다들 자신을 좋아하고, 안락한 생활을 하는데도 왜 그는 삶에서 행복을 느끼지 못할까?

- 사랑을 주지 않는 것이 오래 반복되면 주고 받는 것이 원칙인 인간관계의 질서가 깨지는 것이다. 그래서 결국 모든 인간관계가 파탄이 나는 것이다.
- 사랑받는 것은 수동적인 것, 사랑하는 것은 능동적인 것이다. 남의 사랑에 끌려다니기만 하고 스스로 사람들과 좋은 관계를 유지하려는 능동적 노력이 없으니 허무한 것이다.
- 생물체들도 서로 사랑을 주고받는 게 본성이다. 그래야 자기 생태계도 유지가 된다. 그런데 받기만 하는 것은 블랙홀과 같은 것이다. 남에게 사람을 주지 않는다는 것은 아무 힘이 없고 비어있는 것과 같다.
- 이타적인 게 진짜 이기적인 거라는 말처럼 우리는 스스로 힘을 확인하기 위해 스스로 남에게 소용된다는 기쁨을 느끼기 위해 사랑하는 것 같다.

"네 독약은 내가 다 마셔버렸다." 노인은 말을 이었다. "나도 네 불행에 책임이 있기 때문이야. 너의 어머니는 네가 세례를 받을 때 너를 위해 한 가지 소원을 빌었단다. 비록 어리석은 것이었지만 나는 그 소원을 들어주었지. 네가 그것을 알 필요는 없다. 네 스스로 느끼다시피 그건 저주가 되어버렸으니까.
네 가련한 어머니의 소원은 네게 좋지 못한 일이 되어버렸다. 아우구스투스, 이제 어떤 것이든 네 소원을 한 가지 들어줄 수 있도록 허락해 주지 않겠니? 너는 아마 돈이나 재산을 바라지는 않을 거야. 권력이나 여인의 사랑도, 그런 것들은 충분히 가져보았을 테니까. 잘 생각해 보렴. 망쳐버린 네 인생을 다시 더 아름답고 좋게 만들고 너를 다시 한 번 기쁘게 해줄 수 있는 마술을 알 것 같으면, 그걸 소원으로 빌려무나!"
(……)

"한 번 해보겠습니다." 그는 대부에게 말했다. "저를 돕지 못했던 옛날의 마술을 가져가시고 그 대신 제가 사람을 사랑할 수 있게 해주세요!"

울면서 그는 옛 친구 앞에 무릎을 꿇었다. 그렇게 주저 않으면서 벌써 이 노인에 대한 사랑이 얼마나 자기 안에서 불타오르며 잊고 있었던 말과 몸짓을 갈구하는지를 느꼈다. 대부는 작은 몸집으로 그를 팔에 부드럽게 안고 침대로 데려가 눕힌 뒤 뜨거운 이마 위로 흘러내린 머리카락을 쓸어주었다.

"잘했다" 대부는 그에게 나지막하게 속삭였다. "잘한 거야, 내 아들아, 모든 게 잘 될 것이다."

– 같은 책, 114~116쪽

3. '독'의 의미는 무엇일까?

- 다른 사람의 마음에 준 상처들
- 교만한 마음
- 공허감, 더 이상 삶의 행복은 없을 거라는 허무감
- 자신을 소중하게 생각하지 않는 마음

4. 노인이 악기연주를 할 때 날아다니던 천사는 무엇일까?

- 소년의 마음이 행복하다는 뜻
- 평화와 아름다운 삶이 여기 있다는 의미

5. 아우구스투스의 삶에서 노인의 의미는 무엇일까?

- 진심으로 아우구스투스를 사랑하고 참된 길로 이끌려 했던 사람
- 사랑스러울 때나 미울 때나 늘 그의 본질을 믿고 기다려주고 기회를 주는 사람
- 그 인생의 소원도 들어주고 운명도 주고 기회도 주는 신과 같은 존재
- 엄마같이 평생 나를 지켜봐 주는 사람
- 그를 만든 조물주

그러나 화려한 생활 속에서 숨 막히게 했던 무시무시한 공허와 고독감은 이제 완전히 그를 떠났다. 잠시 강렬한 뙤약볕을 피하기 위해 어느 집 문 안에 들어서거나 뒤채 마당에서 한 모금의 불을 청할 때면, 전에는 그의 거만하고 사랑 없는 말에도 감사하며 빛나는 눈으로 대답하던 바로 그 사람들이 얼마나 투덜거리며 적대적으로 대하는가에 그는 놀랐다. 그러나 이제는 모든 사람들의 시선이 그를 기쁘게 하고 매혹하고 감동 시켰다. 그는 놀고 있거나 학교에 가는 아이들을 사랑의 눈길로 바라보았고, 집 앞 벤치에 앉아 시든 손을 햇볕에 쬐고 있는 노인들을 사랑했다.

모두가 사랑스럽고 놀라웠으며, 그로 하여금 깊은 생각에 잠기게 했다. 자신이 스스로에 대해 느꼈던 것보다 더 나쁜 사람은 없는 것 같았다.

– 같은 책, 119~120쪽

6. 내가 사랑할 때 내 사랑을 받는 사람도 행복할까?

- 내가 사랑하는 사람이 누구냐에 따라 다를 것이다.
- 사랑을 받기에 마음이 작은 사람이라면 행복도 작을 것이다.
- 동생이라면 형이 사랑해주는 행복을 잘 모르겠지만 그래도 사랑을 주고 받는 것이 뭔지 알려주기 위해서 사랑해줘야 한다.
- 엄마라면 내가 사랑하는 것을 아시면 아주 기뻐하실 것이다. 그리고 더 많이 나를 사랑해줄 것이다.
- 신이라면 내가 사랑하는 것을 기쁘게 받고 더 큰 사랑을 나 몰래 주실 것이다.
- 그럼 아우구스투스는 다른 사람들에게 사랑하고 싶은 마음을 일으켰으니 남에게 행복을 준 사람이 아닐까?
- 그 사람들이 아우구스투스의 본래 모습을 보고 사랑한 게 아니라 겉모습만 보고 사랑했기 때문에 마법이 풀렸을 때 미움과 복수로 변한 것이다.
- 아우구스투스는 사랑을 받으면서도 그래서 공허하고 다른 사람이 싫었을 것이다.

7. 빈스반겔 씨가 중간에 나타나 주인공의 소원을 들어주지 않았다면 결말은 어떻게 되었을까?

- 사실 죽는 결말로 끝나도 우리에게 주는 교훈은 마찬가지였을 거다.
- 아마 죽을 정도로 고민하다가 결국 스스로 사랑하는 것의 중요함을 깨닫고 행복해졌을 것이다.
- 다른 사람에게 미움 받는 경험을 하지 않고 자신을 사랑해주는 사람들을 사랑하면서 더 행복한 나머지 인생을 살았을 수도 있다.

8. 남을 사랑하면서 아우구스투스처럼 기쁨을 느꼈던 경험을 이야기해 보자.

- 아직 남을 사랑해 본 경험은 없는 것 같다.
- 이성 간의 사랑이 아니라 해도 아직은 주로 사랑을 받는 것 같다.
- 친구에게 우정을 줬는데 배신감을 느낀 경우가 더 많다.
- 사실 가족들을 사랑한다는 생각을 구체적으로 해본 적 없는 것 같다. 당연히 나를 돌봐주는 사람이 가족이라고 생각했다.
- 가족은 나를 귀찮게 하는 사람이고 사랑은 좋아하는 사람 만나면 하려고 했다.

9. 왜 헤세는 이 글을 동화 형식으로 썼을까?

- 어른뿐 아니라 아이들도 다 읽게 하려고 썼을 것이다.
- 동화는 현실의 추한 면보다 아름다운 걸 많이 그리니까 판타지로 마술적인 일이 일어나는 걸 그리기 좋았을 것이다.
- 헤세는 평생 동화를 썼다는 걸 보면 동화가 어려운 주제를 전하기에 더 쉬운 형식일 수도 있을 것 같다.

10. 헤세가 영웅의 이름으로 자주 등장하는 '아우구스투스'로 이 글의 제목을 정한 까닭은 무엇일까?

- 영웅들이 주로 남들의 숭배를 받는 사람들이라 주인공과 같은 처지에 놓이기 쉬워서 그런 것 아닐까?
- 특정 사람의 이름을 넣어서 실제로 이런 일이 사회에서 일어난다고 말하고 싶었을 것이다.

11. 내가 수업 맨 앞에서 빌었던 나의 소원을 바꾸고 싶은 생각이 없나?

- 나를 위해서는 어떤 소원도 빌고 싶지 않다. 뭐든지 내가 진심으로 노력해야 나를 행복하게 만드는 건데 저절로 주어진 건 내게 필요 없는 것 같다.
- 그래도 아직은 이 동화대로 세상이 이루어지지는 않으니 내 노력 외에 운이 필요한 건 소원으로 빌고 싶다.
- 나를 위한 소원은 안 빌어도 내 자식을 위한 소원은 빌고 싶다. 나는 내가 노력하면 되지만 내 자식은 내가 노력한다고 해서 되는 게 아니니까.

마무리

1. 이 작품을 읽은 느낌을 정리해 써보자.

학생글

사랑을 받으면 따뜻한 마음으로 받아들이라

_ 임유진 (중학교 1학년)

헤르만 헤세? 모두들 한 번쯤은 들어보았을 이름이다. 그를 이제 알게 된 나는 그의 작품들이 인간의 심리와 감성들을 고스란히 잘 표현하고 있어 아주 특별한 작가라고 생각했다.

헤르만 헤세의 특별함은 인정하지만 이 동화의 내용은 내 맘에 들지 않았다. 부인은 "모든 사람이 너를 사랑하지 않고서는 배기지 못하기를!"이라 빌었다. 소원은 이루어지지만 아우구스투스는 교만한 사람으로 자라고 사랑의 소중함을 모르게 된다. 결국 그의 삶은 허무해지고 빈스반겔씨의 도움으로 엄마의 소원을 반대로 바꿔 고생을 하면서 사랑하는 기쁨과 소중함을 깨닫게 된다.

부인은 아우구스투스가 잘 되기를 바라 소원을 빌었지만 아우구스투스는 사랑을 너무 많이 받아 냉정한 아이로 변해버렸다. 그는 사랑이 뭔지도 모른 채 남들이 그에게 주는 사랑을 이용해 사기를 치고 문제를 일으켰다. 날마다 그의 성격은 더 나빠졌다. 그는 인간의 도리나 성실 같은 것에 혐오를 느끼고 이런 것들을 발로 짓밟아 버린다. 나는 이것을 읽고 그가 아주 교활하고 이기적인 사람인 것을 알 수 있었다. 나는 원래 슬픈 이야기를 좋아한다. 하지만 나는 이 이야기를 읽고 아우구스투스에게 동정심을 느꼈다. 왜냐하면 그 첫 번째 소원은 그의 엄마 것이었고 그러므로 그에게는 다른 사람과 달리 처음부터 똑바로 살 기회가 주어지지 않았기 때문이다.

이 책에는 아주 큰 교훈이 담겨 있다. 다른 사람이 읽으면 다른 교훈을 느낄 수도 있겠지만 나는 이 이야기에서 '사랑을 받으면 따뜻한 마음으로 받아들이라'는 말을 받아들었다. 이 교훈은 이야기 속에 계속 나타난다. 예를 들면 "아들이 다른 사람의 사랑을 받아들이는 냉혹하고 깔보는 태도에 깜짝 놀랐다."라고 엄마의 마음을 표현하고 있다.

사랑할 줄 아는 것이 중요하다

_ 정승환 (중학교 2학년)

아우구스투스의 어머니는 소원을 빌 때 자식이 '사랑하는 법을 알아야 한다.'는 중요한 것을 빼먹어 소원이 저주가 되고 말았다. 어머니가 사랑하는 법을 알게 해줬으면 아우구스투스의 삶은 어떻게 변했을까? 어머니의 아이에 대한 욕심은 그의 삶을 망쳤지만 노인 빈스반겔은 아이가 올바른 길로 나가게 이끌어 주었고 천사는 아이가 잘 살아가는지 알려주는 신호 역할을 했다. 그런데 여기서 궁금증이 하나 생긴다. 만약 내가 누구를 사랑하면 사랑 받는 사람도 행복할까? 그리고 그 전에 주인공을 사랑했던 타인도 행복했을까? 두 번째 질문에 대한 나의 답은 '행복했을 것이다'이다. 그러므로 아이 엄마는 아우구스투스를 위해서가 아닌 그를 사랑했던 다른 사람을 더 행복하게 만들었다는 것이 된다.

이 책은 사랑받는 것보다 더 소중한 사랑하는 것의 중요성을 강조하고 있는 소설이다. 아우구스투스의 인생에 비추어 알 수 있듯이 사랑할 줄 몰랐던 사람은 결국 불행하게 살게 되는 것이다. 그래서 나는 이 책을 남을 돕지 않고 자기 자신만 사랑하는 사람들에게 행복해지는 방법을 알게 해주는 책으로 추천한다.

마이더스에 대한 고찰

_ 권태형 (고등학교 1학년)

나는 헤세가 만들어 놓은 몇 가지 상징에 대해 생각해보았다.

노인의 정체는 무엇일까? 나는 노인이 젊은이의 선한 면이라고 생각한다. 애드거 앨런 포의 소설 『윌리엄 윌슨』을 보면 주인공 윌슨을 집요하게 추격하는 도플갱어가 나온다. 윌슨은 도플갱어를 물리치려다 결국 방황하고 타락하게 된다. 결국 윌슨은 도플갱어를 죽이는데 사실 그는 윌리엄의 선한 면이었다. 그는 죽어가면서 "내가 죽었으니 너도 살아남지 못할 것이다."고 말한다. 다행히 「아우구스투스」에서 젊은이가 노인을 죽이는 일은 일어나지 않았다. 노인이 말했던 불길과 음악, 천사는 젊은이가 선한 행동을 할 때 나타나는 표시라고 할 수 있겠다.

그러면 젊은이가 먹으려던 '독'은 무엇일까? 나는 독이 '지옥의 문'이라고 생각한다. 지옥의 문이란 사람을 구제할 방도가 없는 순수한 악으로 빠뜨리는 것을 의미한다. 젊은이가 독을 마시면 참회하고 남에게 사랑을 베풀 기회를 갖는 것이 불가능해져서 마치 지옥의 문에 들어가는 것 같이 된다. 노인은 젊은이를 구제하기 위해 몸소 위험을 제거해 준 것이다.

그렇다면 모두에게 사랑받던 젊은이가 한순간 증오의 대상이 된 까닭은 무엇인가? 노인이 젊은이의 능력을 거두었기 때문일까? 내 생각에 그 능력을 없앤 사람은 젊은이 자신이었다. 자연 생태계의 흡혈박쥐는 3일 이상 굶으면 죽게 되며, 사냥에서 한 번에 성공한다는 보장 역시 없다. 그러나 지구상에 흡혈박쥐가 멸종하지 않은 것은 동료에게 피를 나눠주기 때문이다. 그 이유는 자신이 사냥에 실패할 경우 자신에게 도움을 받았던 박쥐에게 피를 부탁할 수 있기 때문으로 일종으로 생명보험 계약과 같다. 그러나 남에게서 피를 받아 먹기만 하고 자신의 피를 나눠주지 않은 박쥐는 위급할 때 누구에게도 피를 구할 수 없게 된다. 젊은이의 비극도 이와 같다. 자신이 사랑을 받기만 하고 누구에게도 사랑을 주지 않았으므로 결국 사람들에게 신용불량자 취급을 받게 된 것이다. 감옥에서 모두에게 사랑을 주고 싶은 욕구가 생긴 젊은이는 출소 후 그 욕구를 충족시켜 행복을 얻을 수 있었고 잃어버린 신용 역시 어느 정도 복구할 수 있었다.

이 세계의 균형을 맞추는 것은 일반적 의미의 사랑이지, 나만 사랑을 독차지하는 마이더스가 아니다.

수업을 마치며

이 작품을 초등 6학년부터 중 2~3학년, 고등학교 1학년까지 읽게 해 보았는데, 의외로 가장 시큰둥한 반응은 초6이고 가장 감동을 많이 느끼는 학생은 고1이었다. 물론 동화를 읽고 환상의 세계를 이야기하는 것은 초등 저학년일 것이다. 그러나 초등학생들은 권선징악적 기본 동화구도에 약간 짜증스러워 했고, 새로운 판타지 기법을 보기를 기대했는데 역시 동화는 시시하다며 실망하는 기색이 역력했다. 반면 중등 학생들은 자신의 삶 속 사건과 사람들을 소설 속 인물들과 대응시켜보면서 자신이 가족과 친구들을 어떻게 대하는지 진지하게 고민해보았다. 고등학생들은 동화의 다양한 상징성들을 현실에 대입시키며 의미를 확장시켜 갔다.

「아우구스투스」는 사랑받고 사랑하는 것이 우리의 행복과 어떤 관련이 있는지 상세하게 깨닫게 해주는 동화였다. 그래서 행복하기 위해 우리에게 진짜 필요한 것이 무엇인지, 그것은 어떻게 우리에게 오는 것인지 스스로 생각해 보게 되었다. 사회 속에서 진로를 선택하고 자신의 자립을 위한 여러 가지 준비를 해야 되는 학생들이 자칫 물질적 준비가 사회에 나갈 준비의 전부라고 생각하게 되는 시대에, 행복을 지키기 위해 잊지 말아야 할 조건을 생각하게 해주는 수업이었다.

스콧 피츠제럴드, 『리츠 호텔만 한 다이아몬드』

돈 많으면 행복할까

대상_ 중학교 2~3학년

함께읽은책_ 『리츠 호텔만 한 다이아몬드』 (스콧 피츠제럴드 / 민음사 쏜살 문고 / 2016)

『테마명작관 : 돈』 (에디터 / 2012), 『피츠제럴드 단편선 2』 (민음사 / 2009)에도 수록

학습목표_

1. 소유에 집착하는 태도가 파생시키는 문제점을 이해할 수 있다.
2. 행복한 삶의 조건에 대해 생각하고 표현할 수 있다.

집필_ 고은영

돈의 힘이 점점 커지는 세상, 내가 사는 집이 나를 말해주고 요즘 어떻게 지내느냐는 친구의 안부 인사에 고급 승용차를 보여주면 되는 세상에서, 돈은 무엇보다 중요하다. 큰 돈이 있으면 살면서 부딪치는 힘들고 어려운 일의 많은 부분을 해결할 수 있고 좀 더 쾌적하게 살 수 있기 때문이다. 2017년 청소년 윤리 의식 조사에서 무려 55%의 고등학생이 10억을 받을 수 있다면 잘못을 저지르고 감옥에 일 년 동안 갇히는 것을 선택하겠다고 답한 것도 우리 사회에서의 돈의 위상을 단적으로 보여준다.

그러나 큰 돈을 벌고 그것을 지키면서 살아가는 삶도 마냥 행복하지만은 않은 것 같다. 돈을 벌기 위해 자신의 시간과 노동을 투자하며 일에 매여야 하고 돈을 지키기 위해 타인에 대한 경계를 늦추지 말아야 한다. 행복하고 자유롭기 위해 돈을 벌지만 돈 때문에 외로워지고 부자유해지는 모순적 상황이 발생하는 것이다. 우연히 발견한 거대한 보석을 지키기 위해 고립되고 왜곡된 삶을 선택한 워싱턴가 사람들 삶의 모습도 마찬가지다.

소유적 삶의 양식을 극단적으로 내면화한 주인공들의 비극을 통해 돈과 인간 삶의 복잡한 관계를 찬찬히 들여다보고 어떻게 사는 것이 옳은 것인지 생각해볼 수 있다.

생각열기

1. 다음 시를 읽고 시인이 말하고자 하는 바가 무엇인지 이야기해 보자.

<상품의 노래(Song von der Ware)>
- 베르톨트 브레히트

쌀은 이 아래 강가에 있네.
저 위의 시골에 사는 사람들은 쌀이 필요하네.
우리가 쌀을 창고에 쌓아 두면
쌀은 그들에게 비싸게 될 것이네.
그러면 거룻배로 쌀을 실어 나르는 사람들은
쌀을 더욱 조금밖에 받지 못하고
나에게는 쌀이 더욱 싸게 될 것이네.
도대체 쌀이란 무엇인가?
쌀이 무엇인지 나는 아는가?
누가 그것을 아는지 내가 알게 무어람!
쌀이 무엇인지 나는 모르네.
나는 그저 쌀값만 알고 있을 뿐.

겨울이 되면, 사람들은 옷이 필요하네.
그러면 사람들은 솜을 사야만 하고
그 솜을 내놓으려 하지 않을 것이네.
추위가 오면, 옷은 점점 비싸지네.
방적공장들은 임금을 너무 많이 지불하네.
이제는 어디를 가나 솜이 너무 많네.
도대체 솜이란 무엇인가?
솜이 무엇인지 나는 아는가?
누가 그것을 아는지 내가 알게 무어람!
솜이 무엇인지 나는 모르네.
나는 그저 솜값만 알고 있을 뿐.

사람은 먹을 것이 너무 많이 필요하다네.
그것으로 인해 사람이 너무 비싸게 되고
먹을 것을 만들기 위해 사람을 필요로 할 것이네.
요리사들은 음식을 더 저렴하게 만들지만'
먹는 사람들이 음식값을 더 비싸게 하네.
그런데 완전히 아주 소수의 사람이 있다네.
도대체 사람이란 무엇인가?
사람이 무엇인지 나는 아는가?

누가 그것을 아는지 내가 알게 무어람!
사람이 무엇인지 나는 모르네.
나는 그저 사람 몸값만 알고 있을 뿐.

쌀과 옷 같은 생필품들이 이윤을 위한 도구가 될 때 그것을 사용하는 사람들의 상황 따위는 더 이상 중요한 고려 대상이 아니다. 쌀이나 옷이 인간에게 어떤 의미인지도 중요하지 않다. 더 많은 이윤을 위해 더 비싼 가격을 매기는 것만이 중요해진다. 인간도 마찬가지다. 싼값으로 부릴 수 있는 인력만이 필요할 뿐 인간 자체에 대한 관심은 없다. 시인은 자본주의적 상황과 그 안에서 살아가는 우리들의 모습을 신랄하게 형상화하고 있다. 다소 긴 시지만 학생들과 함께 낭송하고 의미를 더듬어보면서 지금 우리 삶의 양상을 차분하게 돌아볼 수 있을 것이라 기대한다.

1. 이 책은 평범한 학생 존 T. 엉거가 부잣집 아들인 퍼시 워싱턴의 집에 놀러 가서 겪는 사건들을 담고 있다. 책 줄거리를 함께 정리해보자.

펼치기

책 내용을 꼼꼼하게 이해하는 것은 이후 토론을 이어가기 위해 필요하다. 존이 퍼시를 만나 그의 집에 초대받아 가게 되는 경위와 워싱턴가에서 벌어지는 사건들을 중심으로 전반적인 책 내용을 함께 이야기하면서 정리한다. 책을 읽어 온 학생에게 책의 줄거리를 꼼꼼하게 설명하도록 한다. 눈으로 읽은 글 내용을 말로 정리하여 표현하는 훈련이 되기도 하고 책을 미처 못 읽어온 학생들이 수업에 참여할 수 있도록 도와주는 의미도 있다.

소설은 미시시피 강변의 작은 마을인 하데스에서 나고 자란 존 T. 엉거라는 소년이 보스턴 부근의 세인트 마이더스 학교에 입학하면서 시작된다. '세계에서 학비가 가장 비싼' 학교답게 부잣집 자제들이 많이 다니는 이 학교에서 존은 수많은 부잣집 아이들과 그 부모들을 만나는데 존에게 그들은 신기하리만치 똑같은 사람들이다. 그들이 존의 출신 지역에 대해 궁금해하는 것도, 존이 작은 시골 소읍 출신임을 밝히면 금세 흥미를 잃는 것도 똑같다.

존과 같은 반인 퍼시 워싱턴은 다른 아이들에게는 자신을 잘 드러내지 않고 거리를 두지만 존에게는 몬태나에 있는 자신의 집에서 함께 여름 방학을 보내자고 제안한다.

기차를 타고 함께 퍼시의 집으로 가면서 존은 워싱턴가의 재력에 대해 알게 된다. 퍼시의 아버지가 무려 리츠 칼튼 호텔만 한 다이아몬드를 소유하고 있다는 것이다! 반신반의하던 존은 거대한 협곡 속에 숨겨진 퍼시의 집에 도착해서 어마어마한 저택의 규모에 놀라고 호화롭고 진기한 물건으로 가득 찬 저택의 내부에 압도당한다. 무엇보다 놀라운 것은 자신의 아버지가 리츠 칼튼 호텔만한 다이아몬드를 소유하고 있다는 퍼시의 말이 사실이라는 것. 퍼시의 할아버지가 우연히 발견한 다이아몬드 산 덕분에 워싱턴가 사람들은 호화롭기 그지없는 생활을 대대로 이어오고 있었던 것이다.

그러나 워싱턴가에도 골치 아픈 일은 있다. 집안의 엄청난 재력이 외부에 알려지게 되면 거액의 세금 뿐 아니라 다양한 형태의 '강탈' 시도가 이어질 것이기 때문에 다이아몬드의 존재를 숨겨야만 하는 것이다. 깊고 험한 협곡 속 다이아몬드 산 바로 위에 집을 지은 것도 외부의 시선을 차단하고 보석을 지키기 위함이었다. 우연히 협곡에 흘러들어와 워싱턴가의 실체를 접한 외부인들은 퍼시의 아버지가 만든 감옥에 갇히거나 죽고 가까스로 그곳에서 탈출한 자는 목에 현상금이 걸려 죽은 목숨이 되어 버린다. 제대로 세어보고 평가할 수조차 없는 막대한 재력 때문에 외부와의 단절이 불가피해진 것이다.

존에게 호감을 느낀 퍼시의 여동생 키스민은 존 또한 다른 외부인들처럼 '처리'될 것임을 말해준다. 고립된 삶의 외로움을 달래기 위해 퍼시 남매는 방학마다 친구들을 집에 데려오고 집안의 비밀이 알려지는 것을 막기 위해 그들을 죽여 없애는 일이 반복되었다는 것이다. 위기를 감지한 존은 키스민과 함께 저택에서 도망치기로 결심한다. 그런데 그날 밤, 워싱턴가의 재산을 노린 공격이 이어지고 퍼시와 퍼시의 부모님, 집안일을 도맡아하던 흑인 노예들은 모두 죽고 다이아몬드 산은 폭파되어 버린다. 키스민과 그녀의 언니인 재스민을 데리고 가까스로 도망친 존은 두 자매에게 이제부터 살아갈 방도를 찾아야 함을 말하면서 차가운 대기 속에서 잠을 청한다.

2. 평범한 가정의 아들인 존은 서민들의 주거지인 '하데스'라는 동네에서 산다. 책 속에서 하데스는 무척 덥고 습해서 살아가기 힘든 동네로 묘사되어 있다. 그런데 하데스는 그리스 신화에 나오는 저승세계의 왕의 이름이기도 하다. 작가가 평범한 시골 동네의 이름을 하데스로 붙인 이유는 무엇일까?

하데스는 덥고 습해서 일상을 이어나가기 고달픈 동네이고 하데스의 주민들은 대부분 존처럼 평범한 소시민들이다. 자본주의 사회 속에서 돈 없는 서민으로 살아가는 것은 더위와 습기에 시달리는 것만큼이나 불쾌하고 죽음만큼이나 무섭고 괴로운 일이라는 의미에서 그런 지명을 선정한 것은 아닐까? 재산을 모두 날린 키스민 자매도 존을 따라 하데스에서 살아가야 한다는 작품 말미의 말은 하데스가 특정한 지역이 아니라 돈 없는 사람들이 힘들게 살아가야 하는 자본주의 체제 자체를 의미하는 것으로 읽힌다. 덧붙이자면, 존이 진학한 '세계에서 학비가 가장 비싼' 학교의 이름은 세인트 마이더스다. 만지는 것마다 금으로 변하지만 정작 소중한 것들은 잃어버리는 마이더스의 모습은 돈을 지키기 위해 다른 것들을 포기해야 하는 부자들의 모습을 그대로 반영한다.

3. 퍼시의 초대를 받아 워싱턴가의 대저택에 놀러 간 존은 워싱턴가의 엄청난 재력에 놀라고 그들의 무자비한 악행에 더 놀란다. 워싱턴가 사람들은 거대한 다이아몬드 산을 통째로 소유하고 있으며 그것을 지키기 위해서 수단과 방법을 가리지 않기 때문이다. 워싱턴가 사람들이 자신들의 부를 지키기 위해 행했던 일들을 정리해보고 그들의 행동을 평가해보자.

이 발문은 소유에 집착하는 모습들이 나타난 대목을 찾아 조목조목 분석하고 그러한 태도가 어떤 문제를 파생시키는지 비판적으로 평가할 것을 요구한다. 재산을 지키기 위해 고립을 자처하고 조금의 거리낌도 없이 남을 속이고 죽이며 누구나 돈으로 매수할 수 있다고 믿는 부자들의 모습을 찾아 그러한 태도가 어떤 문제를 낳는지 학생들 스스로 비판해보도록 지도한다. 텍스트 독해를 통해 대략 아래와 같은 문제점을 찾아낼 수 있다.

- 다이아몬드 산의 존재를 숨기기 위해 깊은 계곡 속에 집을 짓고 외부와 단절된 삶을 살아감.
- 흑인 노예를 마음대로 부리기 위해 남북전쟁이 아직 끝나지 않았으며 노예제도가 존속한다고 거짓말함.
- 워싱턴가의 재력에 대해 알게 된 외부 사람들을 구금하고 도망친 구금자들은 거액의 돈을 걸고 수배하여 없애버림.
- 자신들의 외로움을 달래기 위해 친구들을 초대해서 함께 놀고 난 후 돌려보내지 않고 살해함.
- 외부의 공격이 있자 재산을 보호해달라고 신(神)에게 뇌물을 제안하고 거래 시도함.

4. 퍼시의 아버지와 키스민은 부자들의 왜곡된 사고를 보여주는 발언을 자주 한다. 그들의 발언이 어떤 문제를 갖고 있는지 분석해보자.

1) 퍼시 아버지

"사익 보호에 관한 한 잔인함이란 없다"

"신도 돈으로 매수할 수 있다. 신이 인간의 모습으로 만들어졌으니 '누구나 돈으로 매수할 수 있다'는 속담에서 제외될 수 없지 않은가."

2) 키스민

"타인의 죽음 때문에 나의 즐거운 인생을 방해받을 수는 없어."(친구들을 초대해서 놀고 난 후 살해했던 것을 말하면서)

"5만 달러어치가 한순간에 날아가 버리는구나. 그것도 전쟁 전 가격으로 말이야. 요즘은 자산을 존중하는 미국인은 거의 없어."(폭격 때문에 죽어가는 노예들을 보면서 하는 말)

"하녀를 두 명만 데리고 사는 수천 수백 만 명의 노동자들의 열악한 삶"

"우린 가난해지겠죠, 안 그래요? 책에 나오는 사람들처럼. 난 고아가 될 테고 완전히 자유로워질 거예요. 자유롭고 가난하게! 너무 재미있겠다!" (집이 폭격을 당해 가족들이 죽고 다이아몬드 산이 파괴되는 상황에서 하는 말)

"전에는 별이 눈에 들어오지도 않았어. 내게는 항상 다른 누군가가 소유하고 있는 엄청나게 큰 다이아몬드 정도로만 여겨졌지."

돈을 지키기 위해 온갖 악행을 서슴지 않는 워싱턴가 사람들의 모습은 돈의 주인이 아닌 돈의 노예 그 자체다. 막대한 부를 소유하고 향유하면서 평범한 사람들의 일상에 대해 무지하고 자신의 입장에서 타인의 삶을 일방적으로 평가하는 것도 문제다.

퍼시 아버지의 언행은 소유적 태도의 극단을 보여준다. 내 재산을 지키기 위해서는 살인도 불사할 수 있으며 사익 보호는 언제나 정당하다고 주장한다. 그에게 있어 가장 중요한 것은 재산이며 인간의 생명은 그보다 가치 없는 것이다. 돈으로 살 수 없는 것은 없다는 오만한 물질주의적 사고방식 또한 극적으로 드러난다. 죽음의 위기 앞에서도 잘못을 깨닫기는커녕 신조차 돈으로 매수할 수 있다고 외치다 결국 비참한 최후를 맞는다.

키스민의 가치관도 매우 문제적이다. 그녀에게 있어 노예는 잃어버리면 아까운 재산의 하나일 뿐이고 타인은 나의 즐거움을 위해 사용하다 폐기할 수 있는 도구에 불과하다. 밤하늘의 별조차 개인이 소유하는 보석 정도로 여길 만큼 물질주의적 사고에 젖어 있다. 노동자들의 생활상에 대해 언급하는 부분에서는 타인의 삶에 대한 철저한 무관심과 무지가 드러난다. 그러한 무관심은 피를 나눈 가족의 죽음조차도 무감각하게 받아들이며 가난한 고아가 되면 자유롭고 재미있게 살 수 있을 거라고 즐거워하는 극단적인 양상으로 나타난다.

5. 재산이 모두 사라지고 빈털터리가 된 키스민과 재스민은 돈 없이 살아가야 한다. 그들이 평범한 서민의 삶을 잘 살아나갈 수 있을까?

막대한 부를 소유하고 원하는 것을 다 누리며 살아가던 키스민 자매가 이후의 삶을 잘 이어가기는 어려워 보인다. 물질적 가치보다 더 소중한 것이 있음을 알지 못한 채 살아왔기에 평범한 서민적 삶에서 행복을 느끼지 못할 것이기 때문이다. 깊은 계곡의 대저택에 고립되어 단조롭게 살면서 자신이 살아가는 세상에 대한 무지했던 점도 다양한 사람들과 함께 어울려 살아가는 데 커다란 걸림돌이 된다. 타인의 삶에 대한 무관심과 무지에 기반한 일방적인 태도는 수많은 오해와 갈등을 야기할 것이기 때문이다. 많은 돈을 벌고 지키는 데에만 몰두할 것이 아니라 다른 사람들과 어울려 살아가면서 다양한 경험을 통해 삶의 소중한 가치를 발견하고 '좋은 삶'에 대한 나름의 관점을 만들어가야 하는 이유다.

심 화

1. 외부의 폭격으로 집과 다이아몬드 산이 모두 폭파되지만 키스민은 가난하고 자유롭게 살 수 있게 되었다며 오히려 즐거워한다. 그러나 존은 가난하면서 자유로울 수는 없다고 말한다. 자유롭게 살기 위해서 돈은 필수적인가? 돈이 많아지면 자유도 점점 더 증대되는가? 돈과 자유의 관계에 대해 토론해보자.

이 문제는 돈과 자유의 관계에 대해 생각해볼 것을 주문한다. 자유롭기 위해 돈을 벌지만 돈을 벌기 위해 일정한 자유를 포기해야 하는 모순을 발견하고 결국 어떤 삶을 살 것인가는 개인의 선택에 달린 문제임을 깨닫는 것이 이 문제의 의도다. 중학생 수준에서 쉬운 주제는 아니지만 구체적 사례를 들어 돈과 자유의 관계에 대한 생각을 이끌어내도록 한다면 충분히 토론 가능할 것이다.
먼저, 자유의 증대는 행복한 삶을 위한 필수 조건이다. 원하는 것을 하고 원치 않는 것은 하지 않으며 무엇에도 종속되지 않을 때 우리는 자유인으로서 행복감을 느낀다. 그런데 그러한 자유를 위해서는 돈이 필요하다. 돈이 없으면 원치 않는 일도 해야 하고 하고 싶은 일을 포기해야 하며 누군가의 지시와 명령에 따라 살아가야 할 수도 있다. 돈이 너무 없으면 자유도 없는 것이다. 따라서 가난하면서 자유로울 수는 없다는 존의 말은 자본주의적 삶의 핵심을 간명하게 보여준다. 키스민의 천진한 기대처럼 가난하면서 자유롭게, 행복하게 산다는 것은 불가능에 가까운 것이다.

하지만 돈을 벌기 위해 자신의 모든 것을 쏟아 부으면서 매일 매일을 쫓기듯이 살아가는 삶도 부자유하기는 마찬가지다. 행복해지기 위해, 자유롭게 하고 싶은 것을 하기 위해 현재를 저당 잡힌 채 노예처럼 일만 해야 하기 때문이다. 많은 돈을 소유하고 있기 때문에 오히려 자유가 제한되기도 한다. 책에서도 확인할 수 있듯이 돈이 많아지면 그 돈을 지키기 위해 타인과의 교류를 끊고 스스로 고립되기 쉽다. 교환의 매개로서 사람과 사람을 이어주던 돈이 소유와 축적의 대상이 되자 오히려 사람들을 격리시킨다. 돈은 많지만 돈의 주인으로서 돈을 자유롭게 지배하는 것이 아니라 돈에 종속되고 돈의 지배를 받는 부자유한 처지로 전락해버리는 것이다.

따라서 무엇을 선택하며 어떤 삶을 살아갈 것인지를 곰곰이 생각해보는 것이 필요하다. 돈과 자유, 둘 다 우리의 행복을 위해 필수적인 요소이며 그 둘의 관계에 대한 올바른 인식이 전제될 때 비로소 자신이 원하는 행복한 삶을 살 가능성이 싹트기 때문이다.

2. 워싱턴가 사람들은 다이아몬드 산을 지키기 위해 온갖 악행을 자행한다. 그런데 다이아몬드는 토양 중의 탄소에 높은 지열과 압력이 가해져 만들어진 자연의 산물이다. 인간의 노동이 가해지지 않은 자연의 산물이 개인의 독점적 소유물이 되는 것은 정당한 것일까? 우연히 '발견'된 다이아몬드 산이 워싱턴가의 재산으로 간주되는 것은 타당한 것일까?

이 문제는 소유권에 관한 다양한 생각을 해보기 위한 것이다. 책을 읽은 학생들 대부분이 거대한 다이아몬드 산을 소유한 워싱턴가 사람들을 부러워할 뿐 그것이 과연 워싱턴가의 소유물로 간주될 수 있는지에 대해서는 생각하지 않는다. 자기 재산을 지키고자 하는 것은 당연하고 개인의 소유권은 침해되어서는 안 되는 소중한 권리라는 '상식'적 사고에 머물고 있기 때문이다.

그러나 소유권의 개념과 구체적인 내용은 한 시대, 한 국가의 경제적·사회적·법적 질서에 의하여 규정되는 상대적인 것이며 개인의 소유권을 어디까지 인정하고 보호하는 것이 옳은지는 아직도 논란거리다. 따라서 별다른 의심 없이 당연한 권리라고 여겼던 소유권에 대해 생각해보고 과연 무엇이 옳은 것인지 질문을 던져보는 것이 필요하다.

이 토론을 통해 소유권에 대한 완결된 개념 규정을 하려는 것이 아니며 할 수도 없기에 당시 미국법이나 지금 우리의 실정법에 의거해 다이아몬드 소유권의 법률적 타당성을 따져볼 필요는 없을 것이다. 우리가 고민해 볼 것은 자연이 만들고 자연에 속하던 것을 단지 '발견'했다는 이유로 배타적 소유권을 주장하는 것이 과연 정당한 것인가 하는 점이다.

퍼시의 할아버지가 다이아몬드 산을 발견한 것은 순전한 우연이었다. 산 속의 다람쥐가 물고 가던 다이아몬드 조각을 보고 다람쥐 굴 주변을 뒤져 다이아몬드 산을 찾아낸 것이다. 물론 다람쥐굴 주변을 뒤지는 수고를 했지만 거대한 보석을 무상으로 얻은 것이나 마찬가지다. 현실적으로는 선점에 따른 배타적 소유권이 인정될 수 있다 하더라도 그것이 정말 '옳은' 것인가는 생각해 볼 문제다.

마무리

1. 수업 내용을 반영하여 '나의 행복한 삶을 위한 조건'을 주제로 에세이 쓰기 (1,000자 내외).

수업을 마치며

자본주의 사회에서 살아가면서 부자가 되고 싶어 하는 것, 자신의 돈을 소중히 여기는 것 자체가 문제가 되지는 않는다. 그러나 돈이 삶의 가장 중요한 목표가 될 때에는 심각한 문제가 발생한다. 누구나 부자가 될 수 없을 뿐 아니라 부자가 되더라도 돈을 얻는 대가로 다른 것들을 버리거나 포기해야 하는데 그런 것들은 염두에 두지 않기 때문이다. 따라서 돈을 벌고 그것을 지키는 과정에서 일어날 수 있는 다양한 문제점을 인식하고 그것이 왜 문제가 되는지 생각해보는 것, 나는 어떤 선택을 하며 어떻게 살아갈지 고민해보는 것이 필요하다. 우리가 살아가는 사회가 자본주의이기 때문에 그러하고 돈의 노예가 아니라 돈의 주인이 되어 행복한 삶을 사는 것이 우리의 목표이기 때문에 더더욱 그러하다. 이 수업이 그러한 고민 과정의 일부가 되기를 바란다.

대니얼 키스, 「앨저넌에게 꽃다발을」

똑똑해지면 행복할까

대상_ 중학교 1학년~3학년
함께읽은책_ 「앨저넌에게 꽃다발을」 (대니얼 키스)
『SF 명예의 전당 2: 화성의 오디세이』 (오멜라스 / 2010) 수록
학습목표_
1. 책을 읽고 감동을 맛보며, 스스로 생각한 점을 이야기할 수 있다.
2. 행복과 지능의 연관관계, 또는 자신이 생각하는 행복의 요건에 관하여 글을 쓸 수 있다.
집필_ 전영경

영리한 사람들은 머를 생각하는걸까? 아마 머신는 거를 생가칼꺼다.
나도 머신는 거를 아라쓰면 조케다.
-「앨저넌에게 꽃다발을」

제목만 보고는 내용을 도무지 예측하기 어려운 이야기이다. 꽃다발을 받는 앨저넌은 생쥐이고, 작품 전체는 지능장애를 가진 '찰리'라는 주인공이 쓰는 일기 겸 보고서 형식으로 서술돼 있다. SF 소설에서 생쥐와 지능장애인이 어떻게 연관될지 자못 궁금하다. 더구나 이렇게 맞춤법이 엉망인 글을 소설이라고 내놓다니 처음부터 상식을 깬다.

아이큐 68에 항상 남들에게 바보 취급을 받지만 긍정적으로 살아가던 주인공 찰리는, 지능 향상 수술을 받은 뒤 아이큐 200이 넘는 천재가 된다. 원하는 대로 지능이 높아지면 이전보다 행복할까? 책을 읽기 전, 대다수 학생들은 똑똑해지면 좀 더 행복해질 거라고 대답했다. 경쟁이 내면화된 현대 사회에서 좋은 스펙과 우수한 성적으로 이어지는 높은 지능은 행복의 기본 조건인지도 모르겠다.

실제 유전자 조작이나 수술, 두뇌 이식 등을 통해 개나 침팬지 같은 동물에게 인간 수준의 지능과 의사소통 능력을 갖추게 하려는 연구도 진행되고 있다고 한다. 이러한 지능 향상 수술이 인간에게도 가능하다면 어떨까? 개인적으로 이전보다 더 행복한 삶을 살 수 있을지, 윤리적 문제는 없을지 생각할 거리가 다양하다.

내용 이해

※ 명장면 위주로 해당 날짜의 일기에 제목을 달며 이야기해 본다.

1. 시간의 흐름을 따라가면서 작품을 이해해 보자. 자신이 생각하는 명장면을 뽑아보자.

3월 6일 로샤 시험(로르샤흐 시험)
3월 7월 앨저넌과의 경주
3월 8일~19일 수술 대상 선정 – 수술 받음
3월 25일 공장 에피소드 – '찰리 같은 짓'
4월 3일 공장 파티 – 조롱당하는 찰리
4월 6일 앨저넌을 이기다
4월 15일 키니언과의 대화
4월 16일 구두점을 배우다!
4월 20일 상처를 받다. 찰리 같은 짓의 실체
4월 21일 급속도로 아이큐 높아짐, 로르샤흐 실험
4월 22일 공장 사람들의 반응
4월 28일 사랑에 빠지다
4월 30일 공장을 그만두다, 패니와 이야기
5월 15일 그간 일어난 일들 (니머와 스트라우스)
5월 18일 너무 똑똑해지다
5월 20일 분노를 터뜨리다!!!
5월 23일 앨저넌에게 물리다
6월 4일 연구실에서 연구에 열중, 결론을 내리다
6월 10일 앨저넌이 죽다
7월 27일 공장으로 돌아가다
7월 28일 야간학교에 가다, 떠날 결심
마지막 편지

1) 3월 6일 로샤 시험(로르샤흐 시험), 3월 7월 앨저넌과의 경주
찰리, 37세. 아이큐 68, 직업 도네건 플라스틱 상자회사 공장청소부. 읽고 쓰기를 배우고 싶어 성인 야간학교에 찾아갈 만큼 영리해지고 싶다는 동기가 명확하고 성실한 사람이다. 그는 지능이 높아지는 수술을 받고 싶어 두 박사가 시키는 대로 자신의 일상을 적기 시작한다.
남들보다 부족한 지능을 3배나 올려주는 실험 대상자로 발탁해주었다는 사실에

감사하며 기꺼이 찰리는 자신의 몸을 위험한 실험에 내맡긴다. 그보다 학생들의 시선을 끄는 것은 맞춤법과 띄어쓰기가 제멋대로인 찰리의 쓰기 실력이다. 엉망진창 진행보고서는 찰리의 지능이 높아지면서 맞춤법 수준과 문장력이 향상된다.

2) 3월 25일 공장 에피소드, 4월 20일 상처를 받다. '찰리 같은 짓'의 실체

'내 친구들은 다 영리하지만 모두 좋은 사람들이고 친구들은 다 나를 좋아하고 나쁜 일은 하나도 하지 않았다.'고 굳게 믿고 있는 찰리, 그러나 높은 지능으로 마주한 현실은 달랐다. 찰리의 '좋은' 친구들은 지능이 낮은 찰리를 함부로 대한다. 친구들은 찰리를 데리고 다니며 조롱하고 그를 웃음거리로 만들었다. 심지어 술 취한 그에게 심부름을 시켜 놓고 도망가기까지 한다. 그것도 모르고 친구들을 찾아 밤새 돌아다니다 시퍼렇게 멍까지 든 찰리는 지능이 높아지고 나서야 '찰리 같은 짓'이나 '찰리 같은 사람'이 무슨 의미인지를 깨닫게 된다. 찰리는 수치스러움을 느낀다.

3) 5월 15일 그간 일어난 일들, 5월 18일 너무 똑똑해진 찰리의 모습

시술로 높은 지능을 얻은 찰리는 과거 자신의 모습에 슬퍼하고, 사람들이 찰리가 생각했던 것보다 지식이 얕다는 사실에 혀를 차기도 한다. 어느 순간, 찰리가 본 자기중심적인 모든 사람들처럼 찰리도 같은 행동을 하고 있었다. 다른 사람들이 찰리에게 했던 것처럼 찰리도 다른 사람들이 자신이 쉽게 할 수 있는 일을 하지 못한다는 사실을 짜증내며 받아들이지 못하는 것이다.

4) 5월 23일 앨저넌에게 물리다, 실험에 실패하다

찰리와 같은 수술을 받은 생쥐 앨저넌은 다른 사람들에게는 단지 실험체일 뿐이지만, 찰리에게는 자신의 미래이자 유일한 친구이다. 그 앨저넌이 퇴행현상을 보이기 시작했다. 찰리는 자신과 같이 지능이 낮은 사람들을 위해 지능향상실험에 대한 연구를 한다. 자신과 같은 사람들도 지능이 높아질 수 있다면…. 참혹하게도 그의 연구는 지능향상수술 실험은 실패라는 결론을 맺는다.

☞ 이 작품은 1959년 <환상과 SF 잡지>에 중편으로 발표되어 1960년, 휴고상을 받았다. 휴고상은 과학 소설과 환상문학 작품에 대해 수여하는 상이다. 작가 대니얼 키스는 1966년 이 작품을 장편으로 개작하여 네뷸러 상까지 수상한다.

5) 앨저넌에게 꽃을

앨저넌이 죽었다. 이와 함께 빠르게 퇴행되는 찰리의 모습에 키니언과 스트라우스 박사, 공장 친구들은 미안해한다. 찰리는 힘들지만, 현실을 받아들인다. 결국

찰리는 자신에게 미안해하지 말라고 당부하면서 주변 사람들을 떠난다. 마지막으로 다시 예의 서툰 맞춤법으로 그가 남긴 글은 '나 대신 앨저넌의 무덤에 꽃을' 놓아달라는 말이었다.

펼치기

1. 자유롭게 이야기 나누기

다시 시간을 되돌린다면 찰리는 어떤 선택을 할까. 떠나는 찰리의 뒷모습을 바라보면서 먹먹해진 가슴으로 원문을 읽어보고 싶다는 생각을 했다.

여러 나라에 번역된 이 작품을 작가 다니엘 키스는 부모님과의 추억에 바친다. 다니엘의 부모들은 가난한 이민자들이었고, 아들인 다니엘이 높은 학력을 가질 수 있도록 열심히 일했다. 다니엘도 그에 부응해 높은 지성을 가지게 된다. 하지만 그의 지성은 부모들의 가난한 모습과 가치관을 경시하게 만들었다. 그와 부모들 사이에는 공통화제도 없어지고 부모와 깊은 골이 생겼다고 한다. 어느 날 그는 한 레스토랑에서 식사를 하다가 지적 장애인이었던 웨이터가 실수를 하는 것을 보고 다른 손님들과 함께 자신이 그 청년을 비웃고 있었다는 걸 문득 깨닫는다. 지(知)의 획득 대신 심(心)을 잃는 딜레마가 존재한다는 현실을 통감했다는 것이다.

아이들은 일상에서 얻은 깨달음을 계기로 이 소설이 만들어졌다는 사실에 경탄한다. 틀린 맞춤법에 낄낄거리다가도 페이지를 넘기면서 진지한 표정으로 바뀌어갔다. 중간에 내려놓는 일 없이 마지막 페이지까지 단숨에 읽어낸다. 재미있다는 아이들이 대부분이고, 가만히 생각하면 슬프다고 한다. 뭐라고 이야기할지 모르겠는데 마음이 막막하다는 표현을 한 아이도 있다. 무엇이 슬프냐고 물으니 다시 지능이 낮아진 것이 너무 비참하다는 것이다. 처음에도 지능은 낮았으니 사실 원래대로 된 것이고, 더 나빠질 수도 있다는 것은 수술을 이야기할 때 이미 이야기가 되었었는데, 사실 완전히 생소한 일이 벌어진 것은 아니다. 그래도 모르고 당하는 것과 알고 당하는 것이 다른 것처럼, 지능이 낮아 아무 것도 모르는 것과 자신이 지능이 낮아지는 것을 알고 감당해야 하는 것은 다르지 않겠나는 이야기들이 오고 갔다. 역시 모르는 게 약이라고 좋아했다가 친구들에게 구박받는 아이도 있었다.

할 말들이 제법 많은 듯했다. 나눈 이야기들을 몇 개의 주제로 정리해 보았다.

1) 찰리의 지능 변화에 따른 찰리의 변화, 그리고 주변 사람들의 반응을 살펴보자.

2-1.	바보 →	천재 →	바보
니머 박사님	찰리에 대해 별로 관심이 없고, 지능 수술 대상자로 탐탁치 않아함.	찰리를 자신의 연구 성공을 위한 수단으로 생각함.	자신의 연구가 실패로 이어지자 찰리에 대해 무관심해짐.
스트라우스 박사님	찰리에게 [illegible] 대하고 찰리의 공부하고 싶어하는 열망을 높이 삼.	찰리에게 여전히 친절하게 대해줌	찰리에게 죄책감을 느끼고 매일 그를 보러옴.
키니언 선생님	찰리에게 친절하게 가르쳐주고 똑똑해지고 싶어하는 마음을 이해함.	찰리가 똑똑해지는 과정을 옆에서 친절히 지켜봄.	실망해하는 찰리를 걱정해주고 위로해줌.
공장 사람들 (패니를 제외)	자신들이 놀리고 비웃어도 되는 상대라고 생각함.	찰리를 두려워하게 됨. 결국 탄원서를 써서 그를 내쫓음.	찰리에게 예전처럼 친근하게 대해줌. 찰리를 괴롭히는 애들을 대신 처벌해줌.
패니	—	공장사람들이 찰리를 내쫓기 위해 탄원서를 쓸 때, 찰리가 똑똑해지고 싶어하는 과정을 비판함. 그러나 찰리가 결코 나쁜사람이 아니라고 생각해서 탄원서에 [illegible]	—

- 먼저 찰리는 자기 친구들이 사실 자신을 놀리고 있었다는 사실을 깨닫는다. 이유 없이 비웃고 조롱하는 그들의 행동에는 전혀 거리낌이 없다. 마치 친구들은 지능이 낮은 찰리는 생각도, 감정도 없기 때문에 함부로 대해도 된다고 생각하는 것 같다. 결국 그가 똑똑해진 다음, 그간 친구라고 생각했던 공장 사람들이 그를 불편해하여 탄원서를 넣었기 때문에 찰리는 공장에서 나와야 했다.

그가 동경하던 박사들도 찰리가 생각하던 것처럼 모든 것을 아는 것은 아니었다. 니머 박사는 오로지 찰리를 공개해 권위를 인정받아 프린스턴 대학의 심리학회장이 되는 일에만 관심이 있다. 스트라우스 박사도 자기 전공과 관련된 것, 그것도 바로 앞의 이익과 관련된 것에만 관심을 보인다. 그들은 찰리를 생쥐 앨저넌과 같은 실험대상으로 생각할 뿐 크게 다르지 않다. 더구나 니머 박사는 천재가 된 찰리에게 열등감마저 느낀다.

2) 찰리는 행복했을까? 만약 내가 찰리라면 그래도 똑똑해지는 걸 택할까?

- 수술 전과 수술 후, 찰리가 달라진 점을 정리해 보았다. 예전에 친하고 사랑하던 모든 사람들과 소원해지면서 그는 외톨이가 되었다. 키니언 선생님을 사랑하게 되었지만, 너무 똑똑해졌기 때문에 그녀와도 대화가 통하지 않게 되어버렸

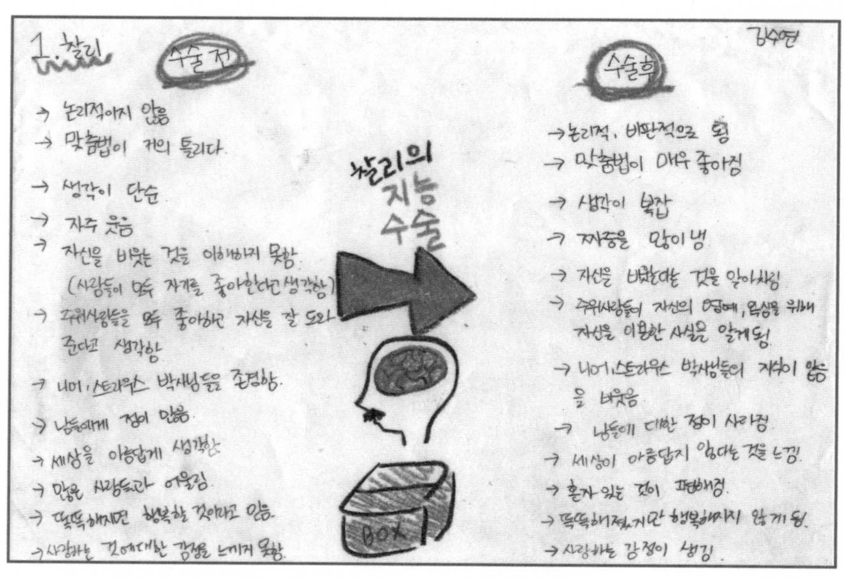

다. 따라서 너무 많은 것을 알아버린 찰리는 그전처럼 행복하지 않았을 것이다. 찰리의 공장 동료 패니가 했던 말도 의미심장하다.

> "이브가 뱀의 말을 듣고 지혜의 나무에서 과실을 따먹은 건 죄악이야. 이브가 자신이 벌거벗었다는 사실을 알게 된 것도 죄악이야. 이브가 그런 짓만 안 했어도, 우리가 늙고 병들어 죽는 운명이 되지는 않았을 거야."
>
> -「앨저넌에게 꽃다발을」, 『SF 명예의 전당 2』(오멜라스 / 2010), 477쪽

그러나 행복하지 않다고 해서 이전과 같은 삶을 택할 수 있을까? 그는 지능이 높아짐으로써 절망과 고독과 사랑을 알게 되었다. 또한 스무 개의 언어를 통해 수많은 책을 읽을 수 있었다. 짧은 시간이었지만 연구 논문을 남겨 인류의 발전을 위해 공헌하기도 한다. 찰리에게 있어 더 넓은 세상을 알게 되고 영리해지는 것은 더없이 기분 좋고 의미 깊은 일이다.

'만약 내가 찰리라면 어떤 선택을 할 것인가', '만약 지금의 나에게 똑똑해질 수 있는 기회가 생긴다면 어떻게 할까'에 대한 대답은 천차만별이다. 외로워지더라도 좋으니 똑똑해지는 느낌을 맛보고 싶다던가, 그냥 현재의 자신에 만족하고 열심히 노력하겠다든가, 똑똑해지면서 행복도 잡겠다든가 하는, 그야말로 자신이 고민한 만큼 아주 다양한 이야기가 나온다. 허심탄회한 이야기를 통해 저마다의 목표와 가치관, 인생관, 행복에 관한 생각 등을 나눌 수 있을 것이다.

3) 재미있고 슬프고 감동적이라고 많이들 이야기했는데, 이 책의 재미와 감동 포인트는 무엇일까?

> 키니언 선샌님 스트라우스 박싸님 그리고 모두들 안녕히 게세요. 그리고 추신 니머 박사님에게 말해주새요. 사람들이 박사님을 보면서 우서도 짜증을 안내면 칭구가 더 만아 질꺼애요. 사람들이 우스라고 나두면 칭구를 십게 만들쑤 이써요. 나는 내가 가는 대에서 칭구를 만이 만들거애요.
> 추추신. 혹시 갠찬으시면 뒤마당에 인는 엘저넌 무덤에 꼬츨 가져다 노아주세요.
> – 같은 책, 맨 마지막 문장

- 재미 포인트는 역시 맞춤법의 극적인 변화에 있다고 입을 모았다. 처음에는 읽기 힘들 정도로 맞춤법을 틀리던 '바보' 찰리가 나중에는 이해할 수조차 없는 어려운 말을 척척 쓰고, 실험이 실패하고 퇴행하면서 다시 처음과 같이 어린애 같은 일기를 쓰며 끝나는 구성이 아주 흥미로웠다고 했다.
- 찰리라는 인물이 아주 매력적이고 감동적이다. 자기 몸과 지능의 극한 변화에도 불구하고, 세속적 욕망을 넘어서는 순수함과 열정을 잃지 않고 있기 때문이다. 주변 사람들이 무슨 생각을 하는지 알고 싶다는 간절함은 영리해지고 싶다는 열정을 낳았다. 똑똑해진 찰리가, 이전 자기가 쓴 일기장을 들여다보는 장면이 있어 함께 읽어보았다.

> 가끔 내가 썼던 진행보고서를 읽곤 하는데, 거기에서 나는 맞춤법이 서툰 글과 어린애 같은 순박함, 그리고 암실에서 열쇠구멍을 통해 눈부신 바깥을 쳐다보고 싶어 하는 지능이 낮은 사람의 정신 상태를 본다.
> 당시의 그 둔한 머리로 나는 자신이 열등하다는 사실과 다른 사람들은 내가 부여받지 못한 뭔가를 가지고 있다는 사실을 알았다. 정신적인 맹인 상태에서 나는 사람들이 가진 능력이 읽거나 쓰기와 관련된 것으로 생각했다. 그리고 그런 기술을 배우면 나도 자동적으로 지능이 생길 것이라고 확신했다. 저능한 사람들도 다른 사람들처럼 되고 싶어 하는 것이다. – 같은 책, 483쪽

- 처음에는 찰리가 가진 순수함과 긍정성이 감동을 주었다. 그리고 그가 가진 순수함이 상처를 입고 부서짐에도 알고자 하는 열정이 사라지지 않음과, 오히려

자신이 알게 된 것을 타인과 나누고자 하는 마음에 우리는 깊은 감동을 받게 된다. 그의 이런 절실함에도 결국 모래처럼 기억이 흩어지고, 다시 처음의 어린아이 같은 모습으로 돌아가는 것은 마치 인간의 인생 전체를 압축해놓은 것 같은 생각도 든다.

마무리

1. 생각할 점과 글 쓸 거리, 스스로 뽑아내기

판단력 없는 장애인을 보호자 동의 없이 수술하는 것은 옳은 일인가
결과가 정확하지 않은 실험을 인간에게 해도 될까
앞으로 찰리는 어떻게 살아가야 하는가
니머와 스트라우스 박사에게 도덕적 책임은 없는가
똑똑해지는 것은 행복해지는 것일까
사람을 함부로 지능지수로 등급 매기는 것은 정당한가
아이큐가 높을수록 완벽한 인간인가
인간에게 지식은 가장 중요한 조건일까
과연 모르는 것이 행복한 것일까

교사가 일방적으로 제시하는 글감이 아니라, 학생들이 직접 작품을 읽고 궁금했던 질문을 최대한 늘어놓고, 그 가운데서 한 가지 주제를 직접 뽑아 글을 써 보기로 했다. '똑똑해지면 행복할까'로 의견이 모아졌다.

배움, 더 넓은 세계를 접하는 것
_ 송승훈 (중학교 2학년)

똑똑하면 단지 많이 알아서 안 좋은 생각을 많이 하고 그로 인해 불행해져 차라리 못 배운 사람들이 더 행복하다는 것은 똑똑한 사람들의 행복한 고민에 지나지 않는다. 찰리 고든이 지능이 높아져 불행해졌다고 생각하지 않는다. 그는 더 많은 교양을 쌓았으며 새로운 지식들을 배우면서 기뻐하고 수많은 감정을 느꼈다.

단지 고든이 자신의 친구들에게 소외받는다는 진실을 알았다는 것도 마찬가지이다. 고든

은 지능이 높아짐으로써 그들과 다시 친해질 수 있는 대처방안을 세울 수 있고 또 그들 이외의 다른 사람들과 친해질 수 있기 때문이다. 그가 지능을 높임으로써 할 수 있는 일은 무궁무진한데 바보였을 때 누렸던 그만의 행복을 포기해야 하므로 불행하다는 것은 구더기 무서워서 장 못 담그는 것과 같은 논리이다. 그는 지능이 높아져도 그가 가지지 못한 부족한 부분만 채우려고 노력했지 그가 행복해질 수 있는 많은 장점은 생각하지 않았다.

찰리 고든은 마음씨가 따뜻했고 남을 원망하지 않았다. 그 장점으로 행복했을 수 있지만, 항상 부족한 부분만 채우려고 하며 불행해하다 죽은 것은 아쉽다.

똑똑함과 행복함은 상관이 없다

_ 김비나 (중학교 2학년)

찰리 고든은 행복해지고 싶어서 똑똑해지기를 원했다. 사람들도 행복해지기 위해 좋은 학벌을 원한다. 그렇다면 똑똑하면 행복한 걸까?

니머 박사의 경우, 좋은 학벌에 사회적 명성까지 있음에도 불구하고 아내에게 빨리 연구 결과를 발표해 더 높은 곳으로 올라가라는 잔소리를 듣고 자신의 실험으로 인해 똑똑해진 찰리 고든에게 열등감까지 느낀다.

실험으로 천재가 된 찰리 고든 역시 행복을 느끼지는 못한다. 이전에는 느끼지 못했던 수치심과 모욕감을 느끼고 또 그런 변화들 때문에 직장에서도 쫓겨나고 보통 사람들의 감정이나 생각에 공감하지도 못한다. 똑똑해야 성공할 수 있는 직업을 꿈꾼다거나 똑똑하기를 죽도록 원한다면 똑똑한 것은 행복의 일부가 될 수 있다. 하지만 똑똑하다고 해서 행복한 것은 아니다. 똑똑하지 않아서 불이익을 당할 수 있고, 학벌 때문에 차별당할 수도 있다.

그렇다고 해서 불행한 것은 아니다. 행복은 여러 가지 요소가 상호작용하면서 느끼는 것이다. 아침에 버스를 기다리는데 바로 버스가 오고, 우연히 동전을 줍고 예전에 응모했던 이벤트에서 당첨된다면 그날은 하루 종일 행복할 것이다. 어떤 사람은 누군가에게 고백을 받아야 행복할 수 있고, 어떤 사람은 보너스를 받는 게 행복할 수도 있지 않은가. 그렇기 때문에 똑똑함과 행복함은 아무런 상관이 없다.

스스로 행복해져야 한다

_ 임윤배 (중학교 1학년)

똑똑해지면 행복할까? 이 질문에는 특정한 답이 없는 것 같다. 어떤 사람은 정말 똑똑해야만 행복하다고 생각할 수도 있고, 어떤 사람은 돈을 많이 벌어야만 행복하다고 생각할 수 있다. 따라서 자기가 진짜로 행복할 수 있는 방법을 찾는 것이 중요하다.

찰리는 자기가 똑똑해진다면 행복해질 거라고 생각했다. 지금은 자기가 멍청해서 사람들과 의사소통을 쉽게 하지도 못하고 잘 쓰고 읽을 줄도 몰랐기 때문에 똑똑해지면 행복해질 것이라고 생각했던 것 같다. 그래서 찰리는 똑똑해진 후에 정말로 행복했을까? 내 생각에는 아니었던 것 같다.

물론 똑똑해진 덕분에 이기고 싶어 하던 앨저넌을 이길 수 있게 되었고 세상에 대해서 더 많은 것을 알게 되어 기뻐했다. 하지만 똑똑해져서 불행한 점이 더 많았던 것 같다. 찰리는 공장 친구들과 더욱더 가까워지고 친밀한 관계를 쌓고 싶었기 때문에 똑똑해지려고 노력했지만 반대 상황이 되었다. 사람들은 똑똑해진 찰리에게 두려움을 느꼈고, 전에 자신들이 찰리에게 했던 장난을 찰리가 알게 될까봐 공장에서 내쫓았다.

찰리는 그래도 행복했었다고 이야기하지만, 아니다. 찰리는 자신이 어떤 때, 어떻게 행복을 느끼는지 잘 알지 못했기 때문에 마지막에 모두를 떠나게 되었다. 자신이 모자란 것을 채워야 행복을 느낀다면 영원히 행복하기 어려울 것 같다. 완벽하기는 어렵기 때문에 평생 모자란 것을 채우다 끝날 수도 있다. 찰리는 현재 상황 즉 자신이 부족하거나 넘치는 부분을 인정하고 행복을 찾는 방법을 생각했어야 한다. 수술 후에도 찰리는 여전히 다른 사람들에게서 자신의 행복을 찾는다. 스스로 행복해지는 방법을 찾으면 좋겠다.

이 책을 오랫동안 기억해야지

_ 전병일 (중학교 2학년)

아이큐가 68밖에 되지 않는 찰리는 우연히 키니언 선생님을 통해 지능을 3배로 올려주는 실험에 참가한다. 찰리는 이 실험을 받으면 건강이 나빠져 심지어 죽을지도 모른다는 것을 알았지만 영리해지고 싶다는 열정 하나로 수술을 받기로 결정한다. 그런데 왜 찰리는 이토록 영리해지고 싶었을까? 평범한 사람들이라면, 성공하기 위해, 명예를 쌓기 위해 영리해지고 싶었겠지만, 찰리는 달랐다. 찰리는 그저 순수하게 자신 주변의 이웃들, 친구들과 친해지고 싶어서였다. 만약 내가 찰리처럼 수술을 받아 지능이 좋아졌다면, 난 잘난 머리를 친구들에게 자랑하거나, 똑똑한 머리로 돈을 벌어 편하게 놀고 먹으려 했을 것이다. 그런데 어느 날부턴가 찰리의 친구이자 실험쥐인 앨저넌이 실험을 거부했다. 결국 앨저넌은 서서히 힘이빠져감과 동시에 지능도 잃어버리고는 죽어버리고 말았다. 사람들은 앨저넌의 시체를 소각하려 했지만 찰리가 몰래 시체를 빼돌려 치즈상자에 넣어 묻어주고 매일 찾아가 꽃다발을 전해주었다.

단지 친한 친구였다는 이유로 앨저넌을 방문하지는 않았을 것이다. 찰리는 아마 자신도 앨저넌처럼 죽어버리면, 아무도 기억해주지 않는 것이 두려웠을 것이다. 그래서 자신이라도 앨저넌을 기억하려 했을 것이다. 찰리는 앨저넌의 죽음을 지켜보면서 자신도 저렇게 죽어갈 것이라는 것을 알았을 것이다. 그럼에도 불구하고 찰리는 동요하지 않고 논문을 써내려갔다. 그러나 찰리가 맞춤법도 모르는 상태에서 히브리어, 힌두어, 미적분들을 습득하기까지는 2달도 채 걸리지 않았다. 퇴화는 점점 다가왔다. 가끔 단어들이 기억나지 않기 시작한 것에서부터 자신의 논문의 뜻도 이해할 수 없었다. 결국 찰리는 예전의 찰리로 돌아왔다. 그렇게 찰리는 키니언 선생님과 실험에 참가한 박사님들에게 편지 한 통을 남겼다. 이 편지를 보면 머리가 나쁜 사람들에게 뭔가 공헌을 했다는 찰리의 순수한 기쁨과 끝까지 앨저넌을 부탁하는 착한 마음씨를 볼 수 있다. 사람들은 찰리를 바보라고 놀렸다. 하지만 결국 그 바보가 니머 박사님에게 조언을 하는 것을 보면 살짝 웃기면서도, 누가 진정으로 똑똑한 사람인지 고민을 하게 된다.

이 책은 곳곳에서 지적장애인들에 대한 차별과 폭력 등을 보여준다. 찰리에게 물건을 사오라고 심부름을 시키고 도망가는 장난, 실수로 깨트린 접시에 대한 과잉 반응 등 많은 장면들이 내 마음 어딘가를 쿡쿡 찔렀다. 우리가 그들보다 좀 더 잘난 머리를 가지고 있다고 해서, 그들을 차별하고 편견을 가질 권리는 없다. 오히려 그들은 우리보다 남을 더 배려하고, 따듯한 마음씨를 가졌다. 다시 한번 우리와 그들 중 누가 더 진정으로 똑똑한 사람일까?

수업을 마치며

이해심, 상대방을 위해주는 따뜻한 마음을 주고받는 능력이 없는 지능은 사람을 외롭게 한다. 찰리 또한 높은 지능을 갖게 된 후 외로움에 고통스러워하지만 이내 자신에게 주어진 시간 동안 다른 이들을 위한 연구 성과를 남기고자 분투한다. 점점 낮아지는 지능을 자각하면서도 찰리는 수술의 실패를 원망하고 저주하는 게 아니라 이를 딛고 긍정하는 태도를 보여주었고, 이는 아이들에게 진한 울림으로 다가오기에 충분했다. 자신의 힘으로 감당할 수 없는 상황이 닥칠 때 이를 받아들이는 태도는 특히 놀랍다.

자기정체성에 대해 어릴 적부터 끊임없이 고민한 찰리는 뜻밖에도 수술 후에 인생의 불합리한 면을 받아들이는 모습을 보여준다. 대부분의 사람들은 언제든지 인생을 살아감에 있어 뜻하지 않은 사고나 죽음이 언제든 찾아올 수 있다는 걸 거부하려 한다. 그러나 찰리를 통해 거부가 아니라 언제든지 받아들일 태도를 갖는 것이 중요하다는 것도 느끼게 되었다. 행복한 인생을 추구하며 앞날을 위해 현재의 행복을 찾지 못하는 니머 박사에게 찰리가 서툰 맞춤법으로 '친구를 찾으라'고 조언한 마지막 부분은, 우리가 어떻게 살아야 할 것인가 방향을 제시하는 단순하고도 명쾌한 조언이라 여겨진다.

행복의 요인은 다양하다. 찰리에게 행복의 중요 요인은 사람들의 인정을 바탕으로 한 친밀감과 사랑이었다. 함께 이야기를 나누고 활동하면서 상대방으로부터 이해받고 인정받는다는 느낌을 갖는 것, 그것이 행복이었다. 결국 행복은 개인이 어떤 객관적인 환경에 있는가보다 세상을 어떤 식으로 바라보는가에 더 큰 영향을 받는 것이 아닐까. 모두가 행복하면 좋겠다.

레이 브래드버리, 「화성의 죽은 도시」

환상 속에서 행복해도 될까

대상_ 중학교 2학년~고등학교 1학년
시간_ 2차시 (2시간 30분씩)
함께읽은책_ 「화성의 죽은 도시」
『플레이보이 SF 걸작선』 (레이 브래드버리 외 / 황금가지) 수록
학습목표_
1. 등장인물들의 심리와 상황을 이해할 수 있다.
2. 자신에게 행복이란 어떤 것인지 구체적인 이미지를 떠올려 글을 쓸 수 있다.
3. 관련 논제에 근거를 들며 답할 수 있다.
집필_ 이가윤

얼마 전 재미있는 뉴스를 하나 읽었다. 네덜란드에 본사를 둔 'Mars One'이라는 회사가 화성 이민 계획을 발표하면서 이민 지원자를 모집하고 있다는 소식이었다. 이 계획이 발표되자 각국 120여 개 나라들로부터 7~8만여 건의 지원 신청이 접수되었다. 이들은 화성에서 새로운 세계를 개척해 나갈 수 있다면 영영 지구로 돌아오지 못해도 괜찮다고 생각하고 있다고 한다. 닥쳐올 미래가 어떤 것인지도 모르면서 미련 없이 지구를 떠나겠다 선언한 이 사람들은 대체 어떤 사람들일까 생각하니 상상력이 발동했다. 그만큼 이 세계에 대한 절망이 큰 것일까 싶어 조금 슬퍼지기도 했다.

'화성' 하면 떠오르는 작가, 레이 브래드버리(1920~2012)는 아서 C. 클라크, 아이작 아시모프 등과 함께 SF 문학의 거장으로 높이 평가받고 있는 작가이다. 수많은 작품을 쓰고 수많은 작가들이 이 거장에게 자신의 작품을 헌정하였으며, 그의 작품 제목을 딴 달 분화구, 그의 이름을 딴 소행성까지 있다고 하니 그 위상이 실로 어마어마하다. 〈화씨 451〉, 〈화성연대기〉, 〈무언가 위험한 것이 이리로 오고 있다 Something Wicked This Way Comes〉 등 작품 다수가 영화로 만들어졌으며, 개척 초보 단계에 있는 화성을 오랜 기간 장대한 상상력을 통해 구체적인 하나의 세계로 창조해내었다.

학생들과 함께 읽은 「화성의 죽은 도시」는 그의 연작 '화성연대기'의 세계관 속에 위치한 소품으로, 화성의 사라진 도시를 찾아 나선 사람들이 겪게 되는 환상 체험에 관한 짧은 이야기다. 실제 같은 환상을 체험할 수 있다면, 진실 대신 환상 속으로 빠져들어도 좋은가? 이는 논술의 주요 주제이다. 몇년 전 서울대 논술에도 이 주제가 출제되었다. 다른 사람의 평가 혹은 객관적 현실과 정반대로 행복한 환상 속에서 삶을 마감한 사람은 행복한 사람인가, 이어서 행복한 환상 속에 살게 해 주는 '경험기계'가 발명된다면 그 안에 학생 본인은 들어갈 것인가를 묻는 논제였다. 논제 자체가 흥미로워 학생들이 관심을 가질 법하다. 흥미롭지만 판단내리기 어려운 철학적 주제에 다가가기 위해 재미있는 소설을 먼저 감상하며 천천히 다가가보기로 했다.

생각열기

1. 책 읽은 느낌 나누기

우주 로켓 선장인 '와일더' 대장은, 어느 날 '아론슨'이란 부자 노인의 파티에 초대를 받는다. 아론슨은 파티에 모인 각계각층의 손님들과 함께 화성의 '사라진 도시'를 탐색하려 한다. 그간 인간들이 개척해 온 화성Mars에서, 예전에 멸망해 버렸다는 전설의 도시다. 그곳이 지금껏 발견되지 않았던 이유는 사람들이 그 도시를 하늘에서 찾거나 기존의 도로를 이용했기 때문인데, 부자 노인은 물 없는 운하에 물을 채워, 물길을 통해 도시를 찾아낸 것이다.

요트가 고대의 선창에 닿자 초대된 사람들은 텅 빈 도시를 탐험하는데, 모두들 그곳에서 각자가 원하는 것을 보게 된다. 배우는 자신이 대사를 읊을 수 있는

케플러 프로젝트를 통해 발견한 외계행성 글리스 667-c 상상도

☞ 「화성의 죽은 도시」는 『플레이보이 SF 걸작선』(황금가지) 1권에 수록되어 있다. 현재 절판이지만, 짧은 작품이므로 도서관에서 구해 보시면 좋겠다. 여의치 않다면 학생들에게 줄거리 정도만 이야기해 준 후, 본 활동으로 들어가도 된다.

이상적인 무대와 관객을 보고, 흘러간 젊음을 그리워하는 미모의 여인은 스물다섯 살의 자신으로 되돌아간다. 기계 수리공은 자신의 손길을 기다리는 수많은 기계를 보고, 사냥꾼은 꿈꾸던 신형 무기가 가득한 박물관을 본다. '죽음'에 이끌리는 시인의 세계, 그리고 주인공 와일더 대장이 꿈꾸는 세계도 그려진다. 이윽고 도시는 꿈틀대다 닫히기 시작하는데, 몇몇은 빠져나오고, 몇몇은 죽은 도시와 함께 머문다.

내용 이해

1. 등장인물들이 '화성의 죽은 도시'에서 본 것은 각각 무엇이었나? 그리고 그들의 선택은?

<예시>

인물, 직업	그들이 본 것	최종선택 혹은 결말
보몽, 배우	그가 원하던 완벽한 청중, 완벽한 조명. 그를 기다리는 완벽한 무대.	남는다. 자신이 대사를 외운 모든 작품을 한 절 한 절 모두 읊기로 다짐한다.
카라 코렐리, 여배우	거울들이 그녀의 얼굴에서 세월을 들어낸다. 궁전 중앙에 다다랐을 때, 눈부신 거울은 스물다섯 살 난 그녀의 모습을 비추고 있다.	나이들어 가고 잊혀지는 것이 두려웠던 그녀의 선택은 남는 것이었다. 눈부신 미로 한가운데서 환한 웃음을 짓는다.
에이킨스, 사냥꾼	무기 박물관에서, 정교하고 신기한 무기들을 보며 감탄한다. 신형 무기를 들고 사냥에 나서는데, 감이 좋은 사냥꾼은 도시 자체가 거대한 야수라는 것을 깨닫는다.	도시의 심장부에 총을 쏘고, 그 여파에 빨려 들어가버린다.
샘 파크힐, 수리공	시선이 닿는 데까지 온통 신기한 차량들로 가득하다. 모두, 수리를 받기 위해 대기 중이다. 마치 그의 손길을 기다리는 것처럼.	자신이 기계의 신이 된 듯한 느낌에 사로잡힌다. 도시를 빠져나갈 기회가 있었지만, 남는 것을 선택한다.
해리 하프웰, 시인	정체불명의 기계를 본다. 계기반과 좌석과 핸들이 있는 탈 것. 그것은 자동차, 기차, 제트기, 글라이더, 미사일, 로켓으로 모습을 바꾼다. 시인이 원했던 것은 바로 '죽음'이었다.	500번의 죽음을 경험하고 나서, '이제 삶의 열정 속으로 가겠다'며 도시를 빠져나간다.
와일더, 로켓 선장	하늘 전체와 발 밑까지 가득한 별들을 본다. 사방에 가득한 별들의 세계가 지나자 푸른 초원과 울창한 나무숲이 펼쳐진 이상향을 본다. 실패도 파멸도 없는 세상을 본다.	'자기 힘으로 쟁취해야 하는 세계'라며 거부한다. 그가 몸을 돌리자 별빛이 흐려지고, 빛나던 세계가 빛을 잃는다.

등장인물들이 꿈꾸는 세계는 크게 세 종류로 일반화할 수 있다. 먼저 배우 보몽과 카라 코렐리에게 중요한 것은 세상 속에 자기 자신을 인정받는 것이다. 원하는 능력이나 외모를 손에 넣고, 그것으로 타인에게 자신의 존재를 각인시키는 것. 두 번째는 본인이 좋아하는 것이 가득한 세계다. 사냥꾼에겐 무기가, 수리공에겐 기계가 가득한 세상이 이상향이다. 더구나 수리공이 만난 기계들은 그의 손길을 필요로 하고 있다. 이 대목에서 '신상' 하이힐과 옷들이 가득한 연예인 드레스룸이 떠오른다는 아이들도 있었다. 아이들은 무엇이 가득한 세상을 원할까?

세 번째는 좀 어렵다. 이들은 상식선을 넘어서, 본인은 물론 다른 이들도 겪어보지 못했던 새로운 체험과 인식의 확장을 원한다. 시인이 꿈꾸는 것은 '죽음'이었다. 인간은 살고 싶다는 생각을 가지고 있으면서도, 마음 깊은 곳에서는 끊임없이 죽음을 생각하고 파멸에 이끌린다. 타나토스 Thanatos, 즉 파괴적 본능은 결합을 해체하고 사물을 파괴하려고 하는 충동으로, 그 궁극의 모습은 당연히 '죽음'이다. 남들이 보지 못하는 것을 보고, 생각하지 못하는 것을 생각하려는 예술가에게 있어, 죽음에의 이끌림은 어쩌면 당연한 일이다.

> 여섯 개의 스위치를 작동시켰다. 그것은 자동차이고 제트기이고 기관차이고 글라이더이고 미사일이고 로켓이었다. 그는 질주하고 김을 뿜고 포효하고 솟구치며 날았다. 차들이 그를 향해 방향을 바꾸었다. 눈앞에 기관차들이 나타났다. 제트기들이 돌진했다. 로켓들이 씽씽거리며 날아왔다. 세 시간 동안 소동을 벌이면서 그는 이백 대의 자동차와 충돌하고 스무 대의 열차를 들이받고 열 대의 글라이더를 날려 보내고 마흔 개의 미사일을 폭발시켰으며, 더 아득한 우주 공간에서 시속 30만 킬로미터로 질주하는 행성간 로켓이 쇳덩어리로 된 소행성과 충돌하여 아름다운 종말을 장식하는 성대한 마지막 죽음의 제전 속에 자신의 거룩한 영혼을 내주었다. 한 마디로 그는 겨우 몇 시간 만에 자신이 줄잡아 500번이나 산산조각 났다가 다시 결합되었을 것이라고 여겼다.
>
> 모든 일이 끝나자 그는 핸들과 페달에서 손과 발을 뗀 채 앉아 있었다.
>
> 그렇게 반 시간쯤 앉아 있던 그가 웃음을 터뜨렸다. 고개를 뒤로 젖히고는 전투에 나선 병사처럼 함성을 질렀다. 그런 다음 그 어느 때보다도 만취한 상태로 고개를 저으며 자리에서 일어났다. 정말 술 취한 것 같았다. 그는 이제 자신이 그 상태로 영원히 남아 있으리라는 것, 앞으로는 술을 마실 필요도 없으리라는 것을 알았다.
>
> –「화성의 죽은 도시」, 『플레이보이 SF 단편선』, 레이 브래드베리, 황금가지, 44~45쪽

작품의 주인공 급인 와일더 선장이 그려낸 이상향은 장대한 스케일로 그려낸 우주이다. 하늘뿐만 아니라 발 밑까지 온통 별들로 가득하다. 그 안에서 그는 유년기에 최초로 하늘 가득한 별들을 보았을 때의 공포감과 아름다움의 기억, 침묵의 외침소리를 듣는다. 광대한 우주 속에서 길을 잃은 보잘 것 없는 인간들에 대한 연민이 그의 마음을 가득 채운다.

> 행성 하나가 허공에 나타났다. 크고 아름답고 성숙한 형상을 한 그 별이 한 바퀴 선회했다. 그러더니 빙글빙글 돌면서 그의 발 밑으로 다가왔다.
> 그는 푸른 초원과 울창한 나무숲이 펼쳐진 널따란 세상에 서 있었다. 대기는 상쾌했고 햇살을 반짝이며 물고기가 튀어오르는 어린 시절의 개울들처럼 개울이 흐르고 있었다. 그는 자신이 이곳에 오기 위해 아주 먼 여행을 했다는 사실을 알고 있었다. 그는 로켓을 타고 왔다. 한 세기 동안의 여행과 수면과 기다림 끝에 드디어 그 보상을 받은 것이다.
> "이건 내 것인가?"
> 그는 순수한 대기와 순수한 풀밭, 야트막한 모래사장에 넘실대는 순수한 강물을 향해 물었다.
> - 같은 책, 48쪽

그러나 시인과 선장은 미련 없이 도시를 빠져나온다. 시인은 자신이 이제 자유로워졌다고 이야기하며, '삶 속으로, 삶의 정열 속으로, 마침내 행복을 찾아가는 거'라고 말한다. 선장은 "난 내 힘으로 빌리고 벌어들여야 해. 내 손으로 쟁취해야 해."라며 죽은 도시의 호의를 거절한다.

펼치기

1. 나머지 세 명의 등장인물들은 각각 무엇을 보았을까?

함께 이 여행에 참가한 카라 코렐리의 시녀와 하프웰의 아내는 자신만의 이야기를 갖지 못했다. 시인 하프웰의 아내는 시종일관 하프웰에게 잔소리만 해대는 '무식한 여편네'로 그려지는데, 시인이 자신을 버리고 떠나자 그가 나온 문을 열고 안에 들어가본다. 결국 도시를 빠져나오지 못한 그녀는 무엇을 보았을까? 그녀도 시인의 어울리지 않는 아내 역할이 아니라, 자신만의 꿈을 가져본 적이 있지 않았을까?

시녀 같은 경우는 심지어 이름도 없다. 자신이 모시는 카라 코렐리가 거울 궁전을 헤매는 동안 밖에서 대기하고 있을 뿐이다. 그러나 자신만의 은빛 물결을 타고 어딘가를 헤매고 있다는 표현이 한 줄 나오는 것을 보면 분명히 그녀도 뭔가 보긴 본 모양이다. 마지막에 와일더 선장은 자신을 향해 손을 뻗은 그녀를 구하고, 도시 문이 닫히기 전에 극적으로 탈출한다.

이 모든 사건의 원인 제공자. 아론슨 노인의 정체는 과연 무엇일까? 아이들은 이 노인은 모든 것을 세팅만 해놓고, 사실 도시에 들어가지 않은 게 아닐까 하는 의문을 제기했다. 그러나 그러기엔, 이 도시를 찾기 위해 엄청난 시간과 돈을 들이고, 빈 운하에 물을 가득 채우기까지 한 그의 노력을 설명하기 어렵다. 어쨌거나 부자 노인은 "모두 다 바보지, 모두 다 바보라고."라는 말을 남기고 와일더와 시녀, 시인과 함께 도시를 빠져나온다. 그가 본 것은 대체 무엇이었을까? 소설에 빈 곳이 존재한다는 것은 아이들의 상상력을 한껏 발동시키기 좋은 조건이다. 본전에 빠진 부분을 따로 적은 전기를 외전이라 부르는데, SF나 판타지 문학에선 같은 설정과 주제를 가진 다른 인물 혹은 사건에 대한 이야기를 지칭하기도 한다.

'시인의 아내'에서 '메건 하프웰'로
_ 서강석 (중학교 2학년)

메건 하프웰, 그녀는 평소 남편과의 말싸움이 일상이 된, 성깔 있는 아가씨(?)이다. 이 죽은 도시는 들어오는 사람이 원하는 것을 보여준다. 그녀의 이상향에 있어 첫 번째 조건은 '남편이 없을 것'이다. 사사건건 그녀를 무시하며 잘난 척하는 시인이 아니라 그녀의 말을 들어주는 다른 남자와 결혼하여 살고 있진 않을까. 원래 소설 중간에 시인이 떠나려고 했을 때 메건은 가지 말라고 붙잡았었다. 그건 아마 오히려 붙잡아줘야 시인이 영원히 떠날 것이라는 걸 알기 때문이었다. 그녀는 해리를 오래 보고, 시인이라는 존재가 붙잡을수록 말을 듣지 않는 사람들이라는 걸 아니까. 그렇게 해서 그녀는 자신만의 환상 속에 남게 된다.

시녀 이야기
_ 최재혁 (중학교 2학년)

길을 걷다보니 궁전이 나왔다. 궁에 들어가니 모든 사람이 자신에게 절을 하고, 굽신굽신 하였다. 항상 남의 눈치만 살피던 그녀가 그 궁의 주인이 되어 있었던 것이다.

처음으로 그녀는 주인이 되었다. 처음엔 누워서 다른 시녀들만 부려먹었다. 아무 것도 하지 않고 지내는 시간은 천국과도 같아, 시간이 금방 지나갔다. 그러나 그녀는 남을 시키고 자신은 받기만 하는 생활이 옳지 않고, 오히려 불편하다는 생각이 들었다. 그래서 그녀는 궁전 밖으로 나온다. 처음에는 고민이 되었지만, 한 시녀를 큰 이유도 없이 꾸짖고 있는 자기 자신의 모습을 문득 알아차리고는, 더욱 확실하게 이곳을 나와야 한다는 생각이 들었다. 자신이 겪어본 일이라 이유 없이 무시당하는 이의 기분을 잘 알면서도 자신이 그런 행동을 했다는 것이 믿어지지 않았다. 그래서 그녀는 정처 없이 도시를 걷다가, 도시를 빠져나오던 와일더 대장을 만나 원래 있었던 곳으로 돌아간다. 그녀는 자기가 꿈꾸던 성의 주인은 아니지만, 그 대신 자기 자신의 주인이 되었다.

2. 나는 이 도시에서 무엇을 볼까? 어떤 선택을 할까?

나의 이상향은 어떤 모습일까? 이 질문에 답하려면 자신이 생각하는 행복의 조건을 먼저 생각해야 할 것이다. 대부분 학생들의 행복 조건의 공통점은 모두 '어떠한 세상'을 그린다기보다는 '내가 어떠어떠한 존재가 되는 것'이었다. 그런 학생들에게 시인의 이야기나 와일더 선장이 그려낸 우주적 이미지는 좀 낯설었을까. 대부분 몸 건강하고 평화로운 가족과 안정된 생활을 행복의 이미지로 그리지만, 지적 감각적 체험이나 인식의 확장 또한 행복일 수 있겠다는 걸 생각할 기회가 되었으면 좋겠다.

체육 좀 하신다구요?

_ 최재혁 (중학교 2학년)

나는 모든 성적이 체육으로만 결정이 되는 세상을 보게 되었다. 나는 그 세계에 들어서자마자 학교를 등록하고 다음날부터 학교를 나가기 시작했다. 체육 중심으로 시간이 돌아가는 학교라서 나로서는 운동을 좋아하고 잘 하는 내겐 정말 최고의 학교였다.

나는 학교에서 처음으로 전교 1등도 해보았다. 필수적으로 방과후 학습을 들어야 했기 때문에 시간표를 확인했다. 놀랍게도 시간표는 모두 체육과 관련된 방과후 수업들이었다. 나는 내가 가장 좋아하는 야구를 신청했다. 학교 안뿐만 아니라 도시 곳곳에 야구장, 축구장, 체육관, 수영장 등이 갖춰져 있었다. 모든 시설이 완벽했다. 나는 학교생활에 매우 만족하며 지냈다.

하지만 며칠이 지나니 이 세계를 나와야겠다는 생각이 들었다. 왜냐하면 나는 체육수업으로 항상 지쳐 있었고 이 생활에 점차 싫증도 나기 시작했던 것이다. 처음에는 고민이 많이 되었다. 내가 좋아하는 체육이 이렇게 좋은 대우를 받고 있는 세상을 포기하기 힘들었다. 하지만 나가야겠다는 확신을 세웠다. 왜냐하면 나는 요리도 좋아하는데, 이 세계는 오직 체육뿐이었기 때문이다.

만화가 가득한 세상

_ 서강석 (중학교 2학년)

나는 그 죽은 도시의 문 앞에 서 있었다. 문을 열고 나아갔다. 그저 평범한 도시와 같았다. 그 도시의 한복판에 나 있는 큰 길을 따라 쭉 걸어가자 한 건물이 유독 내 눈에 띄었다. 문의 손잡이부터 창문까지 검게 얼룩진, 마치 잉크로 칠한 듯 번들거리는 그 건물은 알 수 없는 힘으로 나를 끌어들였고, 난 그 힘에 이끌려 홀린 듯 문을 열고 안으로 들어갔다.

그 안에서 나를 기다리고 있었던 것은 겉처럼 새까만 방과 그 검은색을 빽빽이 채운 만화들이었다. 평소 난 만화를 상당히 좋아하고 장래희망 역시 만화가였던 터라 그곳은 나만의 파라다이스라고 할 수 있을 만큼 천국 같은 곳이었다. 그곳에 있는 수많은 만화들이 마치 자기를 읽어달라고 손짓하는 것이 보이는 듯하였다. 동시에 내 뒤에 있던 문이 끼익 닫히고 - 그러나 나는 크게 상관하지 않았다. - 나는 그 이후 몇 시간을 어쩌면 며칠을 쉼 없이 읽고 또 읽기를 반복했다.

그러다가 문득 생각이 스쳤다. '나의 천국과 같은 이곳에서 평생을 보낸다면 행복할까' 라고. 그런 의심이 들자, 갑자기 방은 내 질문에 답하듯 더 넓어지며 정말 이 세상의 모든 만화가 있을 것만 같은 크기가 되었다. 마치 이곳에서 평생을 살라고 애원하듯이 말이다. 그리고 답은 생각보다 간단하게 나왔다. 이곳이 나만의 파라다이스, 퍼펙트 월드라고 하여도 지금 사는 이 세상과는 비교할 수 없다. 이유는 아무리 완벽해도 이 세계는 나만을 위한 것이니 언젠가는 진부하고 지루하게 느껴질 것이라는 것이었다. 기왕 살 거, 이런 곳에서 완벽하답시고 평생을 쭈그려 앉아 있기보다는, 남은 많은 시간을 더 많은 사람과, 더 많은 위기(?)를 겪으며 살고 싶다.

3. 이 소설이 우리에게 던지고 있는 물음은 무엇일까?

불편한 진실이냐, 멋진 환상이냐. 논술의 단골 주제다. 아픈 현실을 직시하게 하는 〈매트릭스〉의 빨간 약 대신, 다시 파란 약을 먹고 평온한 거짓 속으로 빠져들어도 괜찮을까? 영화 〈매트릭스〉와 〈애니 매트릭스〉를 비롯하여, 『멋진 신세계』, 『아큐정전』, 『인형의 집』, 『오이디푸스 왕』, 『눈먼 자들의 도시』, 『소설가 구보 씨의 하루』, 『요한 시집』 『멋진 신세계』, 『인형의 집』 등이 모두 이와 밀접한 주제를 다루고 있다.

마무리

1. 글쓰기 - 관련 논제에 도전!

다음은 서울대 2013년 인문계열 기출논제이다. 중학생들과도 함께 토론하고 이야기해볼 수 있는 쉬운 주제지만, 이유를 대며 답하기가 결코 간단하지 않다. 먼저 자신이 생각하는 행복이란 무엇인가에 대해 답을 내려야 하고, 그에 따라 다음 질문에 대답해야 한다. 일관성 면에선 박 이사가 행복했다고 답한다면 경험기계에 들어간다고 답하는 것이, 박 이사가 행복하지 않았다고 답한다면 경험기계에 들어가지 않겠다고 답하는 것이 맞다. 그러나 박 이사가 행복했더라도 자신은 경험기계에 들어가는 것을 거부하겠다는 경우도 나올 수 있다. 이 경우 더 정교하게 근거를 대며 써야 한다.

[논제1]
(가)에서 박 이사는 자신이 행복하다고 생각했다. 당신은 박 이사가 행복했다고 생각하는가, 행복하지 않았다고 생각하는가? 근거를 들어 논하시오. (600±100자)

[논제2]
(나)의 '경험기계'가 실제로 존재한다고 가정하자. 당신은 '경험기계'에 들어가겠는가, 들어가지 않겠는가? [논제1]에서 제시한 답과 연관 지어 논하시오. (1,000±100자)

(가) 박 이사는 한국의 대표적인 기업의 임원이다. 그는 스스로 동료와 부하 직원들로부터 존경을 받고 있다고 여겼다. 뿐만 아니라 여유 있는 경제력을 바탕으로 화목한 가정을 이루고 있다고 생각해 왔다. 그는 자신을 행복한 사람의 전형으로 여기며 살다가 교통사고로 갑작스럽게 세상을 떠났다.
그러나 실상은 달랐다. 박 이사의 동료와 상사들은 그를 무능하다고 판단했고, 부하 직원들도 그를 무시했다. 회사에서는 그에게 조만간 사직을 권고할 예정이었다. 게다가 그의 가정은 부인의 도박 빚 때문에 경제적으로 파탄 지경이었고, 그의 자녀들은 각종 비행으로 학교에서 쫓겨날 형편이었다.

(나) 세계 최고 과학자 팀이 드디어 뇌 자극을 통해 쾌락 중추를 활성화시키는 단계를 넘어 완벽하고 현실적인 경험을 제공하는 새로운 기계를 개발하는 데 성공하였다. 누구라도 이 기계에 들어가면 원하는 프로그램이 작동되어 실제와 똑

같은 경험을 하게 된다. 이 기계는 원하는 경험을 구현하는 데 기술적 제한이 없으며, 고장이 나거나 작동이 중단될 위험도 없다. 가령 당신이 맨체스터 유나이티드 축구팀의 포워드로서 골을 넣는 경험을 원한다면, 이는 매우 쉽다. 당신은 수비수 여러 명을 제치고 통쾌하게 슛을 성공시키는 기분을 그대로 느낄 수 있다. 물론 실제로 골을 넣는 것은 아니다. 당신이 축구장의 그라운드를 밟고 있는 것도 아니고 주위에 환호하는 관중도 없다. 골을 넣는 경험은 가상의 경험이며 당신은 기계에 들어가 있을 뿐이다.

이 '경험기계'의 매력은 장기적이고 복잡한 경험 역시 가능하게 해 준다는 점이다. 이 기계에 들어간다면 누구든지 원하는 모든 것을 평생 동안 경험할 수 있다. 만약 프로축구 선수로 성공한 후 암을 퇴치하는 신약을 개발하는 것이 당신의 꿈이라면, 입력된 프로그램에 의해 당신은 프로축구 선수로서의 명성을 얻고 난 후 신약 개발에 성공하는 기쁨도 누릴 수 있다. 개인적으로 역경을 이겨 내는 성취감을 보다 의미 있게 여긴다면 '경험기계'는 이 역시 안성맞춤으로 제공해 준다. 견딜 만한 정도의 실패 끝에 찬란한 성공을 거두는 경험을 프로그램에 입력해 두기만 하면 된다. 물론 암으로부터 인류를 구원하는 경험을 한다고 해서 실제로 그런 일이 기계 밖에서 이루어지는 것은 아니다. 현실에서는 많은 사람들이 여전히 암으로 인해 고통 받고 있다. 그러나 '경험기계'에 들어가 있는 당신은 이 사실을 알지 못한다.

과학자 팀이 '경험기계'에 관해 제공한 추가적인 정보는 다음과 같다.

- 원하는 사람은 누구든지 무료로 기계에 들어갈 수 있다.
- 기계에 들어가면 그 사실을 모르며, 일단 들어가면 나올 수 없다.
- 기계에 들어간 사람은 아무런 고통 없이 자연 수명을 누릴 수 있다.

행복 기계가 있다면

_ 박민훈 (중학교 3학년)

[논제 1]

박 이사는 행복했다. 내가 생각하는 행복은, 그 본인 외에는 누구도 판단할 수 없는 지극히 개인적인 감정이다. 그 감정은 보통 '기쁨'으로 표현되지만 항상 그렇다고는 볼 수 없다. 그것이 어떠한 감정이든 행복이라는 것은 본능적으로 자기만 느낄 수 있는 어떠한 상태이다. 그래프에서 어떠한 수치를 넘어선 상태와도 같은데, 박 이사는 바로 그러한 상태에 머물렀던 것이다. 그가 자신을 행복하다 여겼으니, 현실이 그가 생각하는 것과 달랐다 하더라도 그 누구도 그가 행복하지 않았다고 판단할 수는 없다.

혹자는 현실에서 도피한 채 자신만의 세상에 갇혀 사는 것이 무슨 의미가 있냐고 생각하겠지만, 말했듯이 행복이라는 것은 개인적으로 느끼는 상태일 뿐 의미를 부여하는 것은 그 개인의 판단이다. 모두가 불행하게 죽었을 것이라고 예상하는, 길거리에서 얼어죽은 부랑자가 알콜에 취해 행복하게 죽어간다면 그것은 행복한 것이다. 마약에 의한 환각 속에서 행복을 느끼는 사람 역시 깨어나서 지옥을 겪지만 그 순간만큼은 행복하다고 할 수 있다.

[논제 2]

나는 경험기계에 들어갈 것이다. 행복보다는 고통을 많이 느끼게 되는 것이 현실이다. 삶의 목표는 행복을 추구하는 것이라고 생각한다. 고통을 겪어가면서까지 현실의 삶에서, 고통에 비해 너무나도 조그만 행복을 추구할 필요가 있을까? 원하는 것을 모두 얻게 해주며, 고통을 겪지 않아도 행복만을 주는 것이 실제로 있다면 그것이 현실이 아닐 지라도 나는 그것을 얻어낼 것이다.

마다할 이유가 뭐가 있겠는가? 경험기계에 들어가는 것도, 인생의 목표인 행복 추구에서 온 것일 뿐이다. 목표를 이룬다면 현실에 어떤 영향을 미칠 수 없다 해도 상관 없다. 왜냐하면 현실에 영향을 주고자 하는 사람들도 그 행동이 자신을 위한 것이든 타인을 위한 것이든, 궁극적으로는 삶의 최종 목표인 행복 추구를 위한 행동을 하고 있는 것일 뿐이기 때문이다.

원하던 옷을 사려고 돈을 모으다가 그 옷을 선물 받는다고 해서 기쁘지 않은 것은 아니다. 옷을 사기 위한 과정을 중요하게 여길 수도 있겠지만, 경험기계 속에서는 그 과정까지도 체험할 수 있다 하니 거부할 여지가 없다.

이를 혹 술이나 마약에 취해 사는 것과 같다고 비유할 수도 있겠지만, 술이나 마약을 복용하는 것은 혹시 내가 모르는 사이에 남에게 폐를 끼칠 수도 있고, 한 번 경험하고 난 다음이 더 괴로울 수 있다. 경험기계는 평생을 그 안에서 보내는 것이고, 다른 사람에게 아무런 영향도 주지 않기 때문에 술이나 마약이 주는 일시적 환상과는 성격이 다르다고 할 수 있다.

수업을 마치며

다들 경험기계의 매력에 푹 빠진 걸까? 경험기계에 들어가겠다고 하는 학생들이 생각보다 많았다. 결과가 아니라 과정이 중요하다는 근거라도 대볼까 했는데 적당한 고난과 함께 목표에 이르는 과정까지 셋팅해 준다니, 더 이상 거부할 논리를 찾지 못했던 것일까. 정말 들어가고 싶냐고 물으니, 그렇다는 학생도 있고 마음은 그렇지 않은데 쓰다 보니 그렇게 되었다고 말하는 학생도 있다. 왜 그럴까? 행복이 만족스런 감정 상태의 지속을 말하는 것이며, 우리 모두 행복해지기 위해(그 만족스런 감정 상태를 위해) 살아간다고 전제하는 순간, 답은 경험기계에 들어간다는 쪽으로 정해질 수밖에 없다. 다음은 이 문제에 관해 보다 폭넓게 사고하기 위해 생각해보아야 할 질문들이다.

- 행복이란, 외부의 객관적 현실과는 전혀 상관 없는 주관적 만족감인가?
- 박 이사가 행복의 주관적 기준으로 삼은 조건은 무엇인가? 과연 박 이사는 그것을 충족시켰는가?
- 뇌의 한 부분을 자극해 기쁨을 느끼게 하거나 마약을 복용하며 느끼는 만족감도 행복이라 할 수 있을까?
- 경험기계에 들어가기로 결정한 '나'와 경험기계 속에 들어간 '나'는 과연 동일인물이라고 할 수 있을까?
- 영화 〈매트릭스〉와 〈트루먼 쇼〉에서 주인공들은 환상보다 진실을 선택한다. 그 이유에 관하여 생각해보자. 그들이 현 상태에서 느끼는 만족감보다 우위에 두었던 행동의 기준은 무엇이었을까?
- 인간은 모두 행복해지기 위해 사는가? 때로 우리는 고난이 예정된 길을 가는 사람들을 본다. 앞에 닥친 고문과 죽음을 예감하면서도 힘든 길을 선택한 독립투사들의 삶이 그렇다. 그들에게 행복이란 무엇이었을까?

어슐러 K 르 귄, 「오멜라스를 떠나는 사람들」

행복을 포기할 수 있을까

대상_ 중학교 2~3학년
함께읽은책_ 「오멜라스를 떠나는 사람들」
『바람의 열두 방향』 (어슐러 K. 르 귄 / 시공사 / 2014) 수록
학습목표_
1. 문학작품의 문제의식을 이해할 수 있다.
2. 공리주의적 가치관의 문제점을 알 수 있다.
3. 더 좋은 세상을 만들기 위해 필요한 태도를 모색해본다.
집필_ 고은영

덥고 습한 여름날에 〈설국열차〉를 보았다. 새로운 빙하기를 시대적 배경으로 한 영화인만큼 시원한 화면을 기대했지만 설국 풍경은 잠깐밖에 나오지 않았다. 답답하고 어두운 기차 안의 모습과 그 속에서 힘겹게 살아가는 군상들의 모습은 여름날의 괴로움을 배가시킬 뿐이었다. 열차의 심장부인 엔진을 가동하기 위해 꼬리칸의 어린아이를 부품으로 활용하는 장면은 지켜보기 어려울 만큼 끔찍했다. 무고한 소수의 희생을 토대로 시스템을 존속시키는 이러한 상황은 '오멜라스를 떠나는 사람들'의 모습과 정확히 일치한다. 죄 없는 어린아이의 희생 위에 세워진 '아름답고 평화로운' 도시 오멜라스. 그리고 그 안에서 행복하게 살아가는 사람들.

이 짧고 강렬한 소설은 SF소설 작가 어슐러 K. 르 귄의 대표적 단편이다. 작가는 '오멜라스'라는, 이상적으로 보이는 도시의 이면을 통해 우리가 살아가는 세계의 불편한 진실을 드러낸다. 오멜라스는, 상상 속에 존재하는 낯선 자들의 도시가 아니라 지금 여기 우리가 살아가는 현실 세계의 또 다른 이름이다. 오멜라스의 행복한 사람들처럼 우리들 또한 힘없는 약자들의 희생을 바탕으로 구축한 사회 속에서 안온한 일상을 영위하고 있지 않은가. 내가 누리고 있는 소시민적 행복이 깨질까 봐 우

리 사회의 추악한 단면들을 애써 외면하면서 살아가고 있지 않은가. 작가의 말처럼 "SF는 허구지만 모든 허구는 현재의 은유"인 것이다.

텍스트 길이는 짧고 내용은 매우 단순하지만 담겨 있는 문제의식은 만만치 않다. 따라서 텍스트가 함축하는 주제를 해석하고 토론하면서 지금 우리 현실의 문제를 발견하고 그것이 왜 문제가 되는지, 문제를 해결하기 위해서는 어떻게 해야 할지 고민해보는 것이 수업의 주요 내용이 된다. 펼치기 단계에서 발문의 답을 간단히 확인하고 넘어가지 말고 후속 질문을 계속 던져가며 토론을 진행하는 것이 중요하다.

생각열기

1. 다음 시를 읽고 시인의 문제의식이 무엇인지 파악해보자.

그들이 처음 왔을 때
_ 마르틴 니묄러

그들이 처음 공산주의자들에게 왔을 때
나는 침묵했다
나는 공산주의자가 아니었기에

그들이 사회민주당원에게 왔을 때
나는 침묵했다
나는 사회민주당원이 아니었기에

그들이 노동조합원들에게 왔을 때
나는 침묵했다
나는 노동조합원이 아니었기에

그들이 유대인을 덮쳤을 때
나는 침묵했다
나는 유대인이 아니었기에

그들이 내게 왔을 때,
나를 위해 말해 줄 이들이
아무도 남아 있지 않았다.

우리는 우리 자신과 직결되지 않은 문제에 대해 관심을 갖지 않는다. 타인의 삶을 짓밟는 불의에 대해서도 침묵한다. 나 자신의 안온한 일상을 유지하는 것이 무엇보다 소중하기 때문이다. 그러나 우리가 우리 이웃의 고통에 무관심할 때, 나와 상관없는 일이라 외면할 때, 세상은 누구도 살아가기 힘든 지옥이 된다. 그리고 그 지옥 속에서 우리 모두의 삶은 왜곡되고 파괴된다. 눈앞의 이익, 당장의 편리함 때문에 타인의 고통에 눈 감고 불의를 모른 척 하는 것이 왜 문제가 되는 지를 생각해보자.

펼치기

1. 오멜라스는 가상의 도시다. 책에서 묘사된 오멜라스의 특성, 사람들의 품성 등을 정리해보고 우리가 살아가는 현실세계의 모습과 비교해보자.

이 발문은 오멜라스와 우리 사회의 모습을 비교해봄으로써 오멜라스가 결국 우리가 살아가는 현실세계의 다른 이름임을 깨닫기 위한 것이다.

학생들은 소설 전반에 묘사되어 있는 오멜라스의 활기차고 풍요로우며 즐거움으로 가득 찬 모습에서 이상세계의 면모를 발견한다. '군주제, 노예제, 주식시장, 광고, 비밀경찰, 폭탄'이 없는 오멜라스는 현실의 모순과 갈등 요소를 제거한 순수한 유토피아처럼 보인다. 아름답고 풍요로운 환경 속에서 살아가는 오멜라스 사람들은 모두 합리적이고 지적이며 성숙한 것처럼 보인다.

그러나 오멜라스 사람들의 행복하고 평화로운 삶을 지탱하고 있는 지하실의 비밀은 그곳 또한 불완전하며 타인의 불행 위에 지어진 고통의 도시임을, 그 안에서 살아가는 대다수 사람들의 삶 또한 자유롭지 않음을 보여준다. 겉으로 드러난 표면과 깊이 감추어진 이면이 다른 것이다.

겉으로는 아무런 문제가 없어 보이지만 근원적 결함을 안고 있는 오멜라스는 결국 모순투성인 채 유지되는 우리 현실 사회와 다를 바 없다. 실존하는 길가의 도로표지판(살렘, 오리건 Salem, Oregon)을 보고 오멜라스라는 가상공간의 이름을 지었다는 작가의 말에서 알 수 있듯이 오멜라스는 가상 속의 허구가 아닌 우리들이 살아가는 세상 자체일 것이다. 힘없는 소수자들, 사회적 약자들의 희생에 기대어 지탱해 온 현실의 다양한 사례들을 함께 이야기하며 오멜라스가 은유하고 있는 바를 함께 이야기해 볼 수 있다.

2. 오멜라스의 행복과 평화를 위해 감금된 사람은 지적 장애가 있는 어린아이로 설정돼 있다. 도시 전체를 위해 희생을 강요당하는 어린아이는 어떤 존재를 상징하는가? 우리 사회의 구체적 사례를 들어 설명해보자.

지하실의 어린아이는 기본적인 인권을 박탈당한 채 감금되어 있다. 자신의 삶에 대해 어떠한 선택권도 없다. 도시의 모든 사람들이 자신의 양심에 따라 도시에 남거나 떠날 수 있지만 아이는 자신이 갇혀있는 방조차 떠날 수 없다. 더럽고 어두운 지하실에 갇혀 고통스럽게 삶을 이어가야 한다.

힘없고 죄 없는 어린아이, 지하실에 갇힌 채 타인을 위한 희생을 강요당하는 어린아이는 우리의 삶을 지속가능하게 하는 수많은 타자들, 우리들이 알고도 모른 체하는 사회적 약자들을 상징하는 것이 아닐까? 국익이라는 명분 때문에 고강도의 노동과 저임금을 감수해야 했던 노동자들, 기업 경쟁력을 위해 양산되는 비정규직 노동자들, 국제 공조라는 대의명분 때문에 전쟁에 파병되는 병사들, 내국인이 기피하는 직종을 전담하는 외국인 노동자들, 깨끗한 매장 이미지를 위해 구석진 곳에서 몰래 쉬어야 하는 고급 백화점 청소노동자들…….

별다른 존재 가치가 없어 보이지만 그들이 있기에 우리 사회의 시스템이 유지되고 작동하는 구체적 사례들을 찾아보고 우리 사회의 지하실은 어디인지, 그 안에 갇힌 사람들의 삶은 어떠한지 함께 이야기해보도록 한다.

3. 오멜라스의 행복과 평화는 지하실에 갇힌 한 아이의 고통을 전제로 한다. 다수의 행복을 위해 소수의 희생을 강요하는 것은 비인간적이지만 아이를 풀어준다면 도시 전체의 행복은 사라진다. 소수를 위해 전체가 희생을 감수하는 것은 합당한가? 찬반토론을 진행해보자.

이 텍스트를 읽고 다수를 위해 소수가 희생되어서는 안 된다는 원론적 주장을 되풀이하는 것은 재미없을 뿐 아니라 제대로 된 문제의식을 불러일으키지도 못한다. 질문을 바꾸어 한 아이의 처지를 개선시켜주는 대가를 전체가 감수하는 것이 정말 옳다고 믿는지를 따져 묻는 것이 수업의 긴장도를 높이고 진지한 토론을 가능하게 한다.

희생양인 아이는 지적 장애가 있다. 지하실에서 오랜 시간을 보낸 터라 사회성도 부족하고 인지적 발달도 제대로 이루어지지 않았을 것이다. 지하실에서 나오더라도 아이의 삶이 다른 사람들의 삶과 동일한 수준으로 회복되리라는 보장도 없다. 만일 정상적인 삶을 살아갈 수 있다 하더라도 '단 한 사람'의 삶이 정상화되는 것뿐이다. 아이가 풀려나는 것은 사회 전체적으로 볼 때 '사소한 개선'에 불과한 것이다. 하지만 아이를 풀어주는 대가는 엄청나다. 아이를 제외한 모든 시민들의 행복과 즐거움은 모두 사라진다. 한 사람이 행복해질 기회를 얻기 위해서 수천 명의 행복을 내던져 버려야 한다.

한 아이의 행복을 위해 사회구성원 전체가 막대한 비용을 치르는 것이 타당한가? 가여운 아이를 외면하는 오멜라스 주민들을 비윤리적이라고 비난할 수 있을까? 내가 오멜라스의 주민이라면 지금까지 내가 누리던 모든 행복을 포기하고 당장 지하실로 달려가서 아이를 풀어줄 수 있을까? 혹은 다른 사람이 아이를 풀어주고자 할 때 올바른 행동이라며 박수치며 동조할 수 있을까? 일상의 소박한 행복을 추구하며 살아가는 소시민적 삶에 익숙해진 상황에서, 다수의 이익을 위해 소수의 인권을 유린하고 국익의 이름으로 개인의 희생을 강요하는 사회에 살아가면서 쉽게 답하기 어려운 질문들이다. 찬반토론을 통해 자신의 생각을 차분하게 돌아보고 무엇이 옳은 것인지 고민해보자.

1) 찬반토론 : "소수를 위해 다수가 희생을 감수하는 것은 합당하다"

토론방법

1. 찬성과 반대로 팀을 나누고 각 팀의 사회자, 발표자를 정한다.

– 사회자와 발표자도 논의에 참여하지만 각자의 역할을 잊지 않도록 주의한다. 사회자는 논의가 논점을 벗어나지 않도록 유의하며 모든 팀원들이 자신의 의견을 발표할 수 있는 기회를 가질 수 있도록 진행한다. 발표자는 논의에서 나온 근거들을 간략하게 기록하며 취합, 발표할 수 있도록 준비한다.

2. 각 팀별로 자유 토의를 통해 자신이 속한 입장을 옹호할 근거를 정리한다.

– 찬성과 반대 각각의 타당한 근거를 풍부하고 꼼꼼하게 찾아보고 논리적으로 정리한다. 이때, 자신이 속한 입장의 근거를 정리하는 데 그치지 말고 상대방의 입장에서 제기할 수 있는 반론을 미리 생각해보고, 효과적인 재반론을 미리 준비해두어야 한다.

3. 찬성과 반대 각 입장의 발표자가 정리된 근거를 발표한다.

– 각각의 입장과 근거를 다 발표한 후 자유롭게 후속 질문을 이어가며 반론과 재반론을 통해 토론을 이어간다.

4. 다시 한번 찬성과 반대의 입장을 선택하게 하고 토론을 마무리한다.

- 토론을 마친 후, 처음 선택과 생각이 바뀐 사람이 있는지, 그렇다면 그 이유는 무엇인지 발표하도록 한다. 자신의 생각을 논리적으로 정리, 표현해보고 다른 사람의 의견을 듣고 참고하여 재조정하는 과정이므로 선택이 바꾸는 것은 아무런 문제가 되지 않는다는 점을 설명해준다.

2) 찬반 토론 과정에서 나눈 이야기

많은 학생들이 아이의 희생은 안타깝지만, 전체가 불행해지는 것보다는 소수의 희생을 선택하는 것이 타당하다고 답한다. 그것이 현실적이고 효율적인 판단이라는 것이다. 어떤 학생들은 아이를 풀어주더라도 불행으로 가득 찬 도시에서 살아가야 할 그 아이 또한 행복하지 못하기에 그대로 가둬두는 게 낫다고 말한다. 아이 때문에 자신들의 행복이 무너졌다는 것을 안 사람들이 아이를 비난하고 공격할 거라며 아이를 위해서라도 계속 가둬두어야 한다는 학생, 다수를 위해 희생을 강요당하는 아이를 영웅이라 불러주면 그도 만족할 거라며 합리화하는 학생도 있었다.

아이를 풀어줘야 한다고 주장하는 학생들의 이유도 다양하다. 아이가 불쌍해서 풀어주겠다는 아이들이 가장 많았다. 아이를 풀어준 이후의 문제는 어떻게 해결할지 모르겠지만 그냥 있을 수는 없다는 것이다. 단 한 사람의 희생도 사소한 것이라고 함부로 규정할 수 없으며, 타인을 위해 희생을 강요하는 행위는 결

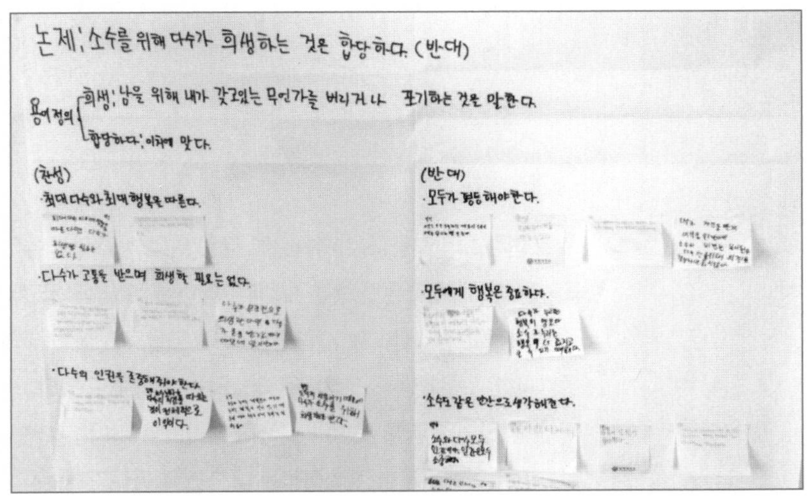

코 정당화될 수 없다는 주장을 펴는 학생도 있다. 아이를 풀어주면 지금까지 누리던 모든 행복은 사라지겠지만 그것은 어차피 옳은 것이 아니었기에 아쉬워하면 안 된다는 것이다. 도덕적 선택에 따른 고통스러운 결과를 받아들이고 정의로운 사회를 다시 만들어가는 것이 진짜 행복해지는 길이라는 의견을 제시하는 학생들은 어떠한 경우라도 개인의 삶을 짓밟는 것은 정당화될 수 없다는 신념을 굽히지 않았다.

3) 나의 상황으로 바꾸어 토론해보기

오멜라스의 상황을 나의 구체적 현실로 바꾸면 더 흥미롭고 치열한 토론이 가능하다. 지하실에 갇힌 아이가 나 자신이라면? 사랑하는 내 가족이거나 소중한 내 친구라면? 지하실에 갇힐 아이를 추첨으로 선택하는 시스템이라면 어떻게 할 것인가? 다수를 위한 소수의 희생은 불가피한 것 아니냐고 답했던 아이들도 이번엔 고민에 빠진다. 대부분의 아이들은 자신이 희생양이 되는 것은 용납할 수 없다고 말했다. 사랑하는 내 가족이 갇혔을 경우에는 당장 달려가 풀어줄 것이라 답했다. 친구가 갇혔을 때는 친한 정도에 따라 달라진다고 답하는 아이들이 많았다. 추첨으로 갇힐 사람을 선택하는 경우는 자신도 갇힐 수 있다는 가능성 때문인지 전체가 대가를 치르더라도 아이를 가두지 말아야 한다는 주장이 우세했다.

다양한 상황을 설정하여 토론하는 과정에서 학생들은 자신의 이익과 상황에 따라 상이한 선택을 하며 멋쩍게 웃었다. 지하실에 갇힌 아이가 낯모르는 타인이 아니라 우리들 자신일 수 있음도 어렴풋이 깨닫게 되었다. 그리고 다수의 편익을 위해 소수의 권리를 짓밟는 비인간적 선택을 하지 않기 위해 개인의 윤리적 판단력과 결단이 필요함을, 그러한 윤리적 개인들이 많아질 때 자유롭고 행복한 '우리 모두'의 도시가 가능하다는 것을 알게 되었다.

4. 오멜라스의 사람들은 지하실에 갇힌 아이의 존재를 알고 아이의 비참한 상황을 목격한 후 각기 다른 반응을 보인다. 아이를 그냥 내버려두는 것이 아이에게 더 나을 것이라고 합리화하는 사람들도 있고 자신들의 삶을 위해 아이를 방관하는 것이 불가피하다고 체념하고 상황을 수긍하는 사람들도 있다. 반면 분노와 고통으로 가득 찬 번민의 시간을 보내다 결국 오멜라스를 떠나는 사람들도 있다. 나라면 어떻게 행동했을지, 내 행동의 이유는 무엇인지 이야기해보자.

이 발문은 텍스트의 상황을 자기화하여 내 삶의 원칙이 무엇인지 성찰해보기 위한 것이다. 오멜라스에 남는 사람들과 오멜라스를 떠나는 사람들의 근본적 차이는 무엇인지 생각해보고 나라면 어떻게 행동할지, 내 행동의 기준은 무엇인지 이야기해보도록 한다.

오멜라스에 남겠다고 한 학생들은 대부분 현실적인 이유를 제시한다. 마음 불편하고 괴롭더라도 눈 딱 감고 모른 척하면 편하게 살 수 있는데 오멜라스를 떠나는 것은 비합리적이라는 것이다. 자신이 떠난다고 해서 오멜라스에 어떠한 변화도 없는데 떠나는 사람만 손해 아니냐며 남겠다고 말하는 학생들도 있다. 사람들이 모여 사는 곳에는 늘 불의는 있기 때문에 다른 곳에 가더라도 마찬가지라며 떠나지 않겠다는 냉소적이고 비관적인 반응을 보이는 경우에는 마음이 아팠다.

오멜라스를 떠난다는 학생들은 불의한 사회를 용인하기 어렵다는 이유를 제시하는 경우가 많았다. 손쉬운 행복을 포기하는 것이 쉽지는 않겠지만 진실을 알고 난 후에도 모르는 척 살 수는 없다는 것이다. 아무리 좋은 여건 속에서 살아도 마음 한 구석에 찜찜한 괴로움이 남아있으면 진짜 행복은 불가능하기에 진정한 행복을 찾아 떠나겠다는 학생도 있다. 아이를 풀어주고 싶지만 다른 사람들의 행복을 빼앗을 권리가 없기 때문에 말없이 떠나겠다는 학생도 있고 아이를 몰래 풀어주고 나서 떠나겠다는 학생도 있었다. 상세한 이유는 조금씩 다르더라도 오멜라스를 떠나기로 결정한 학생들은 개인적 행복과 안위 대신 자신이 추구하는 옳음을 선택하고 그에 따른 대가를 기꺼이 받아들일 수 있다는 모습을 보였다.

마무리

1. 오멜라스를 떠나는 사람들은 오멜라스에서의 행복한 삶을 스스로 포기한다. 자신들이 살아가는 세계의 추악한 진실을 방관할 수도, 그 속에서 자신의 행복을 추구할 수도 없기 때문이다. 그러나 그들이 떠난다고 오멜라스의 상황이 변하는 것은 아니다. 오멜라스를 떠나는 사람들도 오멜라스의 불의를 방치하는 것은 아닐까? 오멜라스를 떠나지 않고 잘못된 사회를 바꾸기 위해 노력하는 것이 옳지 않을까? 오멜라스를 떠나는 행위에 대해 평가해보자.

오멜라스를 떠나는 것은 결코 쉬운 일이 아니다. 주어진 기득권을 포기하고 양심을 선택하는 것이기 때문이다. 따라서 그들의 선택은 소시민적 행복에 매몰되지 않는 용기 있는 결단이며 오멜라스의 비윤리적 시스템에 저항하는 행위이기도 하다. 그러나 오멜라스를 떠나는 행위는 무력한 회피로 보일 여지도 있다. 오멜라스를 떠나는 사람들은 자신들이 살아온 세계의 부조리함과 부정의함에 분노하고 그러한 세상과 단절하지만 그들이 떠난 오멜라스는 여전히 약자의 고통에 기반한 불의의 땅이기 때문이다. 문제가 있다면 그 문제가 있는 곳을 떠나는 것이 아니라 맞서 싸워서 문제를 해결해야 하지 않을까? 오멜라스를 떠나는 행위는 양심적인 결단이지만 그러한 행위가 사회적으로 어떤 의미가 있을까?

학생들은 오멜라스를 떠나는 행위에 대해 대체적으로 긍정적인 평가를 했다. 스스로 행복을 저버리는 것이니 어리석어 보이지만 자신의 양심에 따라 행동하는 것이기에 비난할 수 없다는 것이다. 주민들을 모두 설득하는 것은 불가능에 가까우며 타인의 선택을 강요할 수도 없으니 혼자서라도 양심적인 선택을 하는 것은 옳은 행동이라는 평가도 있었다. 다수를 상대로 저항하는 것은 실패할 확률이 높으니 오멜라스를 떠난 사람들끼리 모여서 정의로운 사회를 건설하고 아이를 데려오면 된다고 말하는 학생도 있었다. 가장 감동적인 평가는, 각성한 개인의 행동이 사회를 바꾸는 밑거름이 될 수 있다는 것이었다. 오멜라스를 떠나는 것은 개인적인 행동에 불과하다. 하지만 주어진 행복을 자발적으로 포기하고 떠나는 사람들을 본 오멜라스의 주민들은 자신들이 살아가는 사회의 문제를 다시 고민하게 된다. 떠난 자들이 만들어낸 작은 균열은 견고한 기존 질서를 뒤흔드는 중요한 계기가 되고 윤리적인 사회를 만들어가는 실마리가 될 것이다.

학생글

오멜라스를 떠나는 행위에 대하여

_ 박정민 (중학교 2학년)

오멜라스를 떠나는 이들이 침묵에 잠겨 생각하던 것은 무엇일까? 아마 '다수를 위한 소수의 희생은 당연한 것인가' 혹은 '다수를 위해 소수에게 모든 불행을 떠넘길 수 있는 것일까?'라는 물음이었을 것이다. 그 사람들은 이 질문들의 답에 "아니오"라고 결론 내리며 자신의 고장이자 행복의 도시인 오멜라스를 떠나는 것이다. 그러고 나서 어느 땅에 자리를 잡고 혼자 자급자족하며 살아갈 것 같다. 자신의 행복과 불행은 모두 자신의 것이고, 나의 행복을 위한 타인의 불행을 용납 못하는 이들이다. 그렇기에 더욱 깊숙한 곳에 들어가 혼자 살아가지 않을까 싶다. 절대 모두 다 같이 행복할 수 없는 끔찍한 도시에서 더욱 더 멀어지기 위해서 말이다.

수업을 마치며

오멜라스의 지하실은 우리들의 윤리 의식을 시험하는 곳이다. 아이의 고통을 방관하거나 합리화하는 사람들은 그렇게 하는 것이 자신(혹은 자신이 속한 전체)의 이익에 부합하기 때문일 것이다. 그러한 판단의 기준에 '옳음'은 들어 있지 않다. 오멜라스 사람들의 행복은 "꼭 필요한 것, 꼭 필요한 것은 아니지만 그렇다고 해서 해롭지도 않은 것, 그리고 해롭기만 한 것을 확실히 구별할 줄 아는 데서부터 출발"(472쪽)한다는 서술은 그들의 행동이 이익과 손해의 관점에서 이루어지고 있음을 보여준다. 그리고 그러한 태도는 우리들 대다수가 갖고 있는 것이기도 하다. 우리들 또한 '나의 행복'을 위해 좋은 것과 해(害)가 되는 것을 잘 구분함으로써 일상의 안온함을 지켜나가고 있기 때문이다.

반면, 오멜라스를 떠나는 사람들은 불의한 현실과 타협하는 것을 거부하고 이익이 아닌 '옳음'을 선택한 것으로 보인다. 오멜라스를 떠나는 이유가 명시되어 있지는 않지만 '침묵에 잠겨 있다가', '홀로', '어둠 속으로 걸어 들어가', '다시는 돌아오지 않는' 사람들은 추악한 행복을 거부하고 진실을 외면하지 않기로 작정한 자들일 것이다. 그들이 가는 곳은 '상상하기 어려운', '결코 제대로 묘사할 수 없을', '아예 존재하지 않을 수도 있'는 낯설고 고통스러운 땅이지만 그들은 자신의 윤리적 선택에 따른 결과를 감수할 수 있을 것이다. 타인의 고통 위에 지어진 거짓된 행복을 거부하고 스스로의 결단과 의지로 진정한 유토피아를 건설할 수 있을 것이다.

아이의 고통을 외면하며 불편한 행복을 누릴 것인가, 아이를 풀어주고 고통을 나눠 가질 것인가? '좋은 것'을 선택할 것인가, '옳은 것'을 선택할 것인가? '최대 다수의 최대 행복'이라는 공리주의의 원칙은 우리 사회를 지탱하는 중요한 원리이며 우리 내면에 깊숙이 침투한 사고방식이기도 하다. 그러나 공리주의가 표방하는 유용성의 원리, 이익의 관점은 비윤리적 상황마저도 정당화할 위험이 있음을 잊지 말아야겠다.

행복한 삶이 좋은 삶일까

1. 행복이란 무엇일까?

누구나 살면서 최소한 한 번쯤은 자신의 삶에 대해 진지하게 고민한다. 이 유한하고 힘겨운 삶의 의미는 무엇일까? 우리 삶의 목적은 무엇이고 어떻게 살아가는 것이 좋은가? 삶에 대해 이야기한 종교적, 철학적 사유를 들여다보아도 개별적인 상황과 고민에 적확하게 들어맞는 설명을 구하는 것은 쉽지 않다. 아무런 준비 없이 던져진 세상에서 스스로의 선택으로 살아가야 하는 것이 인간의 운명이라는 어느 철학자의 말처럼, 우리 모두에게 적용되는 정답은 없다. 자신의 판단과 선택이 있을 뿐이다. 하지만 많은 사람들이 선택하는, 보편적인 경향성은 있다. 대부분의 사람들은 행복한 삶을 원한다. 행복의 사전적 정의는 '생활에서 충분한 만족과 기쁨을 느끼어 흐뭇한 상태'다. 생활 속에서 추구하는 만족과 기쁨의 구체적 내용은 개인마다 다르고, '충분'의 기준도 획일적일 수 없기에 행복을 딱 잘라 규정하는 것은 어렵지만 행복을 원하는 경향은 분명해 보인다. 행복이 우리 인생의 중요한 목표 중 하나인 것이다. 그런데 행복이란 도대체 무엇일까? 왜 우리는 행복하게 살고 싶어 할까? 행복한 삶이 정말 좋은 삶일까?

2. 행복은 영혼의 탁월성이다.

행복이 무엇인지, 어떤 삶이 좋은 것인지에 대한 논의는 기원전부터 이어져왔다. 고대 그리스의 철학자들은 행복을 탁월한 이성의 발현으로 보았다. 풍족하고 행복한 삶을 뜻하는 '에우다이모니아(eudaimonia)'는 'eu(좋은)+daimon(영혼)'으로 인간에게 주어진 이성의 능력을 완전하게 발휘하여 실현하는 상태를 의미한다. 소크라테스는 영혼의 기능이 잘 발휘되어 올바른 인식과 탁월함에 도달하는 것이 행복한 삶이라고 보았다. 이러한 생각은 플라톤에게서도 유사하게 나타난다. 플라톤은 우리의 영혼이 잘 기능하면서 절제와 용기, 지혜가 서로 조화를 이룰 때 행복한 삶을 누리게 된다고 보았다. 아리스토텔레스는 행복을 모든 사람들이 보편적으로 추구하는 삶의 궁극적 목적으로 간주한다. 아리스토텔레스가 제시하는 행복은 단순한 쾌락이 아니라 이성의 능력을 완전하게 발휘하여 실현되는 최고선이다. 영혼의 건강한 탁월성을 바탕으로 순수한 관조, 순수한 인식에 도달하는 것이 참된 행복이라는 것이다. 따라서 고대 그리스 철학자들이 제시하는 행복은 세속적 쾌락이나 주관적 욕망의 충족과는 거리가 멀다. 부단한 노력으로 이성을 갈고 닦아 영혼의 탁월한 상태를 유지하는 것이 행복이며 그러한 행복은 삶을 좋은 것으로 만들기에 유익한 것이다.

3. 행복은 쾌락의 충족이다.

쾌락의 충족이 행복한 삶의 조건이라고 보는 견해도 있다. 키레네 학파, 특히 아리스티포스는 순간적 쾌락만이 선(善)이며 가능한 한 많은 쾌락을 취하는 데 행복이 있다고 말했다. 키레네 학파의 영향을 받은 에피쿠로스 학파도 쾌락이 곧 행복이라고 본다. 하지만 키레네 학파와 달리 에피쿠로스 학파는 눈앞의 세속적 쾌락을 추구하지 않고 정신적 쾌락을 지향한다. 그들이 추구한 쾌락은 고통도 불안도 없는 영혼의 절대적 평온함, 즉 아타락시아(ataraxia)다. 소박한 자족과 이성적 절제를 통한 마음의 평화에서 오는 쾌락이 진정한 행복이라는 것이다. 인간의 자연적이고 본래적인 욕망 추구를 인정하고 현실 세계에서의 행복을 중시하지만, 철저히 개인적이고 정신적인 차원에 머무는 것이 에피쿠로스 학파의 특징이다. 정치적이고 사회적인 일로부터 한 걸음 뒤로 물러나 은둔하는 개인적 삶에서 행복을 찾는 에피쿠로스의 관점은 인간의 사회적 의무를 강조한 스토아 학파와 견주어 비판의 대상이 되기도 한다. '쾌락은 행복한 삶을 형성하는 알파요 오메가'라고 주장하며 모든 재화를 쾌락의 기준으로 측정하는 에피쿠로스의 철학은 이후 공리주의 윤리학에도 영향을 미쳤다.

4. 행복은 계산 가능한 이익이다.

공리주의는 19세기 중반 영국에서 나타난 사회사상이다. 공리주의 인간관은 쾌락주의와 유사해서 행복을 추구하고 불행을 피하는 것이 인간의 본성이라고 본다. 인간 행동에 대한 윤리적 판단 기준도 공리, 즉 이익 증진 여부다. 인간의 쾌락과 행복을 늘리는 데 기여하는 것은 선한 행위이며 고통과 불행을 주는 것은 악한 행위이다. 따라서 쾌락과 행복이 모든 것을 평가하는 가치 척도가 되고, 좋은 삶이라는 추상적 목표는 계량 가능한 '이익의 극대화'로 대체된다. 개인의 행복 증진에만 관심을 갖던 이전의 쾌락주의와 달리 공리주의는 사회적 행복의 증진에도 주목한다. '최대다수의 최대행복'을 추구하면서 전체의 이익을 위해 개인은 희생을 감수할 수 있어야 한다고 보기 때문이다. 하지만 개인의 헌신이나 희생 같은 도덕적이고 이타적인 행위에 대해서도 공리주의는 철저히 이익의 관점에서만 판단한다. 이타적 행위는 사회 전체 행복의 총량을 증가시킬 때만 가치가 있을 뿐이며 그 행위 자체는 윤리적 평가의 대상이 아니다. 개인의 권리를 침해하거나 희생을 강요하는 것도 사회적 이익의 이름으로 정당화된다. 공리주의에 의해 행복은 이익으로 대체되고 도덕과 윤리는 계산 가능한 거래의 대상이 되었다.

5. 행복을 포기하라!

이성적이고 관조적인 행복관, 쾌락의 극대화를 추구하는 현실주의적 행복관 모두, 인간이 행복한 삶을 원한다는 전제를 갖고 있다. 그러한 전제는 타당해 보인다. 열심히 공부를 하는 이유도, 일을 하고 돈을 버는 이유도 행복하게, 인간답게 살기 위해서다. 그런데 행복을 포기함으로써 비로소 인간다운 삶을 살 수 있다고 주장하는 사람이 있다. 독일의 철학자 임마누엘 칸트다. 칸트는 행복을 가장 중요한 평가 척도, 삶의 목표로 삼는 모든 행복주의를 배격한다. 행복을 추구하는 것이 인간 도덕성의 토대를 파괴하고 도덕의 숭고함을 훼손한다고 보기 때문이다. 아리스토텔레스를 포함한 고전적 행복주의는 삶의 궁극적 목적을 행복이라고 본다. 쾌락주의와 공리주의는 행복을 극대화하는 것을 추구한다. 물론 그들도 도덕을 행한다. 그것이 행복을 가져다주기 때문이다. 도덕이 행복한 삶을 위한 수단으로 전락하는 것이다. 칸트에게 있어 도덕은 그 자체가 목적이다. 착하게 살아야 하는 이유는 그것이 우리를 행복하게 해주거나 이익을 가져다주기 때문이 아니라 인간의 의무이기 때문이다. 도덕은 인간이라면 누구나 조건 없이 행해야 하는 명령이기에, 도덕적으로 사는 것이 개인적인 불행을 가져오고 불이익을 안기더라도 우리는 도덕을 실천해야 한다. 칸트에 와서 행복은 도덕에게 지고지선의 자리를 내어준다. 행복하기 위해 노력하는 것이 아니라 선하기 살기 위해 노력하는 것이 우리 삶의 목표가 된다.

6. 행복을 포기할 때 좋은 삶은 가능하다.

행복주의와 결별하고 도덕적으로 살아야 한다는 칸트의 언명은 너무나 단호하고 엄격하여 비현실적이라는 느낌마저 든다. 행복한 삶을 추구하는 것이 인간의 자연적인 성향인데 행복을 포기하는 것이 가능할까? 도덕적인 삶과 행복한 삶은 대립하는 것인가? 다행스럽게도 칸트는 행복을 추구하는 것 자체를 거부하지 않는다. 행복을 추구하는 것은 악덕이 아니며 오히려 자기 자신을 위한 의무임을 인정한다. 또한 행복의 원리가 도덕의 원리와 항상 대립한다고 보지도 않았다. 문제가 되는 것은 행복과 도덕적 의무가 충돌했을 때다. 행복을 삶의 궁극적 목표로 삼는다면 도덕은 외면해야 한다. 칸트는 이것을 경계한 것이다. 도덕적 행위의 결과가 행복을 가져다주면 가장 좋겠지만, 설사 그렇지 못하더라도 선하게 살아야 한다고 칸트는 말한다. 행복을 위해 선을 실천하는 것도 칸트는 거부한다. 도덕적 실천은 오로지 그것이 옳기 때문에 마땅히 행해야 하는 것이지 보상을 바라고 하는 것이 아니다. 행복을 보장해주지 않아도 도덕적으로 사는 것이, 외적 강제가 없더라도 자발적으로 선을 실천하는 것이 인간이 추구해야 할 참된 삶이다. 행복과 안위를 추구하는 자연적 경향성을 극복하고 선을 실천하는 것은 결코 쉽지 않지만, 도덕적으로 살기 위해 눈앞의 행복을 포기하고 고통을 받아들일 때, 손해를 예상하면서도 기꺼이 선을 행할 때, 우리는 윤리적 인간으로 새롭게 태어난다.

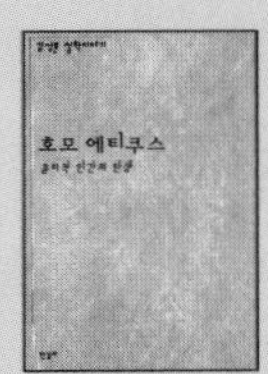

7. 선생님들이 더 읽어볼 만한 책

인간의 행복과 도덕에 관한 사유를 담은 책은 많다. 윤리학의 역사를 읽기 쉽게 서술한 『호모 에티쿠스』(김상봉/한길사)는 그 중 첫 번째로 추천할 만하다. 소크라테스부터 칸트까지, 서양 윤리학의 큰 흐름을 간결하면서도 알기 쉽게 담고 있는 이 책의 문체는 아름답고 서정적이기까지 하다. 칸트 전공자답게 칸트 윤리학의 내용과 배경, 의의에 대해 상세하게 설명하는 부분이 특히 인상적이다. 칸트 윤리학에 대해 좀더 깊이 있는 이해를 원하는 경우, 『도덕 형이상학을 위한 기초놓기』(임마누엘 칸트/책세상)를 권한다. 쉽게 읽히는 책은 아니지만 친절한 해제가 덧붙여져 있어 많은 도움이 된다.

『정의란 무엇인가』(마이클 센델/김영사)는 공리주의와 자유주의를 이해하는 데 도움이 된다. 구체적이고 흥미로운 사례로 다양한 도덕적 딜레마를 다루고 있어서 수업에서 활용할 부분이 많다.

다른 존재를 생각한다

배미주, 『싱커』
동물의 감각을 상상할 수 있을까

전성희, 『통일한국제1고등학교』
남한과 북한, 친구 될 수 있을까

루이스 세뿔베다, 『갈매기에게 나는 법을 가르쳐 준 고양이』
나와 너무 다른 너, 사랑할 수 있을까

캐서린 맨스필드, 「가든파티」
타인의 고통에 공감할 수 있을까

채만식, 「치숙」
생각이 다른 사람과 소통할 수 있을까

✳ 공감은 어떻게 가능한가

배미주, 『싱커』

동물의 감각을 상상할 수 있을까

대상_ 중학생
함께읽은책_ 『싱커』 (배미주 / 창비 / 2010)
함께본다큐_ BBC 다큐멘터리 〈히든 킹덤〉 (BBC, 영국, 2014)
학습목표_
1. 동물들이 저마다 어떤 감각을 위주로 세상을 지각하는지 조사할 수 있다.
2. 알게 된 지식과 상상력을 결합하여 한 편의 글을 쓸 수 있다.
3. 동물들이 저마다의 방식으로 세상을 살아간다는 것을 이해할 수 있다.
집필_ 이가윤

귀여운 고양이 두 마리를 키운 지도 벌써 7~8년이 되어간다. 손바닥 안에서 꼬물거리던 아기고양이가 지금은 안아 올리기도 버거울 만큼 거구가 되었는데, 퇴근할 시간이 되면 문 앞에서 기다리고, 돌아오면 강아지처럼 뛰어나와 반긴다. 물론 강아지와는 달라서, 기분에 따라 마중 나오지 않고 제 털 고르기에 여념이 없을 때도 많다. 하루 24시간 중에서 18시간은 잠들어 있고, 나머지 6시간 중에서도 3시간 정도는 누워 있는 듯한, 참으로 팔자 편해 보이는 고양이. 그들은 자신들의 시간에 따라 저마다의 인생을 살고, 그들 나름의 방식으로 인간을 사랑하는 듯하다. 가끔 우리집 고양이들의 눈에는 세상이 어떤 식으로 보일지 참으로 궁금해지는데, 자연스럽게 고양이에 관한 책들을 찾아보며 유용한 사실들을 많이 습득하게 되었다. 자기 몸보다 높은 곳을 올라갈 수 있는 몸의 구조라든가, 단독 생활을 하는 육식동물이기에 웬만해서는 아픈 티를 내지 않는 습성, 그리고 작아졌다 커졌다 하는 눈동자의 비밀 따위를.

무언가를 사랑하면 알게 되고, 또 그 반대로 먼저 알게 됨으로써 다가갈 용기가 생겨나기도 한다. 얼마 전 『새의 감각』이라는 과학책이 출판계에서 호평을 받았는데 이를 읽으며 새 또한 인간과는 매우 다른 감각으로 세상을 인식한다는 것을 알았고, '새'라는 존재에 대한 새로운 호기심과 애정이 생겨났다.

매의 세계는 우리보다 10배 빨리 움직인다. 고속의 감각계와 신경계를 갖추고 있어서 반응 속도가 엄청나게 빠른 매에게, 우리 인간은 아주 느린 슬로우 비디오처럼 보일 것이다. 또 인간이 보기엔 수백 수천마리의 오리떼가 다 똑같이 생겼지만, 바다오리들은 수백 미터 떨어진 바다 위에서도 제 짝을 바로 알아볼 수 있다고 한다. 시야각이 우리와 달라서 제 눈 바로 앞은 볼 수 없지만 위쪽과 뒤쪽을 볼 수 있는 새도 있고, 양 옆을 동시에 볼 수 있는 눈을 가진 새도 있다. 나아가 철새들이 길을 잃지 않고 지구 반 바퀴의 거리를 이동할 수 있는 것은 그들이 가진 지구 자기장 감지 능력 때문이라고 한다. 이외에도 박쥐가 가진 반향정위(ecolocation, 초음파를 쏘아 돌아오는 것을 감지하여 방향을 이해하는 능력)나 곤충의 자외선 감지 능력 등, 우리가 볼 수도 들을 수도 없는 동물들의 세상을 상상한다는 것은 참으로 아득한 일이 아닐 수 없다.

그러나 이런 아득함에도 불구하고 반쪽짜리 상상력으로나마 그들이 사는 세상을 들여다보면, 인간 외에 얼마나 많은 생명들이 나름의 방식으로 보고 듣고 느끼고, 무리를 이루고, 치열하게 살아가는지 알 수 있다. 그 생존 방식이 얼마나 정교하고 기발한지도. 그러고 나면 관심도 없고 의미도 없었던, 그러나 이 세상에 엄연히 존재해 온 생명들의 삶에 조금이나마 애정이 생기게 되지 않을까? 이 수업은 이런 생각에서 출발했다. 동물의 감각을 상상하여 글을 쓰는 것을 중심 활동으로 놓고, 그 상상력에 불을 당기기 위해서 다큐와 유튜브 영상, 소설, 인터넷 자료를 적극 활용하였다.

생각열기

1. 평소 좋아하거나, 신기하다고 생각했던 동물 5종류만 적어보자.

- 펭귄, 도마뱀, 나비, 사슴, 곰, 사자, 고양이, 아나콘다, 햄스터, 기린….

2. 이 동물들에게서 가장 신기한 점은? 궁금한 점은?

- TV에 매 재활 훈련이 나왔는데, 정말 매를 길들일 수 있는지 궁금하다.
- 우리집 강아지는 자기를 인간이라고 생각하는 것 같다. 정말 그럴까?
- 곰을 만나면 죽은 척 하라는데, 그게 정말일지 궁금하다. 실제론 그렇게 빠르

고 무섭다던데.
- 동물들도 인간과 비슷한 감정을 느낄지 궁금하다.

3. 함께 OX 퀴즈를 풀어보자.

1~2번 물음에 대한 반응은 그리 활발하지 않다. 일단 관심이 없는데, 궁금한 점이 별로 없는 것이 당연하다. 이 OX 퀴즈 활동과 펼치기에서 이어지는 다큐 감상은 잠들어 있는 호기심을 자극하기 위한 것이다. 먼저 여러 참고도서를 바탕으로 교사가 출제한 퀴즈를 풀어본다. 아이들이 신기해하는 지점이 분명히 있을 것이다.

문제	정답과 설명
박쥐의 귀를 막고 날려 보았더니 잘 난다.	X. 박쥐가 어두운 동굴에 사는 것을 보면 알 수 있듯이, 박쥐에게 있어 눈은 별 쓸모가 없다. 그들은 초음파를 쏘아 다시 돌아오는 것을 '들음'으로써 방향을 감지하기에 귀가 막히면 제대로 날 수 없다.
거미줄을 갖고 다니다가 필요할 때 사용하는 거미도 있다.	O. 사실 이 세상 거미의 절반은 이런 거미들이라고 한다. 거미줄을 만들어서 접어서 뒷다리에 걸고 다니다가, 먹이를 발견하면 순식간에 펼쳐 먹이에 씌운다고 한다.
고양이가 빨간 노을을 바라보고 있다. 우리집 고양이는 빨간색을 좋아하는 것 같다.	X. 고양이는 심한 근시에다가 빨간색을 볼 수 없다는 것이 현재까지 알려진 정설이다. 그대신 어둠에 강하고, 움직이는 것을 보는 시각이 뛰어나다. (쥐 잡는데 최적화)
새가 이빨로 벌레를 꼭꼭 씹어 먹는다.	X. 새는 이빨이 없다. 대신 모래주머니에서 큰 먹이를 잘게 부수어 소화시킨다.
벌을 먹고 침에 쏘여 크게 당한 두꺼비는 다시는 그 비슷하게 생긴 곤충을 건드리지 않는다.	O. 동물도 경험을 통해 배우며, 그것을 기억한다고 한다. 심지어 플라나리아 같은 단순한 동물조차도.

빛이 전혀 없는 곳에서도 올빼미는 잘 볼 수 있다.	X. 아주 컴컴한 밤에도 사냥할 수 있지만, 빛이 전혀 없다면 올빼미같이 밤눈 밝은 동물도 앞을 볼 수 없다.
귀뚜라미는 입으로 소리를 낸다.	X. 귀뚜라미는 날개를 비벼서 소리를 낸다.
숲속에서 새가 노래하고 있다. 날씨가 좋아서, 그들도 즐거운가 보다.	X. 새들이 즐거워서 노래한다는 것은 인간의 관점이다. 대부분의 경우 짝을 부르기 위해 지저귄다.
개미들이 줄지어 이동하고 있다. 앞에 있는 개미를 보고 따라가고 있나 보다.	X. 그들은 냄새로 소통한다. 개미는 꽁지에서 독특한 화학물질인 페로몬을 분비하고, 이것을 섞어서 매우 복잡한 의사소통까지도 할 수 있다고 알려져 있다.
인간이 소를 키우듯, 다른 동물을 기르는 동물도 있다.	O. 개미는 꽤 여러 종류의 가축(?)을 기른다. 진딧물을 보호해주고 단물을 빨아먹는가 하면, 깍지벌레들을 외양간에 넣어 기르기도 한다. 말벌도 뿔매미 새끼들을 길러주고 단물을 제공받기도 한다. 정말 재미있는 공생 관계가 아닐 수 없다.
다람쥐는 도토리를 묻어놓고, 묻어놓은 장소를 잊어버릴 때도 많다.	O. 이렇게 다람쥐에게 먹히지 않은 도토리가 싹을 틔워 다시 거대한 나무가 된다. 다람쥐의 기억력이 너무 좋아 도토리를 다 먹어치워 버린다면 숲이 사라져버릴 지도 모른다.

내용 이해

1. 『싱커』 (배미주 / 창비) 읽은 느낌과 명장면 이야기하기

『싱커』는 빙하기를 맞아 멸망해버린 지구 아래 거대하고 창백한 인공 지하도시에서 살아가는 미래 인류 이야기다. 한 번도 지상의 파란 하늘을 본 적 없고 울창한 숲도 동물도 본 적도 없는 미래의 아이들. 이들은 우연히 '싱커'라는 가상현

☞ 책을 제대로 읽고 '싱커'라는 개념에 대해 흥미를 가진 학생들일수록 구체적이고 문학적이며, 문제의식이 담긴 글을 써 냈다. 2차시 수업으로 구성하여 첫 번째 시간은 『싱커』 작품 전체에 대해 독해하고, 두 번째 시간은 이 수업처럼 동물의 감각을 상상하는 활동 위주의 글쓰기 시간으로 꾸며 보시기를 추천한다.

실 게임의 베타테스터로 참여할 기회를 얻는다. 이 '싱커'란 게임은 금지된 영역인 밀림 속에서 살아가는 동물들에게 뇌파를 통해 접속하여, 그들의 감각을 현실처럼 체험할 수 있는 획기적인 게임이다. 처음엔 장난처럼 시작했지만 이들은 동물들의 감각을 공유하게 되면서 생명의 소중함을 알게 되고, 그것을 파괴하는 인간들에 대해 분노하며, 유쾌한 반란을 통해 세상을 바꾸어간다.

한국 작가의 SF 작품, 특히 가상현실 게임이라는 소재에 대한 아이들의 반응이 뜨겁다. 영화처럼 복잡한 줄거리를 갖고 있고 다양한 방향으로 확장하여 수업이 가능하지만, 이 수업에서는 명장면인 '싱커' 접속 장면을 곱씹으며 감상해 보기로 했다.

60~62쪽 싱커 접속 장면을 함께 읽었다. 주인공 미마는 조그만 도마뱀붙이와 감각을 공유한다. 아직 '싱커'에 익숙치 않아 어리둥절한 상태로 사냥을 하고 숲을 누비며 즐거움을 만끽한다. 밀림 속에서 비를 맞는 장면이 주는 여운도 깊다. 천천히 글을 음미하며, 무엇이 주인공 미마의 감각인지, 무엇이 반려수의 감각인지 구분해보면 좋다.

2. 다큐 〈히든 킹덤〉 3부작 중 일부 감상하기

〈히든 킹덤〉은 다람쥐 등 아주 작은 동물들의 시점에서 바라본 세상을 찍은 3부작 고퀄리티 다큐멘터리이다. 다큐 하면 아이들이 으레 갖는 지루함은 찾아볼 수 없고, 스토리텔링이 가미되어 마치 귀여운 동물을 주제로 한 영화처럼 만들어진 작품이다. 동물 눈높이에 맞는 세트를 일일이 설치하고 촬영을 거듭했다는데, 끝부분에서 실제 제작 과정도 보여준다. 아이들은 거대한(?) 도마뱀의 공격으로부터 도망치는 긴코땃쥐라든가, 독전갈과 싸우는 메뚜기쥐의 활약을 숨을 죽이고 지켜보았으며, 스스로도 그런 자신들이 낯선 듯 웃음을 터뜨렸다. 함께 재미있게 감상한 후 인상적인 장면에 대해 간단히 이야기를 나눈다.

펼치기

1. 동물 하나 골라 조사하며 글 쓸 준비하기

소설과 다큐를 감상하면 글을 쓸 밑준비가 된 셈이다. 이제 각자 관심이 가는 동물을 골라 스마트폰을 통해 기본 정보를 조사한다. 자유롭게 인터넷을 이용해 자신이 고른 동물들에 대해 조사하는 동안, 박쥐· 나비·펭귄 등 아이들이 고른 동물들에 대한 다큐를 유튜브에서 찾아 틀어주었다. 자기 동물이 아니더라도 관심 가는 장면이 생기면 고개를 들어 감상하고, 재미있는 장면은 다시 틀어달라고 하는 등 즐거운 분위기에서 자유롭게 활동에 참여했다. 조사하면서 아래 도표를 채워본다. 막연할 수 있으므로 『새의 감각』을 읽으면서 교사가 채워넣은 도표를 본보기로 보여주고, 인상적이었던 부분을 이야기해 주었다.

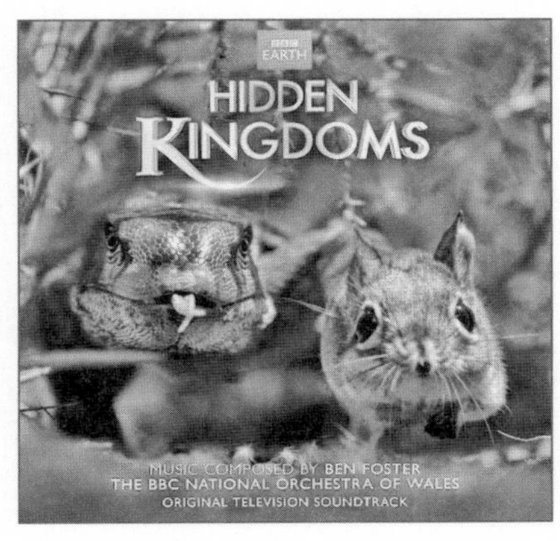

새	새롭게 알게 된 점은 무엇인가?
시각	새의 시각은 일반적으로 매우 뛰어나다. 그러나 키위새처럼 눈보다 후각이 발달한 새도 있다.
청각	엄청난 소리를 내면서도 새들이 귀가 멀쩡한 이유는, 자기 목소리를 줄이는 반사작용 덕분이다.
촉각	새 부리는 절대로 둔감하지 않다. 간혹 새 부리를 잘라 키우곤 하는데, 이는 새에게 엄청난 고통과 스트레스를 준다.
후각	일반적으로 새는 후각이 뛰어나지 않다고 알려져 있지만, 그것을 정반대로 시사하는 일화적 증거도 많다.
미각	혀보다도 부리 끝에 맛봉오리가 있어, 이를 통해 맛을 안다.
정서(감정)	이 책의 저자는 새가 정서를 경험할 수 있다는 쪽이지만, 새가 우리와 같은 방식으로 정서를 경험하는지는 결코 알 수 없을 것이다.
기타 (천적, 먹이, 특이사항 등)	자각磁覺. 철새들은 별자리를 보고, 또 몸속에 내장된 나침반을 통해 길을 잃지 않고 먼 거리를 이동한다고 한다.

알 → 유충 → 번데기 → 성충
알은 유충의 먹이가 되는 식물에 [illegible]. 번데기는 보호색을 나타냄.
꽃의 꿀을 먹고 삶. 꼬리 끝은 식물의 가지 · 잎 등에 붙이고 거꾸로 매달림
1초에 날개를 5 ~ 100번까지 흔든다. 거의 20번
나비에게 비늘가루가 털에 잔뜩 깔려 있어서 몸통과 날개를 지켜주고 비에 안 젖음.
나비의 눈알무늬는 천적으로부터 먹힐 수밖에 없을 때 그곳을 쪼아
먹어서 날개 일부가 다치더라도 살아남을 수 있다. 입은 보통 말고 있으나
꿀을 먹을 때 길게 뻗음. 나비의 애벌레는 나뭇잎 [illegible] 먹고 나비는 꿀을 먹음
나비애벌레의 천적은 기생벌, 기생벌이 애벌레 안에 들어가서
알을 낳는다.

동물 박쥐	
시각	발달하지 않았다
청각	초음파를 이용해 시야확보, 벌레가 풀잎갉아먹는 소리까지 들릴 정도로 예민
날기	전속력으로 날면서 바로 거의 직각으로 방향을 바꿀수있다 충돌X
사냥	하룻밤에 사냥하는 먹이 양 = 자기몸의 $\frac{1}{3}$ / 먹이: 곤충, 가재, 모기, 나방
천적	매, 독수리, 고양이, 올빼미, 뱀, 족제비

2. 글쓰기

이 글쓰기의 핵심은 인간중심적 시각을 일단 내려놓고 최대한 동물들 저마다의 시점을 상상하며 글을 써보는 것이다. 그러나 상상하는 우리는 역시 인간의 감각만을 알 수 있을 뿐이므로, 자신이 겪지 못한 것을 상상하기는 쉽지 않아 글이 억지스러워질 수 있다. 따라서 동물을 너무 인간화하거나, 반대로 조사한 내용만 딱딱하게 늘어놓지 않도록 앞에 인용한 소설 명장면(싱커 접속 장면)을 참조로 하여 글을 쓰는 것이 좋다. 『싱커』 주인공들은 밀림 속 동물들에 '접속'하는 프로그램을 사용하여 그들의 감각과 감정을 느끼는 한편, 인간으로서 자신의 감각과 감정을 동시에 느낀다. 소설 속에 등장하는 '반려수'라는 개념을 빌어 글을 쓴다면 동물의 감각을 상상하면서 그에 관한 나 자신의 느낌을 함께 쓸 수 있어 좀더 학습목표에 부합하면서도 생생한 글이 나올 수 있다.

마무리

1. 글쓴 것과 느낌 공유하기

박쥐가 된다는 것은

_ 박세현 (중학교 2학년)

눈을 떴는데 아무 것도 보이지 않았다. 그저 어두컴컴했고 거꾸로 매달려 있는 느낌이 들었다. 반려수가 입을 벌려 굉장히 높은 소리를 여러 방향으로 쏴댔다. 소리는 다시 되돌아왔는데 되돌아오는 시간이 다 제각각이다. 소리가 다시 올 때마다 어느 정도 거리를 두고 사물

이 있는지 확인함으로써 시야확보가 가능했다. 한 번도 느껴보지 못한 느낌을 받은 나는 놀랐지만 뭔가 스릴 있다는 생각이 들었다.

반려수의 몸이 웅크리고 있던 날개를 서서히 펴면서 거꾸로 매달려 있는 듯한 느낌도 점점 사라졌다. 주위에서 다른 박쥐들도 조금씩 움직이는 게 느껴졌다. 갑자기 박쥐가 한두 마리 날아가기 시작하면서 이 동굴 안에 있던 박쥐들이 어디론가 날아갔다. 내 반려수도 입으로 초음파를 쏴대면서 날아가기 시작했다. 주위에 같이 날아가는 박쥐가 정말 많아서 나는 정신이 없는데, 반려수는 전속력으로 날아가다가 갑자기 지각 방향으로 꺾기도 하고 낮게 날기도 했다. 주위 다른 박쥐들과는 단 한 번의 스침도 없었다.

드디어 밖으로 나왔다. 여러 곤충소리와 부엉이 울음소리가 들렸다. '내'가 풀에 앉아있는 나방을 응시하고 있다는 게 느껴졌다. 거칠던 날갯짓이 서서히 잠잠해지고 풀 쪽으로 몸이 다가갔다. 그러더니 갑자기 속도를 높이고 눈 깜짝할 새 나방이 입에 들어왔다. 아직 파닥거리는 나방이 입 안에 있었다. 거부감과 뿌듯함이 뒤섞였다. 반려수는 나방을 그대로 씹어 삼켰다. 나방 삼키는 기분을 느낀 나로서는 역겨울 뿐이었다.

그때, 뒤에서 무언가 큰 것이 이쪽으로 다가오는 게 느껴졌다. 들리는 소리로 보아 부엉이인 것 같다. 반려수는 갑자기 전속력으로 방향을 막 바꾸면서 날기 시작했다. 스릴과 두려움이 뒤섞였다. 어느 순간 부엉이가 느껴지지 않게 되고 반려수는 동굴로 들어가 처음에 있었던 그 모습 그대로 자리를 잡았다. 동굴 밖은 서서히 밝아지는 중이었다.

나비가 된다는 것은

_ 박예림 (중학교 2학년)

갑갑한 방에 갇힌 느낌이었다. 머리로 피가 쏠린 느낌인데 거꾸로 매달린 것일까? 눈을 굴려 여기저기 살펴보려 해도 보이는 것은 없고 몸이 잘 안 움직여서 나갈 수도 없었다. 이때 무언가가 몸쪽으로 오는 소리가 들렸다. 두려웠다. 그것은 날아다니면서 나와 같은 몸을 탐색하는 것 같았다. 다행히 그냥 지나친 것 것 같다. 나는 조금 더 이곳에 대해 알아보고 싶었지만 눈이 계속 감겼다. 어쩔 수 없이 잠을 잤다. 조금 뒤 내 몸이 움직이면서 이곳을 빠져 나가려고 하는 느낌을 받았다. 온몸으로 이 갑갑한 천 같은 것을 찢으며 나왔다.

'우와!' 정말 아름다운 세상이 펼쳐졌다. 새들이 짹짹거리는 소리와 꽃과 나무들이 무성하게 자란 이곳은 꿈만 같은 곳이었다. 계속해서 두리번거리는 와중에 날개 같은 것이 내 몸과 아주 가까이에서 보였다. 내 몸은 양쪽에 있는 날개를 움직이기 시작했다. 나는 막 번데기에서 나온 나비였다!

몸은 날개를 조금씩 털다가 힘껏 날아올랐다. 정말 신나고 즐거웠다! 계속 갇혀 있다가 자유로이 날아다니면서 숲의 향기를 맡으니까 행복했다. 몸은 지금 먹이를 찾아 길을 헤매고 있는 것 같다. 가까운 곳에서 달콤한 꿀 냄새가 났다. 용수철처럼 말려 있던 입이 길게 뻗어져서 꿀 속으로 들어갔다. 달콤한 꿀맛이 입안을 감싸고 돌았다. 몸은 배가 불렀는지 날기 시작한다. 날개는 1초에 20번 정도 움직일만큼 빨리 움직였다.

도착한 곳은 큰 나무 구멍이었다. 몸은 피곤했는지 바로 잠이 들어버렸다. 그런데 얼마 지나지 않아서 부스럭거리는 소리가 들려왔다. 무섭고 소름이 끼쳤다. 내 몸은 얼른 잠에서 깨어 주위를 둘러보았다. 조금 더 큰 몸집에 나를 뚫어져라 보고 있는 것은 잠자리였다. 잠자리가 내 몸을 먹으려고 온 것 같다. 재빨리 나무구멍에서 나와 빠르게 날갯짓을 했다. 다행히 잠자리로부터 피하긴 했지만 또 언제 나를 누가 잡아먹으러 올지 모른다.

갑자기 위에서 무거운 무언가가 툭 떨어졌다. 몸은 휘청거리면서 얼른 나뭇잎 아래 숨었다. 그것은 비였다. 비를 맞고 생명의 위협을 느끼긴 처음이었다. 하지만이 아름다운 숲 속에서 비가 내리는 풍경은 더 멋있었다.

검독수리가 된다는 것은

_ 김민 (중학교 2학년)

벽이 사라졌다. 제법 차가운 바람이 내 몸에 부딪친다. 털 하나하나가 떨리는 것 같다. 너무 춥다. 그리고 두렵다. 내 반려수는 이 높은 곳을 아무렇지 않아 한다.

두려움과 무심함. 반대되는 감정이 뒤섞인 기분이 묘하다. 아마 난 새의 한 종류에 싱크한 것같다. 밑을 내려다보니 아찔한 풍경이 펼쳐졌다. 비행기를 타야지만 볼 수 있는 풍경. 모든 것이 개미처럼 작게 보인다. 하지만 너무 선명했다. 어디선가 독수리의 시력은 아주 뛰어나다는 이야기를 들은 것 같다. 나는 독수리에 싱크한 것인가? 조금씩 바람의 흐름에 맞춰 자연스럽게 날아가고 있었다. 더 날고 싶다. 그러나 내 반려수는 밑으로 빠르게 하강하기 시작했다. 너무 빠르다. 땅에 부딪칠 것 같아 두 눈을 질끈 감은 그 순간 내 입 속에 느껴지는 온기.

눈을 떠보니 나는 산토끼를 물고 있었다. 날카로운 부리와 뛰어난 시력이 있었기에 이 사냥이 가능했던 것 같다. 나는 내 반려수가 뱀을 잡지 않은 것에 감사하며 다시 날았다. 반려수는 속도를 줄이더니 사람들의 손에 전혀 닿지 않을 만한 산지 낭떠러지 바위틈 사이로 비집고 들어간다. 갓 눈을 뜬 새끼들이 하나같이 부리를 벌리고 요란하게 울고 있었다. 내 반려수는 어미인가 보다.

사냥해 온 산토끼를 부리로 잘게 잘라 새끼들에게 나누어 준다. 입안에서 씹히는 비린 토끼는 역겹지만 이 동물의 모성애를 생각하며 참아냈다. 새끼들의 모습을 보느라 이곳이 매우 높다는 것을 잊고 있었다. 너무 무섭다. 지상이 그리워진다. 나는 땅으로 내려가려고 노력했지만 반려수를 조종할 수 없었다. 슈퍼맨처럼 하늘을 자유롭게 나는 것은 좋지만 역시 평범한 사람인 나는 지상이 좋다. 그리운 땅을 밟기 위해 나는 접속을 끊었다.

개미가 된다는 것은

_ 박정민 (중학교 2학년)

눈을 떴다. 앞이 거의 보이지 않았다. 지금 부건의 반려수는 어딘가로 가고 있었다. 잘 느껴보니 무언가를 등에 지고 가는 것 같았다. 앞이 잘 보이지 않는 상태로 도착한 곳은 흙으로 둘러싸인 공간, 그러니까 땅굴 같았다. 땅굴에 들어가니 반려수와 똑같이 생긴 생물들이 분주하게 움직이고 있었다. 얼추 보니 부건의 반려수는 개미인 것 같았다. 반려수가 등에 지고 온 것은 벌의 시체였다. 순간 부건은 깜짝 놀랐다. 개미가 지금까지 자신보다 몇 배나 더 큰 벌을 들고 왔단 말인가. 또한 부건은 자신의 개미가 혼자 이동한 것이 아니고 무리를 지어 이동했던 것이라는 사실을 알게 된다. 무리는 운반했던 '음식'들을 내려놓고 다시 길을 나섰다.

그런데 생각해보니 이상했다. 부건은 지금 자신이 인간의 기준으로는 설명할 수 없는 어떤 '느낌'을 받고 있다는 것을 알았다. 그 '느낌'은 앞쪽에서부터 느껴지는 것 같았다. 이게 말로만 듣던 페로몬이라는 사실을 알기 전까지 부건은 그 '느낌' 때문에 매우 신기하고도 혼란스러웠다. 물론 부건의 반려수인 개미는 무심했다.

그러던 사이 개미 무리는 식량을 발견했는지 한곳에 멈춰섰다. 그곳에 무엇이 있는지 궁금해진 부건은 빨리 개미가 먹이를 짚어지기를 기다렸다. 점점 단 냄새가 나는 듯했다. 그 단 냄새는 지금까지 경험해보지 못한 냄새였다. 그때 개미가 무언가를 들어올리더니 자신의 입에 가져다 대었다. 무척 단 맛이 느껴졌다. 알고보니 지금 먹고 있는 것은 진딧물이었고 지금 들고 있는 것이 진디였다. 개미 무리는 맛있는 진딧물(부건은 다음에 풀에서 진디를 보면 꼭 먹어봐야겠다고 생각할 만큼 맛있다고 느꼈다)을 먹고 힘을 내서 진디들을 운반했다. 개미들이 진딧물을 먹은 대신 진디들의 이동을 도와주고 있는 것이었다. 이후에도 개미들은 먹이를 찾아 이동했다. 사탕, 메뚜기, 새, 과자가루, 지렁이……. 옮길 때마다 조금씩 맛보았던 먹이들 중 지렁이는 정말 먹은 것을 후회하고 있는 부건이다. 처음 씹을 때 탁 터지는 껍질, 그 안에 들어있는 지렁이의 살과 내장들, 그리고 즙이 나오는데…….

'우웩!'

지렁이 씹는 맛을 확인한 부건은 너무 역겨워져서 싱크를 종료하려고 했다. 그런데 그때, 개미의 더듬이에 미세한 진동이 감지되었다. 그 진동은 점점 더 커지며 개미에게 가까워지고 있었다. 부건은 순간 지진이 난 줄 알았다. 쿵쿵쿵! 개미는 본능적으로 몸을 피했다. 그 진동은 개미를 쫓아온다. 개미는 필사적으로 달리지만 결국 진동과 만나, 그 진동에게 죽임을 당한다. '찍!'

부건은 순간 온몸이 터지는 듯한 느낌을 받았고, 싱크는 저절로 종료되었다. 너무 무서워서 창밖을 보며 숨을 고르려고 하는데, 밖에서 초등학생들이 뛰어 노는 것을 보았다. "개미들 다 밟아버려!"라는 목소리가 상황을 설명해 주었다. 알고보니 부건이 싱크한 개미는 집 앞 놀이터에 기어다니던 개미 중 하나였던 것이다.

"하, 저 초딩……."

학생글

고양이가 된다는 것은

_ 권지현 (중학교 3학년)

우선 온 몸에 돋아나 있는 부드러운 털이 눈에 띄었다. 낯설지 않은 냄새, 꼭 우리 동네 냄새와 비슷해서 익숙하게 느껴졌다. 갑자기 비행기를 탔을 때처럼 귀가 멍하고 느껴져 주위를 둘러보니 '몸'이 건물 옥상 위에 있다는 것을 알았다.

'몸'이 눈알을 움직이자 저 멀리에 있는 차들과 사람들, 아파트와 몇 개의 주택이 있는 풍경이 고스란히 보였다. 이렇게 위에서 보니 익숙한 풍경도 굉장히 새롭게 느껴졌다. '몸'이 옆으로 시선을 옮겼다. 나처럼 털이 많고 꼬리가 달린 네 다리의 동물이 보였다. 고양이었다. 그 고양이는 나를 계속 주시하고 있었다. 꼬리가 위로 올라갔다. 반갑다는 인사를 하고 싶은 모양이었다. 내 반려수도 꼬리를 위로 들어 그 대답에 응했다. 그리곤 그 고양이는 다시 고개를 돌려 누군가가 먹다 남은 생선을 뜯었다. 배고프다는 반려수의 감각이 그대로 나에게 전해졌다. 반려수는 그 고양이에게 다가가 먹고 싶다는 의사를 표현했다. 하지만 그 고양이도 생선을 양보할 수는 없었는지 고개를 돌려 계속 먹기만 했다. 순간 '몸'이 생선에게로 잽싸게 움직였다. 그 고양이는 놀랐는지 꼬리털을 잔뜩 세우며 공격 자세를 취했다. 반려수의 꼬리털도 곤두세워지며 서로 경계 자세를 취하는 듯했다. 처음 겪어보는 상황에 당황한 나는 어떻게 해야 할지 모르고 두리번거리기만 했다.

그때 나의 반려수의 '몸'이 그 고양이에게로 달려들었다. 아픔을 느끼지는 못했지만 몇 번의 충돌 같은 충격이 느껴졌다. 그러다가 그 고양이가 발톱으로 반려수의 몸을 할퀴었다. 이번에는 충격이 센 모양이었다. 반려수가 뒤로 물러나더니 다시 잽싸게 달려들었다. 하지만 아까의 충격 때문에 쉽게 공격하지 못했다. 몇 번 실랑이를 벌이다가 반려수가 꼬리를 뒷다리 사이로 넣었다. 항복이라는 표시 같았다. 그 고양이도 알아들었는지 다시 유유히 자신의 자리로 돌아가 생선을 뜯었다. 반려수는 한참을 보고 있다가 갑자기 밑으로 '몸'을 던졌다.

'엄마야!'

몸은 밑으로 빠르게 떨어졌다. 이대로 죽는 거 아닌가 하고 생각했을 때, 반려수가 잽싸게 한 바퀴를 돌고 나뭇가지 위로 안전하게 착지했다. '몸'은 나뭇가지에서 다시 도로 위로 착지했다. 도로에는 많은 사람들이 있었다. 연인들도 있었고 시내에 놀러온 학생들의 모습도 있었고 가볍고 술을 마시러 온 어른들도 있었다. 갑자기 위에서 떨어진 반려수를 보며 사람들은 눈을 힐끔거리기도 했고 사진을 찍기도 했다. 반려수는 주변을 두리번거리더니 '몸'을 움직였다. 매일 다니던 거리였는데도 고양이의 시각으로 보니 익숙한 동네, 상점, 건물과 학교가 다르게 보였다. 반려수는 아까 생선을 먹지 못해 배고프다고 느꼈는지 주위를 두리번거렸다. '몸'이 움직이다가 멈추었다. 고개를 들어보니 엄청 높은 건물들이 여러 개 있었다. 아파트였다. 반려수는 귀를 쫑긋 세웠다. 가만히 듣더니 눈을 동그랗게 뜨고 어딘가를 주시했다. 내가 뭐지 하고 두리번거릴 때 반려수는 어떤 것을 발견하고는 잽싸게 달려갔다. 반려수가 목격한 것은 조그만 쥐였다. 꽤 먼 거리였는데도 보인다는 게 신기했다. 반려수가 많이 배고팠는지 쥐를 먹기 시작했다. 생전 처음 느껴보는 산 쥐 먹는 느낌은 정말 끔찍했다.

'윽.' 가뜩이나 비위가 상한 나인데 산 쥐를 먹는 기분을 제대로 알아버렸다. 나는 얼른 싱크를 종료하고 나오려 했다. 그때 반려수의 '몸'이 갑자기 어디론가 움직였다.

'왜…… 왜 이래?'

아직 다 먹지도 않은 쥐를 내팽개치고 '몸'은 나무 위로 올라갔다. 나는 얼떨떨해서 주위를 둘러보았다. 그러다가 어딘가에 시선을 둘 수밖에 없었다. 내 시선을 끈 것은 까만 밤하늘을 비추는 초승달이었다. 이렇게 초승달이 아름답게 느껴질 수가……. 매일 집에만 있었던 나는 이렇게 달이 아름다운 것도 잊고 있었다. 반려수의 감정을 느낄 수는 없었지만 그가 느끼는 감동이 그대로 나에게 전해졌다. 노래의 제목처럼 낭만 고양이가 된 기분으로 나는 그렇게 한참동안 아름다운 밤하늘의 초승달을 바라보았다.

유한누리 삽화
(중학교 1학년)

수업을 마치며

※ 야곱 폰 웩스쿨: 1864~1944. 에스토니아 출신 생리학자로 생명체가 환경을 인식하는 방법과 환경이 행동에 어떤 영향을 끼치는지에 대해 연구했다.

야곱 폰 웩스쿨은 세계에 단 하나의 공간과 시간만 존재하는 것이 아니라, 다양한 주체에 따라 수많은 공간과 시간이 존재한다고 했다. 또한 우리가 동물이 느끼고 활동하는 방식을 이해하기 위해서는 먼저 인간으로서의 우리 감각을 접고, 최대한 그들의 감각을 상상하려 노력해야 한다고 했다.

그런 활동들이 의미가 있을까? 그 답은 아이들 표정 속에서 찾을 수 있었다. 독전갈을 사냥해 새끼들에게 먹이는 작은 쥐, 거대한 코끼리 똥으로 경단을 빚어 굴리는 쇠똥구리에게서 학생들은 한번도 눈을 돌리지 않았고, 잔인하다거나 징그럽다거나 더럽다고 말하지 않았다. 우리와 다른 존재를 존중하고 이해하기 위해서 필요한 것은, 잠시라도 그들의 눈과 감각으로 세상을 보려고 하는 시도가 아닐까? 그것이야말로 모두가 함께하는 세계를 보전하기 위해 가져야 할 가장 기본적인 태도가 아닐까 싶다.

전성희, 「통일한국 제1고등학교」

남한과 북한, 친구 될 수 있을까

대상_ 중학교 1학년~고등학교 1학년
함께읽은책_『통일한국 제1고등학교』(전성희 / 자음과모음 / 2017)
학습목표
1. 남북통일이 가져올 이로움과 문제점 등을 구체적으로 머릿속에 그려볼 수 있다.
2. 소설 속에 나오는 다양한 후보들의 주장과 목표를 이해하고, 통일시대 우리가 가져야 할 바람직한 가치관은 무엇인지 내 생각을 세울 수 있다.
집필 _ 강정숙

우리가 준비를 다 하지 못한 채 남북평화시대가 오고 있다. 분단 시대에 태어난 우리 학생들은 처음 맞이하는 통일 이야기가 낯설다. 그간 전혀 교류가 없던 북한 사람들과 어떻게 만나고 이해하고 소통하며 함께 살아갈 것인가 하는 문제가 우리들의 현실에 갑자기 들어왔다.

『통일한국제1고등학교』는 남북한 학생이 함께 하는 가상 학교를 무대로 설정하여 통일 시대 우리가 직면할 문제를 구체적으로 고민해보게 하는 소설이다. 작품 속에서 남북 학생들은 서로를 이해하지 못한 채 전교회장 선거라는 중심 사건을 두고 갈등하며 대립하지만, 점차 자신의 문제를 발견하고 타인을 이해하면서 변화해간다. 이 수업에서는 통일이라는 현실적 과제에 관해 좀더 구체적으로 머릿속에 그려보면서, 통일 시대에 우리가 중심으로 삼아야 할 사회적 가치가 무엇인가를 찾아보고자 했다.

생각열기

1. 남북합동공연과 남북 정상회담에 뒤이어 남북 당국자 간에 구체적 실천문제를 협의하고 있다. 또 북한과 미국의 국제관계가 급변하면서 세계인의 관심 속에서 한반도는 세계평화를 이끄는 중심이 되고 있다. 남북회담과 공연, 북미회담으로 이어지는 일련의 드라마 속에서 가장 인상적으로 본 것은 무엇인지 각자 말해 보자.

- 레드벨벳 '빨간 맛' 공연이요!
- 남북 두 정상이 국경선을 넘어갔다 넘어왔다 하던 장면이요.
- 소나무 심은 거요.
- 판문점 다리 위에서 남북한 정상이 이야기하는 모습이요.
- 트럼프 대통령과 김정은 위원장이 악수하는 장면이요.

실제 중학교 학생들은 아이돌그룹 레드벨벳이 북한에 가서 잡혀서 못 돌아오면 어쩌냐고 걱정했었다. '그러면 북한을 용서 안 할 거야!'하던 아이들이 북한에서 우리 공연이 성공적으로 이루어지자 뿌듯한 모양이었다. 하지만 북한에 대한 긴장감을 여전히 갖고 있었다.

2. 작품 속에서 남북한은 '선통일 후통합'이라는 기본계획을 갖고 시범적으로 남북한 사람들이 함께 사는 통일시를 운영한다. '통일한국 제1고등학교'는 통일시 안에서 남북한 학생이 함께 학교에 다니는 고등학교다. 통일한국 제1고등학교가 처한 특수한 역사적, 사회적 상황은 무엇인지 알아보자. 그리고 이런 설정에 관해 어떻게 생각하는지 말해 보자.

- 통일되었다고 바로 함께 사는 건 좀 문제가 많을 것 같아요.
- 이런 통일시를 만들어 함께 사는 연습을 하는 게 좋을 것 같아요.
- 동독과 서독도 처음엔 갈등이 많았다고 하잖아요. 천천히 통일되었으면 좋겠어요.
- 남한이 통일되면 통일 비용을 다 부담해야 된다는 걱정이 있잖아요. 북한이 잘 살게 될 때까지 기다리면서 통일 준비를 하려면 통일시 같은 곳이 필요할 것 같아요.
- 통일시에 사는 사람들이나 학교 선생님, 학생들은 전 국민의 시선을 의식해야 하니 부담스럽겠어요. 그래서 이런 선거대결이 있겠죠.

어떻게 통일을 할 것인지, 통일 이후에는 그간의 경제 문화적 차이와 갈등을 어떻게 해결할 것인지는 남북한 모든 사람들의 관심사이자 결코 실패해서는 안 될 일이다. 앞으로 다양한 방법들이 모색될 텐데, 그런 고민을 우리 학생들도 적극적으로 해보자는 의미에서 현재 벌어지고 있는 사건들에 관해 자유롭게 이야기를 나누어 보았다. 그리고 나서, 생생하고 구체적인 고민과 갈등들이 부딪치고 있는 작품 속으로 들어가 보았다.

펼치기

1. 소설 대부분은 학생회장 선거를 둘러싼 이야기이다. 학생회장 선거는 출마한 인물들의 독특한 경험과 가치관이 대결하는 장이다. 그 결과 의외의 사건들이 일어난다. 여러 등장인물들의 성격과 출마 이유, 가정환경, 부모님 상황 등을 알아봄으로써 '통일한국 제1고등학교'라는 특수 환경 속에 놓인 학생들의 구체적 고민과 생각들을 이해해보자.

남측 후보

서재원

남측 학생 중 공부를 제일 잘하고 교장선생님의 지지를 받는 남학생이다. 정치인이 되겠다는 야망을 갖고 있어 전교회장이 이에 필요한 스펙이라고 생각해 선거 출마했다. 단일화를 주도하여 남측 단일 후보로 뽑히고 친구들을 부하처럼 부리기도 하는 모습을 보인다. 아버지가 기자여서 정보를 쉽게 얻어내고 이 정보력으로 박영민 집안의 약점을 들춰낸다.

학생들에게 대입에 필요한 정보를 제공하겠다고 공약한다. 이기적이고 계산적이다. 잘 생긴 외모 때문에 여학생들에게 인기가 많다.

남보배

회장경험이 많은 여학생. 꾸미지 않는 수수한 외모로 남북 학생 간 친구 맺기 공약을 제시하며 자신의 소신과 능력을 믿고 출마했다. 엄마가 통일시에서 꽃가게를 하는 평범한 집안. 단일화에서 여학생들 표가 자기에게 오리라 기대했지만 서재원에게 밀려 충격을 받는다.

남대성

공부도 못하고 회장경험도 인기도 없는 지극히 평범한 남학생. 재미있을 것 같아 가벼운 마음으로 후보에 나간다. 부모님이 인권운동가로 남북 인권문제에 관심이 많다. 꼭 남한 출신이 회장이 되어야 한다거나 꼭 남학생이 회장이 되어야 한다거나 하는 고정된 생각이 없다.

북측 후보

박영민

북측 학생 중 가장 공부를 잘하는 남학생. 맘껏 과학을 공부하고 싶어 통일고등학교에 왔다. 공부 외 주변 문제에 전혀 관심이 없는데 북한 친구들의 기대를 저버릴 수가 없어서 선거에 출마했다. 서재원의 폭로로 할아버지가 북한 공산당 고위 간부였다는 것이 드러나면서 친구들의 눈총을 받고 출마를 포기한다.

강철민

탈북자였던, 싸움을 잘하는 남학생. 현 국적은 남한이지만 탈북 이후 남한에서 받았던 상처 때문에 자신은 북한사람이라는 정체성을 강하게 갖고 있다. 북한 친구들을 설득하고 박영민을 내세워 북한 출신이 학생회장에 당선되기를 바라지만 뜻대로 되지 않자 스스로 후보로 나간다. 엄마가 음식점을 하시는데 어려워서 집안일을 도와야 하는 처지다.

리수연

북한에 마지막까지 후보로 남은 여학생. 남북 화합과 여학생들의 권리주장을 위해 회장선거에 나가기로 결심하고 남보배의 지원을 얻는다.

엄마가 남한에서 일하고 남한 대학교에 다니는데 남한의 민주주의 실현에 영향을 받아 통일한국 제1고등학교에서도 이런 민주주의가 실현되기를 바란다. 결국 학생회장으로 당선된다.

2. 학생 선거 과정에서 일어나는 일들은 마치 우리 선거 축소판을 보는 듯하다. 작품 속 선거 과정에서 나타난 문제나 따져볼 필요가 있다고 생각되는 점들을 찾아보자. 이에 따라 선거판도는 어떻게 변했는지 후보의 출마와 사퇴를 체크하며 그 흐름을 알아보자.

	이름	처음	단일화	1차유세 후	2차유세	당선
남측 후보	서재원	o	o	o	o	x
	남보배	o	x			
	남대성	o	x		o	x
북측 후보	박영민	o	o	x		
	강철민			o	x	
	리수연		o	o	o	o

- 어이없는 건 교장선생님이 특정 후보를 지원한다는 거예요. 처음엔 교장선생님으로 사명감 있고 좋은 분인 줄 알았는데 알고 보니 비민주적이고 남한 중심 사고를 갖고 있는 선생님이에요.
- 여학생이 학생회장이 되면 학교 위신이 떨어진다는 생각을 학생들이 갖고 있다는 점이 놀라워요. 게다가 여학생들의 반발이 없다는 점도 놀랍고요.
- 공부를 잘 하는 것이 학생회장의 기본조건이라는 것은 이해가 안 돼요. 학생들의 의견이 아니라 어른들 생각 같아요. 작가가 우리 청소년들의 분위기를 모르는 것 같아요.
- 남북 학생들을 더 집단 대결하도록 몰고가는 강철민의 태도도 문제에요. 상대를 기죽이려고 일부러 축구시합을 하는 것도 나쁘고. 결국 그런 심리가 남북학생 패싸움 대결까지 갔잖아요.
- 김지성 탈북교사의 지나치게 비관적인 생각도 학생들에게 절망감을 갖게 했어요. 이런 미움을 가진 사람이 교사가 되는 것도 문제가 있어요.
- 서재원이 학생들에게 햄버거를 돌리고 박영민의 집안 문제를 선거에 이용하는 것은 지금 우리 정치인들의 부정선거판을 보는 것 같아요.

3. 나라면 누구를 회장으로 뽑겠는가? 꼭 회장이 되어야 한다고 생각하는 사람 한 명, 절대 되어서는 안 된다고 생각하는 사람 한 명을 뽑아 보자. 왜 그 사람이라고 생각했는지 각자 근거를 들어 설명하자.

– 남대성이요. 가장 남북에 평등한 생각을 갖고 있고 공부에 찌든 학생도 아니고 웃음을 줄 수 있어서 남북 학생들 사이에 대립 분위기를 푸는데 가장 좋은 인물이라고 생각해요.
– 서재원이요. 인물은 밉지만 현실적으로 능력이 많잖아요. 그리고 학생 개인에게 입시 정보 같은 것을 지원한다면 나에게 가장 직접적인 도움을 주는 후보는 서재원이라고 할 수 있어요.
– 남보배요. 사심 없고 일도 잘 할 것이고 남북한 학생들 화합을 위한 구체적 공약을 준비했으니 학교의 본래 취지에 잘 맞는다고 봐요.
– 서재원은 절대로 되면 안 돼요. 이것을 막으려고 남대성이 선거에 다시 출마한 건 맞는 행동이에요. 서재원은 북한 학생들에게 가장 반감을 일으키는 이기주의의 대표형이에요. 이런 애들 때문에 남한 학생들이 욕을 먹고 친해지지 못하는 거예요.
– 남북한을 분열시키는 건 서재원보다 강철민이 더 심해요. 원래 친해지려는 마음이 전혀 없고 트집만 잡으려고 하고 패싸움으로 몰고 가요. 강철민이 되면 남북이 더 갈등하게 될 거예요.

실제 책을 읽을 때 많은 학생들은 마지막 반전이 있을 것이고 남대성이 회장이 되리라고 생각했다고 한다. 하지만 별 존재감 없었던 리수연이 당선되어 시시한 결말이 되어버렸다고 한다. 남대성의 가볍고 중립적인 성격을 학생들은 가장 선호했고, 그런 편안함이 갈등상황에서 힘이 되리라고 생각했다. 요즘 우리 학생들이 추구하는 바를 잘 알 수 있었다.

심 화

1. 통일 시대 남북한을 통합하여 이끌어갈 바람직한 리더는 어떤 사람이어야 할까? 앞서 회장에 적합한 인물을 뽑았던 생각을 바탕으로 통일시대 바람직한 리더에게 요구되는 자질은 무엇일지 꼽아보자.

– 화합하는 능력이 있고 자신과 다른 사람을 이해하는 포용력이 있어야 해요.

- 긍정적이고 마음이 열려 있어서 창의적으로 생각하는 사람이어야 새로운 시대 문제를 과거에 얽매이지 않고 풀어낼 수 있을 것 같아요.
- 미래관을 제시하는 강력한 리더십이 있어야 되요. 반대하는 사람들도 설득하면서 통일시대를 끌고 가려면 확실한 모습이 필요해요.

소설에 등장하는 후보들을 하나하나 분석하며 그들이 통일한국 제1고등학교 전교회장으로서 적절한지 토의하는 과정에서, 자연스럽게 앞으로 다가올 통일 시대에 바람직한 지도자상을 그려보게 되었다. 그 지도자의 덕목은 바로 우리들이 통일 시대에 중심으로 삼아야 할 가치가 될 것이다.

2. 지금 남북한이 통일을 향하여 다양한 노력들을 하는 것을 볼 때 소설 속 상황이 실제 일어날 수도 있을 듯하다. 실제 남북통일 고등학교에 우리가 다니게 된다면 학교 현장에서는 어떤 일들이 일어날까? 소설 속 학생들의 모습 외에 내가 짐작할 수 있는 학교의 모습을 이야기해보자.

- 실제 이게 현실이 될 것 같아요. 남북 학생들이 갈라져 끼리끼리 놀 것 같아요.
- 남북 학생들이 한 교실에서 만나 수업하면 매일매일 신기한 일들이 일어나고 재미있을 것 같아요.
- 남북 간 서로 다른 언어를 가르쳐 주고 우리는 게임을 북한 친구들에게 알려주고 할 것이다.
- 지금처럼 공부만 하는 학교분위기는 안 되겠죠.
- 교재도 공통으로 만들어야 될 거다. 특히 국어, 역사, 사회는 다 바꿔야 되겠지.
- 남한 아이들이 사교육을 많이 받아 공부를 잘 할 것이고 북한 아이들은 체육을 잘 할 것 같다. 공부실력 차이를 해결할 필요가 있어요.
- 남북한 학생들이 대학에 골고루 들어갈 수 있도록 대입 제도도 바뀌어야 될 거다.

3. 그럼에도 남북이 통일된다는 것은 굉장한 변화를 불러 올 것이다. 통일을 포함하여, 남북이 서로 소통하고 힘을 합치게 되었을 때 할 수 있는 일들, 꿈꿀 수 있는 일들은 무엇일지 생각해보자.

- 수학여행을 금강산, 개마고원, 백두산 그런 곳으로 가고 싶다.
- 발해유적지도 가보고 우리가 고구려의 영광을 다시 찾는 세상이 왔으면 좋겠다.
- 남북한에서 스포츠 영재를 뽑으면 엄청난 인재가 나올 것이다.
- 북한의 자원과 남한의 기술이 합치면 경제발전이 많이 되겠지.
- 열차 타고 북한, 러시아, 유럽으로 가고 싶다.

마무리

1. 다음 두 주제 중 하나를 골라 글을 쓰자.

1) 통일한국 시대에 사회는 어떤 모습일까? 사회, 학교, 가정 등 다양한 사회 층위를 정하여 그 속에서 나타날 새로운 사회현상들을 찾아보자.

2) 『통일한국 제1고등학교』 감상글쓰기

학생글

미래 통일시대 상상
_ 이현서 (중학교 2학년)

남한과 북한의 정상회담 후 두 나라의 사이가 매우 좋아지고 있다. 이런 사이가 계속 된다면 통일을 기대해 볼 수도 있는 상황이다. 한반도가 통일된다면 많은 변화들이 있을 것이다. 그 중 하나가 바로 교육이다. 두 나라 교육과정과 방식은 매우 다르다. 이 차이를 극복하는 방법 중 하나는 학교를 통합하는 것이다. 그렇다면 통일 이후 통합된 학교는 어떤 모습일까?

통합된 학교는 장점도 많지만 단점도 많을 것이다다. 일단 한 학교에서 남과 북의 학생들이 함께 교육을 받는다면 일단 서로 화합할 기회가 많이 생기게 된다. 모둠활동이나 조별활동을 하게 될 경우에는 서로가 서로를 이해하고 배려하게 된다. 또 함께 교육을 받다 보면 언어, 문화의 차이와 남북의 갈등을 줄일 수 있게 될 것이다.

하지만 통일 이후 통합된 학교에는 단점 또한 있다. 북한의 학생들은 그 동안 지도층의 세뇌교육으로 인하여 잘못된 사고방식을 갖고 있고 왜곡된 사실을 알고 있다. 이러한 세뇌교육을 해체시키기 위해서는 북한 아이들만 따로 교육을 시켜야 하는 일이 발생하게 된다. 이렇게 된다면 너무나 많은 비용이 들게 된다. 또 남한 아이들은 과도한 입시경쟁에 휘말리고 있다. 이러한 남한의 입시경쟁에 북한 아이들까지 뛰어들게 된다면 남한 아이들은 경쟁자가 많아져 싫고 북한 아이들은 적응하지 못하여 어려움을 겪을 것이다. 북한 아이들은 남한 아이들보다 사교육도 부족하여 더욱 더 힘들 것이다. 선생님들 또한 대부분이 남한 사람들이기 때문에 북한 아이들이 차별당할 가능성도 크다. 결국 통합된 통일 이후의 학교는 남한 아이들에게도 힘들겠지만 북한 아이들에게는 더더욱 힘든 학교가 될 수도 있다는 단점이 있다.

이러한 통합학교의 단점을 극복하기 위해서는 많은 방법들이 있지만 내가 생각한 가장 좋은 방법은 북한 아이들에게 무료로 보충교육을 시켜주는 것이다. 이것은 우리의 세금에서 나가는 것이긴 하지만 우리나라의 인재를 양성해 우리나라가 더욱 잘 사는 나라가 될 수 있도록 해주기 때문에 아까운 돈은 아니라고 생각한다.

미래 통일시대 상상

_ 김상우 (중학교 3학년)

지금 남한과 북한이 통일을 바로 상상해 본다면, 남한과 북한의 여러 분야에서 차이가 나서 혼란스러운 사회모습이 상상된다. 그러면 사람들은 통일 전 세상을 그리워할 수도 있다. 일단, 화폐단위에서부터 차이가 심하게 날 것 같다. 분단이 시작되면서 두 나라 간 물가가 달라졌다. '통일한국 제1고등학교'라는 책 속에서도 북한 아이들 부모가 통일이 되면 똑같이 잘 살게 될 거라 말하는 장면이 나온다. 이걸로 봐도 경제수준의 차이가 나타난다. 그리고 북한에는 인터넷망과 같은 최현대식 문물이 없다. 그렇기 때문에 나는 남북 경제수준과 문명의 차이가 많이 날 것 같다고 생각된다.

동독과 서독이 통일된 것을 예로 들면, 서독이 부유했지만 통일이 되어 합쳐지면서 많은 혼란이 있었다. 그리고 경제수준의 차이도 심했다. 우리나라도 통일이 된다면 이러한 일이 생길 수도 있다. 이러한 일을 미연에 방지하기 위해서는 책에서 나온 것처럼 '선통일 후통합'을 하면서 우리나라에 있는 기업들이 북한에 공장을 두어서 임금을 비슷하게 주면서 기다려야 할 것 같다. 그러면 적어도 몇십 년 안에는 경제 수준이 비슷해져서 경제의 차이를 어느 정도 극복할 수 있을 것 같다. 그리고 남한과 북한 사이에 '통일시' 같은 시범도시를 만들어서 남북 주민들이 적응을 할 수 있게 하면서 나중에 나타날 문제를 미리 해결해 나가는 것도 좋을 것 같다.

마지막으로 통일 후 변화될 교육의 수준에도 문제가 있다. 만약 남한에 지금처럼 교육의 수준이 높게 유지된다면, 북한에 살던 아이들은 남한의 아이들의 수준을 따라올 수 없을 것이며, 또 북한의 교육수준을 맞추면 너무 쉬워져 문제가 될 것 같다. 위에서 말한 것처럼 '선통일 후통합'을 한 뒤 북한의 교육 수준을 올리고 한국의 교육수준을 조금만 낮추면 나중에 통일이 될 때 경제, 문명 그리고 교육수준이 비슷해져서 문제 없이 통일이 될 것 같다.

동독과 서독처럼 섣불리 통일을 하게 된다면 많은 문제가 생길 수 있다. 그걸 대비해서 교육수준과 경제적 차이와 문명의 차이를 어느 정도 비슷한 수준으로 맞춘 뒤 통일을 하는 것이 좋겠다.

수업을 마치며

우리가 통일이라는 말을 해 온 것은 관념적인 것이었나 보다. 현실로 바짝 다가선 통일이라는 큰 주제를 앞에 두고 교사 자신부터 분단 사고를 넘어 새 시대에 맞는 사고를 얼마나 할 수 있을지 자신이 서지 않았다. 하지만 학생들은 분단의 상처가 어른보다 적고 새로운 사람, 새로운 시대에 대해 열려 있을 것이라 기대하며 수업을 했다. 아직 막막하긴 하지만 수업 과정에서 학생들은 어른들의 정치적 사고를 찾아내고 비판했다. 분단시대 어른들의 사고의 바탕은 두려움이었다. 하지만 학생들은 달랐다. 적어도 역사 이전에 '사람'을 사고의 바탕에 두고 있었다. 그런 점에서 통일 시대의 가치관을 세우는 일은 지금 우리 학생들의 몫이라는 생각이 들었다. 학생들은 앞으로 다가올 만남에 대해 두려움은 있으나 그 두려움보다 기대와 희망을 훨씬 더 많이 갖고 있었다.

루이스 세뿔베다, 『갈매기에게 나는 법을 가르쳐 준 고양이』

나와 너무 다른 너, 사랑할 수 있을까

대상_ 중학교 1~2학년
함께읽은책_ 『갈매기에게 나는 법을 가르쳐 준 고양이』
(루이스 세뿔베다 / 바다출판사 / 2015)
참고도서_ 『동물과 대화하는 아이 티피』 (티피 드 그레 / 이레)
학습목표_
1. 서로 다른 존재들끼리 사랑한다는 것은 어떤 것인지 이해할 수 있다.
2. 두 주인공들의 이별장면을 음미하고, 그들이 행복한 이유를 글로 표현할 수 있다.
3. 우화 속 갈매기와 고양이의 관계를 나와 부모님의 관계, 인간과 자연의 관계 등으로 확장하여 생각할 수 있다.

집필_ 강정숙

독서 수업 목표를 잡거나 교재를 정하기 가장 힘든 학년이 바로 중학교 1학년이다. 중학교 1학년은 어린이에서 청소년으로 넘어가는 과도기이며 사춘기가 시작되는 때다. 교사는 아이들의 고민이 더 성숙해지도록 도와주어야 하며, 개념어나 한자어가 많이 나오는 책을 읽어낼 수 있도록 기초를 쌓아주어야 한다. 그런데 아이들은 조금 쉬운 책을 정하면 초등학생 때 다 읽었다고 하고, 조금 진지한 것을 고르면 이해하지 못한다. 그래서 책을 고르는 데 고심하게 된다. 『갈매기에게 나는 법을 가르쳐 준 고양이』는 이 시기 학생들에게 환영 받는 몇 안 되는 책 중 하나다. 책 크기는 작고 분량도 적당하다. 칠레 작가인 루이스 세뿔베다와 한국 삽화가 이억배가 만나, 그림책을 보는 듯 선명하면서도 깊이 있는 책을 만들어냈다. 우화 형식에다 밝고 행복한 결말로, 끝까지 쉽고 즐겁게 읽을 수 있는 책이다.

바다에서 오염된 기름을 뒤집어쓰고 엄마 갈매기가 죽어간다. 마지막 순간에 낳은 알을 고양이가 우연히 키우게 되면서, 고양이는 아기갈매기를 알에서 깨어나게 하고 날기까지 돌보아 주겠다는 엄마갈매기와의 약속을 지킨다. 고양이는 처음으로 고양이의 세계를 넘어 다른 존재를 사랑하고 책임지면서 자신의 정체성을 찾고 진정한 자유를 깨닫게 된다. 우리나라의 『마당을 나온 암탉』과 비슷한 흐름을 가진 글로써 학생들은 두 작품을 비교해 보며 칠레 문학의 분위기를 이해하게 된다.

이 수업의 가장 큰 목표는 타인을 사랑한다는 것의 어려움을 알고, 그 어려움을 넘어서면 큰 자유를 얻게 된다는 것을 이해하는 것이다. 소설은 최선을 다해 사랑하고 아름답게 이별하는 고양이와 갈매기의 해피엔딩을 그리고 있다. 아이들은 왜 그들이 행복한지 스스로 이야기한다, 그러면서 성숙한 사랑법을 이해하게 된다.

생각열기

1. 책은 재미있었나? 가장 재미있었던 부분들을 이야기해 보자.

- 재미있었어요. 한 번에 잡아서 끝까지 다 읽은 책은 처음이에요.
- 고양이들이 모여서 엄마갈매기를 묻어주고 애도하는 장면이요, 고양이들이 진지하게 장례식을 하고 우는 장면이 재미있어요.
- 고양이들이 레오나르도 다빈치가 쓴 비행술을 읽고 아기 갈매기에게 연습시키는 장면이 웃겨요.
- 사벨로또도가 모르는 것은 무조건 백과사전을 들이대고 찾는 것이 웃겨요.

2. 이 책은 한국인 삽화가와 칠레작가의 합작품인데, 느낌이 어떤가?

- 네, 그림에 동물들 표정이 잘 살아난 것이 이야기와 잘 어울려요.
- 밝아서 좋아요, 고양이의 마음이 세밀한 그림에도 잘 나타나 있어요.
- 코믹하고 따뜻하고 특히 해피엔딩으로 끝나서 좋아요.

내용 이해

1. 고양이와 갈매기, 둘은 전혀 다른 생활방식을 갖고 다른 것을 보고 만나는 존재들이다. 그 차이가 얼마나 큰지 비교해 보자.

<예시>

	고양이	갈매기
같은 점	동물들끼리 말이 통한다. 인간의 위협을 받는다. 물고기를 먹는다.	
다른 점	쥐를 잡는다. 날개가 없다. 인간에게 길들여져 정착생활을 한다. 혼자 있는 것을 좋아한다. 주된 공간이 곳이 지상이다.	곤충, 생선을 먹는다. 날 수 있다. 바닷가에서 보이고 무리지어 이동하며 산다. 인간과 같이 살지 않는다. 주된 공간이 하늘이다.

2. 고양이와 아기갈매기가 함께 살면서 사랑하는 과정이 쉽지는 않다. 우연히 찾아온 만남을 받아들이고 대가 없이 서로를 위해주는 과정이 소설에는 재밌고 행복하게 그려지고 있다. 어떤 우여곡절들이 있었는지 찾아보자. 그리고 그 결과 둘에게 주어진 것이 무엇인지도 찾아보자.

<예시>

	고양이	아기갈매기
시작	엄마 갈매기 켕가의 불행한 죽음, 고양이 집 마당에서 우연한 만남 켕가의 마지막 부탁을 들어주겠다고 약속	알에서 깨어나 처음 본 소르바스를 엄마로 앎 갈매기의 정체성을 잃어버린 채 고양이세계에서 태어남
갈등	알을 지키며 진짜 생명이 들어있을까 의심 난다는 것이 무엇인지 이해하지 못함	고양이와 쥐에게 먹힐 뻔함 고양이가 자기를 잡아먹기 위해 키운다고 의심하고 불안해 함
노력	곤충먹이를 구하려 뛰어다님 아기갈매기를 보호하기 위해 쥐와 협상함 백과사전을 보고 날기에 대한 공부를 함	자신이 누군지 혼돈을 느낌 자신의 참 모습을 알려고 고민함 날기 위해 연습함 시인과 소르바스의 말을 믿고 창문에서 뛰어내림
결과	불문율을 깨고 인간과 소통하는 위험을 감수함 약속을 지켰다는 뿌듯함을 느낌 다른 존재를 사랑할 수 있다는 것을 깨달음	정체성 찾음 자신을 무리를 찾아감 날게 됨

펼치기

☞ 이 영화는 <아름다운 비행>(케럴 발라드 감독)이다.

1. 아뽀르뚜나다와 소르바스처럼 이렇게 다른 두 동물이 서로를 행복하게 사랑하는 것이 진짜 가능할까? 나와 다른 존재를 나는 정말 사랑할 수 있을까?

- 비슷한 내용의 영화*를 봤는데 어떤 아이가 거위를 날게 해주는 영화였어요.
- 일단 서로를 이해하고 존중해주어야 해요. 또 자기가 돌보는 것에 대해 끝까지 책임을 지는 거죠.
- 내가 불편한 것을 참아야 해요. 내가 생전 안 해보던 일도 참고 하는 거죠.
- 그냥, 나한테 잘해주는 것만 받아먹으면서 살면 안돼요. 아기갈매기처럼 능력을 가지려고 노력해야 해요.
- 그럼 고양이한테 남은 건 뭐야. 기껏 키웠더니 날아가 버리고 혼자 남았잖아. 괜히 키워준 거 아닌가?
- 고양이는 갈매기 세계와 인간의 세계를 알았잖아. 앞으로 고양이로서 더 잘 살겠지.
- 갈매기도 가끔 날아오겠지. 그래도 양엄마잖아.
- 맞지 않는 친구와 지내야 할 때 이런 마음이죠.
- 가족 간에도 그래, 엄마와 나 사이 같아.

아뽀르뚜나다는 날기 연습을 하기 직전에 소르바스가 자신을 이용할지도 모른다는 의심을 하게 된다. 또 날 수 있다는 소르바스의 말도 의심한다. 이때 소르바스는 "우리는 너를 고양이로 만들 생각이 추호도 없다. 우리는 그냥 너를 사랑하는 거야."라고 말한다.

"다른 존재를 사랑하고 인정한다는 것은 쉬운 일이 아니지. 그런데 너는 그것을 깨닫게 했다. 너는 하늘을 날아야 해. 아뽀르두나다. 네가 날 수 있을 때 너는 진정한 행복을 느낄 수 있을 거야. 그리고 네가 우리에게 가지는 감정과 우리가 네게 가지는 애정이 더욱 깊고 아름다워질 거란다. 그것이 서로 다른 존재들끼리의 진정한 애정이지."

결국 아뽀르뚜나다는 소르바스가 진정 자신의 행복을 위해 이 모든 노력을 했다는 것을 알고 용기를 내어 창밖으로 나간다. 물론 그 결말이란 것이 갈매기 아뽀르뚜나다에겐 갈매기의 세계를 만나는 것이지만 고양이 소르바스에겐 사랑하는 존재와의 이별이 되는 순간이다. 아름답지만 슬프기도 한 순간이다.

2. 엄마 갈매기 켕가를 죽게 한 것도 인간이지만 아보르뚜나다를 날게 하는데 도움을 주는 것도 인간이다. 고양이 친구들은 시인을 선택해준다. 시인은 어떤 사람이기에 소르바스가 그를 적임자로 선택했을까?

- 시인은 상상력이 풍부하잖아요. 그래서 동물들의 처지도 이해할 수 있을 거예요.
- 또 동물들을 위험하게 만들지 않을 거 같아요.
- 사람들이 시인을 좀 엉뚱한 말을 하는 사람이라고도 하잖아. 그래서 나중에 고양이가 말을 했다고 해도 다른 사람들이 안 믿을 거야. 그래야 동물들이 안전하지.
- 아뽀르뚜나다의 '난다'와 시인의 시 속에 '난다'는 공통점이 있을지도 몰라.
- 공통점은 자기 자신의 세계를 본래 모습을 찾는 것, 그래서 마음이 자유로와지는 걸 말해요.
- 그걸 알고 있었던 고양이들이 멋져요. 아뽀르뚜나다가 자기 자신을 찾으면 떠날 것을 알면서도 고양이들이 모든 노력을 다해 돕는 것이.

세끄레따리오는 "내가 그의 시를 들을 때면 항상 그의 시구를 타고 하늘을 붕붕 날아다니는 느낌이 들었어."라고 말한다. 고양이들은 시인이 '날기'의 본질을 알고 있다고 생각한 것이다. 그래서 인간과 의사소통을 감행하는 위험을 무릅쓰고 시인에게 도움을 청한다.

☞『동물과 대화하는 아이 티피』 중에서 아프리카에서 동물(치타, 코끼리, 뱀)들과 즐겁게 뒹굴며 노는 티피의 사진을 보여준다.

- (교사) 시인처럼 동물과 의사소통을 하고 동물들의 친구가 되어준 예들은 많단다. 『동물과 대화하는 아이 티피』에서 아이와 동물의 표정을 보면 얼마나 서로를 믿고 있는지 느낄 수 있지.
- 진짜예요? 위험하지 않을까?
- (교사) 이 아이는 엄마,아빠가 동물사진을 찍는 사람들이어서 어릴 적부터 동물들과 함께 생활한 거야. 이런 사람들도 시인과 같은 사람이라고 볼 수 있지.
- 나도 저렇게 거북이하고 놀고 싶다.
- 그래도 코끼리 옆에 있다가 밟히면 어떻게 해.

3. 우리 주변에서 서로 다른 존재들이 진정한 사랑을 나누고 소중한 결실을 맺는 예들을 찾아보자.

- 결혼해서 가족을 이루는 거요. 남자와 여자는 아주 다르잖아요. 그래도 가정을 만들고 늙을 때까지 같이 살죠.
- 국제결혼은 더 심하죠. 언어도 다르고 문화도 다른데,
- 유럽에서요, 백인하고 흑인이 사는 것도 마찬가지예요. 자기들을 노예로 끌어온 사람들인데 함께 살고 있어요.
- 학교에서 여러 아이들과 한반으로 지내는 것도 마찬가지예요.

- (교사) 그래, 여기 모인 우리들도 마찬가지지. 너희들도 서로 의견이나 성격이 맘에 안들 때도 많지만 서로 이야기하는 것을 참고 들어주잖아? 그리고 선생님 이야기보다 너희들끼리 말하는 게 재미있을 때도 있지? 이게 다 고양이와 갈매기가 사랑하게 되는 과정이야.

- 사랑? 으악!
- 맞아요, 우리는 정말 갈매기와 고양이처럼 서로 달라요.
- 그래도 다른 애들이 쓴 글을 읽을 때가 제일 재미있어요.

마무리

1. 다음 두 개의 주제 중 하나를 선택하여 글을 써보자.

나와 다른 존재 사랑하기	자연과 인간

학생글

다른 존재끼리의 사랑
_ 인소현 (중학교 2학년)

다른 존재끼리 사랑한다는 것은 그리 쉬운 일은 아니다. 다른 존재들은 서로 다른 정체성을 갖고 있기 때문에 사랑하기 위해서는 서로의 위험도 감수하고 가끔씩은 어느 정도 포기도 해야 한다. 그리고 무엇보다 중요한 것, 서로가 다르기 때문에 각각 제 정체성을 찾아가야 한다는 것도 인정해야 한다.

『갈매기에게 나는 법을 가르쳐 준 고양이』란 책을 읽고, 서로 다른 존재끼리의 모성애를 느낄 수 있고 그에 따른 이별의 슬픔도 느낄 수 있었다. 소르바스란 검은 고양이는 죽어가는 갈매기를 만나 그의 알을 맡는다. 그와 약속한 세 가지를 지키면서 다른 존재들도 사랑하고

존중하며 아낄 수 있다는 사실을 배운다. 그러나 인간과 의사소통을 하여 고양이의 세계의 법칙을 깬다든지, 쥐들에게 밤에 통행을 허락해 주어 고양이의 자존심을 버린다든지 해서 사랑하는 자식 같은 갈매기를 위해 위험을 감수하거나 큰 것들을 포기하기도 한다.

난 서로 같은 존재인 엄마도 잘 맞지 않는데 고양이와 먹잇감 같은 아기갈매기의 사랑이 계속 되었다는 게 참으로 놀랍다. 나도 서로가 다르다는 것을 인정하고 약간의 자유를 갖고 싶다. 여기서 자유란 나에겐 약간의 프라이버시를 갖는 것이다. 진짜 우리 엄마는 나에 대한 프라이버시를 지켜주지 않는다. 그래서 난 항상 그게 불만이다. 난 엄마가 내가 컸고 이제 5년 뒤에는 독립해야 한다는 사실도 인정했으면 싶다.

다른 존재 사랑하기

_ 이익원 (중학교 2학년)

이 책에서 가장 인상 깊은 장면, 또는 구절은 갈매기가 기름 속에서 힘들게 빠져 나온 뒤 고양이 집에 왔을 때 고양이가 고민 없이 바로 갈매기를 안심시키고 핥아주며 살리기 위해 도와주는 장면이다. 이 책을 읽고 나는 이 책의 주인공인 고양이도 대단하지만 날기 위해 끝까지 노력하는 갈매기를 보고 대단하다고 느꼈다.

하지만 고양이가 잘못 선택한 점은 처음 보는 어미 갈매기를 바로 고민, 의심도 없이 도와줬다는 점과 그 갈매기의 약속을 들어주기 위해 모든 것을 쏟아부었다는 것이다. 내 생각에는 시간낭비일 수도 있다는 생각이 들었다. 어쩌면 처음에 그 알을 먹는 것도 좋은 선택인 것 같다.

진정한 사랑

_ 장승준 (중학교 2학년)

이 책은 갈매기 켕가가 기름 파도에 휘말려 온 몸이 기름범벅이 되서 이제 곧 죽을 운명이 되는 사건에서 시작된다. 하지만 켕가는 알을 낳기 위해서 온 힘을 다해서 육지로 날아갔다. 그때, 소르바스는 켕가를 만났다. 소르바스를 만나자, 켕가는 알을 보호해 달라고 부탁한다. 소르바스는 알을 품어서 갈매기를 탄생시켰다. 소르바스는 켕가와 한 약속을 지키기 위해 항구 고양이들과 나는 법을 연구한다. 우여곡절 끝에 아포르뚜나다가 날고 싶다는 결심을 했다. 하지만 고양이들은 나는 법을 몰라 사람에게 도움을 청해서 결국 아포르뚜나다가 날게 도와주었다.

내가 가장 인상 깊게 본 장면은 고양이들이 아포르뚜나다가 날겠다고 결심했을 때 환호한 것이다. 왜냐하면, 아포르뚜나다가 난다고 결심하기까지 고양이들이 얼마나 많은 노력을 했는지 알기 때문이다. 소르바스가 참 대단하다고 느꼈다. 왜냐하면, 소르바스는 자기 자녀가 아닌 켕가의 딸을 아무 보상 없이 묵묵히 돌봐 주었기 때문이다. 그리고 아포르뚜나다가 날 때까지 계속 도와주고, 돌봐주고, 격려해 주는 것이 참 착한 고양이라는 것을 나는 한눈에 알아봤다. 나는 아포르뚜나다가 날 수 있게 된 뒤에도 소르바스 옆에서 계속 있었다면 좋았을 거라고 생각한다. 아포르뚜나다가 조금만 철이 들었으면 소르바스 곁에 머물러 있었을 것이다. 아포르뚜나다가 소르바스의 진정한 마음과 고생한 것과 아포르뚜나다를 얼마나 사랑한지 알면 좋았을 텐데….

학생글

자연을 대하는 여러 가지 태도

_ 이승원 (중학교 1학년)

고양이들의 기준에서 보면 인간의 종류는 크게 두 가지일 것이다. 자기 중심적인 사람과 다른 존재를 존중할 줄 아는 사람일 것이다. 자기 중심적인 사람은 자신을 위해 자연, 동물과 사람에게 피해를 주며 이익을 얻는 사람이다. 존중하는 법을 아는 사람은 그런 피해를 최소화하려고 노력하는 사람이다.

자기 중심적인 사람들에 의한 동물의 피해는 만만치 않다. 밀렵꾼들과 간척 작업을 하는 사람들이 그 예다. 밀렵꾼들은 좋은 가죽을 얻기 위해서 살아있는 물개들의 가죽을 강제로 벗기기도 하고 먹이사슬 관계를 무너뜨리고 동물들을 멸종시키기도 한다. 간척 작업을 하는 사람들은 바다를 정화하는 갯벌을 밀어버린다. 그로 인해 얼마나 많은 갯벌생물들이 죽어가는지 그들은 자세히 모를 것이다.

자연을 대하는 태도가 다른 것은 욕심을 내느냐 존중하느냐의 차이이다. 동물들은 무차별적인 사냥을 하지 않고 다른 생물을 존중하지만, 인간은 충분하면서도 남의 것을 탐낸다. 그리고 무차별적 개발로 인한 피해를 심각하게 생각하지 않는 면도 있다. 사람들이 자연에 대한 존중하는 마음을 조금이라도 가지고 욕심을 조금 버리면 모두가 더 좋아질 텐데 말이다.

수업을 마치며

학생들이 상처받은 생명에 대해 갖는 연민은 어른들보다 더 크고 순수했다. 아이들이 이렇게 순한 마음들을 가지고 자라기를, 그것을 바탕으로 사람들을 이해하고 사랑하게 되기를 바라는 마음이 간절해졌다.

자연을 사랑하는 것과 같은 마음으로 다른 존재들을 사랑하고 그 속에서 나의 정체성을 깨닫게 될 때 진정한 자유가 찾아온다. 자유란 외로움이나 고통 속에서 얻어지는 것이 아니라 사랑 속에서 얻어지는 것임을 학생들이 깨닫게 되기를 바란다. 나는 누구이며 내 곁에 있는 사람에게 어떻게 대해주어야 하는지, 그 노력이 나를 어떻게 성장시키는지를 아는데 우리가 나누었던 이야기들이 좋은 양분이 되기를 바란다.

캐서린 맨스필드, 「가든파티」

타인의 고통에 공감할 수 있을까

대상: 중학교 전학년
함께 읽은 책: 「가든파티」
『가든파티』 (캐서린 맨스필드 외 / 창비 / 2010) 수록
학습목표_
1. 딜레마에 빠진 주인공과 그의 감정을 파악할 수 있다.
2. 근거를 들어 자신의 주장을 말하고, 토론할 수 있다.
3. 타인의 삶에 관심을 가져야 하는 이유에 대해 생각할 수 있다.
집필_ 전영경

사람들이 공동체를 이루며 가족과 같이 가깝게 지내던 때가 있었다. 내가 배고프고 아프면 상대도 배고프고 아플 것이라 생각하고 서로 존중하며 살아온 것이다. 그러나 현대 우리 사회에선 상대의 고통보다 나를 먼저 생각하는 것이 당연시된다. 나 이외의 타자에게 관심조차 없는 경우도 많다. 이기주의, 인간 소외, 계층 갈등 등과 같은 문제로 고통 받으면서 나만은 그렇게 고통 받지 않겠다고 눈 감고 귀 닫으며 강하게 자신을 옥죄고 있다. 영국 작가 캐서린 맨스필드(1888~1923)는 「가든파티」에서 인간이 타인의 불행과 맞닥뜨렸을 때의 복합적이고 양면적인 심리와 갈등을 섬세하게 그려냈다.

가든파티를 위해 날씨를 주문한 것처럼 화창한 초여름, 모든 파티 준비가 완벽하게 마무리되어가고 있을 무렵 인부들을 통해 뜻밖의 소식이 들려온다. 저택이 서 있는 언덕 입구 빈촌에 사는 젊은 짐마차꾼이 말에서 떨어져 죽었다는 것이다. 로라는 비록 자신들과 직접적인 연관은 없는 사람이지만, 이웃이 죽은 날 가든파티를 열 수는 없다고 생각해 가족들에게 그 뜻을 전한다. 그러나 오빠 로리를 제외한 모든 가족은 젊은 짐마차꾼의 죽음과 가든파티는 별개의 문제라며 파티를 예정대로 진행한다. 가든파티가 성대히 끝나고 로라의 어머니는 로라를 시켜 남은 음식을 초상집에 가져다주게 한다. 두려운 마음으로 초상집을 방문한 로라는 죽은 남자의 시신을 본다.

생각열기

1. 기억에 남는 주요장면을 세 가지 뽑아 그려보자. 그리고 그 장면을 뽑은 이유를 이야기해 보자.

책을 읽고 나서 기억에 남는 장면을 사포에 크레파스로 그리고 그 장면을 선택한 이유를 이야기해 보도록 했다. 그림에 대한 질문과 대답, 느낌이 오가면서 서서히 말문이 트였다. 아이들은 로라가 빵을 집어먹는 장면, 부잣집 딸인 로라가 일꾼에게 반하는 장면, 죽은 사람이 방에 누워 있는 장면을 인상적이라고 가장 많이 꼽았다.

- 드레스를 입고 모자를 쓴 로라: 로라가 정말 예뻤을 것 같아서
- 키 큰 일꾼을 로라가 보는 장면: 부잣집 아가씨가 경제적 신분이 다른 일꾼인 남자가 멋있고 친구하고 싶다고 해서, 정말로 로맨틱해서, 잘사는 사람이 일꾼에게 반해서,
- 조우시가 피아노 치는 장면: 거실에서 피아노를 치면서 노래 부르는 장면이 인상적이어서, 거실의 그랜드 피아노가 인상 깊어서, 피아노를 치면서 "인생은 괴로워"라고 노래 부르는 것이 인상적이어서
- 부엌에서 빵을 집어 먹는 장면: 슈크림 빵이 맛있을 것 같아서, 슈크림 빵을 집에서 요리사가 만든다는 것이 신기해서, 컵케이크가 맛있을 것 같아서
- 로라가 꽃을 상에 옮기는 장면: 파티를 기대하는 마음이 좋아보여서
- 마차에서 젊은 짐마차꾼이 떨어지는 장면: 죽는 장면이 안타까워서, 사건의 원인이 이 사람이 죽는 것이기 때문에 이야기에서 중요한 것 같아서

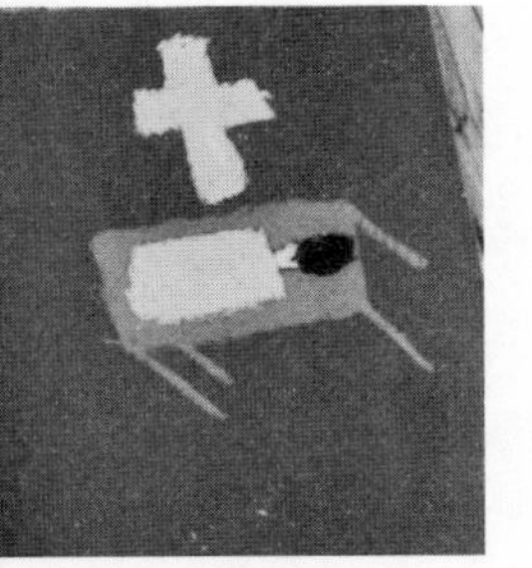

※ 종이에 간단히 그려봐도 좋지만, 이 수업에서는 사포에 크레파스로 그려보는 방법을 택했다. 사포에 그린 것을 광목에 보기 좋게 배열한 뒤에 다리미로 눌러 걸개를 만들어 다 같이 볼 수 있도록 했다.

- 로라가 꽃(혹은 꽃바구니)을 들고 죽은 사람 집에 가는 장면: 꽃이 예뻐서, 이유는 모르지만 자꾸 생각나서, 본문의 마지막인 것 같아서 인상적이어서, 초상집에 가지고 가는 꽃이 파티장의 화려한 꽃이라서
- 죽은 사람 집에 들어서는 장면: 사람이 죽어있는데 가족을 비롯한 사람들이 슬퍼하지 않는 것 같아서
- 방에 죽은 사람이 누워 있는 장면: 마지막 장면인데다 큰 감동을 받아서, 남자의 죽음이 휴식이라고 하고 꿈꾸는 것 같다고 해서, 죽은 남자에게 문상객들이 기도하는 장면이 인상 깊어서, 죽은 남자가 경이롭게 느껴져서, 마지막 장면이 인상 깊어서, 사람이 죽어 있는데 초연하고 평화롭다는 것이 인상적이어서, 로라의 마음이 슬펐을 것 같아서
- 로라가 골목길 모퉁이를 돌아가는 장면: 로라가 슬프고 힘이 빠졌을 것 같아서

2. 주요 장면을 뽑아 글을 낭독해 보자.

☞ 등장인물: 로라, 조우시, 로리, 셰리던 부인, 쎄이디, 한스, 요리사, 고드버 빵집 점원, 셰리던가의 하인들, 키가 큰 일꾼, 작고 뚱뚱한 일꾼, 얼굴이 창백한 일꾼, 키티 메이틀랜드, 셰리던씨, 엠의 언니, 엠, 해설 등

학생들이 뽑은 주요 장면 중에 몇 장면을 골라, 역할극처럼 느낌을 살려 전문을 읽기로 했다. 여자인 로라나 조우시를 남자 아이가 맡아 호기심 많은 여자아이의 목소리를 연출하여 열연을 했다. 그 친구의 열기는 즉각적으로 옆의 친구들에게도 전해졌다. 덕분에 읽기 시간은 진지하면서도 즐거웠다.

"거기다 그 불쌍한 여자한테 악단 소리가 어떻게 들리겠어." 로라가 말했다.
"아니, 로라!" 조우시는 진심으로 화가 나기 시작했다. "누가 사고를 당할 때마다 연주를 못하게 해야 한다면, 인생이 얼마나 팍팍하겠니. 그 일은 나도 너만큼 마음이 아파. 동정이 가는 것도 너와 마찬가지고." 그녀의 눈매가 딱딱하게 굳었다. 그녀는 어렸을 때 서로 싸우면서 지던 그 표정으로 동생을 쳐다보았다. "감상적으로 굴어봤자 취한 막노동꾼이 살아나는 것도 아니잖니." 그녀는 부드럽게 말했다.
"취했다고! 취했다고 누가 그래?" 로라는 격분해서 조우시에게 따졌다. 그녀는 옛날에 그런 경우 그들이 써먹던 말을 내뱉고 말았다. "당장 엄마한테 말할 거야."
"그래라, 뭐." 조우시가 살랑거렸다.
"엄마, 들어가도 돼요?" 로라는 유리로 만든 커다란 문손잡이를 돌렸다.
"물론이지, 아가야. 아니, 무슨 일이냐? 왜 그렇게 얼굴이 빨개졌어?" 그러면서 셰리던 부인은 화장대에서 몸을 돌렸다. 그녀는 새 모자를 써보는 중이었다.

"엄마, 사람이 죽었대요." 로라가 말을 시작했다.

"설마 정원에서 죽은 건 아니지?" 어머니가 끼어들었다.

"아뇨, 아니요!"

"아, 너 때문에 기절하는 줄 알았다!" 셰리던 부인은 안도의 한숨을 내쉬며 커다란 모자를 벗어서 무릎에 내려놓았다.

"그렇지만요, 엄마." 로라가 말했다. 그녀는 거의 목이 메어가며 그 끔찍한 이야기를 숨가쁘게 전했다. "파티는 당연히 그만두어야지요, 안 그래요?" 그녀는 간청했다. "악단도 오고 모두들 올 텐데. 그 사람들한테도 다 들릴 거예요, 엄마. 이웃이나 마찬가지잖아요!"

로라에게는 정말 놀랍게도, 그녀의 어머니는 조우시와 똑같은 태도를 취했는데, 게다가 재미있어하는 표정이어서 더 견디기가 힘들었다. 어머니는 로라의 말을 진지하게 받아들이지 않았다.

–『가든파티』(캐서린 맨스필드) 중에서

펼치기

1. 인물들의 말과 행동을 통해 인물을 파악해 보자.

인물	성격과 태도	말과 행동	타인의 고통을 대하는 태도
로라			
조우시			
셰리던부인			
하인들			

주인공 로라는 천막을 치러 온 일꾼의 안색이나 말과 행동을 살피며 생각하고 대화하는 것으로 보아 예민한 감수성을 지녔고 관찰력이 뛰어나다. 하인들을 대하는 태도나 젊은 짐마차꾼의 죽음에 놀라고 대문 바로 바깥에 죽은 사람을 두고 파티를 할 수 없다고 가족에게 이야기하며 그 아내에게 들릴 악단 소리를 염려하는 것으로 보아 타인의 고통에 대한 뛰어난 동정심과 공감 능력으로 상대에게 우호적이고 적극적인 태도를 보인다. 상대에 대한 배려심이 높고 신분에 대한 차별의식도 없음을 알 수 있다.

한편 언니 조우시는 가든파티를 취소하자고 하는 로라에게 '누가 사고를 당할 때마다 연주를 못하게 해야 한다면 세상이 얼마나 팍팍하겠느냐'고 하며 '감상적으로 굴어봤자 막노동꾼이 살아나는 것도 아니'라고 단호하게 이야기한다. 현실적이고 이성적이다. 또한 하인들에게 지시하기를 좋아하는 것으로 보아 권위적이다. 조우시가 파티에서 노래를 부르게 될지도 몰라 연습하는 '인생은 괴로워' 노래는 그의 고민 없는 삶과 대조되며 기묘한 느낌을 자아낸다. 특히 절망적인 음색을 내야 하는 마지막 소절 '안녕'에서 끔찍이도 무심한 환한 미소를 짓는 것에서 그가 타인의 고통에 둔감하며 자기중심적인 사고를 하고 있음을 알 수 있다.

로라와 조우시의 엄마이자 이 집 안주인인 셰리던 부인은 전형적인 상류층 부인의 모습을 보인다. 빈촌에 대한 편견으로 빈촌에서 상스러운 말씨를 쓴다든가 무슨 병에 옮을지도 모른다는 이유로 어린 자녀들의 출입을 통제했으며, 젊은 짐마차꾼의 죽음을 듣고는 가장 먼저 자신의 정원에서 그 남자가 죽었을까 걱정하는 것, 그리고 빈촌에서 어떠한 사망사건이 있어도 파티는 정상적으로 진행한다고 망설이지 않고 이야기하는 것으로 보아 냉정하고 권위적이며 이기적이다. 셰리던 부인에게 '타인'이란 신분이 같은 사람들이다. 그 외의 사람들은 타인 그 이하로, 그들의 고통에 크게 개의치 않는다.

셰리던가의 하인들은 계급에 충실하다. 셰리던가의 식구들이 어떠한 이야기를 해도 순종적으로 따른다. 그러나 그들은 젊은 짐마차꾼의 죽음을 듣고 흥분한 암탉처럼 혀를 차거나 이야기를 제대로 듣기 위해 애쓰는 등 타인의 고통에 대한 동정심과 공감적 태도를 보인다. 셰리던가의 사람들에게 그들은 그저 하인일 뿐이지만, 그들 역시 각자의 삶과 생각과 감정이 있다. 그것을 알고 그들에게 다가가려 애쓰는 사람은 로라뿐이다.

2. 토론하기 : "파티를 취소해야 한다"

토론방법

1. 찬성과 반대로 팀을 나누고 각 팀의 사회자, 발표자를 정한다.

- 사회자와 발표자도 논의에 참여하지만 각자의 역할을 잊지 않도록 주의한다. 사회자는 논의가 논점을 벗어나지 않도록 유의하며 모든 팀원들이 자신의 의견을 발표할 수 있는 기회를 가질 수 있도록 진행한다. 발표자는 논의에서 나온 근거들을 간략하게 기록하며 취합, 발표할 수 있도록 준비한다.

2. 각 팀별로 자유 토의를 통해 자신이 속한 입장을 옹호할 근거를 정리한다.

- 찬성과 반대 각각의 타당한 근거를 풍부하고 꼼꼼하게 찾아보고 논리적으로 정리한다. 이때, 자신이 속한 입장의 근거를 정리하는 데 그치지 말고 상대방의 입장에서 제기할 수 있는 반론을 미리 생각해보고, 효과적인 재반론을 미리 준비해두어야 한다.

3. 찬성과 반대 각 입장의 발표자가 정리된 근거를 발표한다.

- 각각의 입장과 근거를 다 발표한 후 자유롭게 후속 질문을 이어가며 반론과 재반론을 통해 토론을 이어간다.

4. 다시 한번 찬성과 반대의 입장을 선택하게 하고 토론을 마무리한다.

- 토론을 마친 후, 처음 선택과 생각이 바뀐 사람이 있는지, 그렇다면 그 이유는 무엇인지 발표하도록 한다. 자신의 생각을 논리적으로 정리, 표현해보고 다른 사람의 의견을 듣고 참고하여 재조정하는 과정이므로 선택이 바뀌는 것은 아무런 문제가 되지 않는다는 점을 이야기해 준다.

파티를 취소해야 하느냐는 질문에, 현실적인 아이들은 당연하다는 듯 파티는 예정대로 치러야 한다고 이야기한다. 이들은 파티에 드는 경비와 준비한 정성과 노력 그리고 파티에 오는 손님들이 실망하는 것을 이유로 들었다. 파티를 주최하는 셰리던 집안의 사람들과도 직접적인 관련이 없을 뿐만 아니라 파티에 참석하는 사람들 역시 전혀 모르는 사람인데 그럼 아파트 단지에 누군가 초상이 나면 같은 단지에 사는 사람들이 모두가 영화를 보는 약속이나 모임을 취소해야 하는 것이냐, 그건 말이 안 된다고 한다.

한편 파티를 취소해야 한다는 아이들은 바로 집 앞에 시신을 두고 하는 파티가 얼마나 즐거울 것이며, 슬퍼하는 이웃에게 애도는 못 할망정 초상집 옆에서

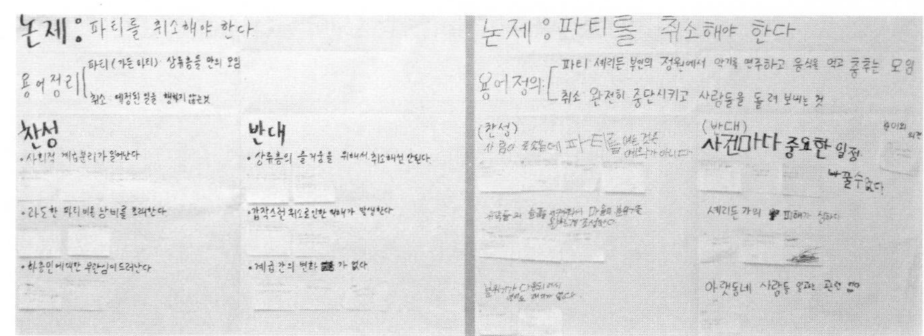

왁자지껄한 사람들의 소리나 경쾌한 음악소리를 내는 것은 예의가 아니라고 이야기한다. 애도를 표할 만큼 친하다거나 친하지 않다라고 말할 수 있는 경계는 어디인가? 인간의 관계가 칼로 베는 것처럼 경계 지을 수 있는 것이라면 그 기준은 또 무엇인가 생각해 볼 일이다.

셰리던 부인은 로라에게 그 사람들은 우리한테 희생을 바라지 않는다고 이야기한다. 젊은 짐마차꾼의 죽음에 애도를 표하기 위해 예정되었던 파티를 취소하는 것이 그녀에게는 희생인 것이다. 그녀는 '타인의 고통은 나도 애석하게 생각해. 그러나 그것으로 인해 아무 관련도 없는 내가 왜 손해를 보아야 하니'라고 말한다. 이는 우리들에게 쉽게 발견할 수 있는 모습이기도 하다. 이웃에 사는 그들도 원하지 않는다는 것은 서로 단절된 상태를 드러낸다. 자신의 사회적, 경제적 위치를 기준으로, 그보다 못하다고 판단되는 사람들과의 관계 맺기는 손해면 손해지 이익이 될 일이 전혀 없기 때문에 더욱 망설임이 없다.

아이들은 계속 파티에 드는 경비를 이야기한다. 젊은 짐마차꾼은 사회적으로도 중요한 사람이 아니라는 이야기도 나온다. 그렇다면 우리 자신은 어떠한가. 우리 조부모나 부모님, 친척은 사회적으로 중요한 사람인가. 만일 그렇다면 사회적으로 중요하다는 것은 누가 판별하며 그 기준은 무엇인가. 생명이라는 것, 살아있는 자의 고통이라는 것이 '돈'과 '지위'에 따라 달라지는 것인가. 이러한 질문들은 꼬리를 물고 나와 아이들에게 주어졌다. 짧은 소설이기는 하지만 작가의 역량이 느껴지는 부분이다.

생명은 누구에게나 하나이고 고통은 누구나 느끼는 것이다. 당연한 말이 당연하게 여겨지지 않는 상황에서 아이들은 토론을 통해 환기한다. 모두가 존재 자체로 소중하고 가치가 있다, 모든 삶은 가치 있으며 모든 죽음은 존엄하다고.

심 화

1. 결말의 의미에 대해서 자신이 생각하는 바를 이야기해 보자.

> "이 모자, 용서해주세요." 그녀는 말했다.
> 그리고 이번에는 엠의 언니를 기다리지 않고, 그녀는 혼자서 길을 찾아 현관문을 나와, 좁은 길을 내려오고, 그 모든 어두운 사람들을 지나 걸어갔다. 골목길 모퉁이에서 그녀는 로리를 만났다.
> 그가 어둠속에서 불쑥 나왔다. "너니, 로라?"
> "응."
> "어머니께서 걱정하기 시작해서. 괜찮았니?"
> "응, 괜찮아. 아, 로리 오빠!" 그녀는 그의 팔을 붙잡고, 그에게 몸을 밀착했다.
> "아니, 너 우는 것 아니지, 응?" 그녀의 오빠가 물었다.
> 로라는 고개를 저었다. 그러나 울고 있었다.
> 로리는 그녀의 어깨를 팔로 감쌌다. "울지 마." 그가 그 따뜻하고 사랑이 담긴 목소리로 말했다. "그렇게 끔찍했니?"
> "아니." 로라가 흐느꼈다. "그저 경이로웠어. 그렇지만, 오빠–" 그녀는 말을 멈추고 오빠를 쳐다봤다. "인생이란 게," 그녀는 말을 더듬었다. "인생이란 게–" 그렇지만 인생이 어떻다는 것인지 설명할 수는 없었다. 그러나 상관이 없었다. 그는 무슨 소린지 충분히 알아들었다.
> "그러게 말이야, 응?" 로리가 말했다.
> –『가든파티』(캐서린 맨스필드 / 창비) 중에서 마지막 부분

가든파티, 레이스 드레스, 바구니 따위와 상관없이 고인은 '행복하다. 모든 게 잘 되었다. 일어나야만 하는 일이 일어난 것이다. 나는 만족한다.'라는 듯 초연하고 평화롭게 잠자는 모습으로 누워있었다. 평소 어머니 몰래 로리와 함께 빈촌의 역겹고 지저분한 골목을 드나들던 로라로서는 상상할 수 없는 일이었기 때문에, 로라는 고인의 모습을 '정말 멋있고 아름답다'고 느끼고 심지어 '골목에 기적이 찾아왔다'고 생각한다. 그러나 현실에서 죽음은 울 수밖에 없는 일이고, 무언가 말하지 않고는 고인이 잠든 방을 나올 수 없을 것 같다는 위압감에 로라는 "이 모자 용서해 주세요."라고 말한다. 마음을 열고 보니 지금까지 보고 느끼고 있는 것 이상으로 넓고 깊은 세계가 보인 것일까. 로라는 마중 나온 로리에게 '경이로웠다'며 "인생이란 게……."하고는 끝을 맺지 못한다.

고인과 만남을 중심으로 로라의 변화에 대해 이야기를 나누면 좋겠다. 두려움

을 갖고 들어선 로라가 고인에게서 본 것과 느낀 것은 무엇인가. 그녀는 무엇을 두고 경이롭다고 표현한 것일까, 결국 인생이란 것은 무엇이라고 정의할 수 있을지, 각자 뒷말을 채워 완성해 보도록 하자. 그렇게 정의를 내린 이유는 무엇인지에 대해서도 함께 이야기를 나누면 좋겠다.

마무리

1. 책을 낭독하고 토론하면서 생각한 것들을 자유롭게 글로 표현해보자.

학생글

책을 읽고 든 생각들

_ 홍서영 (중학교 2학년)

로라의 '이 옷 죄송합니다' 라는 말은 자신의 잘못을 뉘우치는 말일 것이다. 장례식장에 파티복을 입고 간 자신의 모습을 부끄러워했을 것이다. 사람이 죽었다는 것을 알리는 내용에서 겁에 질려 파티를 중단해야 된다고 말하는 것에서 나는 로라가 순수하다고 생각했다. 그 순수함이 조금은 부러웠다. 보통 사람들은 죽었다는 소식을 들으면 그 사람을 동정할 뿐이다. 하지만 로라는 사람이 죽었다는 이유로 파티를 중단시키려고 했다.

마지막 부분에 '인생이란 게… '를 되풀이 할 때 로라는 어떤 마음이었을까? 사람이 죽은 것을 보고 많은 생각이 들었을 것 같았다. 너무 평온해 보이는 표정을 짓고 누워있는 사람을 본다면 이 사람이 죽었다는 것이 믿겨지지 않을 것 같다. 나라면 "인생이란 것이 뭘까? 대체 무엇을 위해서 사는 걸까? 죽을 때 그것을 다 이루고 죽는 것일까?"라고 생각할 것 같다.

오빠 로리는 과연 로라가 하려던 말을 이해했을까? 아무래도 로라의 오빠이기에 이해했을 것이라고 생각한다. 앞에서 말했듯이 로라는 참 순수한 것 같다. 자신의 일이 아닌데도 자신의 일처럼 여기는 로라 같은 사람이 세상에 몇 명 정도나 될까?

이 책 『가든파티』와 『꽃으로도 때리지 말라』를 함께 읽으며 나는 많은 생각이 들었다. 세상에는 불쌍한 사람들이 많다. 안다. 나 말고도 많은 사람들이 이 사실을 알고 있다. 다만, 왜 불쌍한지 어떻게 불쌍한지 아는 사람은 많지 않다. 『가든파티』에 나오는 사람들이 다른 이들이 고통받는 것에 관심 없는 사람들이라면, 『꽃으로도 때리지 말라』는 그런 사람들한테 흔히 말하는 불쌍한 사람들의 현실을 보여주고 있다. 이 책을 펼치고 처음 든 질문은 '왜 이래야만 할까?'이다. 지금 내가 살고 있는 환경은 부족한 게 없다. 음식도 있고, 집도 있고, 옷도 있다. 내 주위 사람들 또한 그러하다. 하지만 책에 나오는 사람들은 하나같이 아픔을 갖고 있다. 옷이 없고, 먹을 것이 없고, 잘 곳이 없다. 심지어 먹지 못해 자신에게 붙는 파리를 날릴 힘도 없다. '세계가 만일 100명 중 25명, 즉 1/5은 영양실조이고 1명은 굶어죽기 직전인데도 15명은 비만'이라는 것이다. 하지만 더 놀라운 것은 100원으로 아프리카 사람들에게 한 끼를 배

불리 먹게 할 수 있다는 것이다. 나는 이 사실을 알고 놀랄 수밖에 없었다. 100원으로는 우리나라에서 문방구도 갈 수 없고 아무 것도 할 수 없는데 그 사람들한테는 한 끼를 해결할 수 있는 돈이라니! 이러한 사실을 알고도 '에이, 나는 돈이 없어.', '나는 시간이 안 돼.', '나는 안 해도 될 거야.'와 같은 생각을 하는 사람들도 있다. 사실 나도 이 부류에 속했었다. 나는 학생이라는 이유로 아무 것도 하지 않았었다. 하지만 이 책을 본 후로 돈을 아끼려고 노력하기 시작했다. 먹지 않아도 되는 음식은 먹지 않고, 쓰지 않아도 될 돈은 쓰지 않기 위해, 생각 날 때마다 되뇌어 보고 실천하려고 노력한다.

왜 누군가는 편하게 살고 누군가는 고통을 받으며 살까? 이 질문에 대한 답은 알 수 없다. 하지만 우리에게는 고통 받는 사람들을 조금이라도 빨리 고통 속에서 꺼내줘야 한다는 의무가 존재한다.

수업을 마치며

로라의 엄마인 셰리던 부인은 짐마차꾼의 죽음 때문에 가든파티를 중단해야 한다고 생각하는 로라를 이해할 수 없다. 평소 가까이 자리한 빈촌의 존재를 못마땅해 하던 그녀에게 가난한 한 짐마차꾼의 죽음은 자신과 다른 계층의 개인적인 사고사로 우연한 일일 뿐이다. 남의 고통에 공감하지 못하기 때문에 셰리던 부인은 파티 음식을 가난한 아이들은 쉽게 맛 볼 수 없는 음식이라며 초상집에 선심 쓰듯 보낼 수 있는 것이다. 조우시가 '인생은 괴로워'를 환하게 웃으면서 부르는 것과 같다. 이런 셰리던 부인의 입장을 이해할 수 있다는 아이들이 의외로 많다. 모르는 사람에게 일일이 신경을 쓸 수는 없고, 사건 사고가 많은 이 사회에서는 더더욱 불가능하다는 것이다.

그러나 타인의 고통을 '나였다면 어땠을까' 하며 조금만 이해해보려 한다면, 갑자기 사랑하는 가족을 잃고 삶의 희망을 상실한 유가족의 고통을 곁에서 나눌 수 있는 방법을 찾게 될 것이다. 타인의 고통과 삶에 관심을 가질 때 비로소 나와 타인은 우리가 된다. 고통에 놓여있을 때, 나를 지지하는 누군가가 곁에 있다는 사실만으로도 위로와 힘이 될 수 있을 것이다.

아이들은 앞으로 살아가면서 『가든파티』에 나오는 것과 비슷한 딜레마들을 많이 맞닥뜨리게 될 것이다. 우리가 나눈 많은 이야기들이, 앞으로 인생에서 정의롭고 현명하게 세상을 바라보는 데 길잡이가 되어 주었으면 한다.

채만식, 「치숙」

생각이 다른 사람과 대화하기

대상_ 중학교 2학년~고등학교 1학년
함께읽은책_ 「치숙」 (채만식 / 다양한 출판사에서 출간)
학습목표_
1. 역사의식을 갖지 않고 살아가는 삶의 문제점을 이해할 수 있다.
2. 자신과 생각이 다른 사람을 효과적으로 설득할 수 있다.
참고논제_ 2015년도 한양대 모의2차 인문계 논제 (설득)
집필_ 이가윤

말이 안 통하는 사람과 대화하는 것만큼 답답하고 괴로운 일이 있을까? 취향과 성격 면에서는 '다름'을 인정할 수 있고 또 그래야 하지만, 옳고 그름을 판단하는 기준이 전혀 다른 사람과는 뉴스를 함께 보는 것도, 주변에서 일어나는 일에 관해 이야기하는 것도 고문일 것이다.

그러나 우리는 편의점에서, 택시에서, 오랜만에 간 친척집에서, 인터넷 댓글에서, 자주 이렇게 곤혹스런 상황을 맞닥뜨린다. 적당히 얼버무리며 피해가기도 하고 때론 벌컥 화를 내기도 하지만 별로 바뀌는 것은 없다. 예전엔 어떻게든 설득해보려고 한 적도 있었지만 대부분은 불가능했다. 긴 세월에 걸쳐 형성된 가치관이 잠깐의 대화로 바뀌기는 쉽지 않다. 대화를 시도하고자 했던 마음은 점점 더 '감정만 상하느니 차라리 말을 말자' 하는 마음으로 바뀌어간다. 그러나 아무도 듣지 않고 아무도 말하지 않는다면, 차이는 점점 더 벌어지고 갈등은 점점 더 악화될 뿐이다. 결국, 들어야 하고, 말해야 한다. 그것이 아무리 지난하고 희망 없는 작업이라 할 지라도.

여기, 말 안 통하는 한 사람이 있다. 때는 일제 강점기. 자신이 일본 사람이라고 생각하는 식민지 청년이다. 일본인이 경영하는 가게에서 일하면서 앞으로 열심히 더 일해서 성공하겠다는 원대한 꿈을 꾸고 있는 청년의 눈에는, 대학까지 나와서 빈둥빈둥 놀고 있는 오촌 고모부가 그렇게 한심하고 답답해 보일 수가 없다. 그러나 작품을 읽는 우리에게는 아무런 역사의식 없이 살아가는 청년의 모습이 더 갑갑하고 안타깝게 느껴지는데, 이것은 작가의 의도이기도 할 것이다. 이 청년과 그가 그렇게도 한심해 하는 아저씨는 어떤 삶을 살아왔는지, 둘 사이에 대화는 가능할지, 그리고 우리는 이 청년 같은 사람들과 제대로 대화할 수 있을지 작품을 찬찬히 들여다보기로 했다.

생각열기

1. '말이 안 통한다'는 말이 있다. 어떤 때 그런 말을 쓰나?

- 사용하는 언어가 달라서 알아들을 수 없을 때
- 서로 생각이 다를 때

2. 그럴 때 느낌을 묘사해보자.

- 속이 꽉 막혀 있는데 뚫을 수 없는 암담한 기분
- 벽이 놓여있는 것처럼 답답한 기분, 화도 난다.

3. 말이 안 통하는 경우의 예를 들어보자.

- 좋아하는 애니메이션이나 연예인, 또는 군사적 지식에 대해 상당히 많은 것을 알고 있는 친구들이 있다. 자기가 아는 것을 당연시하고 일방적으로 설명할 때면 말이 안 통해서 대화가 이어지지 않는다.
- 정치적 입장이 다를 때도 서로 감정만 상하고 말이 안 통한다. 우리 할아버지와 아빠는 명절날 항상 정치 이야기로 얼굴을 붉히신다.

4. 그렇다면 아예 말이 안 통하는 '사람'도 있을까?

- 단연코 있다! 그런 사람을 '꼰대'라고 부른다.
- 요즘은 '설명충'이란 말도 생겼다. 자기 경험이랑 자기가 아는 것만 옳다고 생각해서 상황을 고려하지 않고 분위기를 제멋대로 이끌어가는 사람을 말한다.
- 물론 유익한 설명인데도 무조건 짜증을 내는 사람에게도 문제가 있다. 사람들은 생각이나 행동을 바꾸는 것을 싫어하는 경향이 있는 것 같다.
- 상대방을 존중하지 않는 사람과는 이야기하고 싶지 않다.

내용 이해

1. 슬로우리딩 - 채만식 「치숙」 함께 읽기

중 3이 되는 대부분의 학생들은 이 작품을 어려워했다. 지금 잘 쓰지 않는 말, 또 작품 속 화자의 청년이 즐겨 쓰는 식민지 시대의 일본말이 많이 나오기 때문이라고 했다. 그러나 막상 같이 천천히 읽어보니 대부분의 학생들이 '재미있는 소설'이라고 했다. 길이도 짧은 편이고 중간중간 대화 부분은 역할극처럼 나눠 읽을 수 있기 때문에, 혼자 읽는 것보다도 함께 낭독하는 것이 어울리는 소설이다. 천천히 함께 읽으면 중간중간 이해가 안되는 문장을 현대어로 바꿔보기도 하고 화자의 생각에 대해 자유롭게 수다를 떨기도 하며, 더 유쾌하게 수업을 진행할 수 있다. 중점적으로 읽은 부분을 발췌하면서 작품 내용과 쟁점, 중학생들과 나눈 이야기를 소개하기로 한다.

> 우리 아저씨 말이지요, 아따 저 거시키, 한참 당년에 무엇이냐 그놈의 것, 사회주의라더냐, 막걸리라더냐 그걸 하다, 징역 살고 나와서 폐병으로 시방 앓고 누웠는 우리 오촌 고모부 그 양반……
>
> 머, 말두 마시오. 대체 사람이 어쩌면 글쎄…… 내 원!
>
> 신세 간 데 없지요.
>
> 자, 십 년 적공, 대학교까지 공부한 것 풀어먹지도 못했지요, 좋은 청춘 어영부영 다 보냈지요, 신분에는 전과자라는 붉은 도장 찍혔지요, 몸에는 몹쓸 병까지 들었지요, 이 신세를 해가지굴랑은 굴속 같은 오두막집 단간 셋방 구석에서 사시장철 밤이나 낮이나 눈 따악 감고 드러누웠군요.
>
> 재산이 어디 집 터전인들 있을 턱이 있나요. 서발 막대 내저어야 짚검불 하나 걸리는 것 없는 철빈(鐵貧)인데.
>
> 우리 아주머니가, 그래도 그 아주머니가, 어질고 얌전해서 그 알뜰한 남편양반 받드느라 삯바느질이야, 남의 집 품빨래야, 화장품 장사야, 그 칙살스런 벌이를 해다가 겨우겨우 목구멍에 풀칠을 하지요.
>
> 어디루 대나 그 양반은 죽는 게 두루 좋은 일인데 죽지도 아니해요.

소설은 이렇게 시작하고 있다. 첫 문장부터 오촌 고모부(아저씨)에 대한 확연한 적의(敵意)가 느껴진다. 화자의 말에 따르면 아저씨는 대학교 다닌답시고 서울로 동경으로 십여 년이나 돌아다니면서 열 여섯에 시집 온 아주머니를 홀대하고, 끝내 아주머니를 친정으로 쫓고는 첩을 들였다. 그러다 뭣 때문인지 붙들려 가서 감옥살이를 하며 몸이 다 망가져서야 아주머니에게 돌아와, 방구석에 누워 빈둥거리고 있는 것이다. 일곱 살에 부모를 잃고 아주머니 댁에 몸을 의탁한 화자에게 있어 아저씨는 고마운 아주머니를 괴롭히고 고생시키기만 하는 암적인 존재가 아닐 수 없다.

> 자, 그러니 말이지요. 우리 아저씨라는 양반이 작히나 양심이 있고 다아 그럴 양이면, 어—허 내가 어서 바삐 몸이 충실해져서 어서 바삐 돈을 벌어다가 저 아내를 편안히 거느리고 이 은공과 전날의 죄를 갚아야 하겠구나…… 이런 맘을 먹어야 할 게 아니야요? (…) 아, 그런데 글쎄 막벌이 노동을 하고 어쩌고 하기는커녕 조금 바시시 살아날 만하니까 이 주책꾸러기 양반이 무슨 맘보를 먹는고 하니, 내 참 기가 막혀!

이렇게 화자가 열을 올리는 것은, 징역까지 살다 왔으니 이제 정신 차리고 아주머니의 은공을 갚아야 함에도 여전히 아저씨가 포기하지 못하는 사회주의 사상 때문이다. 자신으로서는 도저히 이해할 수 없는, 당시 러시아를 비롯해 그 세를 확장해가던 사회주의에 관해 화자는 다이쇼(화자의 일본인 고용주)의 도움을 얻어 나름 체계적인(?) 분석을 시도한다.

> 실상 알고 보면 그게 그다지 재미가 난다거나 맛이 있다거나 그런 것도 아니드군 그래요. 부랑당패든데요. 하릴없이 부랑당팹니다.
> 저어 서양 어디선가, 일하기 싫어하는 게름뱅이 몇 놈이 양지짝에 모여 앉아서 놀고 먹을 궁리를 했더라나요. 우리집 다이쇼가 다아 자상하게 이야기를 해줍디다.
> 게— 그 녀석들이 서루 구논을 하기를, 자, 이 세상에는 부자가 있고 가난한 사람이 있고 하니 그건 도무지 공평한 일이 아니다. 사람이란 건 이목구비하며 사지 육신을 꼭같이 타고났는데 누구는 부자로 잘살고 누구는 가난하다니 그게 될 말이냐. 그러니 부자가 가진 것을 우리 가난한 사람들하구 다같이 고르게 나눠먹어야 경우가 옳다.
> 야— 그거 옳은 말이다. 야! 그 말 좋다. 자 나눠 먹자.
> 아, 이렇게 설도를 해가지고 우— 하니 들고 일어났다는군요.
> 아— 니, 그러니 그게 생날부랑당놈의 짓이 아니고 무어요?
> 사람이란 것은 제가끔 분지복이 있어서 기수(氣數)를 잘 타고나든지 부지런하면 부자

가 되는 법이요, 복록을 못 타고나든지 게으른 놈은 가난하게 사는 법이요. 다아 이렇게 마련인데 그거야말루 공평한 천리인 것을, 됩다 불공평하다께 될 말이요? 그리구서 억지로 남의 것을 뺏아먹자고 들다니 그놈들이 부랑당이지 무어요.

짓이 부랑당 짓일 뿐만 아니라, 또 만약에 그러기로 들면 게으른 놈은 점점더 게으름만 부리고 쫓아다니면서 부자 사람네가 가진 것만 뺏아먹을 테니 이 세상은 통으로 도적놈의 판이 될 게 아니요? 그나마, 부자 사람네가 모아둔 걸 다아 뺏기고 더는 못 먹어 내는 날이면 그때는 이 세상 망하는 날이 아니요?

제마다 남이 농사 지어 놓으면 그걸 뺏아 먹으려고 일 않고 번둥번둥 놀 것이고 남이 옷감 짜놓으면 그걸 뺏아다가 입으려고 번둥번둥 놀 것이고 그럴 테니 대체 곡식이며 옷감이며 그런 것이 다아 어디서 나올 데가 있어야지요. 세상 망할밖에!

글쎄 그놈의 짓이 그렇게 세상 망쳐놀 장본인 줄은 모르고서 가난한 놈들―그 중에도 일하기 싫은 게으름뱅이들이 위선 당장 부자집 사람네 것을 뺏아먹는다니까 거기 혹해 가지굴랑 너두 나두 와― 하니 참섭을 했다는구료.

바루 저 '아라사'(러시아)가 그랬대요.

그래서 아니나다를까 농군들이 곡식을 안 만들기 때문에 사람이 수만 명씩 굶어죽는다는구료. 빠안한 이치지 뭐. 위선 먹기는 곶감이 달다고 그 지랄들을 했다가 잘코사니야!

화자의 분석에 따르면, 일하기 싫어하는 게름뱅이 몇 놈이 양지짝에 모여 앉아서 놀고 먹을 궁리를 하여 태어난 것이 사회주의다. 화자의 눈에 비치면 세계사적으로 매우 중요한 사건인 러시아 혁명 역시 게으름뱅이들이 부자의 재물에 혹해서 와~ 하고 일어난 부랑당 짓에 불과하다. 더없이 단순하면서도 진지한 분석이 우스우면서도 뭔가 이건 아니다 싶은지, 학생들은 사회주의가 뭐냐고 묻기도 하고 스마트폰으로 사전을 찾아보기도 했다. 민주주의, 공산주의에 관해 묻기도 했다. 여기서는 긴 설명보다도 일단 사회주의는 경제적인 개념으로서 공산주의라는 말과 비슷하게 쓰인다고 정리했다. 사전에는 '자본주의가 낳은 모순을 해소하고 생산 수단을 사회적으로 공유하는 사회 체제를 통해 모든 사람이 평등하게 조화를 이루는 사회를 실현하려는 사상 및 운동'이라 정의되어 있다. 당시 서양 열강과 일본의 수탈 속에 자본주의의 잔인함을 경험하면서, 많은 조선의 독립운동가들이 사회주의 사상을 갖게 되었을 거라는 말도 덧붙였다. 어른들조차 섞어 쓰고 있는 이런 개념들을 이해하기 어려울 테지만, 학생들이 일단 스스로 호기심을 가지고 질문을 한다는 것이 고무적이었다.

☞ 많은 학생들이 사회주의를 민주주의와 대립되는 개념으로 알고 있었다. 민주주의는 정치적인 개념으로, 반대말은 독재와 전체주의다.

내 이상과 계획은 이렇거든요.

우리집 다이쇼가 나를 자별히 귀여워하고 신용을 하니깐 인제 한 십 년만 더 있으면 한 밑천 들여서 따루 장사를 시켜 줄 눈치거든요.

그러거들랑 그것을 언덕삼아 가지고 나는 삼십 년 동안 예순 살 환갑까지만 장사를 해서 꼭 십만 원을 모을 작정이지요. 십만 원이면 죄선 부자로 쳐도 천석군이니 머, 떵떵거리고 살 게 아니라구요.

그리고 우리 다이쇼도 한 말이 있고 하니까 나는 내지인 규수한테로 장가를 들래요. 다이쇼가 다아 알아서 얌전한 자리를 골라 중매까지 서 준다고 그랬어요. 내지 여자가 참 좋지요.

나는 죄선 여자는 거저 주어도 싫어요.

구식 여자는 얌전은 해도 무식해서 내지인하구 교제하는 데 안됐고, 신식 여자는 식자가 들었다는 게 건방져서 못쓰고 도무지 그래서 죄선 여자는 신식이고 구식이고 다아 제에발이야요.

내지 여자가 참 좋지 머. 인물이 개개 일짜로 예쁘겠다, 얌전하겠다, 상냥하겠다, 지식이 있어도 건방지지 않겠다, 조음이나 좋아!

그리고 내지 여자한테 장가만 드는 게 아니라 성명도 내지인 성명으로 갈고, 집도 내지인 집에서 살고, 옷도 내지 옷을 입고 밥도 내지 식으로 먹고, 아이들도 내지인 이름을 지어서 내지인 학교에 보내고……

내지인 학교래야지 죄선 학교는 너절해서 아이를 버려 놓기나 꼭 알맞지요.

그리고 나도 죄선말은 싹 걷어치우고 국어만 쓰고요.

이렇게 다아 생활법식부텀도 내지인처럼 해야만 돈도 내지인처럼 잘 모으게 되거든요.

내 이상이며 계획은 이래서 이십만 원짜리 큰 부자가 바루 내다뵈고 그리루 난 길이 환하게 트이고 해서 나는 시방 열심으로 길을 가고 있는데 글쎄 그 미쳐 살기 든 놈들이 세상 망쳐버릴 사회주의를 하려 드니 내가 소름이 끼칠 게 아니라구요? 말만 들어도 끔찍하지!

이런 화자가 꿈꾸는 것은 개인의 작은 행복이다. 60살까지 장사를 해서 자수성가한 부자가 되는 것. 무식하거나 건방진 조선 여자가 아니라 상냥한 일본 여자를 만나 결혼하고, 이름부터 언어와 생활방식까지 완벽한 일본인으로 사는 것이다. 이런 장대한 꿈을 꾸고 있는 화자의 앞을 가로막는 것은, 부자들의 것을 빼앗는 부랑당패인 사회주의자들이다.

이 부분을 함께 읽으며 여학생들은 일단 화자의 여성관에 대해 실소했다. 이어서 일본을 내지(內地)라고 부르는 것 자체가 이미 자신의 나라인 조선을 잊겠다는 선언이며, 말도 잊고 생활방식도 바꾼다고 해서 식민지 청년인 자신이 차별에서 예외가 될 수 없다는 데 뜻을 같이했다.

현재 부자도 아니고 오히려 가난하고 힘든 삶을 살고 있는 식민지 청년이 부자들의 논리와 강자인 일본의 논리를 그대로 따르고 있는 것은 의미심장하다. 약자가 강자의 논리에 이입하는 것은 현재 우리 사회에서도 드물지 않은 현상으로, 가난한 사람이 부자 증세를 더 반대하고 기업인들의 이익을 늘리는 정책에 몰두하는 정당을 지지하는 현상에 관한 다양한 해석이 나와 있다.

"아저씨?"

"왜 그러니?"

"아저씨가 여기다가 경제 무어라구 쓰구 또, 사회 무어라구 썼는데, 그러면 그게 경제를 하란 뜻이요 사회주의를 하라는 뜻이요?"

"뭐?"

못 알아듣고 뚜렷뚜렷해요. 자기가 쓰고도 오래 돼서 다아 잊어버렸거나 혹시 내가 말을 너무 까다롭게 내기 때문에 섬뻑 대답이 안나왔거나 그랬겠지요. 그래 다시 조곤조곤 따졌지요.

"아저씨! 경제라 껏은 돈 모아서 부자 되라는 거 아니요? 그런데 사회주의라 껏은 모아 둔 부자 사람의 돈을 뺏아 쓰는 거 아니요?"

"이 애가 시방!"

"아—니, 들어보세요."

"너, 그런 경제학, 그런 사회주의 어디서 배웠니?"

"배우나마나, 경제라 껀 돈 많이 벌어서 애껴 쓰구 나머지 모아 두는 게 경제 아니요?"

"그건 보통, 경제한다는 뜻으로 쓰는 경제고, 경제학이니 경제적이니 하는 건 또 다르다."

"다른 게 무어요? 경제는, 돈 모으는 것이고 그러니까 경제학이면 돈 모으는 학문이지요."

"아니란다. 혹시 이재학(理財學)이라면 돈 모으는 학문이라고 해도 근리(近理)할지 모르지만 경제학은 그런 게 아니란다."

호시탐탐 기회를 노리고 있던 화자가 드디어 아저씨와 대화를 시도한다. '대화'라기보다는 대학교까지 나왔지만 별 것 없어 보이는 아저씨와 정식으로 '한판 뜨자'는 선전포고처럼 보인다. 아저씨는 뜻밖의 공격에 어이없어 하고 화자는 아저씨의 침묵을 패배의 표시로 받아들여 의기양양해 한다. 그러나 잠시 후, 정신을 차린 아저씨가 다시 화자와 대화를 시도한다. 대화 부분은 역할을 나누어 낭독했다.

"이애!"

"네?"

"사람이란 것은 누구를 물론허구 말이다, 아첨하는 것같이 더러운 게 없느니라."

"아첨이요?"

"저……위로는 제왕, 밑으로는 걸인, 그 모든 사람이 위선 시방 이 제도의 이 세상에서 말이다, 제가끔 제 분수대루 살아가는 데 있어서 말이다, 제 개성을 속여가면서꺼정 생활에다가 아첨하는 것같이 더러운 것이 없고, 그런 사람같이 가련한 사람은 없느니라. 사람이라껀 밥 두 그릇이 하필 밥 한 그릇보다 더 배가 부른 건 아니니까."

"그건 무슨 뜻인데요."

"네가 일본인 여자와 결혼을 해서 성명까지 갈고 모든 생활법도를 일본화하겠다는 것이 말이다."

"네, 그게 좋잖아요?"

"그것이 말이다. 진실로 깊은 교양이나 어진 지혜의 판단에서 우러나온 것이라면 그도 모를 노릇이겠지. 그렇지만 나는 보매 네가 그런다는 것은 다른 뜻으로 그러는 것 같다."

"다른 뜻이라니요?"

"네 주인의 비위를 맞추고 이웃의 비위를 맞추고 하자고……"

"그야 물론이지요! 다이쇼의 신용을 받아야 하고 이웃 내지인들하구두 좋게 지내야지요. 그래야 할 게 아니겠어요?"

"……"

"아저씨는 아직두 세상물정을 모르시요. 나이는 나보담 많구 대학교 공부까지 했어도 일찌감치 고생살이를 한 나만큼 세상 물정은 모릅니다. 시방이 어느 세상인데 그러시우?"

이런 대화를 시도하지만, 둘의 말은 결국 서로에게 가 닿지 않는다. 아저씨의 말은 화자가 듣기엔 어렵기만 하고 도통 이해할 수 없으며, 화자의 단순한 말과 논리에 아저씨는 말문이 막힌다. 아저씨는 자신이 하는 일은 개인의 목적이나 희망을 넘어선 것이라고도 하고, '너도 참 딱한 사람이다'라고도 말해보지만 결국 대화를 포기하고 만다.

심 화

1. 함께 이야기해 보자

발문은 최대한 간단하게 뽑았다. 1번 슬로우리딩 과정에서 자연스럽게 충분히 이야기를 나누었다면, 같은 이야기를 반복하는 것보다 3~4번 문항 정도만 이야기한 후 다음으로 넘어가면 좋겠다. 아주 재미있는 글쓰기 주제가 기다리고 있으니 말이다.

1) 화자(話者)가 어떻게 살아왔는지 알 수 있는 대목에 모두 줄을 그어보자. 또 화자의 입을 통해서긴 하지만 숙부가 어떻게 살아왔는지 알 수 있는 대목에 모두 (위와 구분되는) 줄을 그어보자.

2) 화자의 대표적인 '문제성' 발언을 모아 보자. (시대 인식, 미래 전망, 여성관, 숙부에 대한 생각, 인생철학 등)

3) 화자가 이런 생각을 갖게 된 데는 무엇이 작용했으리라 보는가?

4) 개인의 사고방식, 행동양식에 영향을 미치는 요인에는 무엇이 있을까?

5) 화자의 이런 생각들(2번 내용)에 대해, 어떻게 생각하는지 발표해 보자.

2. 글쓰기에 앞서 - 설득의 조건들

이 수업의 주된 활동은 「치숙」의 화자를 설득하는 글을 쓰는 것이다. 이 작품과 딱 겹쳐지는 대입 논술 기출문제가 있다. 바로 '설득'에 관한 한양대 2015년 모의논제인데, 설득에 있어 필요한 요건을 서술한 세 개의 제시문을 먼저 읽고 이를 바탕으로 글을 쓴다면 훨씬 알찬 글이 나올 것이다.

그간 몇 번의 수업을 진행했는데 중학생들, 특히 남학생들은 화자를 설득하는 글보다도 다짜고짜 꾸짖는 글을 쓰는 경우가 많았다. 일단 말부터 놓고, 「치숙」 속 화자의 생각을 접하며 느꼈던 황당함과 분노를 편지글 속에 그대로 담은 뒤 '그따위로 살지 마라'라고 일갈하는 경우가 대부분이었다. 그러나 그런 일방적 훈계의 말로, 벌써 확고한 가치관을 갖고 있는 화자와의 소통이 가능할까? 이에 자신과 생각이 다른 타인에게 내 생각을 말하고 설득하는 데는 무엇이 필요할지 먼저 토의해보고, 이를 「치숙」에 적용해 보기로 했다.

제시문을 조금 참고해보면, (가) 일단 상대의 마음을 헤아리고, 상대의 가치관에 어느 정도 맞추어 의견을 전달하는 것이 필요하다. 또한 상대의 역린을 건드리면 역효과를 부를 것이다. 「치숙」의 화자에게는 보통학교를 중퇴했다는 것이 콤플렉스일 것이다. 작품 곳곳에서 그것을 감지할 수 있는 대목이 보이고, 아저씨와 자꾸만 지식을 겨루려 하는 것도 그런 심리의 소산일 수 있다. 또한 (다)에서 보듯, 화자가 계속 이런 사고방식으로 살아갈 경우의 손실에 관해 언급하는 것도 좋을 것이다.

그러나 가장 중요한 것은 (나)가 아닐까. 충분한 신뢰를 주며 경계심을 낮추고, 때로는 감정에 호소하면서 마음을 뒤흔드는 것도 중요하지만 이에 집중하다 보면 화려한 수사에 그칠 수도 있다. 가장 중요한 것은 진실이며, 그것이야말로 사람의 마음을 움직이는 힘이다. 자신이 말하고자 하는 내용을 진지하게 생각하며 글을 써보기로 하고 수업을 마무리했다.

2015학년도 한양대학교 모의2차 인문계

[문제]
〈가〉~〈다〉의 논지를 비교 분석한 다음, 〈가〉~〈다〉를 모두 고려하여, 게임을 즐기는 고등학생을 대상으로 게임 규제의 필요성을 설득하는 글을 쓰시오. (1,000자, 100점)

〈가〉
다른 사람에게 의견을 진술하는 것은 어려운 일이다. 내가 알고 있는 바를 납득

시키기가 어렵다는 말이 아니다. 또 내 말주변이 나의 뜻을 분명하게 전할 수 있느냐의 어려움도 아니며, 내가 과감하고 거리낌 없이 나의 뜻을 모두 다 펼쳐 보일 수 있느냐의 어려움도 아니다. 다른 사람을 설득하는 데 있어서의 어려움은 설득하려는 상대방의 마음을 잘 헤아려 내가 말하려는 것을 그에게 맞출 수 있느냐 하는 점에 있다. 설득하려는 상대가 높은 명예를 구하려는 사람인데 오히려 많은 이로움을 설득하면, 비속하다고 여겨져 홀대 받으면서 반드시 멀리 쫓겨난다. 설득하려는 상대가 많은 이익을 추구하는 사람인데 오히려 높은 명예로 설득하면, 생각이 없고 현실에 어두운 자로 여겨져 반드시 받아들여지지 않는다. 설득하려는 상대가 속으로는 이익을 좇지만 겉으로는 높은 명예를 따르는 척하는데 오히려 명예가 높아진다는 식으로 유세하면 상대는 겉으로는 그의 말을 받아들일지 모르나 마음으로는 항상 멀리할 것이며, 이로운 바를 들어 유세하면 속으로는 그의 말을 받아들이기로 결정해도 겉으로는 그를 물리칠 것이다. (중략) 용이라는 동물은 유순해 길들이면 탈 수 있다. 그러나 턱 밑에 한 자쯤 되는 거꾸로 난 비늘, 바로 역린(逆鱗)이 있는데, 만약 사람이 그 비늘을 건드리면 반드시 그 사람을 죽인다. 군주에게도 역린이 있다. 유세하려는 자는 군주의 역린을 건드리지 않을 수 있어야만 성공을 기대할 수 있다.

– 한비자, 〈세난(說難)〉

〈나〉

「수사학」에서 아리스토텔레스는 말로 하는 설득의 성공이 다음의 세 가지에 달려 있다고 보았다. 설득의 성공은 첫째, 화자의 개인적인 특성에 달려 있다. 가령, 그 말이 청중들로 하여금 화자가 신뢰할 만한 사람이라고 생각하게 만든다면 설득은 쉽게 이루어진다. 확실한 판단이 불가능하고 의견들이 엇갈리는 경우에는 특히 더 그러하다. 둘째, 설득의 성공은 청중들이 어떤 마음 상태가 되도록 유도하느냐에 달려 있다. 말이 청중들의 감정을 뒤흔들 때 설득은 일어난다. 우리가 즐겁거나 호의적일 때의 판단은 확실히 우리가 고통스럽거나 적대적일 때의 판단과 같지 않다. 하지만 설득의 성공은 무엇보다도 셋째, 말 자체가 제공하는 설득력에 달려 있다. 설득은 문제의 해결에 적합한 설득력 있는 논증을 통하여 진리를 증명할 때에 말 자체를 통하여 달성된다. 진리보다 더 설득력 있는 것은 없다. 설득의 성공이 화자의 특성에 달려 있는 것은 무엇 때문인가? 왜 훌륭한 사람의 말이 더 설득력 있는가? 그것은 그런 사람이 그렇지 않은 사람보다 더 문제의 해결에 적합한 것을, 즉 진리를 말하는 성향이 크기 때문이다. 마찬가지로 듣는 이의 마음은 무엇에 움직이는가? 사람들의 마음을 움직이게 만드는 말은 많으나, 무엇이 옳은지, 무엇이 합리적인지, 무엇이 타당한지를 결정해야 하는 상황에서 사람들의 마음을 움직이는 것은 바로 진리이다. 그리고 합리적인 논증이야말로 그 결론이 진리임을 보장하는 최선의 방법이다. 따라서 듣는 이의 마음을 움직이는 것도 결국은 진리인 것이다. 그러므로 설득이란 말하는 이의 성품과 관계하므로 윤리의 문제요, 듣는 이의 감정을 바꾸는 것과 관계하므로 정치의 문제이기도 하지만, 합리적이고 합당한 논증을 통하여 진리를 드러내는 것과 관계한다는 점에서 무엇보다도 논리의 문제요 변증의 문제라 할 것이다. 요컨대 논증이야말로 설득의 알맹이인 것이다.

〈다〉

커뮤니케이션 이론을 연구해 온 학자들은, 누군가를 설득하려고 할 때, 같은 정도의 진실이 담긴 사실 정보라 하더라도, 이득을 강조하는 쪽보다 손실을 강조하는 편이 더욱 효과적이라고 말한다. 따라서 매스 커뮤니케이션에서는 수신자에게 위협이나 공포감을 느끼게 하여 설득하는 전략을 자주 이용하는데, 이것을 '위협 소구'라고 한다. 안전 운전을 유도하기 위해 교통사고의 참혹한 장면을 담은 영상을 보여주는 공익광고나, "당신이 이 세상에 존재하지 않게 되었을 때를 대비하라."라는 메시지를 전달하는 보험 광고 등은 모두 이러한 전략을 활용한 것이라고 할 수 있다.

그런데 위협을 이용한 모든 설득 전략이 동일한 설득 효과를 갖는 것은 아니다. 정상적인 사람에게 아주 낮은 강도의 위협이 주어지면 일반적으로 행동이 크게 변하지 않으며, 반대로 아주 높은 강도의 위협이 주어져도 오히려 경계심을 높여 설득 효과가 크지 않다. 이에 따르면, 위협의 강도와 태도 변화 간의 관계는 곡선을 형성하게 된다. 너무 높은 수준이나 너무 낮은 수준의 위협은 약간의 태도 변화를 일으키지만, 중간 수준의 위협은 상당히 큰 태도 변화를 유도할 수 있다는 것이다.

[문제변형]

1) 〈가〉~〈다〉의 논지를 비교 분석한 다음, (모둠활동)

2) 〈가〉~〈다〉를 모두 고려하여, 〈치숙〉에 등장하는 화자를 설득하는 글을 쓰시오. (1000자 이상)

마무리

1. 지금까지 이야기한 것을 바탕으로, 작품 속 화자를 설득하는 글을 써보자.

당신은 누구입니까

_ 신지수 (중학교 2학년)

안녕하세요. 저는 이제 막 중3이 되는 여중생입니다. 저도 아직 중학생밖에 되지 않아서 잘은 모르지만, 아저씨의 말을 듣고 여러 가지 생각을 해보았습니다. 아저씨가 삼촌에 대한 거부감이 드는 것은 아저씨의 가족사, 그리고 앞으로 해 나가고 싶은 일 이야기를 들어보면 이해가 가지 않는 것도 아닙니다. 그러나 조금 더 넓게 보신다면 아저씨의 생각도 조금 바뀔 것 같습니다.

먼저, 저는 아저씨가 삼촌에 대한 거부감이 강하다는 것을 느꼈습니다. 그것은 아무래도 자신을 키워주신 부모님 같은 아주머님께 불쌍한 마음이 들어 그런 것이겠지요. 하지만 삼촌분이 그런 아주머니까지 외면하고 이루려고 했던 것이 무엇인지, 그렇게 해서까지 이루려고 하는 꿈이 무엇인지 한 번이라도 진지하게 생각해보셨나요? 과연 아저씨 말처럼 대학교까지 나온 삼촌분이 대체 무엇을 위해 자신의 청춘을 바치면서까지 힘든 길을 걸었을까요?

아저씨가 조선인 여자가 싫다고 한 말이 기억에 남아 있습니다. 저는 자신의 모국에 대해 자부심을 갖고 고유문화와 정서를 우선시하는 것이 정상적이라고 생각합니다. 자신이 일본 사람이 되어 혼자 잘 사는 것이 아니라, 조선 자체가 독립하고 발전해서 모두가 잘 사는 것을 추구하는 게 지금 아저씨의 삼촌께서 하고 있는 일은 아닐까요?

지금 아저씨가 살고 있는 사회는 조선인들이 출세하기 힘들고 무시받는 사회입니다. 아저씨와 같이 일본인인 척 하고 노력해서 잘 살고 싶어하는 사람도 많겠지요. 그러나 아무리 이름을 바꾸고 일본인과 결혼해도 조선인인 것은 변함없습니다. 삼촌은 조선인이 조선 땅에서 차별받는 그 부당한 상황을 이겨내고자 사회주의 사상에 빠져드신 것 아닐까요?

아저씨가 정말로 잘 먹고 잘 살고 싶다면, 일본 정부가 우리나라를 손아귀에 두고서 멋대로 조종하는 것을 멈춰야 합니다. 그래야지 모두가 차별받지 않고 잘 살 수 있는 길이 열립니다. 생각해보세요. 우리나라 사람들이 일본에서 벗어나 발전해서 후손들까지 번창하는 것과, 우리와 우리의 후손들이 내내 무시당하면서 차별받는 것 중에 어느 쪽이 더 나은가요?

아저씨는 정부를 너무 신뢰하는 경향이 있는데, 지금 우리나라 정부는 일본이 장악하고 있어 무조건 믿을 수는 없습니다. 신문이나 잡지 같은 언론매체들 대부분도 일본이 펴내고 있어 국민들의 생활이나 사상도 점점 더 일본화되고 있어요. 앞으로 신문이나 잡지를 볼 때 옳고 그른 것을 제대로 판단할 수 있기를 바랍니다.

아저씨, 다시 한번 더 강조하지만 자신의 정체성에 대해 잘 생각해보시기 바랍니다. 자신이 누구인지를 똑똑히 알아두시기 바라고, 삼촌의 일이 아저씨에게도 큰 영향을 미칠 수 있다는 것도 한번 생각해 보세요. 앞으로 삼촌과 많은 이야기를 나누시기를 부탁드립니다.

미래에서 보내는 편지

_ 김민 (중학교 2학년)

안녕하세요. 저는 미래에 살고 있는 한 중학생입니다. 당신이 살던 시절로부터 약 10~20년 후, 영원할 것 같았던 일본 제국주의는 패배했고 당신이 살고 있던 나라는 두 개로 분단되게 되었어요. 외세에 의해서 말이죠.

당신은 일본 잡지가 우리나라에 비해서 만화도 많고 사진도 많고, 그래서 화려하고 재미있다고 했어요. 읽기 어려운 한자가 가득한 우리 잡지보다 일본 잡지가 재밌다구요. 또 조선 여자들은 구식은 무식하고 신식은 건방져 일본여자가 낫다고도 했어요. 당시엔 일본이 먼저 개방적인 정치를 실행해 일찍이 서양의 발달된 문물과 체계를 받아들여 경제적으로도 더 잘살고 좀더 지식이 풍부했을 것입니다. 그래서 지금 우리 시대를 사는 이들도 그때 있었다면 아직 근대화되지 못한 우리나라보다 새로운 일본의 것들에 더 끌렸을 것 같습니다. 그러나 아무리 자신의 나라와 민족에 대해 불만이 있다 해도 자기 나라의 문화와 민족성을 비하하는 건 잘못되었다고 생각해요.

물론 어린 시절부터 부모님을 잃고, 정말 무섭고 비참한 때에 구세주처럼 나타난 아주머니를 힘들게 하는 숙부가 정말 미웠을 것 같아요. 저 또한 모든 걸 다 잃고 정말 힘든 상황에서 내게 손을 내밀어준 이를 괴롭히고 못살게 구는 이가 있으면 정말 꼴도 보기 싫을 것 같아요.

하지만 세상 모든 사람들, 심지어 아이에게도 배울 점이 있다는 말처럼, 숙부가 아주머니에게 의존만 하고 괜히 병만 들어 하는 일 없는 무식한 이라고 생각되어도, 당신보다 나이도 많고 조금이라도 더 많은 시간을 살았기 때문에 배울 점이 있을 거예요. 그러니까 숙부가 충고해주는 말에서 좋은 부분을 배우려고 노력해 보세요. 당신의 주인, 다이쇼의 말만 새겨듣지 말고 우리나라 사람이고 가까운 사람이기도 한 숙부의 말을 들어보면 더 사회를 바라보는 시야가 넓어질 것 같아요.

지금 우리 사회에선 일본을 싫어하는 이들이 많습니다. 왜일까요? 당신은 쉽게 이해하지 못할 거예요. 우리보다 앞선 일본에게 배울 점이 많은데 싫을 이유가 무엇이 있을까, 이런 생각이 먼저 들 것 같아요. 하지만 일본은 자기 나라를 발전시키는 데 그치지 않고, 서양 열강들을 따라 우리나라를 수탈하고 간섭하고 지배했습니다. 우리나라 재정이 궁핍해지자 일본은 그것을 빌미로 우리나라와 교류하겠다며 무력으로 우리나라 안으로 들어왔어요. 당신의 주인 다이쇼의 나라, 일본은 긴 세월에 걸쳐 우리에게 씻지 못할 굴욕을 주었죠. 당신은 부유한 일본에 기대어 우리나라를 지키려는 이들의 목숨을 빼앗는 일본의 앞잡이가 될 건가요?

당신은 그러지 않으리라 믿습니다. 당신 한 명의 생각은 주위의 생각을 바꿀 수 있고 당신 같은 사람이 많아지면 미래가 바뀔 수도 있습니다. 당신이 저처럼 미래를 안다면 그런 행동은 하지 않을 테지요. 하지만 당신은 미래를 모르기에…. 당신과 그 시절의 모든 이들이 만들 미래에 살고 있는 제가 충고드립니다.

어리석은 고모부가 조카에게

_ 조휘원 (중학교 3학년)

사랑하는 조카야, 나는 네가 부끄러워하는 고모부란다. 네가 기분 나빠할 수 있겠지만 이 어리석은 고모부가 너에게 한 마디 하려고 한다.

우리 조카는 부지런해서 열심히 사는 것은 잘 알고 있지만 뭔가 놓치고 있는 부분이 있는 것 같구나. 우리나라 조선은 일본 사람들의 지배 하에 있는 작은 식민지 나라이지만, 그래도 우리나라가 먼 미래에 나라 이름을 잃고 우리가 지켜온 전통과 정겨운 풍습들이 잊혀지는 것이 좋은 걸까? 지금 당장 우리가 넉넉하게 사는 것이 먼 미래를 위하는 것보다도 중요할까? 나라 뿐만이 아니다. 어떤 일에서든 부지런하게 일하고 처세와 적응을 잘해서 부인과 자식들과 행복하게 사는 것도 좋지만 진짜 우리가 바라는 미래의 이상적인 모습을 생각해서 이뤄내려는 마음도 중요하단다.

내 말이 지금은 이해가 잘 안되겠지만, 세월이 지나면 내 말을 이해할 거라 믿는다. 나도 너를 꾸짖으려 하는 것은 아니야. 이상만 추구하다 보면 지금 당장을 놓쳐버리게 되지. 그래서 내가 이런 신세가 됐는가보다. 아주머니에겐 내가 그저 미안할 따름이지. 고맙기도 하고…. 그렇지만 나에겐 더 이루고 싶은, 모두를 위한 꿈이나 목표 같은 게 있단다. 나 먹고 살자고 남들의 어려운 사정을 무시하는 것은 옳지 않다고 보는 게 내 입장이니까…. 부디 내 말을 잘 이해해 주었으면 좋겠구나.

수업을 마치며

이렇게 학생들의 이야기를 들어보았다. 확실히 논제를 읽기 전과는 조금 달라져서, 많은 학생들이 일단 화자가 살아온 힘겨운 삶을 어느 정도 인정하고, 은인을 고생시키는 아저씨를 보면서 화자가 가졌을 반감에 대해서도 공감을 표시함으로써 화자의 경계심을 낮추려고 시도했다. 그러면서도 그런 삶이 왜 한계를 가질 수밖에 없는지 저마다 고민을 거쳐 글로 표현하려고 노력했다. 본인이 아니라 작품 속의 아저씨가 조카에게 보내는 편지를 쓴 학생도 있었다.

덧붙이자면, 「치숙」의 아저씨 역시 완벽한 인물이 아니다. 그가 하는 말을 가만히 들어보면 오랜 병치레와 감방 생활로 많이 지쳐 있고 일종의 패배주의에 사로잡힌 것처럼도 보인다. 조카와의 대화에 자주 말문이 막혀 하고, 아주머니에게 '그 녀석 사람 버렸다', '아무짝에고 못쓰게 길이 들었다'고 말하기도 한다. 또한 자신을 위해 모든 것을 희생하는 아내에게 미안함과 고마움을 느끼곤 있지만 이내 '그 사람은 고생하는 게 낙이지' 하며 현실을 외면하는 모습을 보이기도 하는데, 이는 아이들에게 큰 반감 요소였다. 따라서 작품 속 아저씨에게 좀더 조카와 대화해 보기를, 패배감에 젖지 말고 뜻을 펼치라고 권하는 글을 써보는 것도 가능할 것이다. 나아가 앞에 제시한 기출논제를 이 작품 「치숙」 뿐만 아니라 등장인물 사이에 갈등이 뚜렷이 보이는 작품들에 활용해보는 것도 좋겠다. 설득에 필요한 요소들을 다시 한 번 점검할 수 있을 것이다.

소통에 있어 무엇보다도 중요한 것은 자신이 옳다고 믿는 것을 전하려는 진심, 그리고 그 과정이 아주 힘들고 지난한 일이 되겠지만 포기하지 않겠다는 마음임을 되새겨 본다.

공감은 어떻게 가능한가

1. 눈 먼 자들의 도시

주제 사라마구의 소설 『눈먼 자들의 도시』(해냄)는 갑자기, 원인 모르게 실명하는 사람들의 이야기다. 앞을 보지 못하는 사람들이 만들어내는 풍경은 너무나 끔찍하다. 문자 그대로 맹목(盲目)이 된 사람들은 자신의 생존을 위해 비이성적이고 무차별적인 폭력을 행사하고 타인의 권리를 함부로 짓밟는다. 눈먼 자들의 세계에서는 어느 누구도 안전하지 않고 모두의 생존은 위태롭다. 여기서 눈먼 자들은 알레고리다. 그들은 시력을 잃어버린 사람들이 아니라, 볼 수 있지만 보지 않는 자들이다. 불의를 목격하더라도, 타인의 고통을 맞닥뜨리더라도 자신의 생존과 이익을 위해 질끈 눈감고 살아가는 평범한 소시민들이다. 그리고 소설 밖 현실을 살아가는 우리들 자신의 모습이기도 하다. 세상일에 눈감고 다른 사람들에게 관심을 갖지 않는 삶은 일견 안전하고 합리적인 것 같다. 외부의 자극에 민감하게 반응하고 타인의 삶에 관심을 갖는 것은 나의 에너지를 투자하는 일이고 피곤하기 때문이다. 하지만 소설은, 자신이 속한 세계에 대해 눈감을 때 서로가 서로를 바라보지 않고 외면할 때, 우리가 사는 세상이 지옥이 될 수 있음을 보여준다. 볼 수 있지만 보지 않았던 눈을 크게 뜨는 것, 나와 함께 살아가는 타인들의 삶에 관심을 갖는 것만이 우리 자신을 구원할 거라고 말한다.

2. 타인의 느낌을 상상하고 공명하라

우리는 타인을 완벽하게 이해할 수 없다. 아무리 가까운 사이라 하더라도, 나와 다른 존재를 나처럼 느끼는 것은 불가능하다. 인간 인식의 주관성은 우리가 극복할 수 없는 한계다. 하지만 타인의 삶에 관심을 갖고 그에 공명하려는 노력으로 그러한 한계가 만들어낸 틈을 조금씩 좁혀 갈 수 있다. 타인의 상황을 인지하고 그의 느낌과 생각을 상상하는 것만으로도 우리는 서로에게 조금씩 다가갈 수 있는 것이다. 톨스토이의 단편 『사람은 무엇으로 사는가』에서 가난한 구두수선공 세묜은 벌거벗은 채 차가운 거리에서 떨고 있는 사람을 만난다. 행여 자신도 봉변을 당할까 자리를 피하려던 세묜은 그를 돕기로 마음을 고쳐먹는다. 세묜은 그가 누군지도 모르고 그의 상황도 이해하지 못한다. 단지 그를 '보고', 그가 느끼고 있을 고통과 공포를 '상상'했을 뿐이다. 그리고 그에게 도움의 손길을 내밀었다.

타인에 대한 관심과 공감이 마음을 변화시키고 행동을 이끌어낸 것이다. 공감(共感 empathy)은 감정이입을 뜻하는 독일어 Einfühlung에서 유래되었다. 다른 사람의 입장이 되어 그의 마음과 감정을 헤아리고 상상하는 감정이입은 공감의 기초가 된다. 하지만 진정한 공감은 단순한 감정이입에 머무르지 않는다. 기꺼이 타인의 느낌과 경험을 받아들이고 나의 연민과 이해를 전달하고 소통하는 것까지 포함하는 적극적이고 실천적인 개념이다.

3. 공감은 우리를 살게 하는 힘

공감은 타인을 위한 덕목이 아니라 우리 자신의 생존을 돕는 기제다. 비유적인 표현이 아니라 과학적인 사실이다. 공감의 능력이 인간의 생존에 기여했음은 우리 신경계의 구조에서 확인할 수 있다. 거칠고 냉정한 자연생태계에서 살아가는 생명체들은 다양한 생존 전략을 구사한다. 인간처럼 무리 생활을 하는 포유동물의 신경계는 다른 개체의 행동을 민감하게 포착하고 반응하는 방향으로 진화했다. 이러한 진화의 방향은 개체들의 생존 확률을 높이는 데 기여한다. 위험한 상황에서 다른 개체가 느끼는 공포의 감정을 재빠르게 감지함으로써 위험에 대처할 수 있게 되는 것이다. 인간을 포함한 일부 영장류의 신경계에서 발견되는 거울 뉴런((mirror neuron system)은 이러한 진화의 흔적으로 이해할 수 있다. 거울 뉴런은 다른 행위자의 행동을 보기만 해도 마치 자신이 그 행위를 직접 하는 것처럼 활성화되는 뇌세포를 이르는 말이다. 거울 뉴런을 발견한 이탈리아 과학자 리촐라티는 "거울 뉴런으로 우리는 다른 사람의 마음을 이해하지만 이는 개념적 추리를 통해서가 아니라 직접적인 시뮬레이션을 통해서이다. 생각이 아니라 느낌으로 이해하는 것이다."라고 말한다. 우리 자신이 마치 타인과 동일한 존재가 된 것처럼 직관적으로 느끼고 반응할 수 있는 물리적 기반이 우리 안에 내재되어 있는 것이다. 거울 뉴런은 우리가 타인에게 공감할 수 있는 가능성에 대한 새로운 통찰을 제시한다. 아무 것도 학습하지 않은 어린 아기들에게서도 나타나는 모방과 공감의 능력은 사회적 존재로서 살아가야 하는 인간에게 필수적인 것이며 이미 우리에게 각인된 것이기도 하다.

4. 공감도 연습과 노력이 필요하다.

공감이 진화과정에서 부여된 생물학적 능력이라는 과학적 가설은 희망적이지만, 동시에 절망적인 느낌도 준다. 우리는 지금 이 순간에도 진화의 도상에 서 있지만 우리의 공감 능력은 점점 더 퇴화하는 것처럼 보이기 때문이다. 성실한 칸트주의자면서 유태인 학살을 총지휘한 아이히만, 단식으로 가족을 잃은 슬픔을 호소하는 세월호 유가족 옆에서 폭식 파티를 벌이는 사람들, 이슬람 근본주의자를 자처하는 테러집단이 무고한 사람을 참수하는 동영상을 돌려보는 아이들에게서 타인에 대한 공감은 찾아볼 수 없다. 타인은 기계적인 처리의 대상에 불과하고 타인의 고통은 조롱거리, 구경거리로 전락한다. 이러한 사례들은 공감 능력이 우리에게 주어진 것이라 할지라도 그것이 제대로 발현되는 것은 쉽지 않음을 시사한다. 나와 다른 존재의 감정과 마음을 이해하고 받아들여 공감하는 것은 도덕적 인간이 되는 첫걸음이지만, 그 길을 똑바로 걷기 위해서는 우리의 각성과 의지가 필요하다. 공감과 인간다움의 의미에 대한 성찰, 공감 능력을 저하시키는 요소들을 제거하려는 노력, 그리고 우리가 이미 갖고 있는 공감 능력을 강화하기 위한 구체적인 방안의 모색과 실천이 뒷받침되어야 하는 것이다.

5. 공감을 약화시키는 것들

공감의 능력을 축소시키는 요소들은 다양하다. 현대 사회의 복잡성과 경쟁적 분위기는 공감 능력의 저하를 초래한다. 복잡하게 급변하는 사회에서 생존하기 위해, 극심한 경쟁 사회에서 승자가 되기 위해 이른바 '합리적 무지'를 선택하는 사람들은 타인에게 무관심해질 수밖에 없다. 매스컴의 선정적인 보도 행태도 문제다. 시청률을 올리기 위해 끔찍한 사건사고를 생중계하고 자극적인 보도를 일삼는 매스컴에 의해 타인의 고통은 구경거리가 되고 우리는 점점 둔감해진다.

공감의 가치에 주목하는 일부 학자들은 정보화 기술의 발달, 세계화 시대의 교류 확대가 타자에 대한 이해를 자연스럽게 증진시키고 공감 능력을 확대시킬 것이라는 긍정적 전망을 제시한다. 하지만 기술 발전이 긍정적 변화만을 가져오는 것은 아니다. 정보화 시대의 발전된 기술 환경은 비슷한 생각을 공유한 사람들끼리의 교류를 더욱 강화시켜 편견과 몰이해를 부추기는 경향이 만들어지기도 한다. 특정한 성향을 지닌 언론 매체, 인터넷 동호회에 경도된 사람들은 다른 입장과 견해를 가진 사람들을 존중하지 않고 일방적으로 매도하거나 배척한다. 세계화 시대의 교류 확대도 양날의 검이다. 다양한 문화적 배경을 가진 사람들과의 교류는 세계시민적 감수성을 단련하고 공감의 영역을 확장하는 계기가 될 수 있지만 동시에 '우리'와 '그들'을 나누고 구분하는 배타적 태도를 강화할 우려도 있다.

6. 공감의 시대는 어떻게 가능한가

제러미 리프킨은 『공감의 시대』(민음사)에서 인간의 역사는 공감 확장의 역사이며 현대는 "공감의 정상을 향해 달려가는 시기"라고 주장한다. 서로에 대한 이해와 공감, 상호작용이 없었다면 지금과 같은 복잡한 문명을 구축하는 것은 불가능했을 것이라는 리프킨의 생각은 타당해 보인다. 인간의 사회적 본성인 공감이 근대 산업 문명의 폐해를 극복하고 인류 문명의 지속을 가능하게 해 줄 동력이라는 주장도 납득할 수 있다. 하지만 "기술적으로 진보한 사회는 다양한 사람들을 하나로 묶어 인간의 의식을 확장하고 공감적 감수성을 고조"시킬 거라는 전망은 지나치게 낙관적이라는 생각이 든다. 공감의 능력은 우리의 본성이지만 타고난 본성도 잘 갈고 닦지 않으면 약화되거나 퇴화할 수 있기 때문이다. 철학자 데이비드 흄은 『인간이란 무엇인가 – 오성·정념·도덕 본성론』(동서문화사)에서 "인간의 마음은 서로를 비춰보는 거울"이라고 말했다. 과학이 밝혀낸 거울 뉴런의 존재는 흄의 통찰이 단지 비유적 표현이 아니라 우리의 실존적 토대에 대한 직관적 이해임을 증명한다. 우리에게 필요한 것은 그 거울이 탁해지지 않도록 잘 닦아두려는 노력이다. 그리고 거울에 비치는 사람들의 모습을 외면하지 않고 직시하려는 윤리적 결단이다. 서로가 서로를 맑게 비추며 아름답게 공명할 때 공감의 시대는 올 것이기 때문이다.

4 스스로 생각하고 판단한다

알렉스 쉬어러, 『초콜릿 레볼루션』
정치에 관심을 가져야 할까

전광용, 『꺼삐딴 리』
꺼삐딴 리처럼 살면 안 될까

카프카, 「다리」
내 맘대로 해석하면 안 될까

안소영, 『갑신년의 세 친구』
갑신정변, 혁명인가 쿠데타인가

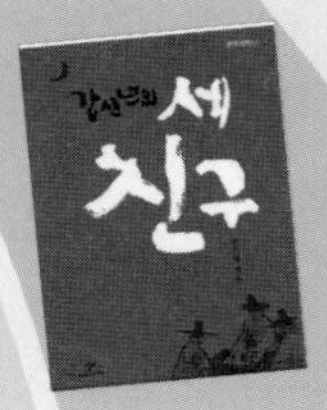

마크 트웨인, 『허클베리 핀』
사회적 규범, 따라야 할까

✲ 내 머리로 생각하는 힘

알렉스 쉬어러, 『초콜릿 레볼루션』

정치에 관심을 가져야 할까

대상_ 중학교 1~2학년

함께읽은책_ 『초콜릿 레볼루션』 (알렉스 쉬어러 / 미래인 / 2011)

학습목표_

1. 정치는 우리 일상 곳곳에 영향을 끼치는 것임을 알 수 있다.
2. 제도가 개인을 통제할 때의 장단점 모두를 이해하고, 이에 관해 토론할 수 있다.
3. 정치는 선거 및 다양한 활동을 통해 모두가 참여해야 하는 것임을 이해한다.

집필_ 이가윤

몇 년에 한번 실시되는 선거 때만 잠깐 정치 뉴스에 관심을 가질 뿐, 일상과 정치는 별개라고 생각하는 사람들이 많다. 국회에서 멱살을 잡고 난투극을 벌이는 국회의원들의 이미지를 떠올리며 환멸을 느끼는 사람들도 많다. 그러나 구성원들이 관심이 없든 환멸을 느끼든, 정치는 매 순간 우리 일상에 직접적으로 개입하고 영향을 미친다.

이 책 『초콜릿 레볼루션』에서도 사람들이 정치에 관심 없는 틈을 타 정권을 잡은 '국민건강당'은 마침내 '건강에 해롭다'는 이유로 초콜릿과 단 것을 전면 금지하기에 이른다. 이를 납득할 수도 없고 받아들일 수도 없는 주인공들은, 뜻을 같이 하는 사람들과 함께 초콜릿 먹을 권리를 되찾기 위해 적극적 행동에 나선다. 쉽고 편하게 읽을 수 있지만, 책을 덮고 나면 생각거리가 많아지는 책이다. 주인공들의 행동에 대해, 그리고 문제를 확장하여 우리 현실에서 판단과 행동을 요하는 문제들에 대해 아주 솔직한 의견들을 나누어보자.

생각열기

1. '정치' 하면 떠오르는 단어를 포스트잇에 5~7개씩 적어보자. 떠오른 단어들을 칠판에 붙여가며 분류해보자.

- 많이 중복되는 단어들을 뽑아 봅시다.
- 단어들을 이어 붙여 '정치란~'으로 시작되는 문장을 만들어봅시다.

대통령과 국회의원이 싸움을 해 욕을 먹는다

정치란 대통령과 국회의원이 하는
딱딱하고 어려운 것이다

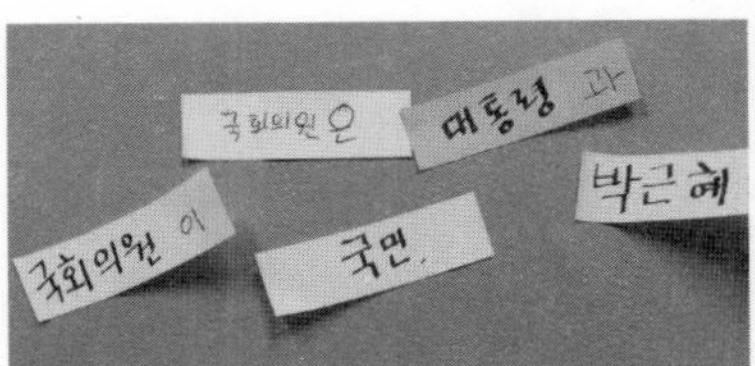

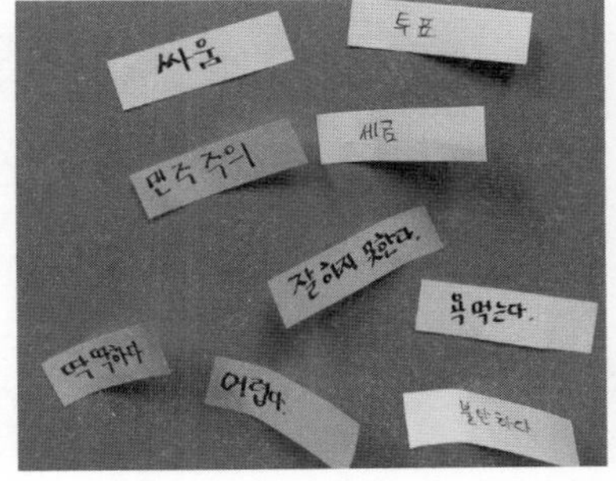

선거권이 아직 없는데다 세상에 대한 비판의식이 싹트기 시작하는 중학생들이 '어른들의 세계'인 정치에 대해 얼마나 시니컬하게 생각하고 있는지 자주 놀라게 된다. 정치 하면 떠오르는 단어들을 이어 붙여 만든 위 답들은 청소년들이 '정치'에 대해 내린 아주 솔직한 정의일 것이다. 그대로 칠판에 적어놓고, 수업을 마무리 지을 때 다시 살펴보기로 한다.

내용 이해

1. 줄거리를 6하원칙에 맞춰 이야기해 보자.

누가	헌틀리와 스머지가
어디서	가상의 어느 국가에서
언제	국민건강당 집권 후
무엇을	빼앗긴 권리를 되찾기 위해 투쟁한다
어떻게	초콜릿을 제조하여 몰래 판매, 뜻을 같이하는 사람들의 모임을 만듦으로써
왜	초콜릿 먹을 권리를 국가가 금지하는 것이 부당하다고 생각했기 때문에

380쪽 남짓 되는 두꺼운 책이지만 줄거리가 뚜렷하여 6하 원칙으로 간추리기 어렵지 않다. 두꺼운 책 속에서 중심 내용과 부차적 내용을 구분하여 파악할 수 있도록 한다.

2. 초콜릿을 제조하여 판매하는 과정에서 주인공 스머지와 헌틀리가 겪은 위험들을 정리해 봅시다. 어떤 일들이 있었나?

내용 확인형 단답형 질문을 여러 개 늘어놓는 것보다, 각자가 소설 내용을 이야기하며 감상을 나눌 수 있도록 하는 것이 좋다. 줄거리를 큰 사건들 위주로 정리해보도록 한다.

3. 초콜릿 금지 정책을 현실화하기 위해 국가에서는 다양한 규칙과 제도를 만든다. 어떤 것이 있는지 찾아보고, 그에 관해서 설명해 보자.

1) 공권력 동원, 초콜릿 탐지 기계
2) 각종 선도기관 및 자발적(?)으로 앞장서는 사람들을 이용 선전
3) 강제 인사말
4) 건강식품 강제 권유
5) 예절서약 / 착한 일 강제 수행
6) 겁을 먹게 만드는 것
7) 군대처럼 단순한 일 반복, 세뇌

각각의 제도에 대해 설명해보고, 이런 제도와 정책들 중 가장 위력적인 것은 무엇이라 생각하는지 등의 질문을 이어간다. 줄거리 확인에 그치지 않고 학생들이 책 내용에 공감하며 자기 의견을 피력할 수 있도록 하자.

"와삭와삭 사과를 먹어라, 시민!" / "즙 많은 오렌지 드세요." / "바나나도!" (인삿말)

나중에 알았지만 잔뜩 겁을 먹게 만드는 것, 그게 바로 처벌이었다. 다른 벌은 따로 받지 않았다. 무슨 일이 닥칠 거라는 두려움만으로도 충분히 위압적이었다. 경감은 그런 심리를 아주 잘 알고 있는 사람이었다. (66쪽)

4. 몇몇 열성 국민건강당원을 제외하고 책 속에선 초콜릿 금지를 싫어하는 사람들이 확연히 더 많아 보이는데, 왜 국민건강당이 집권하게 되었을까? 이에 대해 어떻게 생각하나?

☞ 해당 부분(17~18쪽 / 47~48쪽)을 함께 읽어본다. 짧은 분량이지만 역할 나누어 낭독하면 더 좋다.

"그놈이 그놈이지 뭐."
당시 아빠는 그렇게 말했다.
하지만 아빠의 생각이 틀렸을 수도 있다.
선거가 끝나고 국민건강당이 집권했을 때, 스머저는 엄마와 아빠가 서로 다투는 소리를 들었다.
"이게 다 당신 같은 사람들 때문이에요."
엄마가 말했다.
"당신처럼 투표를 하지 않으니까 그 사람들이 집권한 거라고요. '착한 사람들이 아무 것도 하지 않으면 악이 득세한다'라는 말 몰라요? 다 당신이 저지른 일이에요."
(17~18쪽)

이상한 건 사실 국민 대다수가 국민건강당에게 표를 주지 않았다는 점이었다.
"이해가 안 돼요, 엄마."
집에 돌아온 헌틀리는 엄마에게 물어보았다.
"대다수 국민이 원하지 않은 사람들이 어떻게 선거에서 승리하고 또 집권할 수 있어요?"
엄마는 잠시 생각을 해보더니 분명한 어조로 말했다.
"그건 정치적 무관심 때문이란다, 헌틀리."
헌틀리는 정치적 무관심이 무슨 뜻인지 정확히 알 수 없었다.
"한마디로 게을러빠졌다는 소리야. 너무도 많은 사람들이 단지 투표소까지 가는 게 귀찮아서 투표를 하지 않았다는 뜻이지. 내가 아니더라도 다른 사람이 반대표를 던져주겠지, 나까지 성가시게 나설 필요가 있겠어? 뭐, 이런 태도란다. 그런데 알고 보면 나 말고 다른 사람들도 똑같이 생각하고 투표를 하지 않은 거지. 무슨 말인지 알겠니?"
"조금은요."
하지만 헌틀리는 여전히 무슨 말인지 잘 이해되지 않았다.
"그런 걸 뭐라고 부르는데요?"
"민주주의."
엄마가 대답했다. (47~48쪽)

5. 블레이즈 씨는 결국 초콜릿을 되찾을 수 있는가는 우리에게 달려 있다고 합니다. 방송을 보는 시민들은 의아해하지요. 나는 티비 앞에 앉아 있는 한낱 힘없는 시민일 뿐인걸요. 시민들을 설득하는 블레이즈 씨의 연설을 다시 읽어보고, 간단한 포스터로 요약해 봅시다.

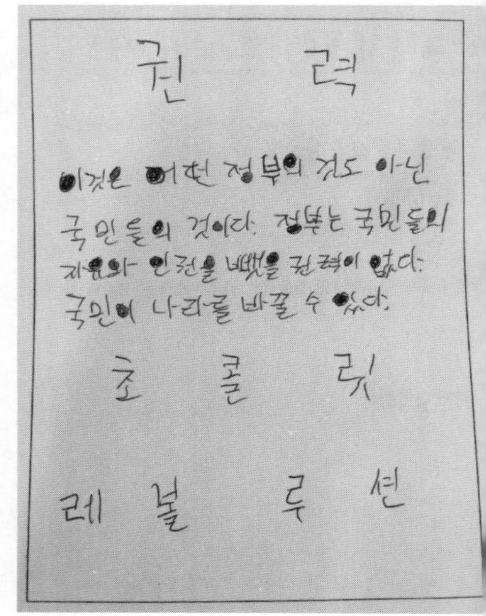

펼치기

1. 이 작품에서 우리는 권력을 가진 이가 다른 이들에게 '좋다'고 판단한 것을 강제로 밀어붙이는 모습을 볼 수 있다. 이를 두고 스머지의 아버지는 뭐라고 말하나?

"지옥으로 가는 길은 (선의) 로 포장돼 있다."

2. 온 사회 구성원들에게 초콜릿을 금지하고 건강식품을 먹게 하듯, 우리 사회 속에서도 이와 비슷한 일들이 일어나기도 한다. 어떤 것들이 있을까?

- 어른들이 여러분에게, '다 너희 잘 되라고 하는 거야' 라는 말로 뭔가를 규제하거나 강요한다고 느낀 적이 있다면 언제 그랬는지, 자유롭게 말해봅시다.
- 그런 규제나 강요가 필요한 측면도 있는지 생각해 봅시다.

이 작품 속에서 '초콜릿' 대신 들어갈 수 있는 것은 무엇일까? 작품 속 문제의식을 사회적 문제의식으로 발전시키고 현실에 적용해보는 질문이다. 조금 어려울 수 있지만 일단 '집에 일찍 들어와라', '화장하지 마라' '공부해라' 등 평소 듣기 싫었던 말들을 하나씩 꺼내기 시작하면 어느새 평소 문제의식을 가지고 있던 부분이 드러난다.

간단하게는 '게임'이나 '스마트폰'이 작품 속 '초콜릿'의 자리를 대체할 수 있을 것이다. 나아가 건강한 식생활과 생활패턴, 봉사활동 강요, 술, 담배 금지, 화장 금지 등과 일률적인 대학 진학 등의 문제에 대해서도 학생들은 자신의 삶에 대한 '원치 않는 강요'라고 거부감을 느낀 적이 있다고 말한다. 그러나 이런 규제가 필요하다고 생각하냐는 질문에는 대부분 '필요하다'고 대답했다.

3. '청소년 스마트폰 시간 할당제'를 주제로 찬반 토론을 해 보자. 다음 입장 중 하나를 골라 토론을 해 보자.

이 토론은 '초콜릿'이란 무엇을 상징하는지 이해한 후, 우리 현실 속에서 민감한 문제들을 하나 골라 토론해보는 활동이다. 사회적 규제에 대한 찬반 입장의 의의와 한계를 모두 이해할 수 있을 것이다. 여기서는 청소년 스마트폰 시간 할당제라는 가상의 개념을 도입하여 토론을 해 보았다. 셧다운제, 화장 금지, 각 학교 스마트폰 규제정책 등 학생들 생활과 밀접한 시의성 있는 주제로 변형, 토론할 수도 있다.

**스마트폰 시간 할당제 : 전국 모든 초/중학생에게 하루에 두 시간 이상 전화, 문자, SNS, 카톡, 게임 등 스마트폰의 모든 기능을 사용하지 못하게 하도록 정부에서 검토중인 제도. (가상의 개념임 / 의외로 찬성하는 사람이 많았음)

토론방법

1. 찬성과 반대로 팀을 나누고 각 팀의 사회자, 발표자를 정한다.

- 사회자와 발표자도 논의에 참여하지만 각자의 역할을 잊지 않도록 주의한다. 사회자는 논의가 논점을 벗어나지 않도록 유의하며 모든 팀원들이 자신의 의견을 발표할 수 있는 기회를 가질 수 있도록 진행한다. 발표자는 논의에서 나온 근거들을 간략하게 기록하며 취합, 발표할 수 있도록 준비한다.

2. 각 팀별로 자유 토의를 통해 자신이 속한 입장을 옹호할 근거를 정리한다.

- 찬성과 반대 각각의 타당한 근거를 풍부하고 꼼꼼하게 찾아보고 논리적으로 정리한다. 이때, 자신이 속한 입장의 근거를 정리하는 데 그치지 말고 상대방의 입장에서 제기할 수 있는 반론을 미리 생각해보고, 효과적인 재반론을 미리 준비해두어야 한다.

3. 찬성과 반대 각 입장의 발표자가 정리된 근거를 발표한다.

- 각각의 입장과 근거를 다 발표한 후 자유롭게 후속 질문을 이어가며 반론과 재반론을 통해 토론을 이어간다.

4. 다시 한번 찬성과 반대의 입장을 선택하게 하고 토론을 마무리한다.

- 토론을 마친 후, 처음 선택과 생각이 바뀐 사람이 있는지, 그렇다면 그 이유는 무엇인지 발표하도록 한다. 자신의 생각을 논리적으로 정리, 표현해보고 다른 사람의 의견을 듣고 참고하여 재조정하는 과정이므로 선택이 바뀌는 것은 아무런 문제가 되지 않는다는 점을 이야기해 준다.

※ 긍정측 주장 예시:

스마트폰을 규제하면 다른 활동을 할 시간이 생김 / 생활패턴 좋아짐 / 건강 좋아짐 / 스마트폰을 자제해야겠다 생각하지만 실천할 수 없는 학생들이 많음 / 신경을 많이 써주는 부모님이나 교사에게 보살핌(규제) 받는 아이와 그렇지 못한 아이의 차이를 줄이기 위해 국가에서 실시하는 것이 평등이다 등

※ 부정측 주장 예시:

스마트폰을 규제하는 것은 아이들의 자유(인권) 침해 / 사유재산 침해: 비싸게 돈 주고 스마트폰 샀는데 돈 아까움 / 다른 정말 급한 일이 있을 때 곤란 / 스스로 결정해야 할 일 / 청소년들도 생각이 있다 등

<예시>

☞ 프랑스 의회는 2018년도 9월 새학기부터 15살 이하 학생들이 학교에 스마트폰과 태블릿피시(PC)를 갖고 등교할 수 없도록 하는 법률을 통과시켰다.

<table>
<tr><td>논제</td><td colspan="3">청소년들에게 스마트폰 시간 할당제를 실시해야 한다.</td></tr>
<tr><td>용어 정의와 펼쳐놓기</td><td colspan="3">**스마트폰 시간 할당제 : 전국 모든 초/중학생에게 하루에 두 시간 이상 전화, 문자, SNS, 카톡, 게임 등 스마트폰의 모든 기능을 사용하지 못하게 하도록 정부에서 검토중인 제도. (가상의 개념임)</td></tr>
<tr><td>쟁점</td><td colspan="2">긍정 측</td><td>부정 측</td></tr>
<tr><td rowspan="2">쟁점1</td><td>주장</td><td>스마트폰을 규제하면 다른 활동을 할 시간이 생김</td><td>스마트폰을 규제하는 것은 아이들의 자유(인권) 침해</td></tr>
<tr><td>근거</td><td></td><td></td></tr>
<tr><td rowspan="2">쟁점2</td><td>주장</td><td>스마트폰을 규제하면 생활패턴 좋아짐</td><td>사유재산 침해: 비싸게 돈 주고 스마트폰 샀는데 돈 아까움</td></tr>
<tr><td>근거</td><td></td><td></td></tr>
<tr><td rowspan="2">쟁점3</td><td>주장</td><td>스마트폰을 자제해야겠다 생각하지만 실천할 수 없는 학생들이 많음</td><td>청소년들도 생각이 있다</td></tr>
<tr><td>근거</td><td></td><td></td></tr>
</table>

※ 양쪽 모두 의견이 팽팽하다. 사회 제도와 정책에는 이렇게 올바른 통제라고 느껴지는 부분과 개인의 판단력을 무시하는 억압이라고 느껴지는 부분 모두가 분명 존재한다. 작품 속에서도 '초콜릿을 못 먹게 하는 것' 자체가 잘못되었다기보다는 정책을 실행하기 위한 합의 과정이 부족하지 않았나 하는 점을 지적한 후 마무리 활동으로 넘어간다.

마무리

1. 여러분이 책을 통해 초콜릿 대소동을 간접적으로 겪으면서 깨달은 바가 있다면 무엇일까요? 자신이 생각하는 명대사를 뽑아봅시다. 그리고 그 명대사를 활용하여, 이 글을 읽은 소감을 간단한 글로 정리해 봅시다. (600자)

2. 민주주의의 꽃은 선거입니다. 하지만 선거가 민주주의의 전부는 아니에요. 선거는 몇 년에 한 번씩 치러지는데다, 청소년들은 아직 투표권이 없지요. 우리 생활에 큰 영향을 미치는 일들을 결정하거나 어떤 일이 잘못되었다고 느낄 때 우리가 그에 대해 의견을 표명하는 방법은 없을지, 좋은 아이디어를 제안해 봅시다.

3. [추후 심화 활동] 청소년 투표권에 관해 찬반토론을 해 봅시다. 다른 나라 사례도 조사해 봅시다.

수업을 마치며

플라톤은 '정치를 외면한 가장 큰 대가는 가장 저질스런 인간들에게 지배당한다는 것'이라고 말한 바 있다. 정치는 우리 일상생활을 결정하고, 우리가 낸 세금이 공동체를 위해 가장 필요한 곳에 쓰이게 하는 아주 중요한 활동이다. 정치란 일부가 하는 것이 아니라 민주주의 사회 속 구성원 모두가 참여하는 것임을 학생들이 이해했으면 좋겠다. 정치가 이랬으면 좋겠다고 바라는 긍정적인 단어를 포스트잇에 모아 보고, 그것을 이어 짧은 글을 지어 공유하면서 수업을 마무리했다.

전광용, 「꺼삐딴 리」

꺼삐딴 리처럼 살면 안 될까

대상_ 중학교 2~3학년
함께읽은책_ 전광용 「꺼삐딴 리」 (다양한 출판사에서 출간)
학습목표_
1. 평소 내 생각에 모순이 없는지 돌아보고 토론할 수 있다.
2. '변화에 잘 적응하는 것'과 '기회주의'를 구분하는 기준에 관해 생각할 수 있다.
집필_ 이가윤

『꺼삐딴 리』는 일제강점기부터 한국전쟁 전후에 이르기까지 철저한 이기주의와 기회주의로 성공가도를 달리는 이인국 박사의 삶을 그려낸 단편으로, 중고등학교 필독서로 널리 읽히고 있다. 그런데 이 소설을 읽다 보면 두 가지 모습이 관찰된다. 대부분의 학생들은 참고서 해설처럼 이인국 박사가 '친일파, 기회주의자'라고 가볍게 단정하고, 모처럼 해석도 쉽고 길이도 짧은 소설 하나를 읽어치웠다고 뿌듯해하는데 반해, 조금 생각이 깊은 학생들은 이인국 박사의 모습에서 묘한 당혹감을 느끼게 되는 것이다.

따지고 보면 이인국 박사는 악랄한 친일파, 이기주의자라고 단정 짓기엔 뭔가 석연찮다. 딱히 법을 어긴 적도 없다. 단지 당시 대세였던 일본어 쓰기 운동에 참여한 정도, 치료해주면 뭔가 큰 후환이 따를 것 같은 좌익 청년을 '병실이 없다'는 이유로 돌려보낸 정도뿐이다. 어떻게 보면 이인국 박사야말로, 자신의 최대 무기인 '의술'로 격랑의 시대를 돌파해 낸 입지전적 인물로 존경받아야 하는 것이 아닌가? 누구도 따라올 수 없는 전문기술 한 가지와 시대에 걸맞은 외국어 구사능력, 넘치는 의욕과 위기대처 능력. 그야말로 현대의 젊은이들이 꿈꾸는 멘토로 오늘날 이인국 박사는 다시 태어나야 하는 것은 아닌가?

처음 중3 학생들과 이 작품을 읽은 것은 '현대사와 현대문학'을 테마로 수업을 진행하던 중이었다. 다룰 작품들이 많고 이 작품은 별로 어렵지 않다고 생각해 대강의 줄거리만 공유하고 넘어갔는데, 나중에 받은 몇 개의 독후감들 속에서 흥미를 끄는 부분들이 발견되었다. 처음엔 당연하게도 이인국 박사를 비판하다가, 좀더 생각해보니 그래도 대단한 사람이라고 두둔하다가, '에라 모르겠다' 하고 글을 끝내놓고 찜찜해하는 모습들이라니! 생각의 발전은 바로 그 '찜찜함'에서부터 시작되는 것이라 생각한다. 찜찜하게 생각한 바로 그 지점에서 조금만 더 나아가 보자고, 다음 수업을 급하게 기획했다. 오늘날 우리가 『꺼삐딴 리』를 읽는다는 것은 대체 어떤 의미가 있는 것일까?

생각열기

아이들에게서 해답을 이끌어내는 것이 중요한 수업이므로, 그룹 토의와 토론 방식을 택했다. 대표적 자기계발서인 『누가 내 치즈를 옮겼을까』, 그리고 『꺼삐딴 리』를 비교해 보기로 했다. 비슷비슷한 내용을 담고 있는 자기계발서 중에서 가장 명확하게 주제를 전달하는 책으로 『누가 내 치즈를 옮겼을까』 이상의 텍스트를 찾기 어려웠다. 나온 지 10년도 더 된 책이지만 널리 유행했던 책이기에 대부분 책 내용을 알고 있었고, 어렸을 때 감명 깊게 읽었다는 아이들도 있었다. 책을 일부러 구해 읽지는 않았고, 줄거리 요약본을 읽어본 후 진행하였다.

◇ 다음 글을 읽어보자.

> 아주 먼 옛날 멀고 먼 곳에 두 마리의 생쥐와 두 명의 꼬마인간이 살고 있었다. 두 생쥐의 이름은 스니프와 스커리였고, 두 꼬마인간은 헴과 허였다. 생쥐와 꼬마인간은 매일 아침 일어나면 치즈창고 C로 향했다. 꼬마인간 헴과 허는 평생 먹고도 남을 만큼 치즈가 많다는 생각에, 창고 근처로 집까지 옮기고 편안한 생활에 젖어들었다.
>
> 그런데 어느 날, 그들이 창고에 도착했을 때 창고엔 치즈가 하나도 없었다! 생쥐들은 본능적으로 언젠가 결국 이런 일이 일어날 것이란 것을 알고 있었다. 사태를 지나치게 분석하지 않고 그들은 미로를 향해 눈을 돌렸고, 신속하게 새 치즈를 찾아나선다.

한편 꼬마인간 헴과 허는 뒤늦게 창고에 도착해 눈앞에 벌어진 현실에 경악한다.

"이게 웬일이야. 치즈가 사라졌어."

"치즈가 없다고 치즈가!"

"누가 내 치즈를 옮겼을까?"

"어떻게 내게 이런 일이 일어날 수가 있지!"

이렇게 한동안 갈팡질팡 하는 동안, 스니프와 스커리는 수많은 시행착오 끝에 N 창고에 도착해 새 치즈를 발견한다.

꼬마인간 헴은 '누가 내 치즈를 옮겼을까?' 하는 어리석은 질문에 빠져 있지만, 허는 이제 스니프와 스커리처럼 새로운 치즈를 찾아 떠나고자 한다. '왜 좀더 일찍 자리를 박차고 나서지 못했는가?' 하는 후회를 마음속에 품고서.

허는 길을 떠나며 뒤를 돌아보았다. 그곳에 있을 때 느꼈던 평온함이 떠올랐다. 한동안 굶주림에 떨던 시간도 있었지만, 그 친근한 곳이 여전히 자신의 발목을 죄고 있는 듯한 느낌이 들었다. 허는 마지막으로 자신이 정말 미로 속으로 가고 싶은지 한 번 더 고민해 보았다. 그가 예전에 써놓았던 글귀가 시야에 들어왔다.

"두려움을 없앤다면 성공의 길은 반드시 열린다."

–『누가 내 치즈를 옮겼을까』 줄거리를 짧게 압축, 요약.

☞ 전문도 그리 길지 않으므로 전문을 찾아 읽으면 좋겠다.

펼치기

◇ 토의 전에 개인적으로 푸는 문제

1) 이 이야기의 교훈을 1~2문장으로 써 보자.

- 변화에 빨리 적응해야 한다.
- 상황이 변하면 자신도 변화해야 한다.

2) 생쥐 스니프와 스커리, 그리고 변화된 꼬마인간 '허'가 보이는 행동의 특성을 요약해 보자.

- 잽싸게 변화에 적응한다.
- 불필요한 생각, 너무 많은 분석은 하지 않는다.
- 두려움을 떨치고 성공을 향해 돌진한다.

3) 이번에는, 〈꺼삐딴 리〉 이인국 박사의 행동 특성을 요약해보고, 구체적 근거를 들어보자.

- 변화에 적응한다. 일제강점기-소련 우위-한국전쟁-미국 우위 등 시대를 재빨리 읽고 필요한 외국어를 배우거나 자식을 공부시킨다.
- 위기대처능력이 뛰어나다. 만반의 준비를 해놓고, 기회가 왔을 때 절대 놓치지 않는다.

◇ 토의를 통해 정리할 문제

1) 생쥐들의 행동패턴, 그리고 이인국 박사의 행동패턴에서 공통점을 찾아보자.

- 변화에 적응하는 능력이 뛰어나다.
- 기회가 왔을 때 놓치지 않는다.
- 위기대처능력, 순발력이 좋다.

2) 차이점도 한번 찾아보자.

사실 차이점 찾기가 쉽지 않다. 여기서부터 앞으로의 토의가 그리 쉽지 않겠구나 예감한 채로, 3~4명이 모여 본격적인 토의를 시작한다.

3) 토론 입장 정하기

공통점과 차이점을 고려할 때, 생쥐들과 이인국 박사는 본질적으로 같다고 할 수 있는가? 아니면 다르다고 할 수 있을까? 토론을 통해 다음 입장을 하나를 택하고 완성시켜보자.

***입장 1을 선택한 모둠 토의**

입장 1 생쥐들과 이인국 박사는 본질적으로 다르다.	입장 2 생쥐들과 이인국 박사는 본질적으로 같다.

*『누가 내 치즈를 옮겼을까』의 생쥐들과 『꺼삐딴 리』의 이인국 박사는 같지 않다.
(이러이러한 특성이 마치 공통된 특성처럼 보이지만, 이러이러한 부분이 같지 않기 때문이라는 식으로 논의를 정리하고, 생쥐들의 행동에 의미를 부여하시오)

- **[토론 내용 정리]** 생쥐들과 이인국 박사는 본질적으로 같지 않다. 물론 둘은 상황에 재빠르게 대처하는 능력이 누구보다 뛰어나다는 점에서 공통된 특성이 많다. 하지만 생쥐들은 남에게 피해를 끼친 적이 없는 반면, 이인국 박사는 다친 사람에 대한 치료를 거부하고 나라의 보물인 고려청자를 외국인에게 뇌물로 준다. 이런 점에서 볼 때 이인국 박사는 이기주의자, 기회주의자이지만 생쥐들은 변화에 유연하게 대처할 줄 아는 인물로 해석할 수 있다.

***입장 2를 선택한 모둠 토의**

*『누가 내 치즈를 옮겼을까』의 생쥐들과 『꺼삐딴 리』의 이인국 박사는 결국 같은 부류다.
(이러이러한 차이점이 있지만, 이러이러한 부분은 '본질적으로' 같다는 식으로 논의를 정리하시오. 그리고 이런 행동체계의 문제점에 대해 정리하시오)

- **[토론 내용 정리]** 생쥐들과 이인국 박사는 결국 같은 부류다. 이인국 박사가 친일파라고는 하지만 따지고 보면 크게 법을 어긴 적도 없다. 『누가 내 치즈를 옮겼을까』는 우화 형식으로 쓰여졌는데, 여기 나오는 생쥐를 현실에 대입한다면 바로 이인국 박사의 모습이 될 것이다. 둘다 재빠른 상황 판단, 완벽한 대처로 성공을 손에 넣는다.

심 화

1. 다음 현상을 논리적으로 설명해보자.

『꺼삐딴 리』 이인국 박사는 매우 능력있는 인물이다. 변화에도 대처가 빠르고, 정보와 지식과 부와 명예 모두를 자신의 능력으로 쟁취했다. 『누가 내 치즈를 옮겼을까』에서 원하는 행동의 특성을 모두 갖고 있는 것이 이인국 박사다. 그런데, 『누가 내 치즈를 옮겼을까』와 같은 책은 21세기를 여는 초대형 베스트셀러가 된 반면, 대부분의 사람들은 이인국 박사 같은 사람이 되고 싶다고 말하진 않는다. 이 현상에 대해 '어떻게' 설명할 수 있을까?

⇒ 결국 앞에서 나눈 이야기는, 이 문제를 해결하기 위한 과정이었다고 할 수 있다. 이 문제를 두고 아이들은 많은 고민과 대화를 나누었고, 많이 혼란스러워했다. 주어진 시간에 의견을 모아야 했지만, 명쾌한 결론을 내리긴 힘들었다. 다음은 학생들이 부여한 설명이다.

1) 나는 처음부터 이인국 박사와 생쥐들이 다르다고 생각했기 때문에 이 문제에 관한 답이 별로 어렵지 않았다. 이인국 박사와 생쥐들의 결정적 차이는 남에게 피해를 주느냐 그렇지 않느냐이다. 이인국 박사는 당시에 우리 민족의 이익에 반하는 행동들을 부끄럼 없이 일삼았다. 생쥐들은 남에게 피해를 주지 않았다.

2) 나는 이인국 박사와 생쥐들이 같다고 생각하는 입장이다. 그러고 보니 모순이 있다. 왜 이인국 박사만 나쁜놈이라 욕 먹고 생쥐들은 변화에 잘 적응한 사람이라 칭찬받는 걸까? 시대가 다르기 때문일까?

이인국 박사와 『누가 내 치즈를 옮겼을까』 속의 주인공들 사이에 차이점을 발견하려고 전전긍긍하던 중 한 학생이 이렇게 신랄한 말을 하기도 했다.

"이인국은 욕하면서 『누가 내 치즈를 옮겼을까』의 주인공들을 찬양하는 것은 이치에 닿지 않아. 단지 『꺼삐딴 리』가 좀더 노골적이기 때문에, 그리고 일제강점기라는 극단적 상황을 배경으로 하기 때문에 대놓고 말하지 못할 뿐이지. 오늘날 사람들이 존경하는 사람들은 결국 이인국 박사와 같은 사람들 아니야? 빌 게이츠와 워렌 버핏 같은 사람들을 존경한다고 하는 사람들의 말을 잘 들어봐. 기부를 많이 했다고 하지만, 솔직히 말하면 그들이 돈을 많이 벌어서, 시류를 잘 타서, 똑똑해서 존경한다는 것 아니야?"

마무리

1. 심화 단계에서 토의한 문제에 관해서 정리하여 글을 써 보자.

성공을 강요하는 우리 사회

_ 최희준 (중학교 3학년)

우리는 성공하고 싶어한다. 사람들마다 다르지만 성공한 사람이라고 하면 명예, 부를 얻은 사람이라고 대부분 생각한다. 그리고 우리는 성공하기 위해 열심히 공부하고, 열심히 자기계발을 하며, 열심히 일한다.

『꺼삐딴 리』의 주인공 이인국 박사는 그 시대에 성공한 사람이다. 이인국 박사는 큰 병원을 운영하고, 아들은 소련으로 딸은 미국으로 유학을 보낸다. 변하는 상황을 그때 그때 잘 파악하여 빠르게 적응한다. 일제강점기에는 일본인에게 잘 보이고 소련 군정 때는 감옥으로 잡혀 갔지만 소련 장교 한 사람을 치료하여 감옥에서 풀려 나온다. 만약 그가 우리 사회에 살고 있다면 아마 재벌 혹은 아주 잘 사는 사람일 것이다. 우리는 의사로서 성공하고 자식들을 유학 보낸 그를 부러워할 것이다.

하지만 나는 그의 성공이 미심쩍다. 그는 자신의 이익을 위해 의사 선서를 거부했기 때문이다. 이인국 박사는 독립운동을 하다가 다친 사람의 치료를 거부한다. 이인국 박사의 병원은 대부분 일본인들이 많이 다녔기 때문에 혹시라도 자신에게 불똥이 튈 수도 있어 치료를 거부했다. 나는 이 장면을 읽으면서 화가 났고, 이런 사람이 성공을 해봤자 가짜 성공이라고 생각했다.

하지만 우리 주변에는 자신의 이익을 위해 하지 말아야 할 행동을 하는 사람들이 많다. 대표적인 커피 브랜드인 스타벅스도 그러하다. 스타벅스는 라틴 아메리카 등의 노동력이 싼 나라에 대규모의 커피 농장을 만든다. 그리고 커피농장에서 일하는 사람들의 노동력을 아주 값싸게 산다. 일한 만큼의 댓가를 주는 것이 상도인데, 스타벅스는 그러지 않는다. 그리고 값싸게 얻은 원두를 매장에서 비싸게 판다. 스타벅스 뿐만 아니라 국내의 여러 대기업들 역시 약자의 노동력을 착취하고 마땅히 지켜야 할 도리를 지키지 않는다.

내가 생각하는 성공이란 자신보다 약한 사람을 함부로 대하거나, 이용하는 것이 아니다. 정당한 방법으로 성공하는 것이 진짜 성공이라고 생각한다. 하지만 요즘에는 성공을 위해 수단 방법을 가리지 않는다. 일단 그렇게라도 성공한 후에 훌륭한 일을 하면 된다는 이상한 논리를 펴는 사람들도 있다. 나는 과연 그런 성공이 진짜 성공인 것인지 의문이 간다. 그리고 수단 방법을 가리지 않고 성공하라고 부추기는 우리 사회가 잔인하다는 생각이 든다.

수많은 변화 속에서 우리에게 필요한 것

_ 김도영 (중학교 3학년)

적자생존, 환경에 따라 변화하는 생물이 살아남는다는 뜻이다. 변화는 우리의 생존과도 직결된 문제이다. 이인국 박사도 상황에 따라 이쪽, 저쪽을 옮겨 다니며 변화에 잘 대처한 사람이라 할 수 있다.

변화는 개인의 이익을 위한 것이지만, 더 나아가 사회적 측면에서 보아야 할 때가 있다.

『꺼삐딴 리』에서 이인국 박사의 변화로 인한 타인의 피해가 직접적으로 나타나지는 않았지만, 독립을 위해 싸우던 사람의 입장에서 보면 그의 행동은 옳지 않다. 민족의 운명과 공동체의 안위에 대해서는 아무런 관심이 없고, 오직 부와 명예를 위해 어떤 행동도 주저하지 않는 이기주의자이며 기회주의자이다.

당시 독립운동가들은 일제강점기 당시 '변화에 적응하지 않은 사람'이라 할 수 있다. 강자 편에 붙으면 부귀를 누릴 수 있다는 것을 알면서도 변화에 목숨 바쳐 반대하였다. 하지만 우리들은 그들을 변화에 뒤쳐진 사람이라 여기지 않는다. 오히려 그 당시 변화에 적응한 사람들은 비난받고 있고 반대한 사람들은 투사로서 추앙받고 있다.

오늘날 우리는 수많은 변화 속에 존재하고 있다. 어떤 변화가 옳고 어떤 변화는 옳지 않은지 그 기준도 주관적이다. 개인은 각 변화에 대해 판단하고 행동의 최소 기준을 세우고, 그 기준을 계속 검토해야 한다고 생각한다. 모든 변화에 적응하는 것이 아니라, 각 상황을 판단하며 자신이 옳지 않다고 생각하는 변화를 거부할 줄 아는 것이야말로 융통성 있는 행동이라 생각한다. 이것이 오늘날 우리가 『꺼삐딴 리』를 읽는 의미가 아닐까 하는 생각이 들었다.

수업을 마치며

토의를 통해 학생들은 다음과 같은 '평범한' 결론을 내렸다.

"이인국 박사는 자신의 이익만 생각하느라 남을 생각하지 않는 이기주의자다. 오늘날 우리들은 변화에 대처해야 할 필요성은 있지만, 그렇다고 이인국 박사와 같은 기회주의자가 되고 싶진 않다. 지킬 것은 지켜가면서 적응해야 한다."

결국 이 시간에서 우리는 해답을 얻은 것이 아니라, 또 다른 질문을 얻은 것이다. 어렵게 얻은 '절충안' 속에 있는 또 하나의 질문. '지킬 것'이라는 것은 과연 무엇인가? 질문은 점점 더 꼬리를 문다. 현행법만 어기지 않는다면 마음대로 해도 될까? 남에게 피해를 끼치지 않으면 된다고 했는데, 모두 연관되어 살아가는 사회 속에서 피해를 끼치지 않는다는 것은 대체 어디까지일까? 중요한 것은 우리가 우리 안에 있는 모순을 깨닫고 바라보고, 그 모순을 어떻게든 설명해내거나 생각을 바꾸려고 하기 시작했다는 것이다. 자신의 생각과 행동에 일관성을 가지려고 한다는 것이다.

카프카, 「다리」

내 맘대로 해석하면 안 될까

대상_ 중학생~고등학생
함께읽은책_ 프란츠 카프카 「다리」
『변신·시골의사』 (민음사 / 1998) 수록
학습목표_
1. 짧고 상징성 강한 이야기를 여러 방향으로 해석할 수 있다.
2. 자신만의 해석을 남과 공유하고 의사소통을 통해 수정, 정교화 할 수 있다.
집필_ 강정숙

깊은 산 속에 다리가 있다. 다리는 자신이 건네 줄 사람을 기다린다. 너무 오랫동안 혼자 있어 자신이 원래 무엇이었는지도 잊어버릴 지경이었지만, 다리는 소망을 잃지 않고 기다렸다. 드디어 사람이 왔다. 다리는 기뻤다. 그런 다리에게 상상도 못한 일이 생긴다. 다리는 무너진다. 프란츠 카프카의 짧은 이야기, 「다리」이다.

일단 당황스럽다. 무엇을 말하고자 하는지 생각할 틈도 없이 이야기가 끝나버렸다. '다리'는 어떤 존재고 그에게 다가온 사람은 누구일까? 다리를 둘러싼 세상은 과연 다리에게 무엇이었을까? 카프카가 쓴 이 짧은 이야기는 우화라고 하기엔 즉각적 교훈을 주지 않고, 수필이라고 하기엔 너무나 초현실적이다. 많은 이들이 이 이야기에 대한 다양한 해석을 내놓았지만 아직도 다르게 해석할 여지는 많다. 중학생들에게는 다소 난해할 수 있지만, 그 누구도 답을 갖고 있지 않기 때문에 자신 있게 자신의 방식대로 이야기를 해석하는 재미를 느낄 수 있다. 터무니없어 보이는 해석이라 해도 그렇게 생각하는 이유를 자신의 논리로 설명해내고 정교화 시킬 수 있다면, 그래서 생각하는 힘을 기를 수 있다면 이 수업의 가치는 충분할 것이다.

학생들은 이 수업에서 이야기의 상징성을 풀어내면서 창의적인 이야기를 만들어내야 한다. 이어서 다리가 상징하는 것과 자기가 쓴 이야기 간의 논리적 연관성을 설명해내야 한다. 친구들의 다채로운 해석을 접하고, 자신이 상상하지 못한 다른 이의 아이디어에 놀라며 타인의 세계를 재발견할 수 있다. 세상 사물의 비밀스런 연관과 상징들을 생각하게 되고, 색깔 없던 주변을 은밀한 상징과 이야기가 숨어있는 다채로운 세계로 새삼 느낄 수 있을 것이다.

교사는 학생들이 최대한 자유롭게 상상하고 말할 수 있도록 하되, 학생들의 해석이 다리 이야기 속 상징과 맞게 연결되어 논리적 설득력을 가질 수 있도록 유도해야 한다. 수업 준비가 특별히 필요하진 않지만, 수업하는 내내 학생들의 상상세계를 귀담아 듣고 이해하고 피드백 할 수 있는 열린 시간, 긴장된 시간이 되어야 한다.

생각열기

1. [그림 스토리텔링] 다음 그림은 무엇인가를 상징한다. 그림이 상징하는 바를 생각해보고 그 생각을 확장해보자.

- 하나의 그림은 현실 속의 무엇을 상징한다. 두 개의 그림을 연결하면 그림의 관계 자체가 어떤 상황을 상징할 수 있다. 셋 이상의 그림을 연결하면 좀 더 복잡한 경우의 수가 나오고 복잡한 연결성을 띤다. 이를 통해 복잡한 현실 속에 존재하는 다양한 상황변수들의 연관성을 배울 수 있게 된다.

a. [다이아몬드]

b. [다이아몬드와 악마]

c. [다이아몬드와 연인]

d. [다이아몬드와 자연과 악마]

본 수업에 들어가기 전 해볼 수 있는 간단한 연습이다. '다이아몬드'는 평소 우리가 즐겨 쓰는 상징이다. 그런데 다른 상징과의 연관관계에 따라 상징하는 바는 조금씩 달라진다.

먼저 다이아몬드가 상징하는 바를 이야기해 본다. 그 다음 다이아몬드와 악마, 다이아몬드와 연인, 다이아몬드와 자연과 악마가 연결된 그림을 보여주고 그 관계가 상징하는 바를 찾아낸다. 또한 이를 적용시켜 간단한 이야기를 만들어본다. 다음은 학생들이 한 이야기를 대화체로 정리한 것이다.

a. [다이아몬드] 이야기
- 다이아몬드는 보통 재산, 사치스러움, 부자를 상징하잖아.
- 정말 귀한 것, 소중한 것을 의미할 수도 있어.

b. [다이아몬드와 악마] 이야기
- 악마는 우리 마음 속 악한 생각, 혹은 사람들 사이의 싸움을 의미해.
- 세상에서 사람을 고통스럽게 만드는 세력을 의미할 수 있어.
- 그럼 다이아몬드와 악마 그림은 귀한 것을 나쁜 세력이 빼앗아간다는 것, 예를 들어 우정을 친구들끼리 싸우다 잃어버리는 것이라고 해도 되지.
- 재산을 빼앗으려는 사기꾼들이 아부하면서 재산 밑에 몰려드는 모습 같기도 해. 드라마에서 보면 재벌이 죽으면 옆에 부하직원들이 아부하는 척 하면서 재산을 빼돌리잖아.

c. [다이아몬드와 연인] 이야기

- 연인과 다이아몬드라고 하면 이때 다이아몬드는 약속·사랑 같은 연인 사이의 가치 있는 마음을 의미할 수 있어. '다이아몬드처럼 변함없는 사랑을 약속하는 연인'을 상징할 수 있을 것 같아.

d. [다이아몬드와 자연과 악마] 이야기

- 자연은 다이아몬드처럼 소중한 에너지와 환경을 인간에게 주는데, 중간에 인간의 악한 마음이 소중한 자연 에너지를 낭비하게 하고 자연을 파괴하는 거야. 예를 들어 자연은 시원한 바람을 주는데 사람은 필요 이상으로 에어컨을 쓰면서 에너지를 낭비하고 이기적인 행동을 해서 자연을 슬프게 하지.

이 활동을 하면서 자연스럽게 '상징'에 관해 생각해 볼 수 있다. 상징이란 우리가 현실에서 접하는 다양한 상황이나 사물, 개념을 기호나 구체적 사물로 바꾸어 표시하는 것을 말한다. 이때 그 기호와 사물은 자연적, 물리적 속성과 다른 새로운 의미를 갖게 된다.

예를 들어 장미는 아름다움을 상징하고 소나무는 변치 않음을 상징한다. 이는 장미를 보고 느끼는 아름다움에 대한 기쁨이 아름다운 사람·경치·예술을 보고 느끼는 감정과 비슷하기 때문이다. 소나무의 한결같은 초록빛은 신의·충절이라는 개념을 주로 상징한다. 우리가 변하는 세상 속에서 변함없는 것을 지향할 때, 사시사철 변함없이 푸른 소나무는 추상적인 개념의 상징물로 형상화될 수 있는 것이다. 이런 상징을 적극적으로 활용하여 문학작품이나 음악·미술 등 다양한 예술 갈래에서 예술가들은 현실에서의 고민과 가치를 상징하는 작품을 만들어 내는 것이다.

펼치기

1. '다리' 이야기를 함께 읽어보자.

- 이야기는 아주 짧다. 천천히 음미하며 읽어도 십 분이면 읽을 수 있다. '다리'와 '사람'의 입장을 염두에 두라고 요구하며 두 번 읽어도 좋다. 원문에는 단락 구분이 없지만 좀 더 분석을 쉽게 하기 위해 여기서는 세 덩어리로 나누었다.

프란츠 카프카, 「다리」

A

나는 뻣뻣하고 차가웠다. 나는 다리였다. 어느 심연 위에 나는 있었다. 이 편에는 두 발끝이, 저편에는 두 손이 뚫고 들어가 있어, 부스러 떨어지는 진흙을 나는 단단히 붙들고 늘어지고 있었다. 옷자락이 내 옆구리 쪽으로 날렸다. 아래 깊은 곳에서는 얼음 같은, 숭어들이 노니는 개울이 소리를 내고 있었다.

이런 다니기 어려운 높은 지대로 길을 잘못 들어 헤매는 관광객은 없었다, 이 다리는 지도에조차도 올려지지 않았던 것이다 -그렇게 나는 누워 기다렸다, 기다려야 했다. 무너지지 않은 바에야 한번 만들어진 다리가 다리이기를 중단할 수는 없지 않은가.

B

한 번은 저녁 무렵이었다 - 그게 첫번째 날 저녁이었는지, 천번째 날 저녁이었는지는 모르겠다 - 나의 생각이란 항시 뒤죽박죽이 되었고 항시 빙빙 돌았으니. 여름 저녁 무렵 한층 더 어둡게 개울이 좔좔 흐르고 있었다. 그때 어떤 사람의 발소리가 들렸다! 나에게로 오는, 나에게로 오는 발소리. 몸을 쭉 펴라, 다리여. 당당한 태세를 취하라. 난간 없는 들보여, 너에게 몸을 맡기는 이를 받쳐주라. 그의 걸음걸이의 불안정을 눈에 띄지 않게 메워주어라. 그래도 그가 흔들거리거든 신분을 밝히고 나서서 산신(山神)처럼 그를 건너편 땅에다 휙 집어던져 주어라.

그가 왔다. 그는 지팡이 끝에 박힌 쇠징으로 나를 두드렸다. 그러고는 그걸로 내 옷자락을 걷어올려 내 몸 위에 가지런히 해 주었다. (…) 그 다음에는 그러나 - 마침 나는 그를 따라 산골짜기 너머로 아득히 꿈에 잠겨 있었다, 그가 두 발로 내 몸 한가운데서 뛰어올랐다. 나는 뭐가뭔지 모르면서도 격한 고통에 몸서리를 쳤다.

C

그게 누구였을까? 어린아이였을까? 꿈이었을까? 노상강도였을까? 자살을 시도하는 이? 유혹자? 파괴자? 하여 나는 그를 보려고 몸을 틀었다. 다리가 몸을 틀다니! 미처 몸을 다 틀기도 전에 나는 벌써 추락하고 있었다, 추락하였다, 그리고 어느덧 산산이 찢기고 찔려 있었다. 빠른 물살 속에서도 항시 그렇게도 평화스럽게 나를 응시했던 삐죽삐죽 솟은 돌멩이들에.

카프카 「다리」 원문을 약간 줄이고 학생들이 읽기 쉽게 다듬었음.
A B C 표기는 원문에 없음. 토의의 편의를 위해 구분했음.

2. 이야기를 세 부분으로 나누어 세 컷의 그림 속에 주요 소재들을 그려 넣어보자. 그리고 말주머니를 넣어 각 등장인물의 생각과 마음을 글로 적어보자.

1단계: 다리가 산 속에 있다. 기다린다.
2단계: 다리는 사람을 만나고 고통을 겪는다.
3단계: 개울 위로 다리가 추락하고, 돌멩이들에 찔리고 찢긴다.

다리, 산 속, 사람, 지팡이, 돌멩이 등 등장하는 상징들의 성격, 역할을 파악하고 이들 간 관계의 특수성이 무엇인지 잘 생각해봐야 한다. 작가는 다리라는 화자의 1인칭 시점에서 이 상황을 그리고 있으나 우리는 수업 중에 다리, 사람, 모두의 입장이 되어 볼 필요가 있다. 마지막에 나오는 돌멩이를 눈여겨 보아도 좋다. 서로의 입장과 기대를 잘 표현하도록 한다. A, B, C 각 단계에 화자를 다르게 설정할 수도 있다.

<예시>

	그림	말하는 이	말주머니
A		사람의 말	난 사람들 속에서 왕따야. 난 사람들이 미워서 혼자서 산속에 왔어. 하지만 화가 나, 뭐든지 다 부숴버리고 싶어.
B		다리의 말	아, 사람이 오네. 드디어 내 일이 생겼어. 나는 사람이 편하게 경치를 즐기며 이 계곡을 건널 수 있도록 그를 도와줄 거야. 악! 왜 나를 때리지? 난 겸손하게 내 능력을 드러내지도 않고 그저 너를 돋보여 주려고 했는데. 도대체 누구지? 이렇게 나를 부수는 사람, 좀 보고 싶구나
C		개울과 돌멩이의 말	다리, 네가 그 자리에서 다리의 역할을 잘 하려 할 때 우리는 너를 예뻐했었어. 그런데 감히 네가 '다리'이기를 거부하고 생물처럼 움직이려 한다면 용납할 수 없어. 넌 네 역할이나 잘 해!

3. 이 짧은 이야기가 상징적으로 말하고자 하는 주제를 각자 해석해 이야기해 보자. 또한 듣는 이들은 그 해석에 문제를 제기하거나 보완하는 등 적극적인 피드백을 해 보자.

<함께 나눈 이야기>

1) 얼음 먹기 (중2)

나는 이 이야기를 읽고 가장 먼저, 사람 입 속에서 일어나는 일을 다르게 표현한 것 같다고 생각했어. 얼음이 다리야. 처음엔 물이었지만 너무 추워서 얼음으로 변해버렸지. 그런데 사람이 입 속에 넣더니 하얀 이빨들로 와드득 깨물어서 다 부서지고 녹아버렸어.

→ 와, 뭔가 신기하다. 이런 생각을 할 수도 있구나. 그런데 얼음이란 게 원래 먹는 거잖아? 얼음이 부서지고 녹아 물로 돌아간 것이 파괴된 거라고 볼 수 있을까?

→ 그건 사람 생각이고, 얼음 입장에서 생각해 봐. 얼음이 단단하게 자기 몸을 갖고 있기는 쉽지 않아. 추운 곳에서 웅크리고 있으면서 주변의 냉기를 빨아들이고 자기 몸을 축내지 않으려고 애쓰고 있었다고. 얼음으로서 무슨 멋진 경험을 할 것인가 기대하면서 냉장고 속에서 기다리고 있었을 거야. 이 대목은 다리가 오랫동안 자신이 할 일을 꿈꾸며 산 속에 있었던 것에 해당돼. 그런데 자기를 쏙 골라간 손가락이 동굴 같은 사람의 입 속에 넣었어. 그 입은 미끌미끌하고 따뜻해. 얼음한테는 치명적인 거지. 이게 바로 사람이 와서 다리를 부수는 거야. 그리고 돌멩이인 줄 알았던 하얀 조각들인 이빨들이 달려들어 자기를 막 우걱우걱 부수는 거야. 얼마나 놀랐겠어. 놀라다 얼음은 자기 몸을 하나도 지키지 못하고 이젠 얼음으로 존재할 수가 없어 물이 되어 사라지는 거지. 여기가 다리가 추락하고 친구인 줄 알았던 돌멩이들에게 몸을 찢기는 거와 비슷해.

→ 음, 얼음이 그런 생각을 할 수 있을까?

→ 그건 다리도 마찬가지지. 남들이 보기에 얼음은 변하는 게 당연하고 물이 순환하는 과정에서 한 부분일 뿐이라고 생각하겠지만, 그건 전체만 보는 거야. 누구나 그 순간에 자기가 소중해. 그 순간에 자기로 잘 머물고 싶은 게 모든 것의 마음이야. 얼음도 남들이 아무리 녹아버릴 것에 불과하다고 본다 해도 자신은 그 순간에 얼음으로 멋지게 살고 싶

어 하는 거야.

→ [교사] 그럼 '얼음' 또한 다른 무언가의 상징이라고 볼 수가 있겠구나. 자신에게 무슨 일이 닥칠지 모르지만 잔뜩 몸을 웅크리고 미래를 기다리는 존재?

→ [아이들] 예를 들면 세상 밖으로 나오기 전 아기? 본격적으로 세상에 나가기 전인 청년? 그럼 결론은 비극이네?

2) 알 낳기 힘든 연어 (중2)

다리는 연어야. 사람은 연어가 강을 거슬러 올라와야 알을 낳는다는 것을 알면서도 자신들만 편하려고 강에 수중보를 만들어 연어가 올라오지 못하게 만들었어. 결국 연어는 하류에서 알을 낳고 그 알들은 쉽게 다른 물고기들의 먹이가 되어 버려. 다리가 추락한 사건은 연어가 결국 목적지에 도착하지 못하고 하류에서 알을 낳을 수밖에 없었다는 것이고, 다른 물고기가 알을 먹으러 달려드는 것은 돌멩이들이 다리를 찌르는 것과 같아. 결국 연어 종이 멸종 위기를 맞게 되면 이것은 다리가 부서져 없어진 것과 같아.

→ 피해자와 가해자 설정은 맞는데, 소설 속에서 다리는 사람을 기다리잖아? 그리고 적극적으로 사람을 건네주려고 하잖아? [난간 없는 들보여, 너에게 몸을 맡기는 이를 받쳐주라. 그의 걸음걸이의 불안정을 눈에 띄지 않게 메워주어라, 그래도 그가 흔들거리거든 신분을 밝히고 나서서 산신처럼 그를 건너편 땅에다 휙 집어던져 주어라.]
이런 점에서 다리를 연어에 비유한다는 건 좀 이해가 안돼. 연어는 애초에 사람을 도와주겠다는 생각은 해보지도 않았어. 본능적으로 자기 종의 번식을 위해 알을 낳는 거잖아. 또 사람도 사람 편리하려고 강에 수중보를 설치한 것이지, 소설 속 사람처럼 작정하고 연어를 공격했다고는 볼 수 없는데….

→ 연어가 자신의 종을 잘 살리는 것 자체가 사람과 생태계에 도움을 주는 게 아닐까? 연어는 적당한 양의 연어 고기를 사람한테 줄 각오를 하고 알을 낳으러 강을 거슬러 오잖아. 그리고 연어가 알을 잘 낳고 번성하는 게 다른 동물에게 먹고 먹히는 관계 속에서도 종을 보존하고 생태계를 지키는 방법이지. 결국 거기서 먹이를 얻고 살고 하는 건 사람

이니까 그 도움이 눈에 잘 안 띄지만 연어는 사람을 도와준 거라 볼 수 있지. 연어는 자연 속 한 부분으로 눈에 안 띄게 사람을 도와준 것에 반해 사람들이 강에 둑을 만들고 강을 인공적으로 바꾸는 것은 연어를 죽이는 적극적인 폭력이야.

3) 자연파괴 (중2)

이 소설은 자연 파괴에 대한 메시지를 전하고 있어. 다리는 자연이야. 자연은 사람을 돌보고 사람이 문명을 개척할 수 있도록 모든 도움을 줬어. 다리는 언제나 사람에게 도움을 주고 싶어 했고 사람이 편안해하면 기뻤지. 사람들이 자신에게 고마워하리라 생각하면서도 겸손하게 티 안내고 여전히 사람을 사랑하려 했어.
사람은 처음에는 자연을 두려워하고 고마워하고 제사도 지내고 해. 그러다 문명의 힘이 커져 사람은 자신을 신처럼 여기게 되었지. 무기도 만들고 지구 밖으로 나갈 수 있는 우주선도 만들었어. 이제는 말없는 자연이 바보처럼 여겨져. 그래서 자연을 마음대로 파괴하고 자연 자원을 자기 것인 양 마음대로 갖다 쓰는 거야.

→ 다리가 자연이라면, 가만히 보고 있던 산, 물, 그를 찌른 돌멩이는 뭐지?

→ 다리가 자연이니까, 다리가 아닌 다리를 둘러싼 자연은 모두 인간이 창조해 놓은 도시문명이라고 보면 되지. 자연은 도시 속에서도 강이나 나무, 산으로 존재하고 인간이 사는 것을 보고 있는데 도시문명은 결국 자연을 계속 공격해. 나무가 숨쉬기 힘들게 만들고 산에 가서 나무를 막 꺾고, 산을 가로지르는 길을 내고 하는 게 글 속에서 다리를 공격하는 돌멩이와 같은 거야.

4) 최근 내가 겪은 일 (초6)

이 이야기가 뭘 말하는지 알 수 없지만, 최근 내가 겪은 일과 잘 맞아 떨어지는 것 같다. 나는 작은 수학학원에 만족하면서 잘 다니고 있었다. 그런데 친구가 수학학원을 찾는다고 하길래 내가 다니던 학원을 소개시켜 줬다.

그 다음부터 나의 평화가 깨졌다. 친구는 학원 선생님, 학원 친구들과 나 사이를 이간질 시켰다. 나는 친구가 컨닝하는 것을 보고 사실을 말했다. 그래서 친구와 나는 사이가 나빠졌다. 만약 그때 선생님이 친구 편을 들고 내 말을 믿지 않았다면 다리가 도와주려다 부서져 내린 것과 같은 경우였을 것이다. 내가 다리고 친구가 지팡이를 휘두른 사람이 되는 것이다.
다행히 나는 부서지지 않고 친구가 학원을 그만두었다. 만약 친구가 학원에서 선생님들의 인정을 받으면서 공부 잘하고 나는 나쁜 애로 찍혀서 학원을 그만두게 되었다면 이 이야기와 결말은 같은 것이다. 다리는 나, 사람은 친구, 학원은 산 속… 그렇게 연결되는 것이다. 도와주려다 오히려 당하는 경우, 물에 빠진 사람 구해 놓으니까 보따리 내놓으라고 도둑 취급하는 경우가 이런 경우 같다.

5) 내 속의 나 (고2)

나는 가족, 학교, 친구 들 속에서 원만하게 잘 지내고 칭찬받는 사람이다. 나도 내 성격이 좋다고 생각했다. 나는 남과 잘 화합하고 질서를 지키고 어른들이 옳다고 이끄는 방향으로 노력해서 좋은 성과를 내는 바람직한 아이였다.
그런데 중학교가 끝날 무렵, 내 속에서 낯선 내가 있다는 사실을 알았다. 이 아이는 놀고 싶어 하고 싸우고 싶어 하고 평화를 막 깨뜨리려 한다. 나는 본래의 나와 낯선 나가 내 속에서 잘 화합해서 원만한 내 이미지를 깨뜨리지 않도록 애쓴다. 지나가는 과정이려니 생각하고 마음이 불안하고 우울해져도 겉으로 티 안내고 공부에 방해가 되지 않도록 나를 잘 조절하려고 한다. 그런데 마음대로 안 된다.
내 속에 낯선 나는 돌출행동을 한다. 가족들이 놀라고 친구들이 나보고 변했다고 못돼졌다고 한다. 학교 성적이 떨어진다. 이건 내가 원하는 게 아닌데 나는 자꾸만 원하지 않는 모습으로 변한다. 결국 나는 또 다른 나와 화합하기를 포기하고 낯선 내가 멋대로 행동하는데 내 몸을 맡긴다. 나는 자주 아프고 놀고 일탈행동을 한다. 나는 날라리가 되는 것 같다. 나는 나를 포기한 것 같다. 나는 내 모습이 다리 같다. 이런 내 모습이 다리가 추락하고 부서지는 모습이다.

→ [친구들의 말] 다리는 이야기 속에서 부서져 다시는 원래의 모습이 되지 못하지만 네 속에 너는 너의 또 다른 성격이니까 갈등 후에 돌아오는 게 아닐까? 그러면 예전과 똑같

지는 않겠지만 더 멋진 모습의 네가 될 수도 있을 것 같은데, 그러니까 네 속의 너는 네가 성장하는 과정이지만 이 다리는 없어져 버리는 것이니 다르단 말이지.

→ [글 쓴 아이의 말] 어른들은 성숙을 위한 아픔이라고 하지만 그건 나중에 어른이 된 다음에 하는 얘기들이고, 막상 닥치면 앞으로 좋아지리라는 생각을 하기가 어렵지. 모범생이 되거나 가족의 사랑을 받지 못하면 난 가치 없는 존재가 되어버린 것처럼 생각되잖아. 방황하는 순간 심정은 다리가 추락하는 것과 같다고 생각해. 거기다 늘 자신을 이해해준다고 믿었던 가족이나 친구가 자기들이 원하는 모습의 내가 아니라고 해서 나를 미워하는 걸 볼 때 다리처럼 나도 절망하는 거야.

학생들은 다리 이야기를 해석하고 적용하는 과정에서 어른의 상상 한계를 가볍게 넘어버린다. 어쩌면 학생들의 마음을 카프카만이 알아주는 양, 다양한 자신과 세상의 이야기를 이 다리와 돌멩이의 상징을 통해 풀어내었다.

다리가 여성, 사람이 남성으로 성폭행당하는 여성을 상징하는 것 아니냐는 이야기도 나왔다. 교사 스스로도 남녀관계를 연상시키는 흔한 상징들이 등장해 그쪽으로 해석이 몰리진 않을까 다소 불편해하고 있었던 참이었다. 그런데 의외로 학생들은 이 이야기를 남녀관계로 보는 해석이 너무 뻔하다고 했다. 순수한 의도를 가진 사람과 이를 생각 없이 짓밟는 사람의 관계를 극적으로 보여주기 위해 작가가 일부러 남녀관계처럼 보이도록 함정을 파 놓았다는 것이다.

위 학생들의 해석 중 네 번째 '최근 내가 겪은 일'은 초등학교 6학년의 이야기로, 최근 자신이 수학학원에서 마음고생 했던 상황을 작품에 적용시키고 있다. 나이가 어릴수록 추상적인 개념을 표현하기보다는 자신이 겪은 구체적 사건을 떠올리는 경우가 많았다. 반면 다섯 번째 글 '내 속의 나' 이야기는 고등학생의 해석이다. 고등학생 정도면 자신을 성찰해 심리를 파악하거나 우리 사회의 구조적 문제를 표현하는데 '다리'의 틀을 적용시킬 수 있다. 나머지 이야기는 모두 중학생들의 해석인데 대부분 재미있는 사건, 혹은 학교에서 배운 일들에 '다리'를 적용시키고 있다. 다양하게 해석해보는 과정이 즐거웠다. '입 속의 얼음' 등 교사가 전혀 상상도 못한 다른 이미지나 상징으로 이야기를 확장시키는 경우도 많아 역동적인 수업이 되었다.

마무리

학생글

1. 다리가 상징하는 것을 현실 속 다양한 관계에 적용시켜 글을 써 보자.

황금알을 낳는 거위

_ 류동주 (중학교 2학년)

다리는 사람이 오자 반가워했지만 사람은 지팡이로 다리를 두드렸다. 그러자 다리는 그 속내를 드러내고 무너져버리고 만다. 나는 이 우화가 '황금알을 낳는 거위' 이야기와 같다고 생각했다. 사람이 계속 지팡이로 두드리자 다리가 무너진 것처럼, '황금알을 낳는 거위'에서도 두 부부가 욕심을 내며 거위의 배를 가르자 거위는 죽어버렸다. 다리가 참지 못하고 속내를 내보인 것처럼 거위도 그의 황금알을 사람들에게 더 이상 줄 수 없게 된다.

우리 사회에서도 이런 상황을 볼 수 있다. 자연은 우리에게 계속 무엇인가를 제공하고 싶어 하지만, 인간이 욕심을 부리고 자연을 파괴시키고 쓰레기를 버려 오염시킨다면 자연도 참지 못하고 그의 속내를 내보일 수밖에 없게 된다.

또 이를 인간관계에 적용할 수도 있다. 다리는 사람을 만나게 되어 기대하고 설레었겠지만, 사람의 행동을 보고 실망하고 원망스러웠을 것이다. 이처럼 누군가는 우리에게 잘 해주고 싶어 하지만 우리가 나쁘게 대한다면 화가 날 수밖에 없다. 그렇기 때문에 다른 누군가를 대할 때는 먼저 입장 바꿔서 생각도 해보고 나중에 어떤 결과가 있을지도 생각하면서 행동해야 한다. 그러면 그 사람도 좋고 나 또한 기분이 좋게 된다. 나는 이 우화에서 의미하는 것이 '서로 서로 잘해주어야 한다.'라고 생각한다. 그래야 상처도 안 받고 좋은 관계를 유지할 수 있다.

폐차

_ 오주원 (중학교 2학년)

다리는 오랫동안 사용하던 낡은 자동차다. 자동차는 자기 주인의 발이 되어 주인이 쾌적하게 여행할 수 있도록 충성스럽게 일했다. 자동차는 자신이 주인의 가족이 된 것처럼 주인이 자기를 돌봐주리라 믿었다.

그런데 어느 날 주인은 낡은 차를 낡았다고 미워하면서 새 차를 사온다. 자기는 둘 데도 없다고 하면서 낡은 자동차를 타고 나간다. 낡은 자동차는 자기가 어디로 가는 지도 모르면서 주인이 원하는 데로 열심히 달려간다. 가보니 거긴 폐차장. 주인은 가버리고 폐차장의 무서운 기계들은 자기를 뜯고 찍어 누른다. 자동차는 고철덩이로 죽는다. 여기서 주인은 사람, 자동차가 폐차장에 간 것은 다리가 떨어진 것과 같다. 같은 기계들인 줄 알았는데 폐차장 기계들은 자동차를 부숴버리고, 자동차는 부서진 다리처럼 어이없이 죽는다.

다리의 착각

_ 강동하 (중학교 3학년)

이 이야기는 모두 다리의 말 뿐이야. 다리는 너무 긴 시간을 혼자 있었어. 세상이 어떻게 돌아가는지도 몰랐고, 자신이 남에게 어떤 존재인지도 몰랐어. 처음에 자기가 만들어진 이유, '사람을 건너게 해주어야 한다'라는 최초의 목적만 가지고 있을 뿐이었어. 하지만 엄청나게 긴 시간이 흐르고 다리는 낡았어. 너무 좁고 볼품 없고 무엇보다 사람들이 건너기에는 위험한 구조물이 된 거야. 사람들은 낡은 다리를 없애고 튼튼하고 아름다운 다리를 새로 놓아서 이 산속을 관광지로 만들려고 했어. 그래서 다리 파괴하는 기술자가 온 거야. 기술자는 드릴을 가지고 다리에 구멍을 내고 다리를 무너지게 했지.

다리는 아직도 상황파악을 못했어. 이제 낡은 다리가 필요 없다는 것을. 산도 알고 물도, 돌멩이도 다 파악하고 있는 현실을 다리는 몰랐던 거야. 바보 같은 헌 다리….

수업을 마치며

아이들은 이런 수업을 아주 좋아한다. 생각을 마음대로 하는 재미, 친구들의 기발한 생각을 듣는 재미가 크기 때문이다. 상징에 관한 수업을 함으로써 아이들은 현실적 감각세계를 유형화하고 추상화하는 능력을 기르게 된다. 상징을 이해하는 사고를 하다가 역으로 현실을 상징화하게 되는 것이다. 주변에 존재하는 다양한 감각들이 말하는 소리를 섬세하게 듣고 관찰하는 능력을 기르게 되고 나와 다른 존재들 - 사람 뿐 아니라 자연, 사물, 시간 등 - 에게 공감하는 능력을 갖게 된다.

이 수업의 가장 큰 재미는 무엇보다 상상하는 즐거움이다. 일상 속에서 마음껏 생각하고 이야기하는 것이 허용된 몇 안 되는 시간이어서일까. 친구들의 해석을 판타지 소설보다 더 재미있게 귀 기울여 듣는다. 이 수업에서 최초의 해석보다 중요한 것은 적극적인 질문과 반론이 있는 피드백 시간이다. 아이들은 친구들이 자신의 해석에 대해 문제를 제기하면 이를 설명해내는데 어려움을 겪었다. 그러나 나름대로 자기 논리를 돌아보고, 독해한 바를 정교화하면서 설명해내려 노력했다. 자신만의 해석을 친구들이 인정해주었을 때 느끼는 뿌듯함은 무엇과도 바꿀 수 없는 기쁨일 것이다. 교사 역시 어른이 생각지 못한 독창적 해석을 내놓고, 자신의 생각을 적극적으로 펼치는 학생들의 성장을 보면서 자신의 한계를 넘어서게 된다.

안소영, 『갑신년의 세 친구』

갑신정변, 혁명인가 쿠데타인가

대상 _ 중학교 3학년
함께 읽는 책 _ 『갑신년의 세 친구』(안소영 / 창비 / 2011)
수업 방식 _ 1차시 – 배경과 책 내용 숙지 / 2차시 – 자유토론
학습목표 _ 1. 격동의 시기를 뜨겁게 살아낸 세 젊은이들의 삶 속으로 들어가보고, 역사의 주인공으로 살고자 한 열정과 패기를 접한다. 나는 얼마나 우리 시대와 공동의 문제들에 대해 고민하고 있는지 반추할 수 있다.
2. 갑신정변의 의의와 한계에 대해 이해할 수 있다.
집필 _ 이가윤

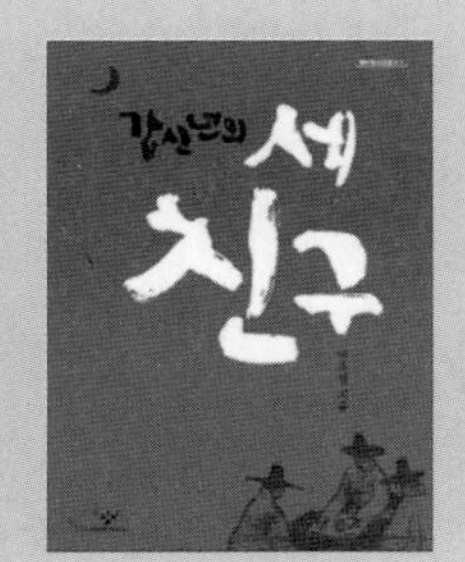

종로구 화동에 있는 정독도서관은 언제 찾아가도 마음이 편해지는 장소다. 봄철이면 벚꽃이 흩날리고 가을엔 낙엽이 가득 쌓이는 아기자기한 앞뜰이 이곳의 명소인데 조용하고 햇볕이 좋아서, 구직에 지친 청년들이나 돋보기 쓴 노신사, 신문 보러온 노숙자 아저씨들도 이곳에선 세상 시름을 잠시 내려놓게 된다. 이 고즈넉한 앞뜰에는 조그만 돌 표석이 서 있는데, 이곳이 옛 경기고 자리이면서 더 거슬러 올라가면 조선 후반 김옥균 저택이 있던 자리라 알려주고 있다. 양반 마을 북촌의 초입. 경복궁과 창덕궁·창경궁 사이에 위치하고 뒤로는 북악산, 앞으로는 한양 시내가 내다보이는 이 기막힌 명당 자리가 당시 양반 김옥균 가문의 권세를 실감케 한다. 가만히 있어도 부귀와 권세를 손에 넣을 수 있었던 실세 청년 김옥균이, 자기 자신과 가문 전체를 죽음의 위험 속으로 몰아넣을 만큼 절실하게 꿈꾸었던 새로운 세상은 과연 어떤 것이었을까?

그간 한국 현대사 수업을 오래 해 왔지만 조선 후기는 수업하기가 쉽지 않은 시기였다. 안타깝고 화가 나는 일들이 너무 많은데, 그에 비해 학생들은 복잡하다며 집중을 못하는 시기. 그러나 이 시대는 우리에게 있어 잘못된 역사를 반복하지 않기 위해 꼭 되짚어보아야 할 중요한 시기이다.

이 시대에 대한 해석도 분분하다. 고종은 정말 무능한 임금이었을까? 대원군은 꽉 막힌 쇄국정책을 고수하는, 시대에 뒤떨어진 지도자였을까? 명성황후 민비는 과연 조선의 국모다운 국모였을까? '민비'라고 불러야 할까 '명성황후'라고 불러야 할까? 갑신정변이 성공했다면 이후의 역사가 바뀌었을까?

뮤지컬 〈명성황후〉가 히트를 친 이래 갑자기 명성황후가 능력있는 여성 정치인이자 '조선의 국모'로 부각되는가 싶더니, 또 이를 진지하게 받아들이는 사람들도 있고, 급기야 갑오농민전쟁이 결국 외세 침략의 빌미가 되었으니 농민들은 어리석은 일을 한 것 아닌가 하는 해석까지 접하게 되면, 한번쯤 이 시기를 제대로 다뤄야겠다는 각오를 품지 않을 수 없게 된다. 『갑신년의 세 친구』는 복잡하고 머리아픈 19세기 후반 조선과 국제 정세에 대해 비교적 쉽고 재미있게 풀어내고 있는 책이다. 무엇보다도 당시 신세대 청년들의 고민과 열정을 접할 수 있어 아이들에게 의미있게 읽히리라 생각했다.

이 작품을 중학교 2~3학년들에게 읽혀 보았는데, 중학교 2학년들은 아무리 소설식으로 쓴 이야기라도 생소하고 어렵다고 했다. '쉽고 재미있다'는 건 아무래도 나만의 생각이었나 조금 반성하게 되었다. 갑신정변에 대해 배웠지만 김옥균의 이름 정도만 기억한다는 중학교 3학년 학생들에게도 이 책은 생각만큼 쉽게 읽히진 않았다. 따라서 토론을 하려면 일단 1차시에서 19세기 조선을 둘러싼 국제 정세와 책 줄거리를 충분히 공유하고 2차시에 들어가야 한다. 다음은 1차시에서 함께 이야기한 내용이다. 요약하다 보니 내용이 다소 딱딱해졌지만, 본 수업에서는 이야기 식으로 사례를 들며 재미있게 풀어가시기를 권한다. 중3때 배우는 내용이니 발표를 시켜도 좋겠다. 『미래를 여는 역사』 (한중일 3국 공동역사편찬위원회 / 한겨레출판)와 『큰별쌤 최태성의 한눈에 사로잡는 한국사 근현대편』 (최태성 / 들녘)을 참조하여 요약, 재작성했다.

[1차시]

생각열기

1. 토론을 위한 당시 정세 파악하기

1) 세계사

중세까지만 해도 유럽은 광활한 유라시아 대륙 끝에 있는 미미한 세력일 뿐이었다. 그러던 유럽은 16~18세기 지구를 호령하는 지배세력으로 위세를 떨치게 된다. 1492년 '신대륙의 발견' 이후로 16~17세기 절대왕정의 비호 아래 유럽 세력은 아프리카, 인도, 중국, 남북아메리카로 진출한다. 18세기 프랑스 혁명과 영국 중심의 산업혁명을 거치며, 새로운 정치체제와 사회질서도 탄생한다. 이어진 19세기에는 영국에서 시작된 산업 혁명이 여러 나라로 퍼지면서 자본주의가 발달하자 새로운 시장이 필요해졌다. 19세기 후반에 유럽 열강은 시장의 개척과 자원의 확보, 자본의 투자 대상을 찾아 아프리카, 아시아를 침략하여 식민지로 만들었다. 이로써 제국주의 시대가 전개되었다. 대표적인 제국주의 국가는 영국, 프랑스, 독일, 러시아, 미국(18세기 영국으로부터 독립) 등이었다. 영국은 인도를 식민지로 삼고 이어 동남아시아와 중국을 압박하였다. 프랑스는 동남아시아에 진출하였으며 러시아는 북쪽에서 압력을 가했다. 미국도 태평양 쪽으로 세력을 확대하였다.

이러한 서양 열강의 도전에 아시아 여러 나라는 각기 나라를 지키기 위한 민족 운동과 함께 개혁을 통해 힘을 키우려는 개화 운동을 추진하였다. 그러나 아시아의 대부분 나라들은 강력한 무력을 앞세운 서양 열강에게 무릎을 꿇고 식민지로 전락하였다. 일본만은 서양 열강과 타협하여 적극적인 근대화 정책을 추진한 후, 우리나라를 비롯한 아시아 여러 나라를 침략하였다.

2) 중국 – 아편 전쟁과 양무 운동

1644년부터 1911년까지 200여년 동안 중국은 최후의 봉건 왕조인 청의 통치 아래 있었다. 명·청 시대 중국 경제는 이미 상당히 큰 발전을 이루었다. 필요한 물품들은 기본적으로 중국 안에서 해결할 수 있었고, 외부에서 들어오는 상품에 별로 의존하지 않았다. 청의 통치자들은 오랫동안, 중국은 생산물이 풍부하여 없는 것이 없다고 여겼으며, 적극적으로 외국과 무역을 하려는 생각도 없었다. 1757년부터 서양과 무역을 광저우 한 곳에서만 하도록 엄격히 제한한 것도 이 때문이었다. 그러나 영국은 18세기에 인도의 아편 생산지를 점령한 후 중국으로 아편을 수출하여, 19세기 초 영국의 아편 수출지역은 중국 곳곳으로 확대되었다. 중국은 아편을 단속하고 폐기하였는데 영국 정부는 중국의 아편 단속에 대해 군사적 보복 수단을 채택하였고 전함을 보내 광둥 성 연해를 침략한다. 1842년, 아편 전쟁에 승리한 영국은 청을 위협하여 난징 조약을 체결하였다. 난징조약은 중국 근대사 최초의 불평등 조약으로, 중국은 홍콩을 빼앗기고 다섯 개의 항구를 개방하면서도 자주적으로 관세를 매기지 못하게 된다. 이후에도 영국과 독일, 프랑스, 러시아 등 열강은 제2차 아편 전쟁, 청·불 전쟁 등을 일으켜 많은 영토를 빼앗고 배상금을 받아내었다. 미국 역시 다른 나라와 동등하게 문호를 개방할 것을 요구했다. 열강에게 배상금을 지불하기 위한 농민들의 부담이 가중되면서 1851년, 태평천국의 농민 봉기가 일어나는데 이 세력은 14년 동안이나 그 세력을 유지하며 청 왕조에 대항한다.

청의 관리들은 뒤늦게 서양의 뛰어난 군사 기술과 위력을 절감하고 국력을 키우려 노력한다. 이에따라 청은 선진 기술을 받아들여 근대적 군수공장 설립, 철도 건설, 광산 개발, 신식 학교 설립 등을 추진한다. 이를 '양무 운동'이라 한다. 그러나 양무 운동은 중국이 서양에 패한 주요 원인이 정치적 부패에 있다는 것을 깨닫지 못하여 운동의 성과는 제한적일 수밖에 없었다.

3) 일본 – 개국과 메이지 유신

아편 전쟁에서 청이 영국에 패배했다는 정보는 일본 막부에 큰 충격을 주었다. 청 개항 10년 후 1853년, 미국 군함이 나타나 개국 요구를 한 이듬해, 막부는 200년 이상 지속된 쇄국을 포기하고 불평등 조약을 맺어 영국, 러시아, 프랑스, 네덜란드와 교류하기로 한다. 개국 이후 일본은 개화파와 양이파(외국을 쫓아내야 한다는 주장)의 대립이 지속되는 가운데 막부에 반대하는 무사들의 세력이 강해져 쇼군의 권력을 타도하고 1868년 신정부를 만든다. 이 정치, 사회의 대변동을 '메이지 유신'이라 한다. 일본은 천황을 중심으로 서양 열강들과 적극적으로 교류하는 방침을 취하여, 정부 주도로 강력한 서양 모방 정책을 추진해 나간다. 신분제 폐지와 교육 의무화, 공장과 철도, 우편, 전신, 새로운 화폐 제도와 은행 제도들이 생겨난다. 특권을 빼앗긴 무사들이 각지에서 반란을 일으키지만 정부에 의해 철저하게 진압되었다. 일본은 아시아가 서양보다 '뒤처졌다'고 생각하고 서양 문물을 빨리 배워가는데, 이는 '앞선' 일본이 아시아를 이끌고 나아가 지배해야 한다는 주장으로 이어진다.

4) 조선 - 문호 개방을 둘러싼 갈등

19세기 중반 조선 정부는 서양 열강과 통상을 거부한다. 1866년에는 병인양요(프랑스)가 일어나고 1871년에는 제너럴 셔먼호 사건(미국)이 일어난다. 무력을 앞세운 통상 요구 앞에 맞서 싸우며, 전국 곳곳에 척화비를 세워 통상 거부의 단호한 의지를 표현하였다.

1873년 조선에서는 정치적으로 큰 변화가 일어난다. 흥선 대원군이 물러나고 국왕 고종이 직접 통치를 하게 된 것이다. 일본은 이를 틈타 운요호 사건을 일으켜 강화도 조약을 맺는다. 그러나 사전 준비 없이 서둘러 조약을 맺는 바람에, 그 문제점과 위험성을 충분히 알지 못하였다. 조약은 일단 '조선국은 자주국'이라 하여 청으로부터의 간섭을 배제한 뒤, 일본 항해자가 조선 해안을 자유롭게 측량하고, 일본 사람이 조선 개항장에서 저지른 범죄 행위는 일본 관원만이 다스릴 수 있게 하는 등 철저하게 일본의 이익을 위한 조항으로 짜여졌다. 1880년대 들어 조선은 미국, 영국, 독일, 프랑스, 러시아 등과도 외교 관계를 맺지만 이 역시 강화도 조약과 마찬가지로 불평등한 것이었다.

1882년 임오군란을 계기로 청과 일본의 군대가 들어오고 내정간섭이 심해지며 개혁은 지지부진하자, 김옥균·박영효 등 조선의 개화파 관료들은 위기를 느낀다. 이들은 무력을 사용해서라도 정권을 장악하고 개혁을 추진하려고 했다. 그리고 1884년 일본 군대의 도움을 받아 정권을 잡는데 이것을 '갑신정변'이라 한다. 이는 3일만에 실패로 돌아간다.

이후 1894년 동학운동을 진압하기 위해 들어온 청·일 군대가 우리나라에서 전쟁을 벌인다. 여기서 일본이 승리하면서 중국은 조선에서 세력을 잃게 된다.

펼치기

청을 배제한 일본은 1895년 명성황후 시해사건(을미사변)을 일으키고, 국왕은 러시아 공사관으로 몸을 피한다. 마지막으로 1904년 러일전쟁에서 승리하면서, 일본은 조선 지배의 독주를 시작한다.

2. 『갑신년의 세 친구』 이야기

1장) 소나무 집 사랑방

1874년(갑신정변 10년 전, 고종의 친정 시작 1년째). 박규수 대감의 사랑방에 모인 젊은이들이 지구본을 보며 느낀 점들을 이야기한다. 역관 오경석이 북경과 일본 소식을 갖고 돌아와 박규수 대감과 약방의원 오대치에게 전한다.

- 지구본을 보며 젊은이들이 느낀 점은 무엇인가? (20~22쪽)
- 오경석이 전하는 중국과 일본 소식을 이야기해 보자. (27쪽, 33쪽)

2장) 청년 임금 청년 신하

1881년 봄(갑신정변 3년 전). 고종은 연일 일본과 서양과 교류해선 안된다는 유생들의 상소를 받는다. 아버지에 관해서 생각하던 고종은 청년 김옥균과 이야기를 나누며 뜻을 같이한다. 젊은이들은 일본으로 떠나는 대규모 시찰을 다녀오고, 고종은 시찰기를 꼼꼼히 읽어 통리기무아문을 개편한다. 또 김옥균에게 개인 수신사 일을 맡겨 일본의 교류 의향을 알아보게 한다.

- 고종이 생각하는 현 시대와 국정 운영 방향, 그리고 그의 고민은? (54~56쪽)

3장) 도쿄, 낯선 하늘 아래

1882년. 김옥균은 고종을 명을 받들어 일본에 가, 그리고 일본에서 신문물과 신학문 전파에 힘쓰고 있는 학자 후쿠자와 유키치, 유학생 유길준과 윤치호를 만나 대화를 나눈다. 일본의 책임있는 지원 약속을 받아내진 못했으나 앞선 문물과 새로운 이야기를 접하며 조선에게 필요한 것을 생각한다. 그러던 중 조선의 임오군란 소식을 듣는다.

- 김옥균이 일본에서 느낀 것은 무엇인가? (97쪽: 거리풍경, 젊은이들의 대화 등)

4장) 아버지와 아들

신식 군대 별기군 창설에 뒤로 밀린 구식 군대는, 급료를 받지 못하고 있다가 겨우 받은 곡식에 모래와 겨가 반이나 섞여 있자 분노하여 폭동을 일으킨다. 성난 군중은 선혜청 민겸호 영감의 집을 불태우고, 별기군 훈련장에서 도망가는 일본인 교관을 죽이고 일본 공사관도 불태운다. 군중은 대원군이 기거하는 운현궁에 가 도움을 청하고, 대원군의 비호를 받아 대궐 안까지 들어간다. 왕비는 죽지 않았는데도 국상이 선포되고, 고종은 다시 이름뿐인 왕이 되며 대원군이 다시 권력을 잡는다. 고종이 애착을 기울인 통리기무아문도 폐지되고, 그간 해온 모든 일이 수포로 돌아간다. 이를 보며 절망하던 홍영식은 귀국한 김옥균을 만나 앞으로의 일이 어떻게 흘러갈 것인지 생각을 듣는다. 일본과 청을 비롯한 서양 열강의 배들이 제물포로 속속 들어오고 있는 것이, 그날 비를 맞으며 떨쳐 일어난 백성들이 원했던 일은 아닐 것이다.

- 홍영식은 임오군란을 보며 어떤 생각을 하는가? (106쪽, 114쪽)
- 임오군란 이후, 일본과 청은 어떻게 대응하는가? (132쪽)

5장) 슬픈 자주국

1882년 12월(갑신정변 2년 전). 임오군란 이후 대원군이 청국에 끌려가고, 청국은 독일 출신 양인 묄렌도르프를 고문관으로 파견한다. 청은 서양을 흉내내어, 조청상민수륙무역장정으로 조선이 중국의 속국임을 분명히 한다. 조선의 바다와 육지 어디건 물자를 마음대로 사고팔 수 있는 권리를 청 상인들에게 보장한다는 내용이었다.

한편 금릉위 박영효는 군란으로 입은 피해를 위로하고 사죄하는 수신사로 석 달간 일본에 다녀온 후 사람들을 초대해 태양력 설 모임을 가지고, 배 안에서 급히 만든 태극기를 소개한다. 왕과 왕비는 견해차가 점점 커져가고, 박영효의 도로 정비 사업은 백성들의 원망을 듣는다. 왕비의 친정인 민씨 집안은 점점 세를 넓힌다. 조선의 재정은 심각한 지경에 이르러, 당오전이란 화폐를 새로 발행하기로 하는데 이를 두고 청·민씨세력과 김옥균이 심하게 다툰다.

- 일본 사람들이 박영효를 환대하며, 조선이 자주국이라는 이야기에 힘을 실어준 이유는 무엇일까? (146쪽)
- 임오년 이후 고종과 명성황후는 어떻게 달라졌는가? 각각 청과 일본에 관해 생각하는 바가 어떻게 다른가? (151~153쪽)

6장) 갑신년, 그해

1884년 6월. 김옥균은 왕의 위임장까지 지니고 일본에 갔다가 차관을 얻지 못하고 빈손으로 돌아온다. 그나마 세계일주를 하고 돌아올 동료 민영익에 기대해보지만, 민영익의 반응은 뜰떠름하다.

9월. 젊은 양반들은 김옥균의 거처에 모여 앞으로의 일을 논의한다. 한때 뜻을 같이 했던 민씨 세력은 청에 붙어 개혁을 거스르고 있었다. 청은 베트남에서 프랑스에게 밀리고 있었고, 일본은 청보다 앞선 국력을 인정받으려는 기회를 노리고 있었다. 때가 오지 않는다면, 나서서 때를 만들어야 한다는 김옥균의 말에, 젊은이들의 갈망은 불타오른다. 석달에 걸쳐 함께할 벗들을 모으고, 정변을 준비하여, 양반과 평민이 목숨을 함께하기로 약속한다. 홍영식은 비장한 얼굴로 죽음을 각오하는 시를 쓴다.

- 민영익은 보빙사로 미국을 미롯한 여러 나라를 돌며 어떤 생각을 하게 되었는가? (175~176쪽, 188쪽)
- 김옥균의 입장에서, 정변의 필요성을 이야기해 보자.

7장) 삼일 천하

① 12월 4일 저녁 : 우정국 맞은 편 골목에서 불길이 치솟으며 김옥균 일행은 우정국 개국 축하연에 참석하러 온 정부 고관들을 살해.
② 12월 4일 저녁 : 정변의 주역들은 급히 궁궐로 들어가서 고종을 설득. 그때 궁궐에서 김옥균 세력과 내통하고 있던 궁녀가 폭탄을 터뜨림. 위협을 느낀 고종은 개화파의 뜻대로 경우궁으로 거처를 옮김, 왕의 칙서를 받고 온 일본 병사

들이 경우궁 안팎을 지킴.
③ 12월 4일 밤 : 개화파는 경우궁으로 고종을 뵈러 온 정부 고관들인 민씨 세력을 제거함, 김옥균이 왕이 보는 앞에서 내관을 죽임.
④ 12월 5일 새벽 : 개화파 위주로 새 내각 구성.
⑤ 12월 5일 아침 : 왕비와 내통한 청나라군의 비밀 요청 속에 창덕궁으로 고종 귀환.
⑥ 12월 5일 오전 : 14개조의 개혁 요강 발표.
⑦ 12월 5일 오후 : 청군 1,500여 명이 돈화문과 선인문으로 쳐들어와 개화파 패배.
⑧ 12월 6일 : 일본으로 도망가는 일본 공사를 따라 김옥균, 박영효를 비롯한 정변의 주역들 일본으로 망명(국내에 남았던 홍영식은 살해됨).

- 정변을 대하는 왕비의 입장 / 정변을 대하는 왕의 입장 / 정변을 대하는 백성들의 입장 / 정변을 대하는 나의 입장 이야기하기
- 14개조의 개혁 요강을 함께 읽어보고, 그 의미에 대해 이야기해 보자.

8장) 그 뒤 이야기

***김옥균:** 10년후. 살아남은 아홉 명은 낯선 땅에서 굶주림과 궁핍의 고통을 겪는다. 조선에서 청의 세력은 더 커지고, 개혁을 말하는 사람은 더 이상 없었다. 일본은 잃은 것이 없었다. 김옥균은 조선에서나 일본에서나 골치아픈 존재가 되어, 여기저기를 떠돌아다닌다. 그 와중에도 중국의 리홍장을 만나 조선 일본 중국이 화합할 수 있는 길을 모색해보려 하지만, 상하이에 도착한 다음날, 조선에서 보낸 자객에 의해 죽는다. 일본은 그로부터 석달이 채 못 되어 동학 농민군 봉기가 한창인 조선으로 진출하였다. 그리고 조선 땅에서 청나라와 전쟁을 벌여 결국 승리를 거두었다.
***박영효:** 김옥균이 죽은 다섯달 뒤, 1894년 8월. 청일전쟁에서 일본이 승리한 후 조선에서 청 세력이 축출되자, 거저 얻은 승리를 통해 조선에 귀국한다. 이듬해 1895년 갑오개혁을 통해 개혁에 관한 포부를 개인적으로나마 펴볼 수 있게 된다. 그러나 1910년 조선은 일본에 강제로 병합되었고, 협력한 조선인들에게는 일본 귀족의 작위가 내려진다. 박영효는 일본의 조선 지배에 적극 협력하여 후작 지위와 풍요로운 생활을 얻었다.

생각열기

[2차시 : 토론]

1. 토론 준비와 개요서

책을 제대로 읽었다면 아이들은 갑신정변 실패에 대하여 안타까운 마음을 갖게 된다. 그러나 과연 뜨거운 열정으로 혁명에 뛰어들었던 그들에게 오류는 없었을까? 그 오류는 부분적인 오류일까 본질적인 오류일까? 토론 주제를 '갑신정변, 혁명인가 쿠데타인가'로 정했다. 그들의 개혁이 다수의 백성들을 위한 것인가 하는 점을 혁명과 쿠데타를 결정하는 기준으로 잡았다.

쟁점을 세 가지로 나누어 시기의 정당성, 방법의 정당성, 대다수 백성을 위한 개혁인가 아닌가로 정하고 토론 준비에 들어갔다. 요즘 중학생들은 예전에 비해 아주 빡빡한 생활을 하고 있어, 토론 준비 숙제를 따로 내주지 않고 최대한 수업 시간 내에서 진행하려 했다. 찬성(혁명) 팀, 반대(쿠데타) 팀으로 나누어 주장의 근거를 정리해보도록 하는데 30분 이상 시간을 주었고, 여러 번 토론을 진행하기 어려운 점을 감안해 교사가 각 팀의 논의상황을 계속 파악하고 어느 정도 내용을 끌어내 준 다음 본 토론을 진행했다. 내용상 쟁점 1은 긍정 측이, 쟁점 2와 3은 부정측이 입장을 먼저 정리하여 말하는 것이 자연스럽다. 아직 토론에 익숙하지 않은 학생들이 많아, 형식에 얽매이지 않는 자유 토론으로 진행했다.

논제	갑신정변, 혁명인가 쿠데타인가
용어 정의	혁명(revolution)은 주로 피지배 계층이 선거 등 합법적인 절차가 아닌 비합법, 또는 초법적으로 권력을 장악하는 것인데 반해 쿠데타는 지배 계급 내의 일부 세력이 무력 등 비합법적 수단으로 정권을 탈취하는 정치활동을 의미한다. 과정과 결과에 대한 일반 국민들의 호응이 따라야 정통성, 정당성을 확보하여 혁명으로 받아들여지는데, 쿠데타는 국민적인 호응이나 합의 없이 정권을 창출하는 것을 의미한다. 혹자는 성공하면 혁명, 실패하면 쿠데타라고 하는데, 역사적으로는 그렇게 단순하게 구분하지 않고, 정당성(명분), 그리고 국민적인 합의와 호응을 중요시한다.
쟁점	정당성(시기) – 꼭 그때여야만 했을까 정당성(방식) – 꼭 그런 방식이어야 했을까 국민적 합의 – 누구를 위한 개혁이었나

내용		긍정(혁명) 측	부정(쿠데타) 측
쟁점 1	주장	꼭 그때여야만 했다.	준비가 부족한 상태에서 무리한 강행이 오히려 돌이킬 수 없는 실패와 외세의 개입을 불렀다.
	근거	19세기 후반, 서양 열강으로부터 계속되는 압박과 급변하는 국제 정세, 그리고 점점 심해지는 청의 내정 간섭 속에서, 우리나라는 더이상 개혁을 늦출 수 없는 시기였다.	긍정측에서 말하는 개혁은 서양 사상과 문물을 받아들이는데 치중해 있다. 당시는 근대 문물의 무분별한 수입보다도, 부패한 내부 정치의 개혁이 더 필요한 때였다.
쟁점 2	주장	일본의 힘을 빌린 것은 어쩔 수 없었다.	어쩔 수 없는 것이 아니라 필연적인 실패로 이어질 수밖에 없는 본질적인 착오였다.
	근거	당시 일본은 메이지 유신으로 확실히 앞서나가는 국가였다. 그들을 마음 속으로부터 신뢰하는 것이 아니라, 그들도 자국의 이익을 선점하기 위해 조선의 근대화에 힘을 실어줄 거라는 계산이 있었다.	일본을 신뢰하는 것은 순진한 발상이다. 그들은 이전에도 임진왜란을 일으켜 궁까지 파괴하는 등 조선을 집어삼키려는 야욕을 보였으며, 바로 직전에도 자신들이 서양에 당한 것과 같은 불평등 조약을 조선에 강요했다.
쟁점 3	주장	민중을 위한 개혁이었다.	민중을 위한 개혁이라 할 수 없다.
	근거	개혁 주동자들은 남부러울 것 없는 양반들이었지만, 그래서 더더욱 자신들의 기득권에 연연하지 않고 민중의 편에 섰다. 이는 정변 후 발표한 조항들에서 신분제 철폐 등과 같은 혁신적인 조항을 볼 수 있다.	민중을 위한 개혁이라면 왜 백성들이 정변 주도자들의 편을 들지 않았는가? 갑신정변 파들이 주장하는 개혁은 머릿 속의 혁명, 표면적인 근대화에 지나지 않았다.

2. 토론 내용

사회: 우리는 저번 시간에 『갑신년의 세 친구』를 읽고 조선말 격동기를 살았던 인물들의 삶과 고민을 가까이 접해보았습니다. 오늘 이 자리는 이 사건의 의의뿐 아니라 한계에 대해서도 자유롭게 의견을 나누어보는 자리입니다. 먼저 당시 개혁파들이 품었던 이상이 무엇이었는지, 그것은 과연 우리나라와 조선 민중을 위한 것이었는지, 그 시기와 방법은 정당하고 적절했는지 평가해야 할 것입니다. 그로부터 현대를 살아가는 우리가 이 사건에 대해 어떤 의미를 부여하고, 무엇을 배워야 할지 자연스럽게 알게 되지 않을까 싶습니다. 지금부터 '갑신정변, 혁명인가 쿠데타인가'를 주제로 한 역사 토론을 시작하겠습니다.

1) 정당성 (시기) - 꼭 그때여야만 했을까

◇ **찬성 팀:** 갑신정변이 일어난 1884년 당시, 청으로부터의 독립과 개화는 더 이상 미룰 수 없는 과제였습니다. 그간 조선 사람들은 청나라가 세상의 중심이라 생각해 왔지만, 그 청나라조차 서양 열강들에게 침탈당하는 것이 현실이었습니다. 그런 중에 청나라는 조선에 군대를 보내어 대원군을 납치하듯 끌고 갔고 조선에 고문관을 파견하여 직접 통치하는 등 계속 조선을 자기 손 안에 넣어두려 했습니다. 개화파의 입지도 점점 작아지고 있던 중 마침 청이 조선에 주둔하고 있는 군대 일부를 철수시켰으니 이런 기회는 다시 오지 않을 거라 판단했습니다. 청이 아니라 우리 스스로도 세상의 중심이 될 수 있다는 생각을 갖고, 개화를 통해 앞선 문물과 제도를 배운다면 그만큼 부강해지고, 발전할 것입니다.

◇ **반대 팀:** 방금 찬성 팀은 앞선 문물과 제도를 배우는 것이 개화라는 식으로 말했습니다. 그런데 우리 팀은 찬성 팀이 말하는 것이 진정한 개혁의 방향이라 생각하지 않습니다. 앞선 문물과 제도를 받아들이기 전에 더 급한 것은, 나라 내부의 부정부패를 도려내는 일입니다. 대원군이 집권할 무렵, 우리나라는 썩을대로 썩어 있었다고 합니다. 여기저기서 굶주린 백성들의 소리가 하늘을 찔러, 민란도 많이 일어나고 있었습니다.

◇ **찬성 팀:** 우리가 말한 앞선 문물과 제도는 꼭 전기, 전화, 철도 같이 눈에 보이는 것만은 아닙니다. 자연스럽게 평등 사상도 들어옵니다. 신분의 구분이 철폐되고 모두가 글을 배우고 교육을 받게 됩니다.

◇ **반대 팀:** 그런데 갑신정변 이전에 개화파들이 이끈 정책을 보면 눈에 보이는 문물을 수입하는 데 치중한 것처럼 보입니다. 『갑신년의 세 친구』에는 개화파들이 도성 도로를 새로 정비하면서 백성들의 살림집을 철거해버렸다는 장면이 나옵니다. 집을 잃은 백성들에게 보상을 해 줄 생각도 없었다고 하구요.

◇ **찬성 팀:** 나라의 재정이 부족하다 보니 어쩔 수 없었습니다. 오히려 개화파가 썩은 세력을 몰아내고 정권을 잡아 부족한 재정을 확보하면 차차 해결될 문제라고 보았습니다.

◇ **반대 팀:** 우선 순위가 잘못된 것은 아닐까요? 당장 집을 잃은 백성들에게 번듯한 도로나 전차가 무슨 소용입니까? 다시 정리하면, 우리 팀은 일단 나라 안을 정비하고 외세에 맞설 수 있는 힘을 기르는 것이 우선이라고 생각합니다.

◇ **찬성 팀:** 외세에 맞설 수 있는 힘. 그것은 저희도 원하는 바입니다. 이 기회에 청으로부터 완전히 독립하여야만 나라 안을 정비할 수 있지 않을까, 저희는 그렇게 보았습니다. 그런 의미에서 14개조의 개혁 요강 중 첫 번째가 바로, 대원군을 청으로부터 다시 돌아오게 하는 것이었습니다. 저희가 대원군과 전혀 다른 정치 방향을 갖고 있음에도 불구하고 말입니다.

2) 정당성 (방법) – 꼭 그런 방법이어야만 했을까

◇ **반대 팀:** 좋습니다. 찬성 팀은 청으로부터 독립해야만 내부 개혁도 가능해진다고 주장하셨습니다. 그렇다면 왜 청으로부터의 독립은 그렇게 주장하면서, 일본에게 지나치게 의존한 형태로 갑신정변을 이끌었는지 의문입니다.

◇ **찬성 팀:** 지나치게 의존했다는 말은 너무 주관적인 것 아닐까요? 비밀리에 일을 진행하는데 충분한 군사력을 확보할 수 없어, 일본의 군사력을 빌린 것일 뿐입니다.

◇ **반대 팀:** 세상에 공짜란 없다는 말 모르시나요? 빌린 만큼 몇 배로 되돌려주어야 할 텐데요. 일본이 그 후에 우리에게 한 것을 보면… (여기서, 시점상 갑신정변 후에 일어난 일은 논의의 근거로 사용할 없다는 규정을 주지시켰다.)

좋습니다. 그 전에도 일본은 호시탐탐 우리나라를 노리고 있었습니다. 임진왜란, 정유재란을 일으켜 수많은 사람을 죽이고, 조선 궁궐까지 쳐들어와 쑥대밭을 만들어 백성들은 왜구라면 치를 떨었다고 합니다.

◇ **찬성 팀:** 왜란 이후 100년~200년이란 시간이 흘렀습니다. 어제의 적도 오늘의 친구가 되는 세상입니다. 임금 또한 '무례하게 고개 숙일 것을 강요하는 청보다도, 형식적으로나마 신사적으로 대해주는 일본을 차라리 마음 편해 했다'고 소설에 나와 있습니다. 일본 또한 무리한 전쟁을 벌이는 것보다 이웃 나라들의 근대화를 돕고 함께 발전하는 방법을 택하리라 믿었습니다. 결국 일본은 그 후에 침략의 길로 들어섰지만, 1884년 당시엔 그런 판단을 하기 어려웠습니다.

◇ **반대 팀:** 갑신정변 바로 10년 전에도, 군함 운요호를 보내서 강제로 개항을 시키고 너무나 불평등한 조약을 맺게 했습니다. 서양이 자기들에게 한 것과 똑같거나 더한 조항들을 그동안 많은 교류를 해온 나라에게 강요한 것입니다. 이런 만행들을 보았을 때, 일본이 정말 순순히 우리의 근대화를 도우리라는 어떠한 근거도 없지 않은가요?

◇ **찬성 팀:** …그 부분을 다소 순진하게 생각했던 점, 인정합니다. 하지만 고여서 썩어가는 조정을 싹 바꾸기 위해서, 그런 위험을 무릅쓰고라도 모험을 해야 했던 점만은 인정받고 싶습니다. 청에서 그렇게 급하게 군대를 되돌려 올 줄은 몰랐습니다. 우리에게 충분한 군사력이 있었더라면 우리의 힘으로 할 수 있었을텐데, 비밀리에 급하게 진행하느라 충분한 병력과 세력을 모으지 못한 점, 그 점이 아직도 안타깝고 분합니다.

3) 누구를 위한 개혁이었나

◇ **반대 팀:** 백성들이 편을 들어주었다면 충분한 병력과 세력을 확보할 수 있었을 것입니다. 하지만 백성들은 개화파들의 편을 들지 않았습니다. 대부분의 백성들이 개화파에게 호응하지 않았습니다. 어째서였다고 생각하십니까?

◇ **찬성 팀:** 갑신정변은 비밀리에 급박하게 진행되어야 했습니다. 따라서 백성들에게 혁명의 목표나 이유에 대해 자세히 설명할 수 없었습니다. 만약 백성들이 우리의 뜻을 이해했더라면 분명 호응했을 것입니다.

◇ **반대 팀:** 그러나 '3일 천하'라고 불리는 3일 동안에도 백성들에게 뜻을 알리려는 시도를 하지 않았던 걸로 알고 있습니다.

◇ **찬성 팀:** 계획대로 되지 않은 것이 많아 그것까지 생각할 겨를이 없었습니다. 청나라 군대가 들어온다고 해서 위험한 상태였고, 도와주기로 한 일본군도 우리 생각대로 움직여주지 않고 철수할 움직임을 보였기 때문입니다.

◇ **반대 팀:** 그래도, 백성들에게 알리는 것이 중요하지 않았을까요? 찬성 팀 말대로라면 백성들 중에도 편 들어줄 사람들을 구할 수 있었을텐데요. 좋습니다. 저희 팀은 찬성팀의 말처럼 백성들이 개혁파의 편이 아니었던 것은 단순한 홍보 부족이 아니라, 개혁파들이 백성들의 뜻을 제대로 헤아리지 못했다는 데 원인을 찾고 있습니다. 앞에서도 잠깐 이야기했지만, 개혁을 말하면서 살림집을 철거하고 제대로 된 보상도 해주지 않았습니다. 그 전에는 신식 군대를 만들면서 구식 군대를 제대로 대우하지 않아 썩은 쌀을 주어 결국 성난 백성들이 궁궐로 쳐들어오게 하는데 원인을 제공했습니다.

◇ **찬성 팀:** 부족한 재정을 갖고 개혁을 추진하려다 그렇게 된 것은 죄송하게 생각합니다. 하지만 백성들은 원래 새로운 것을 싫어합니다. 새로운 게 있으면 일단 경계하고, 수동적인 태도를 취하기 마련이지요. 그렇다고 백성들이 멍청하다는 뜻은 아닙니다. 당시는 백성들이 교육도 못 받고 글도 못 읽고, 제대로 된 신문 같은 것도 존재하지 않았으니 기존의 상식대로 움직이는 것은 당연한 일입니다. 그러니 우리 같은 지식인들이 더 멀리 보고, 백성들을 위한 새로운 세상을 먼저 열어야 한다고 생각했습니다.

◇ **반대 팀:** 과연 그것이 백성들을 위한 세상이었을까요? 구 세력에 밀려 힘을 잃어버린 당신들 개화파의 집권을 위한 것은 아니구요?

◇ **찬성 팀:** 절대 그렇지 않습니다. 나라 전체를 위한 것이었습니다. 저희가 발표한 14개조 정강을 보십시오. 특별히 "문벌을 폐지하여 인민이 평등한 권리를 갖는 제도를 마련하고, 사람을 보아 벼슬을 택하되 벼슬을 내세워 사람을 택하지 않는다"는 조항을 넣었습니다. 백성을 수탈하는 수많은 조세를 줄이고 환곡 부담도 줄이도록 했습니다. 이것은 중인, 상민과 천한 종들의 바람까지 담은 것입니다. 주축은 김옥균 같은 양반이었지만, 평민들도 많이 참여했습니다. 양반집 자제들은 그대로 있어도 출세할 수 있는 길이 많은데, 어째서 이렇게 위험한 길을 택했겠습니까?

◇ **반대 팀:** 그러나 정변 이후에 새 각료 명단을 발표할 때, 자신의 세력들만 높은 자리를 차지하도록 명단을 짜지 않았습니까?

◇ **찬성 팀:** 임시적으로 그렇게 했습니다. 그러나 우리의 목적이 권력 자체는 아니었습니다. 비록 정변은 실패하고 우리들은 뿔뿔이 흩어졌지만, 진정 나라를 위하고자 한 마음과 열정만큼은 후대에 인정받고 싶습니다.

마무리

1. 평가 및 느낀 점 : 갑신정변의 의의와 한계

자유 토론을 마치고, 최종 의견을 이야기해 보았다. 재미있는 것은, 개혁의 정당성을 주장하던 아이들이 반대 의견을 듣고는 상당히 마음이 흔들려 엘리트 중심 개혁의 한계에 대해 진지하게 생각하게 되었다는 것이다. 또 개화파들을 열띠게 공격하던 반대 의견 아이들은, 개화파들이 자기 기득권을 내려놓고 더 나은 세상을 위해 싸운 것만은 인정하며, 토론 중 그 점을 공격한 것에 대해 다소 미안하게 생각하는 분위기였다.

수업을 마치며

당시 개화파들이 품었던 순수한 꿈은 당시엔 아마도 진심이었을 것이다. 그러나 그 진심을 세상이 알아주지 않고 뜻이 좌절되었을 때 그들은 세상에, '무식한 백성'에게 분노했을 것이다. 그리하여 살아남아 망명한 핵심 멤버 일부는 자신의 신분과 능력을 알아주고 대우해주는 세상으로 회귀하여, 이후 적극적 친일과 친미의 길을 걷게 된다. 자신들의 좌절감으로부터 '조선은 이제 희망이 없으며, 강한 일본에 지배당하는 것은 스스로 자초한 일'이라는 친일파의 논리가 생겨나게 되는 과정이 너무나 안타까웠다.

또한 아이들은 '동학'에 대한 관심을 갖게 되었다. 갑신정변이 '반외세'라는 한계를 끝내 벗어나지 못했다면 동학이야말로 시대의 요구인 '반봉건 반외세'의 깃발을 정확하게 들고 나온, 소수 엘리트가 아니라 민중들이 자발적으로 일으킨 혁명이기 때문이다. 아이들은 동학에 대해 간단히 배우긴 했지만, 기억나는 거라곤 '전봉준'이라는 이름과 '새야새야 파랑새야' 노래뿐이라고 말하며 좀더 생생하게 그 인물과 사건에 공감할 수 있는 수업을 원하고 있었다. 이 수업을 통해 이해가 없는 암기식 교육, 편협한 국수주의에 빠지게 하는 교육이 아니라 스스로 판단하고 생각하는 힘을 기르게 하는 공부가 더욱 필요함을 느끼게 되었다. 또한 지금 우리 삶을 바꿀 힘을 기르게 하기 위해 토론 중심 역사 수업 주제와 방법들을 개발할 필요성을 다시금 절감하게 되었다.

마크 트웨인, 『허클베리 핀의 모험』

사회적 규범, 따라야 할까

대상_ 중학생

함께 읽은 책_ 『허클베리 핀의 모험』 (마크 트웨인 / 민음사 / 1998)

학습목표_

1. 긴 책의 내용을 파악하고 느낌을 이야기할 수 있다.
2. 미국의 남북전쟁 후 사회 상황을 이해할 수 있다.
3. 허크가 노예 짐의 탈출을 도와야 할지 토론하고, 자기 생각을 글로 적을 수 있다.

집필_ 전영경

얼마 전 TV에서 서바이벌을 통해 살아남는 사람에게 큰 상금을 주는 프로그램을 보았다. 게임 후 각 팀에서 탈락자로 지목된 사람이 동료 중 한 사람을 탈락자로 지목할 수 있고, 이렇게 네 명의 탈락자 후보 가운데 심사를 거쳐 최종 한 명이 탈락되는 것이 '규칙'이었다. 탈락 위기에 놓인 친구 중 한 명이 그 전 주에 탈락 위기에서 겨우 살아난 동료를 다시 지목했다. 다소 비열해보였던 이 결정은 아무래도 약자를 지목하는 것이 최종 심사에서 자신에게 더 유리하다는 판단에서 나온 듯했다. '내가 살기 위해 어쩔 수가 없다'는 그의 변명이 낯설지 않은 것은 우리에게 경쟁은 이미 삶의 필수 요소로 내면화되었기 때문이다.

일상생활에서 법과 윤리가, 현실과 양심이 충돌한다면 어느 것을 선택해야 하는 것일까? 마크 트웨인이 1885년에 쓴 『허클베리 핀의 모험』은 19세기 미국 백인사회에 길들여지지 않은 '허크'의 모험 이야기이다. 전작 『톰 소여의 모험』이 톰과 친구 허클베리 핀이 모험 끝에 산적들이 감춰 놓은 보물을 찾아내는 이야기라면, 후속격인 이 작품 『허클베리 핀의 모험』은 전작의 유쾌함을 유지하면서도 당시 미국 사회가 안고 있는 사회적인 문제, 특히 인종차별과 노예제도의 그림자를 짙게 드리우고 있다.

전작의 모험을 통해 보물을 찾아내어 사회의 관심을 받게 된 열네 살 소년 허크는 더글라스 부인의 보호를 받기도 하고, 술주정뱅이 아버지와 같이 살기도 한다. 그러나 더글러스 부인 밑에서 학교와 교회를 다니며 각종 규범과 예절에 대해 배우는 것은 갑갑하기 그지없는 일이었고, 반면 아버지와 함께 사는 삶은 너무 질서가 없어 생존을 위협받을 정도였다. 결국 허크는 아빠도 과부댁도 두 번 다시 자신을 찾아낼 수 없는 곳으로 도망치기로 마음을 먹는다.

허크는 도망친 흑인 노예 '짐'과 단둘이 미시시피 강을 여행하는데, 이 과정에서 자연의 위대함을 느끼는 한편 수많은 사람들을 만나면서 그들의 방황과 위선, 부조리한 모습들을 보게 된다. 특히 노예 '짐'을 왓슨 아주머니의 소유물로 여기고 여행을 시작했던 허크는, 모험을 하는 동안 자신과 동등한 인간으로 짐을 대하며, 마침내 자유를 갈망하는 짐을 위해 위험까지 감수할 수 있게 된다. 두터운 책의 분량만큼이나 이야깃거리가 풍부한 이 책에서, '내가 허크라면 짐이 탈출하는 것을 도울 것인가'에 대한 문제를 중심으로 토론해 보았다.

생각열기

1. 책을 읽은 느낌, 그리고 배경지식 발표하기

아이들은 책 내용이 방대하여 조금 혼란스럽다고 했다. '그냥 그랬다'고 평하는 걸 보니 일단 두꺼운 책의 내용을 모두 소화하는 것이 어려웠던 듯했다. 먼저 책의 내용으로 미루어 짐작할 수 있는 당시 미국의 시대적 상황에 대해 이야기를 나누었다. 그리고 나서 미리 과제를 내준 아이들에게 작가 마크 트웨인과 19세기 미국 남북 전쟁 전후의 상황에 대해 발표하게 했다.

〈19세기 미국 상황 : 배경지식〉

19세기 말 북부에서 주로 활동하면서 북부인들의 담론을 지지한 마크 트웨인은 고향인 남부 문제의 핵심에 노예제도의 인종차별적인 가치관과 법률이 있다고 보고 이 문제를 탐구하며 비판하고 있다.

남북전쟁 이전을 잠시 살펴보면, 1680년대 식민지 시대 미국에서 법적으로 노예가 합법화된 이후 1793년 도망 노예 송환법이 시행되었다. 1850년엔 도망 노예를 배심원의

심판 없이도 체포나 처벌할 수 있게 되었다. 백인들은 기존의 원주민인 인디언들을 내쫓고, 흑인들을 노예로 삼고 노예 제도를 존속시키기 위해 과학적인 인종우월론인 골상학을 내세운다.

북부 공업 자본과 남부 농업 자본 간의 대립으로 일어난 남북전쟁(1861~1865)에서 북부가 승리함으로써 미연방에 소속된 주들은 노예제도를 법적으로 폐지하게 되었다. 그러나 미국 재건 시대가 끝날 무렵, 북부가 산업화·기계화에 주된 관심을 돌림으로써 흑인 문제는 남부에 맡겨졌다. 남부는 해방된 흑인 노예를 통제하기 위해 〈Black Codes〉와 〈Jim Crow〉와 같은 인종차별적인 법령을 선포하였다. 남북전쟁 직후 시행된 〈Black Codes〉는 인종간의 결혼을 금지하고 특정 직업에서 흑인들을 소외시키며 흑인들의 재산소유 및 무지소지 권한을 제한하고 법적 절차에서 증언할 권한을 제한하는 등을 내용으로 한다. 1880년대에 처음 시행되어 20세기 중엽 시민권 운동으로 철회될 때까지 존속했던 〈Jim Crow Law〉는 〈Black Codes〉를 조금 완화한 것으로 모든 종류의 공공시설물에서 흑백을 분리하는 것을 원칙으로 삼는다.

이 책이 발표된 1885년 2월은 인종문제에 대한 논의가 부재하다는 문제를 놓고 정치적인 논쟁이 일어났던 때이다. 1885년 무렵 남부의 백인 우월주의 이데올로기는 북부의 제지를 전혀 받지 않은 채 남부의 지배적인 정치 이데올로기가 되어 흑인과 백인의 관계를 조율하는 정책에 그대로 반영되었다. 백인들은 지배력을 지속시키기 위해서 흑인을 "이질적이고 비천하며 위험한 계급"으로 구분 짓고 해방된 흑인의 자유를 제한하는 등의 사회적 위계를 만들었다.

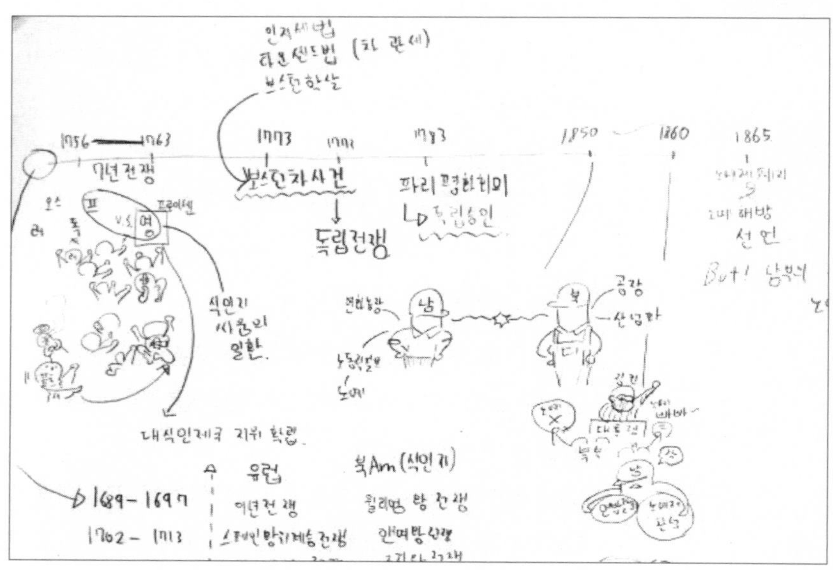

2. 허크는 왜 집을 나왔을까, 그에게 일어났던 일들을 정리해 이야기해 보자.

아이들은 더글라스 부인의 엄격한 교육과 평범한 일상생활이 자유롭게 살던 허크에게 낯설고 갑갑하게 여겨졌을 것이고, 안 듣던 잔소리 같아 견디기 힘들었을 것 같다며 동정적이었다. 그러나 술주정뱅이 아버지가 폭력적이라고 해도 집을 나오는 것은 섣부른 행동이었다며 다른 방법을 찾았어야 한다는 의견도 있었다. 아버지와 진지하게 이야기를 해보거나 친척이나 주변 사람들에게 도움을 요청하여야 한다는 것이다. 아이들은 술주정뱅이 아버지의 폭력을 몸으로 당해내야 하는 허크의 절박한 상황을 잘 이해하지 못했다. 허크의 아버지는 돈이 생기면 술을 마셨고 술에 취해서 채찍으로 허크를 때리고 협박했다. 허크의 몸은 채찍질로 여기저기 상처투성이였다. 또한 허크의 아버지는 허크를 소유하여 허크의 돈을 가로채려고 하였다. 아버지의 폭력에 허크는 스스로 살해당한 것으로 위장하고 도망 나와 자유를 찾기 위한 여정에 뛰어든다.

3. 허크의 여정을 그림으로 정리해 보자.

두 명씩 짝을 지어 허크의 미시시피 강 여정을 그림지도로 정리하기로 했다. 그림지도는 한눈에 볼 수 있도록 하기 위해 A3용지를 사용하였다. 먼저 미시시피 강을 따라 모험을 하며 들른 강변 마을을 그리고, 허크의 심리 변화를 정리하였다. 다른 친구들보다 먼저 한 아이들은 개인의 느낌도 적어 넣기로 했다. 여정을 따라 정리하며 책을 다시 들춰보고, 분명하지 않은 부분을 명확히 했다.

책이 두껍기 때문에 읽기 어려울 거라는 선입견은 책을 읽고 난 뒤, 구체적인 사실을 기억해내지 못하는 부분에 대한 변명이 되기도 했다. 그러나 허크의 모험을 꼼꼼하게 정리해내는 친구들의 모습이 동기를 유발하여 명확하지 않은 부분은 다시 읽어오겠다는 친구도 생겼다. 그림지도 그리기 활동은 표나 글로 내용을 정리하는 것보다 부담도 적게 느끼고 재미있어 쉽게 몰입한다. 그러나 역시 양이나 내용이 만만치 않다. 정리한 뒤에 자신들이 그린 그림지도에 대해 돌아가며 설명했다.

발표내용 가운데 궁금한 것에 대해 묻고 대답했다. 대체로 애매한 표현이나 구체적이지 못한 설명 등에 관한 질문이 나왔다. 예를 들어 허크가 모험을 통해 성장했다거나 사는 법을 깨우치게 되었다고 발표한 경우, 어떤 성장을 했다는

☞ 책이 두껍고, 다 읽지 못한 학생들이 꽤 있을 것이므로 이 부분까지를 1차시 전체 활동으로 여유있게 진행하고, 토론할 차시를 따로 마련하는 것이 좋겠다.

것인가, 그가 깨우친 '사는 법'이란 무엇인가 하는 질문이 나왔다. 또한 집이 그리워졌다고 하는 경우, 허크에게 집이란 어떤 의미였는지, 허크가 그리워하는 집이란 어떤 것인지, 어느 집을 방문했을 때 어떤 일로 그런 생각의 변화를 갖게 되었는지 등에 대한 구체적인 설명을 요구했다.

펼치기

1. 짐의 탈출을 놓고 주인공이 고민하는 부분들을 다시 찾아 읽기

나는 머리가 아파질 때까지 생각하고 또 생각해 보았지만 이 난국을 해결할 방법이 좀처럼 생각이 나질 않았다. 여기까지 긴 여행을 해왔고, 그 악한들을 그렇게까지 섬겨왔는데도 불구하고 모든 것이 허사로 돌아갔고 엉망진창이 되고 말았으니, 그것은 놈들이 겨우 더러운 그 40달러 때문에 짐을 이렇게까지 속였고, 일생을 낯선 사람들 사이에서 노예로 살아가게 만들 수 있을 만큼 무정한 놈들이었기 때문이다. 나는 짐이 어차피 노예로 살아야 한다면 짐의 가족이 있는 고향에서 노예노릇을 하는 편이 천배나 좋을 테니까, 톰 소여에게 편지를 내어 왓슨 아주머니에게 짐이 있는 곳을 가르쳐주라고 하는 편이 좋겠다고 생각했다. 그러나 두 가지 이유에서 이 일은 단념했다. 즉 아주머니는 자기 곁을 떠난 짐의 괘씸한 심사와 배은망덕에 화가 난 나머지 짐을 같은 하류지방에다 또다시 팔아버릴지도 모를 일이고, 비록 그렇게는 하지 않는다고 하더라도 사람들은 배은망덕한 검둥이를 의당 경멸하여 늘 짐에게 그 점을 느끼게 할 것이다. 짐은 사시사철 자기가 천하고 수치스런 인물이라는 것을 느낄 것이다. 또 나는 어떻게 되는 거지! 허클 핀이 검둥일 자유의 몸으로 하는데 조력을 했다는 소문이 마을에 퍼질 테지! 만일 그 마을에서 누구라도 만나는 날엔 난 부끄러워서 얼굴도 쳐들지 못하게 될 게 아닌가.

'하지만 어찌 된 일인지 짐에게 야속했던 기억은 하나도 떠오르지 않고, 그 반대의 경우만 머릿속에 떠오르는 거야. 자고 있는 나를 방해하는 게 미안해서, 당번을 끝내고서도 내 몫까지 대신해 주던 짐이 눈앞에 보이는 거야. (…) 그러다가 마지막에 나는, 뗏목에는 마마에 걸린 사람이 있다고 속여서 짐을 살렸을 때의 일을 생각했어. 그 때 짐은 정말 마음으로부터 고마워했어. 자기에게는 내가 누구보다 제일 좋은 친구라고 말했지.'

나는 잠시 생각하고는 혼자 마음속으로 말하였다.

"좋아, 그렇다면 난 지옥으로 가겠어."

토론을 위한 준비로, 위 대목을 포함하여 허크가 노예 짐을 생각하는 마음이 변화하는 부분들을 찾아보게 하고 다시 함께 읽었다. 무엇보다도 당시의 도덕관으로는 '도망친 흑인 노예를 주인에게 신고하는 것'이 옳은 것이었다. 그렇지 않으면 죄를 짓는 거라는 생각이 일반화되어 있었던 것이다. 허크에게도 도망친 흑인 노예는 응당 주인을 찾아주거나 신고해야 한다는 당시의 도덕관이 깊숙이 주입되어 있어, 그것을 의심하거나 넘어설 만큼의 지적 성찰은 보이지 않는다.

짐에 대한 허크의 생각은 짐을 가까이하면서 달라진다. 강 하류로 팔려가지 않으려고 도망치고 있는 짐과 아버지의 폭력으로부터 도망치는 허크는 카이로에 가까워지기 전까지는 자유를 찾아 나선 동료였다. 짐은 사회에서는 노예 제도의 억압으로 미신을 믿고 잘 속는 의존적인 '검둥이'에 불과했지만, 자연에서는 지혜롭고 인간다운 면모를 지닌 '백인과 같은 흑인'이었다. 짐은 잭슨 섬에서 새끼 새가 낮게 나는 것을 보고 큰 폭풍우가 올 것에 대비하여 짐들을 동굴 속에 가져다 놓고, 강한 햇빛과 폭풍우를 피하기 위한 오두막을 뗏목에 지었다. 짐은 잠든 허크를 깨우지 않고 대신 불침번을 서고, 허크가 잠든 밤에는 홀로 가족을 그리워했다. 또한 카누를 탄 허크가 거친 물결에 보이지 않게 되자 진심으로 허크를 걱정하였다. 허크는 짐을 통해 '검둥이'도 백인과 같은 감정을 느낀다는 것을, 또한 상대방에 대해 올바르고 친절한 마음을 갖는 것이 중요하다는 것을 배우게 된다. 그러나 카이로가 가까워지면서 자유주로 가 돈을 벌어 아내와 아이들을 노예 상태에서 빼내려는 짐의 계획이 구체화된다. 그의 자유에 대한 열망이 커지면서 허크는 도망 노예를 신고해야 한다는 사회 양심과 책임으로 다시 괴로워한다. 그러나 짐을 신고하기 위해 전력을 다해 카누를 젓다가도 노예 사냥꾼이 나타나 뗏목에 타고 있는 사람이 누구냐고 묻자 백인이라고 말한다. 짐이 백인 사기꾼에 의해 팔려갔을 때도 허크는 왓슨 아주머니께 도망 노예 짐이 잡혀있다는 편지를 쓰지만 곧 그의 자유를 위해 '지옥에 갈 결심'을 하고 찢어버린다. 뗏목을 타기 전에 습득한 사회 법규와 도덕에서 완전히 벗어나지 못한 허크는 죄책감에 불안정한 모습을 보이지만, 자신의 이중적인 모습을 인정하고 마음의 소리를 따르는 모습을 보인다.

2. 찬반토론: "짐의 탈출을 도와야 한다"

토론방법

1. 찬성과 반대로 팀을 나누고 각 팀의 사회자, 발표자를 정한다.

- 사회자와 발표자도 논의에 참여하지만 각자의 역할을 잊지 않도록 주의한다. 사회자는 논의가 논점을 벗어나지 않도록 유의하며 모든 팀원들이 자신의 의견을 발표할 수 있는 기회를 가질 수 있도록 진행한다. 발표자는 논의에서 나온 근거들을 간략하게 기록하며 취합, 발표할 수 있도록 준비한다.

2. 각 팀별로 자유 토의를 통해 자신이 속한 입장을 옹호할 근거를 정리한다.

- 찬성과 반대 각각의 타당한 근거를 풍부하고 꼼꼼하게 찾아보고 논리적으로 정리한다. 이때, 자신이 속한 입장의 근거를 정리하는 데 그치지 말고 상대방의 입장에서 제기할 수 있는 반론을 미리 생각해보고, 효과적인 재반론을 미리 준비해두어야 한다.

3. 찬성과 반대 각 입장의 발표자가 정리된 근거를 발표한다.

- 각각의 입장과 근거를 다 발표한 후 자유롭게 후속 질문을 이어가며 반론과 재반론을 통해 토론을 이어간다.

4. 다시 한번 찬성과 반대의 입장을 선택하게 하고 토론을 마무리한다.

- 토론을 마친 후, 처음 선택과 생각이 바뀐 사람이 있는지, 그렇다면 그 이유는 무엇인지 발표하도록 한다. 자신의 생각을 논리적으로 정리, 표현해보고 다른 사람의 의견을 듣고 참고하여 재조정하는 과정이므로 선택이 바뀌는 것은 아무런 문제가 되지 않는다는 점을 이야기해 준다.

헉은 짐을 구해야 한다

_ 오연우 (중학교 1학년)

저는 헉이 짐을 구해야 한다고 생각합니다. 우선, 헉과 짐은 서로에게 의지하며 여행을 하는 사이이기 때문입니다. 짐은 헉이 여행하면서 가장 많은 영향을 끼치고 가치관을 변화시켰습니다. 물론 짐뿐만 아니라 다른 사람들도 헉에게 많은 영향을 주었지만 가장 중심적인 영향을 끼친 사람은 짐이었고 모험 중 도움을 가장 많이 주었기 때문입니다.

또한 짐을 노예가 아닌 인격체로 생각해야 한다고 생각합니다. 짐의 피부색이 헉과 다른 검은색이라고 해도, 짐도 인격이 있고 생각을 하기 때문입니다. 그 시대의 사람들이 태어날 때부터 흑인, 즉 노예는 물건이라는 고정관념을 가지고 있다고 하더라도 헉은 짐과 함께 여행을 하면서 그런 생각들이 잘못되었다는 사실을 깨닫게 되었습니다.

그리고, 법은 인간이 만들었으므로 잘못될 수 있습니다. 비록 짐은 헉을 죽였다는 의심을 받고 달아났어도 헉이 죽지 않은 이상, 노예인 신분으로 도망쳤다는 죄 말고는 아무 죄도 없다고 할 수 있습니다. 또한, 짐은 노예인 채로 폴리 아줌마 밑에서 있을 적에 아주 성실하게 열심히 일했고, 다른 사람을 배려할 줄도 알고 있습니다.

과연 이런 짐을 범죄자라고 하는 사람들은 누구일까요? 짐이 노예라는 법을 만든 사람이 누구일까요? 제 질문에 대한 답은 모두 알고 계실 것 같습니다. 저는 노예제도라는 법이 잘못되었다고 생각합니다. 같은 인격체이고, 똑같이 생각을 하는데 피부색이 다르다는 이유만으로 노예라고 불리며 물건처럼 취급 당하는 것은 옳지 않습니다. 그러므로 저는 이런 이유들을 근거로 헉이 짐을 구해야 한다고 생각합니다. 여러분 생각은 어떠신가요?

헉은 짐을 구하지 말아야 한다

_ 김정근 (중학교 1학년)

저는 헉이 짐을 구하는데 반대합니다. 아무리 헉과 짐의 친분이 깊다고 하더라도 법을 피할 수는 없는 것이 이치입니다. 법과 윤리 중 윤리를 중시 여기면 어떻게 되겠습니까? 무질서가 판을 치고 위법이 밥먹듯이 일어나겠지요. 아무리 짐을 구하려고 했다지만 노예가 허용된 남부에서는 도망친 노예는 처벌의 대상입니다. 또 짐의 도주를 도와준 헉도 잡히면 벌을 받게 됩니다. 범죄자의 도주를 도와주었기 때문입니다.

물론, 법은 인간이 만들었으므로 완벽할 수는 없겠지요. 하지만 잘못된 법도 법입니다. 고치거나 따르거나, 둘 중 하나를 선택해야 합니다.

그리고 짐이 없다 하더라도 헉이 살 수 없는 것은 아닙니다. 짐이 없으면 물론 헉은 슬퍼하겠지만, 그 슬픔이 영원하진 않을 것입니다. 시간으로 잊혀져 가겠지요. 헉 일생에서 친구가 짐밖에 없는 것도 아니고 말입니다. 물론 짐이 헉의 삶에서 비중이 큰 것은 사실입니다. 의심의 여지가 없지요. 하지만 그 외의 다른 것 중에 짐만큼 비중이 큰 것이 하나쯤은 있을 것입니다. 사라진 짐의 비중도 다른 것들로 자연히 채워질 것입니다.

이런 이유에서, 저는 헉이 짐을 구하는 것에 반대합니다.

짐을 구하지 않아야 한다는 의견은 생각보다 많았다. 흑인 노예도 인간이기는 하나 당시 사회 상황으로 비추어 볼 때 흑인 노예는 물건과 같다는 보편적 인식이 있었으므로 관련된 사회관습이나 법을 무시할 수 없다는 이야기였다. 또한 짐과 친하다고는 하나 허크의 일생을 놓고 볼 때 짐이 차지하는 부분은 극히 미약하므로 짐을 위해 일생을 걸고 위험을 무릅쓴다는 것은 어리석은 일이라는 것이다.

또한 짐을 구출하겠다는 입장 중에서도 그 이유가 인종차별에 대한 저항의 의미, 잘못된 법에 대한 저항의 의미라기보다는 '나와 친하기 때문'이라는 이유가 많았다. 이는 일단 현 시대의 분위기를 반영하는 것 같기도 하다.

마무리

1. 책을 읽고, 토론하며 든 생각을 구체적으로 써 보자.

토론 정리발표까지 끝난 뒤, 과제로 아이들에게 각자 자신의 입장을 솔직하게 정리하여 형식 제한 없이 글로 적게 하였다. 수업을 시작할 때는 책이 두껍다고 투덜거렸지만, 구체적인 상황과 심리가 책에 묘사되어 있었던 덕분에, 아이들 글도 아주 구체적으로 나왔다. 대체로 편지글 형식을 선호했다.

첫 번째 입장 : 미안하지만 어쩔 수 없다
_ 김연수 (중학교 1학년)

안타깝지만, 이성적으로 생각해 보았을 때 짐을 도와주는 건 죄악이에요. 어떻게 저같이 힘없는 백인 아이가 사회의 규율을 어길 수 있겠어요? 전 사람들의 소리에 귀를 기울여야 했어요. 그리고 설사 제가 짐을 도와주기로 마음먹고 짐을 탈출시키는 데까지 성공했다고 해도 그 사실이 알려지면 저는 물론 짐에게도 피해가 갈 거예요. 어른들은 다시 짐을 잡기 위해 노력할 것이고 저와 짐이 다신 대화나 몸짓 등과 같은 것들을 나누지 못하도록 저힐 떼어놓았을 것이라는 걸 알아요. 몇몇 나서기 좋아하는 동네 아주머니들은 저를 불러 놓고 잔소리를 늘어놓으며 노예와 우정을 쌓는다는 일은 불가능한 일이라며 몰아붙였을 거고요. 전 짐과 떨어지기 싫었을 것이에요. 아니요, 당연히 그럴 것이지요. 전 우리 사이를 가로 막는 사람들을 피해야만 했고, 짐을 그저 바라볼 수밖에 없었어요. 제가 나선다고 해결될 일이 아니라는 건, 저 역시도 너무나 잘 알고 있었거든요. 좀 더 객관적인 사실에 대해 생각해보면, 전 원래 짐과 노예와 주인, 그 이상도 아니고 이하도 아닌 관계였어야 해요. 처음 집 밖에서 짐과 마주쳤을 때까지만 해도, 전 짐에게 친절했지만 그와 절 동등한 존재라고 인식하지 않았잖아요. 제 주변은 제게 그와 같은 종족과는 그 어떤 소통도 허락해주질 않아요. 어리광을 피우자면 전 사람들에게 혼나기 싫었어요. 정말 피곤한 일이거든요. 그리고 전 법을 따라야 한다고 생각해요. 짐이 불쌍하고 측은하지만 법은 절 그런 생각을 하게끔 허용하지 않아요.

두 번째 입장 : 마음의 친구인 짐을 구할 것

_ 김수현 (중학교 1학년)

톰! 긴히 너에게 할 말이 있어서 이 쪽지를 보내. 아무도 없는 곳에서 읽었으면 좋겠어,

그러면 본론에 바로 들어갈게. 나는 짐을 구할 거야. 그래서 너의 도움이 필요해. 지금 짐은 너의 집에 갇혀 있어. 그는 왓슨 부인의 집에서 도망쳐 현상금 2백 달러를 건 수배자가 돼. 그래서 너희 어머니가 그를 잡으신 거야.

나도 알고 있어. 짐은 법을 어긴 것이고 법을 어길 시에는 처벌을 받게 되며, 예외가 있을수록 사회의 질서는 더욱 엉망이 된다는 것을. 그치만 그 노예 제도라는 것이 우리에게 필수적으로, 무조건적으로 지켜야 하는 것이니? 비록 사회 분위기가 현재 흑인을 노예로 사용한다는 쪽이 많기는 하지만, 흑인을 친구로 아님 이웃으로 그것도 안 된다면 사람이라고 생각하는 것도 안 되는 거니?

짐은 그 집에서 탈출했다는 단 한 가지 이유로 그 많은 곳을 나와 함께 누비면서 뗏목 밖으로 조차 나오기를 꺼려했어. 여러 곳에 그를 찾는다는 전단지로 가득했으니까. 이뿐만이 아니야. 짐이 아닌 다른 흑인들도 나는 한 번도 시내를 자유롭게 누비는 것을 보지 못했어. 흑인은 무조건 백인의 말에 복종하고 있었던 거야. 그런 흑인들이 외롭고 힘들고 비참해 보이지 않니? 우리와 모두 같은데, 단지 얼굴색만 다른데 그런 이유로 핍박받고 약자로 살아야 해?

'그들은 가난하니까 우리가 도와야 해.'

나는 이런 말은 하고 싶지 않아. 왜 그런지 알아? 그렇게 만든 것이 바로 우리들이기 때문이야. 나, 바로 하얀 얼굴을 가진 사람들이지. 이런 말을 하며 돕는 것은 한마디로 '병주고 약준다'인 것 같아. 법을 지킨다고 당당히 행동하는 그들에게 소리쳐주고 싶어. 밥보다 기본 예절인 사람을 대하는 사회 예절이나 배우고 오라고. 너는 지금 나의 이러한 행동들이 이해가 안 되고 바보같다고 생각할 지도 몰라. 그치만 이 이야기를 잘 읽어봐.

A와 B라는 사람이 살고 있었어. 그들은 철천지 원수지간이었지. 근데 하루는 둘이 실패자. 패자라는 같은 위치에 서게 된 거야. 그래서 그들은 사이는 안 좋지만 함께 남은 여정을 보내기로 해. 물론, 처음에는 많은 충돌이 있었어. 그치만 함께 지내면 지낼수록 공통점과 장점, 그리고 사랑스러운 부분만 보이는 거야. 그래서 그들은 남은 여생을 둘이 함께 누구보다 행

복하게 잘 살아. 이 이야기의 A와 B를 나와 짐으로 바꾸어 볼래? 비록 우리가 원수지간은 아니야. 그치만 우리는 신분이 다른 사람들이지. 또한 우리 모두 탈출이라는 것을 한 사람들이었지. 우린 그 이야기의 그들과 같은 부류였고 오랫동안 함께 뗏목 생활을 해 왔어. 그러면서 그때의 추억을 떠올려보면 무엇이 생각나는지 알아?

우선 나는 안개 속에서 빠져나와 그와 했던 말이 기억나. 나는 이렇게 너를 걱정하고 있었는데 어떻게 너는 나를 가지고 장난 칠 생각만 하냐는 식으로 이야기하던 게 떠오른다. 그때 짐은 내가 없어져 정말 진심으로 걱정해 주었으니까. 또한 나는 그를 친구로 받아들이고 그를 위해 천연두 환자라고 거짓말을 쳐. 나의 양심이라는 곳이 쿡쿡 쑤시고 있는데 그가 정말 넌 이렇게 사람을 잘 속이는 건 처음이라며 정말 생명의 은인이라고 하고, 진심으로 나에게 감사를 전하던 모습이 난 생생해. 나더러 세상에 가진 가장 소중한 친구라고 했으니까. 이런 우리의 모습에 대해서는 어떻게 생각해?

많은 사람들은 흑인과 대화조차 하려고 하지 않아. 도구라고만 생각하고 있으니까. 그치만 그들은 도구와는 다른 거야. 입이 있고, 숨을 쉬며, 움직이고, 가장 큰 이유는 서로 공감할 수 있기 때문이야. 단번에 흑인에 대한 관점을 완벽히 바꿀 수는 없을 거야. 그렇지만 너도 흑인과 친구가 되어봐. 정말 마음 여리고, 너를 지켜주고, 함께 슬퍼하고 기뻐하는 마음을 나누는 친구가 될 거야. 나는 내 친구인 짐을 구할 거야. 나를 좀 도와줘. 동의하면 내 방으로 와.

(헉의 입장이 되어 톰에게 쓴 편지)

세 번째 입장: 책을 읽고 나서 드는 생각들

_ 이승환 (중학교 1학년)

허클베리 핀은 나에게 많은 생각을 하게 해 주었다. 주인공 헉과 톰의 대조되는 환경(남부는 노예제도 찬성, 북부는 반대) 속에서 두 주인공이 짐(흑인 노예)을 구하는 방식이 얼마나 차이가 나는지, 환경이 사람의 생각까지도 바꿀 수도 있다는 사실에 놀랐다.

이 소설은 역사 속에서는 많이 들어본 노예제도를 둘러싸고 일어나는 이야기로, 내가 꼭 그 시대에 있는 것처럼 생생하고 실감나게 해 주었다. 똑같은 인간으로 태어났지만 다른 시대에 사는 나도 짐이 겪어야 했던 엄청난 고통을 간접적으로나마 느낄 수 있었다. 헉 핀도 당시 시대상황을 고려한다면 노예 짐을 구하는 것이 쉽지 않은 행동이었을텐데, 그런 용기 있는 행동을 하다니, 그의 결단과 행동에 감동받았다.

지금 이 시대를 살아가고 있는 나는 헉 핀과 똑 같은 나이임에도 불구하고, 매일 똑같이 반복되는 생활에 얽매여 있다. 이 책을 읽고 내가 앞으로 어떤 일을 해야 하며, 어떻게 살아야 하고, 만약 헉 핀과 똑같은 상황에 처했을 때 나도 과연 그런 용기 있는 행동을 할 수 있을지에 대해 많은 생각을 하게 되었다.

만일, 헉 핀이 노예 짐을 반대로 구하지 않았다면 짐은 어떻게 되었을까 하는 생각에 나는 많이 슬퍼졌다. 노예라는 말은 누가 만든 것인지, 흑인이란 이유로 강제로 학대를 받아야 한다는 사실이 너무 부당하고 화가 나기도 했다. 작지만 내가 맡고 있는 학급의 반장 일을 하면서 모든 아이들의 의견을 수용하고, 적절하게 조정하는 것이 얼마나 힘들며, 아이들이 만드는 왕따 문제조차도 시대만 다를 뿐이지 사람이 받는 상처는 똑같지 않을까 하는 생각조차 들었다. 헉 핀이 노예 짐을 구했듯이, 톰과 같은 친구와 함께 혹여나 외모 때문에, 가난하다는 이유로, 또한 공부 못 한다는 이유로 마음 상해있는 친구들을 한번 더 둘러보려는 작은 용기를 내 보려고 한다.

수업을 마치며

작가 트웨인은 가난하고 배운 것이 없는 소년 허크를 통해, 백인들이 주도권을 잃지 않고 기존 체제를 유지하기 위해 골상학 등으로 자신마저 속인 백인들의 이중성을 폭로한다. 소년 허크가 흑백의 사회적인 위계 속에서 흑백이 자유롭게 섞여 사는 평등한 사회를 실현하기에는 역부족이다. 그래서일까. 아이러니하게 남부를 향해 흘러가고 있는 뗏목 위에서 꿈꾸는 짐의 진정한 자유는 더욱 간절하다. 노예제도가 있는 사회보다 노예제도가 사라진 사회에서 흑인에 대한 탄압이 더 강력하게 이루어졌다는 사실은 그릇된 인간의 믿음이나 가치가 얼마나 악한 것인지를 보여준다. 그렇기에 허크가 스스로 자신이 '이중적이고 올바르지 않다'라는 점을 인정한 것은 매우 중요하다. 물론 허크가 지옥에 갈 결심을 하고 짐을 구하기로 한 점을 보면 옳고 그름에 대한 가치 판단을 제대로 한 것이 아니라고 이야기할 수도 있다. 그러나 당시 사회가 그릇된 법규와 도덕을 내재화하고 있음을 감안할 때 허크가 지옥에 갈 결심으로 사회에 반하는 행위를 하기로 한 것은 위대한 판단이다.

인간이 사회적 통념에서 자유로울 수는 없지만 이 수업을 통해 타자의 가치를 인정하고 수용한다는 것의 의미를 깊이 생각해 볼 수 있기를 바란다.

내 머리로 생각하는 힘

1. 네 생각을 말해봐

학생들이 듣기 싫어하는 말 중 하나가 "네 생각을 말해봐"다. 특히, 논술 수업을 처음 시작하는 아이들은 자신의 생각을 묻는 질문이 돌아올까 봐 고개를 숙인 채 필사적으로 눈을 피한다. '인간은 생각하는 동물'이며 자신은 늘 생각을 하며 살아가고 있다고 여기지만 정작 '내 생각'을 밝힐 것을 요구받으면 눈앞이 깜깜해지는 것이다. '사람은 착하게 살아야 하나?', '모든 생명은 소중한가? 와 같은, 한 번도 의심해보지 않았던 당위적 가치 앞에서는 더더욱 그러하다. "네."라고 간신히 답하더라도 왜 그래야 하는지에 대해서는 설명하지 못한다. 이유는 간단하다. 생각해 본 적이 없기 때문이다. 옳고 그름, 좋은 것과 나쁜 것에 대한 나름의 가치관을 갖고 있다고 믿고 있지만, 사실은 어디서 듣거나 누군가에게 주입받은 가치관을 내면화해 왔을 뿐, 스스로 생각하고 고민할 기회를 갖지 못했기 때문이다. 따라서 왜 그렇게 생각하느냐는 질문을 받으면 아이들은 당황할 수밖에 없다. 대부분의 아이들에게는 '그렇게 배웠으니까'가 가장 솔직한 답일 것이다. 부모에게 주입받은 대로, 학교에서 배운 대로, 사회에서 요구하는 대로 생각하고 말하며 성장한 결과다. 그런데 그게 문제가 되는 걸까? 한 사회의 보편적 규범과 가치에 맞추어 살면 되지 반드시 자신만의 판단 근거를 가져야 하는 걸까?

2. 생각하는 괴로움

상식적인 사고, 관성적인 태도를 벗어나 '내 생각'을 갖는다는 것은 사실 피곤한 일이다. '내 생각'을 가지려면 살면서 맞닥뜨리는 모든 상황에 대해 관심을 갖고 고민해야 한다. 다양한 의제와 쟁점들을 일일이 따져봐야 하고 판단해야 한다. 대다수의 사람들이 당연하게 받아들이는 사회의 관습과 규범, 통념도 의심해봐야 한다. 다수에 쉽게 동의하지 않고 따져 묻는 사람을 경계하는 우리 사회 분위기에서 환영받지 못할 각오를 해야 한다. 그러한 과정에서 모난 돌이 정 맞는다는 속담을 실감하게 될 수도 있다. 그럼에도 '내 생각'을 가져야 하는 이유는 내 삶의 주인으로 살기 위해서다. 능동적이고 자유로운 존재로 살아가기 위해서다. 나도 모르는 새 이미 내 머릿속에 들어와 있는 수많은 생각들을 하나하나 점검하고 사회화 과정을 통해 스며든 생각과 진짜 '내 생각'을 구분하는 것에서부터 주체적인 삶은 시작되기 때문이다. 암기한 지식과 학습된 사고로 꽉 찬 우리의 머릿속을 뒤흔들 질문 공세는 그래서 계속 이어져야 한다. 익숙한 것들을 낯설게 보는 불편함, 자신의 언어로 세계를 새롭게 이해하고 구성하는 창조적 고통을 감수할 수 있어야 한다.

3. 생각하는 즐거움

스스로 생각하는 힘, 비판적 사고의 힘을 기르는 것은 매우 중요하다. 하지만 아이들이 이해하기 어려운 추상적 주제로 접근하거나 처음부터 자신의 생각을 논리적으로 표현하라고 요구하는 것은 지양해야 한다. 생각하는 것, 문제의식을 갖는 것을 또 하나의 공부거리로 받아들이거나 심리적 부담을 가질 우려가 있기 때문이다. 내 생각의 중요성, 필요성을 강조하기보다 내 머리로 생각하는 것의 즐거움을 경험할 수 있도록 돕는 것이 좋다. 자유롭게 생각하고 마음대로 표현하는 재미를 느끼게 되면 자발적이고 능동적인 참여가 증진될 수 있기 때문이다. 따라서 생각 연습 수업에서는 아이들이 이해할 수 있는 구체적 토론 주제, 다양한 해석이 가능한 텍스트를 선정해야 한다. 짧고 모호한 시나 단편 소설을 자유롭게 해석하는 수업, 사진이나 그림, 광고, 도표 등 비언어적 텍스트를 분석하는 활동도 좋다. 아이들에게 인기 있는 대중문화 프로그램을 분석하고 평가하는 것도 문제의식을 함양하는 데 도움이 된다. 평소에 자신이 즐겨 보던 예능 프로그램이나 드라마를 비판적으로 분석하는 것은 주관적 취향을 넘어서는 객관적 인식과 판단을 요구하기 때문이다. 우리 사회의 통념과 가치관이 반영된 속담의 이면을 들여다보는 활동도 흥미롭다. 사회 구성원들이 암묵적으로 동의하고 있는 사회적 합의와 가치체계의 특성을 찾아보고 그 안에 깔려있는 전제를 찾아 평가해보는 속담 분석 수업은 쉽고 재미있으면서도 시의성을 띠게 되어 학생들의 참여가 활발하게 일어난다.

4. 생각하는 힘을 기르기 위한 책들

학생들의 문제의식을 자극하고 관점을 정립하는 데 도움이 되는 책과 생각 연습 수업에 활용할 수 있는 책 몇 권을 소개한다. 『생각한다는 것』, 『백설 공주는 왜 자꾸 문을 열어줄까?』, 『생각하는 십대를 위한 철학교과서. 나』는 학생들이 직접 읽고 토론할 수 있는 책이다. 『코끼리는 생각하지마』, 『통계의 거짓말』은 교사용이다. 책 속에 소개된 사례나 자료를 활용하여 수업하기 좋다.

『생각한다는 것』 (고병권 / 너머학교)

'삶'과 '생각하기'의 역동적 관계에 대해 친절하게 설명하는 책이다. 생각한다는 것의 의미, 생각하지 않은 삶의 위험성, 다양한 사유와의 만남이 가져다주는 전망의 확장, 다른 사람들과 함께 하는 공부의 의미 등을 구체적 사례를 들어 설명하고 있다. 우리의 삶은 우리의 생각이 주조하는 것이며 생각하는 기술, 즉 철학이 우리 삶의 질과 양상을 다채롭게 만들어나갈 수 있다는 것이 이 책의 핵심 주장이다. 쉬운 단어로 친절하게 서술하고 있지만 다루는 주제 자체가 만만치 않다. 중학생부터 읽을 수 있지만 독해 토론을 위해 섬세한 수업 준비가 필요하다.

『백설공주는 왜 자꾸 문을 열어줄까?』 (박현희 / 뜨인돌)

백설공주라는 친근한 주인공에 대한 엉뚱한 궁금증을 불러일으키는 제목이 흥미로운 책이다. 내용은 더 흥미진진하다. '여우와 두루미', '늑대와 양치기 소년' 등 아이들에게도 익숙한 이야기에 대한 삐딱한 문제 제기가 우리의 굳은 머리를 자극한다. '빨간 모자'를 통해 위험하다고 간주되는 일탈적 행동의 긍정적 의미를 제시하고 '황금알을 낳는 거위'를 통해서는 결핍의 가치를 읽어낸다. 자신을 해치려는 사악한 왕비에게 자꾸만 문을 열어주는 백설공주의 행동 기저에 숨어있는 외로움을 현대적 상황에 맞춰 해석하는 대목도 탁월하다. 익숙한 텍스트를 낯설게 보는 연습에 적합한 사례를 풍부하게 담고 있어 논술 수업에서 활용도가 높다. 중학생부터 읽을 수 있고 교사가 읽고 사례만 차용해도 좋다.

『생각하는 십대를 위한 철학교과서 '나'』 (고규홍, 김경집, 김봉규 / 꿈결)

생각 연습, 토론 수업에 활용할 수 있는 책이다. '나', '나와 우리', '나와 세계'의 세 챕터로 나누어 다양한 철학적 질문을 던지고 그에 대한 풍부한 사유와 지적 탐색을 보여준다. 『니코마코스 윤리학』, 『실천이성비판』, 『부분과 전체』 등 고전의 일부를 발췌하여 문제를 제기하고 현실의 구체적 사례를 곁들어 설명한 후 새로운 질문을 던지는 방식을 취하고 있다. '나는 누구인가', '인간은 자유로운가', '살인을 저지른 아들을 숨겨줘도 될까', '누가 역사를 만드는가' 등 논술의 주요 주제를 두루 다루고 있어 토론 수업에서 활용도가 높다. 사진과 그림 등을 풍부하게 활용하여 딱딱함을 덜었지만 내용은 아주 쉽지는 않다. 중학생부터 읽을 수 있다.

『코끼리는 생각하지 마』 (조지 레이코프 / 와이즈베리)

프레임 이론을 통해 언어와 인식의 관계를 흥미롭게 조명한 책이다. 2004년 출간되었던 책을 전면 개정하여 2018년에 다시 펴냈다. 프레임의 개념과 역할, 문제점 등을 구체적 사례를 통해 설명한다. 미국 진보 세력의 선거 전략을 위한 지침서의 성격을 띠고 있지만 논술 수업에서 강조하는 비판적 사고를 연습하는 데에도 적합한 텍스트다. 계산되고 조작된 언어가 만들어내는 프레임에 갇혀 비이성적 판단을 하는 구체적 사례, 우리의 생각이 우리의 존재를 배반하는 현실의 사례 등을 통해 올바른 현실 인식의 어려움과 중요성을 역설한다.

중학생들이 완독하기는 어렵고 고등학생부터 읽을 수 있다. 프레임의 개념과 작동 방식, 구체적 사례 등을 발췌하여 문제의식 갖기 수업에 활용하는 용도로 적합하다.

『통계의 거짓말』 (게르트 보스바흐. 옌스 위르겐 코르프 / 작은책방)

흔히 객관적이라고 인식하는 숫자, 백분율, 그래프, 통계의 허구성과 오류, 문제점을 날카롭게 분석하는 책이다. 직관적으로 파악하게 되는 그래프를 교묘하게 조작하여 원하는 해석을 이끌어내는 조작 기법, 표본 추출 방식을 조작하여 왜곡된 결론을 유도하는 조사 방식, 숫자에 대한 맹신을 악용하는 통계의 구체적 사례를 읽다보면 세상에 대한 불신이 깊어진다. 하지만 저자는 통계 자료를 대하는 구체적인 기본 원칙을 숙지하고 활용한다면 우리가 살아가는 세계의 모습을 제대로 이해하고 효율적으로 표현할 수 있을 거라고 말한다.

보이는 대로 믿는 것이 아니라 보이지 않는 이면을 들여다보고, 특정한 자료를 만든 주체의 의도를 파악하려는 노력이 있어야 올바른 인식이 가능함을 보여주지만 중학생들이 읽기에는 다소 부담스러운 책이다. 제시된 통계 사례를 추출하여 자료 분석 연습용으로 활용하면 좋다.

5

길에서 배운다

김수영, 『당신의 꿈은 무엇입니까』
내 꿈을 찾아 떠나는 길

웬디 매스, 『우리 모두 별이야』
넓은 세상으로 이끄는 길

빌 브라이슨, 『나를 부르는 숲』
새로움을 찾아 떠나는 길

서정오, 『우리가 정말 알아야 할 우리 신화』
영웅을 만드는 길

요슈타인 가아더, 『수상한 빵집과 52장의 카드』
깨달음에 이르는 길

길 위에 길이 있다

김수영, 『당신의 꿈은 무엇입니까』

내 꿈을 찾아 떠나는 길

대상_ 중학교 전학년
함께읽은책_ 『당신의 꿈은 무엇입니까』 (김수영 / 꿈꾸는지구 / 2018)
학습목표
1. 책 속에 나온 다양한 사람 다양한 꿈에 대하여, 분류 기준을 세워 정리할 수 있다.
2. 자신이 꿈꾸는 삶에 대해 스스로 질문하고 답할 수 있다.
3. 자신이 꿈꾸는 삶을 공동체적 가치와 연결 지어 이야기할 수 있다.
집필_ 전영경

꿈이 강요되는 시대에 살고 있다. 어린 나이부터 꿈이 무엇인지 너무 많은 사람이 물어보는 탓에, 아직 자신의 꿈이 무엇인지 모르는 아이들은 마치 죄를 지은 것처럼 주눅이 들어있다. 꼭 꿈을 가져야 하는 것은 아니다. 그것도 자연스러운 일이다.

반대로 꿈이 너무 많아서 고민인 아이도 있다. 이럴 때는 유망한 꿈보다는 유망하지 않은 꿈부터 생각해보는 것도 방법이다. 다양한 시행착오로 때로는 좌절을 겪을 수도 있겠지만 그것 또한 자양분이 될 수 있기 때문이다. 단순하게 꿈을 찾다 보면 부모님이나 주변의 기대가 곧 자신의 꿈인 양 생각하는 사람도 있고, 많은 연봉을 받는 직업이 곧 좋은 꿈인 양 생각하는 사람도 있다. 이들의 공통점은 자신의 삶에 자신이 빠져 있다는 것이다. 물론 실존의 조건을 부정하는 것은 아니다. 그러나 많은 연봉을 받고 권력을 갖는다고 해도 그 꿈을 이루면서 즐겁지 않다면 그 꿈에 대해 다시 생각해 보아야 하지 않을까.

꿈이 곧 직업이 되는 것만은 아니다. 무엇인가 하면서 즐거워서 자신도 모르게 자신을 쏟아 붓게 되는 것. 그것이 바로 꿈이 아닐까.

생각열기

1. "어떻게 살 것인가?" 게임

플라톤의 『소크라테스의 변명』에 보면, 소크라테스는 "캐묻지 않는 삶은 살 가치가 없다."고 하며 자기 성찰의 중요성을 강조한다. 이에 소크라테스의 산파술에 착안하여 계속되는 질문을 통해 자신이 무엇을 모르는지 깨닫고 해답을 찾는 동기를 유발하기 위한 목적으로 만든 간단한 게임이다.

〈게임 방법〉

1. 두 명씩 짝을 지어 마주보고 선다.
2. 한 사람은 오른 손을 다른 사람은 왼손을 들어 팔씨름하듯 손을 맞잡는다.
3. 두 사람 중 질문할 사람과 대답할 사람을 정한다.
4. 질문하는 사람은 상대방의 손을 확 잡아당기며 "어떻게 살 거야?"라고 반복해서 질문한다. 마찬가지로 대답하는 사람은 상대방에게 끌려갔던 손을 확 잡아당기며 계속 "몰라."라고 대답한다. 이때 "몰라"라는 대답과 같은 의미인 "모르지."나 "생각 안 해봤어." 등과 같이 대답해도 된다.
5. 질문과 대답을 계속 반복한다. 이때 교사의 별도의 지시가 있을 때까지 역할을 바꾸지 않고 질문하는 사람은 계속 질문만 하고 대답하는 사람은 계속 대답만 해야 한다. 교사는 10회~15회 정도 질문과 대답을 반복하도록 기다린다.
6. 교사의 지시에 따라 같은 질문과 대답을 마친 뒤, 두 사람은 질문하면서 혹은 대답을 하면서 느낀 것이나 떠오른 생각을 이야기한다.

같은 질문과 대답을 반복하면서 마음속에 역동적인 변화가 일어난다. 점차 질문하는 사람은 '어떻게 살아야 한다는 것이지?', '나는 어떻게 살기를 바라고 질문하는 거야?' 는 등의 의문을 스스로 갖게 되고, 대답하는 사람은 '어떻게 살아야 한다는 거야?', '어떻게 살아야 하지?' 등에 관해 진정 의문을 갖게 된다. 이때 의문에 대해 떠오른 자신의 생각은 어떻게 살 것인가에 대한 '단상'이다. 이 단상을 바탕으로 아이들은 스스로에게 묻고 답하며 자신의 생각을 구체화하게 될 것이다.

펼치기

1. 작가는 사람들의 꿈이 무엇인지 궁금했다고 이야기한다. 작가가 만난 사람들의 꿈을 분류기준을 세우고 그 기준에 맞추어 분류해 보자.

분류기준은 꿈을 이루거나 꿈을 이루기 위해 달려가는 사람, 꿈은 있지만 달려가지 못하는 사람, 꿈을 찾고 있는 사람으로 정한다. 꿈을 이루는 각각의 상황에 있어 어떤 특징이 있는지 생각해보기 위해서다. 이외에 꿈을 이룬 사람과 그렇지 못한 사람, 개인을 위한 꿈과 다른 사람을 위한 꿈 등으로 간단하게 기준을 세울 수 있다.

꿈을 이루거나 꿈을 이루기 위해 달려가는 사람	꿈은 있지만 달려가지 못하는 사람	꿈을 꾸지 못하는 사람
터키에 호텔을 짓는 치한 많은 사람들과 어울리고 싶은 테살 로니키의 은둔형 외톨이 디게니스	기타 연주로 세상을 바꾸고 싶은 이란의 마지드	이스파한의 택시 기사

2. 분류 기준에 따른 각각의 특징을 찾아보자.

분류 기준에 따른 특징을 찾는 것은 그들이 처한 상황이나 개인의 태도를 눈여겨보게 한다. 꿈을 이루거나 꿈을 이루기 위해 달리는 사람들은 자기 자신을 사랑하며 긍정적인 사고로 끈기 있게 노력한다. 꿈은 있지만 꿈을 향해 달려가지 못하는 사람들은 호주에서 사는 게 꿈이지만 25년간 갚아야 하는 모기지 때문에 꿈을 접는 등 물질에 대한 욕심을 버리지 못하거나, 데라반의 집과 올리브 나무로 돌아가고 싶은 꿈을 가졌지만, 이스라엘 때문에 꿈으로 간직하고만 있는 등 국제적인 정치 상황 때문에 힘겹게 하루하루를 버티고 있다. 권력이나 물질에 대한 욕망 그리고 경쟁에서 뒤처지는 것에 대한 지나친 두려움은 개인적이든 국제적이든 사람을 노예로 만드는 경향이 있다. 꿈을 꾸지 못하는 사람은 극단적인 절망과 불행에 빠져 부정적인 사고로 노력할 생각조차 하지 못한다.

3. 이들 중 내 꿈을 찾는 과정에서 멘토를 정한다면 어떤 사람이 적합할까? 세 사람의 멘토를 뽑고, 그 이유를 이야기해 보자.

어떻게 살 것인가. 다른 사람들의 삶의 모습을 본보기로 삼아 아이들은 꿈을 구체화시킬 수 있을 것이다. 가난에서 벗어나 미용사가 되는 것이 꿈이라고 말하지만 어떤 사람은 노력해서 미용실 원장이 되었고 어떤 사람은 가난을 핑계 대며 벗어나려 노력하지 않아 30대 후반에도 바에서 나체로 돌아다니며 팁을 구걸하고 있다. 오랜 시간 가정성폭력을 당했지만, 동성애자가 되어 아동학대방지 운동을 펼치고 있는 사람도 있다. 상담자, 조언자, 친구, 역할 모델 등 다양한 역할을 하는 멘토를 선정하는 과정에서 아이는 자신이 필요로 하는 것이 무엇인지 알 수 있고 멘토를 통해 꿈을 달성하는 계기를 마련할 수 있다는 것도 깨닫게 될 것이다.

마무리

1. 친구의 꿈이나 가족 혹은 지인의 꿈을 인터뷰하여 보자. (과제)

책 속 인물들을 통해 다양한 사례를 보고 그것을 자신에게 적용하기 위한 준비 단계로 볼 수 있다. 또한 주변에 지인이나 가족을 한 사람 정하여 꿈을 인터뷰해 보는 것은 상대와 관계를 형성하는 데도 도움이 된다. 어떤 꿈을 가지고 있는가, 그 꿈을 포기하였다면 이유는 무엇인가, 지금 접어두었던 꿈을 펼칠 수 있다면 어떤 꿈을 펼치고 싶은가 등을 이야기하다 보면 일상의 공간에서 부모로서, 친구로서, 형제로서만 바라보던 사람들을 새롭게 볼 수 있는 계기가 될 것이다.

<2차시>

생각열기

1. 과제 발표하고 느낌 나누기

2. '만일 당신에게 남은 삶이 3년이라면 어떻게 살 것인가?'

죽음은 사람을 새롭게 태어나게 하기도 한다. 영원불멸의 생을 얻는다면 사람은 어떻게 살 것인가. 사람은 단 한 번뿐인 삶이기에 보다 보람된 인생을 살고자 하는 것이 아닐까 하는 질문으로 수업을 시작한다. 막연하게 삶을 생각할 때 사람은 죽음을 생각하지 않고 10년 후나 30년 후 멀리는 60, 70년 후를 이야기한다. 그렇게 장년, 노년은 멀게만 느껴질 뿐 현실은 와 닿지 않는 경우가 많다. 그러나 이 질문은 인간의 수명이 짧다는 사실을 인식하기 위한 것이라기보다는, 우리에게는 추구할 만한 많은 가치 있는 일들이 있고 그러한 일들을 해내기는 아주 어렵고 힘들다는 사실을 인식하기 위한 것이다.

펼치기

1. 무엇이 가치 있는 삶이라고 생각하는지 책에서 사례를 들어 이야기해 보자.

오로지 돈을 좇거나 경쟁에서 이기는 등 자신의 보다 나은 안위를 위해 삶을 살아가는 사람도 있지만 자유롭고 평화롭게, 평등하게 함께 하는 세상을 위해 삶을 살아가는 사람도 있다.

이스마엘은 자신의 목숨을 걸고 이집트의 자유와 민주주의를 외치고 있다. 1년간 삼촌에게 강간을 당하며 살아오던 하리쉬는 언젠가 세상 앞에 당당해져 더 이상 희생자가 생기지 않도록 세상에 이 일을 알리겠다는 꿈을 꾼다. 실제로 그는 아동학대방지 운동가가 되어 기회가 있을 때마다 아동, 여성, 동물, 동성애자 등 약자의 편에 서고 있다. 민중과 약자의 편에 서던 영화배우 겸 감독 쩌두는 자신의 전 재산을 바탕으로 가난하여 장례식조차 치를 수 없는 극빈층을 위해 무료장례서비스를 해주는 자선단체를 설립하여 활동하고 있다. 디오니는 죽은 아들 파노스의 뜻을 기리며 자선단체 파노스4라이프를 만들어 극빈층 어린이를 위한 유치원이나 장애아들을 위한 시설을 짓는 등 어려운 환경의 아이들을 돕겠다는 꿈을 실현하고 있다.

풍등 하나를 날리는 데도 계속 시도해야 하고 혼자 하는 것보다 여럿이 함께 하는 게 더 쉽고 기쁘다. 에베레스트 트레킹 중 고산병으로 심하게 고통 받던 작가는 같은 팀원들과 서로 응원하고 의지하며 최고봉인 칼라파타르에 오르는데 성공한다. 스스로 꿈을 정하고 꿈을 이루기 위해 더 많이 노력했을 때 그리고 여기에 함께 하는 이들이 있었을 때 기쁨이 배가 된다.

2. 꿈을 이루는데 다양한 어려움이 있다. 어려움을 맞닥뜨렸을 때 사람들은 어떻게 헤쳐 나갔는지 살펴보자.

조종사가 되고 싶었던 잉고는 시력이 공군사관학교 입학조건에 맞지 않아 포기했다. 민영조종사가 없던 동독과 달리 통일이 된 뒤 민항기 조종사가 되기에 자신의 시력이 문제가 되지 않는다는 사실을 알게 되었다. 아이들도 어느 정도 키우고 중년이 되어 주말마다 자신이 사는 싱가포르에서 비행훈련비가 싼 말레이시아로 가 열심히 배우고 있다. 물론 경비 마련을 위해 평일에 더 열심히 집중하여 일한다.

특수효과 감독이 되고 싶은 이타이는 짐바브웨가 국적이라 비자를 받기 위해 다른 많은 것을 포기해야 하는 어려움을 겪고 있다. 특수효과 감독이라는 꿈을 이루기 위해 영주권을 후원해주는 홍콩이나 미국으로 가 일을 한다. 꿈과 여권 사이에서 타협을 하고 꿈을 이루기 위해 잠시 꿈을 한쪽으로 미루어두고 돌아가는 길을 선택했다.

훌륭한 언론인을 꿈꾸는 루비는 언론인이셨던 할아버지께서 당한 정치적 고초로 부모님의 반대에 부딪혔다. 엔지니어 과학자가 되기를 기대하는 부모님 때문에 칭화대 핵공학과에 갔지만, 꿈을 포기할 수 없어 입학 후 갖은 알바와 과외로 경제적으로 독립하고 할아버지에 관한 글 등 훌륭한 언론인이 될 자질이 있음을 인정받으려 글들을 써 보여드리고, 영국 정부에 장학금을 지원해 자신의 힘으로 유학도 다녀왔다. 루비는 인내와 열정으로 가능성을 증명하여 부모님을 설득하였다. 이외에도 다양한 사례가 있으니 아이들 스스로 찾아보게 하자. 또 이들의 공통점은 무엇이라고 생각하는지 이야기를 나누어 보도록 하자.

3. 기자인 루비는 언론인이지만 자신의 꿈은 훌륭한 언론인이라며 아직도 노력해야 할 일이 많다고 이야기한다. 루비가 생각하는 '훌륭한' 언론인이란 어떤 의미일지 루비 멘토인 루비 할아버지의 삶을 바탕으로 이야기를 나누어 보자.

흔히 '꿈'을 물으면 '직업'을 이야기한다. 직업은 과정이지 꿈이 아니라는 사실을 다시 한 번 상기시켜 줄 수 있는 질문이다. 우리는 모두 자신을 위한 삶을 꿈꿀 수도 있지만 함께 하는 삶을 꿈꿀 수도 있는 존재이다. '훌륭한'이란 단어는 오롯이 자신의 존재를 드높이는 의미도 가지고 있지만 다른 사람을 위한 가치 있는 일을 행하는 등 다양한 의미를 부가하여 생각할 수도 있을 것이다. 단어에 대한 의미 부여를 하면서 어느 것이 가치 있고 보람되는 삶인지 생각해 보기를 권한다.

마무리

1. 이제 스스로를 인터뷰해 보자.

"당신은 어떻게 살기를 원하십니까?"
"당신의 꿈은 무엇입니까?"
"10년 뒤에 당신은 어디에서 무엇을 하고 있을까요?"

글을 쓰기 전에 간단하게 자신의 꿈에 대해 생각해본다. 책에서 필자는 만나는 사람들에게 당신의 꿈은 무엇이냐고 묻는다. 질문은 일상에 파문을 일으킨다. 어떤 사람은 그 질문을 통해 자신의 내면을 다시 들여다보기도 하고 어떤 사람은 꿈을 예상보다 앞당겨 성취하기도 한다. 중요한 것은, 과정 중 일부 도움을 얻을 수는 있지만 모든 것은 결국 홀로 해내야 한다는 것이다.

2. 큰 종이에 자신의 꿈을 쓰고, 서로 응원하기

3. '나의 꿈'을 주제로 글을 써보자.

수업을 마치며

'꿈은 무엇인가?'라는 질문은 대개 '무엇이 되고 싶은가?'라는 의미를 갖는다. 그러나 뒤따르는 '왜 그것이 되고 싶은가?'라는 질문에 답하기 위해 생각하다 보면 결국은 어떻게 살고 싶은가를 먼저 생각해야 한다는 사실을 깨닫게 된다. 일부는 자신이 속한 계층이나 가정, 나아가 국가의 현실적 조건들을 벗어날 수 없다는 사실을 들어 변화를 꿈꿀 수도, 꿈을 이룰 수도 없다고 무력함을 강조한다. 물론 자신에게 주어진 현실적인 조건을 받아들일 수밖에 없지만, 자신은 그 조건을 극복할 수도 있는 존재라는 사실을 잊지 말아야 한다. 자신의 환경을 부정적으로만 생각하여 받아들이지 못하고 방황하고 사회를 원망할수록 불행해지는 것은 결국 자기 자신이다.

자신의 상황을 스스로 어떻게 인식하고 어떤 의미를 부여하느냐가 곧 선택의 출발점이 된다. 수동적인 삶에서 벗어나 스스로 선택하는 존재가 되어야 한다. 스스로 얼마나 귀한 존재인지 알아야 귀한 너와 내가 모여 이루는 이 사회를 지켜낼 수 있다. 자신이 어떤 삶을 살아가는 존재가 되고 싶은가를 고민하는 의미 있는 시간이 되기를 바란다.

웬디 매스, 『우리 모두 별이야』

넓은 세상으로 이끄는 길

대상_ 중학생
함께읽은책_ 『우리 모두 별이야』 (웬디 매스 / 시공사 / 2009)
학습목표_
1. 새로운 것, 낯선 것을 두려워하지 않고 도전하는 것이 중요함을 알 수 있다.
2. 변화하는 상황에 능동적으로 대처할 수 있는 마음의 힘을 기른다.
집필_ 고은영

한낮에 태양이 사라지고 낯선 어둠이 찾아오는 개기일식은 비일상적인 경험이다. 평소에는 전혀 볼 수 없는 태양의 코로나와 홍염, 채층이 그 모습을 드러내고 밤에만 반짝인다고 여겼던 수많은 별들도 한낮의 하늘에 떠오른다. 익숙한 풍경은 태양빛과 함께 사라지고 기이한 어둠이 세상을 채운다. 흥분과 기대로 일식을 기다리던 사람들도 처음 보는 생소한 풍경에 압도되어 경외감을 넘어 두려움을 느낀다고 한다. 새로운 것, 낯선 것은 호기심과 동경의 대상이지만 동시에 외면하고 싶은 공포의 대상이기 때문이다. 『우리 모두 별이야』의 세 주인공에게도 새로운 세상은 한낮의 어둠처럼 혼란스럽게 다가온다. 자신이 속했던 곳, 자신이 믿었던 생각의 틀 안에서 안온하게 지내던 아이들은 갑자기 밀어닥친 변화 앞에서 당황하고 두려워한다. 낯선 세계로 나가지 않기 위해 머리를 싸매고 방법을 궁리하기도 한다. 그러다 맞닥뜨린 장엄한 개기일식은 아이들의 좁은 시각에 균열을 일으킨다. 제대로 보지 못했던 태양의 참모습을 보고, 자신이 알지 못했던 세상의 다른 모습을 경험한 아이들은 더 넓은 세계로 나아갈 결심을 하게 된다.

생각열기

1. 아래 시를 읽고 감상을 나누어보자.

새로운 길
_ 윤동주

내를 건너서 숲으로
고개를 넘어서 마을로

어제도 가고 오늘도 갈
나의 길 새로운 길

민들레가 피고 까치가 날고
아가씨가 지나고 바람이 일고

나의 길은 언제나 새로운 길
오늘도⋯ 내일도⋯

내를 건너서 숲으로
고개를 넘어서 마을로

새로운 길을 가는 것은 두렵다. 편하고 익숙한 세상을 벗어나, 무엇이 기다릴지 모르는 낯선 곳으로 가는 것은 용기가 필요한 일이다. 하지만 새로운 길에도 예쁜 꽃이 피어나고 새가 날아다닌다. 한 곳에 머물렀다면 만나지 못 했을 새로운 인연은 길을 떠난 자만이 누릴 수 있는 특권이다. 차가운 시냇물을 건너고 험난한 고개를 넘더라도 매일매일 새로운 곳으로 나아가는 시인의 마음을 헤아려보고 길 떠남의 의미를 자유롭게 해석해보도록 한다. 윤동주의 삶과 연관 지어 이야기해볼 수도 있고 시의 상황에 학생들 자신의 모습을 투영하여 이야기하는 것도 좋다.

내용 이해

1. 서로 다른 특성을 갖고 있으며 전혀 다른 삶을 살던 앨리와 브리, 잭은 우연히 달그림자 캠핑장에서 만나게 된다. 세 주인공의 가족 관계와 특성, 꿈과 고민을 정리해보자.

책의 주인공인 앨리, 브리, 잭의 가정적 환경, 성향, 꿈, 고민 등을 꼼꼼하게 정리해본다. 13세 (우리식 나이 15세)인 세 주인공은 각기 처한 상황, 성격과 가치관, 가족 상황 등 모든 것이 상이하다. 일식 캠프라는 우연한 계기가 없었다면 평생 마주칠 일이 없으리만큼 겹치는 것이 없다. 그러나 세 아이들의 삶을 구체적으로 들여다보면 비슷한 점도 많다. 각자 자신이 있는 곳에서 나름의 방식으로 적응하며 잘 지내고 있는 것 같지만 내면의 두려움과 외로움을 갖고 있다. 익숙한 상황에서 안온하게 지내다 갑자기 새로운 상황에 불쑥 던져지는 점도 유사하다. 달과 별, 그리고 외계 행성처럼 서로 다른 존재지만 우주라는 한 공간 안에서 함께 존재하며 영향을 주고받는 세 아이들의 특성을 꼼꼼하게 정리하도록 한다.

	앨리 서머스	브리 홀든	잭 로스틴
가족관계			
특성과 상황			
꿈			
고민			

1) 앨리 - 우주 벌레, 알파걸

앨리는 지도에도 나오지 않는 오지에서 '달그림자 천체 관측 캠핑장'을 운영하는 부모님, 남동생 케니와 함께 산다. 앨리의 원래 이름은 별자리에서 가장 밝은 별을 의미하는 '알파'지만, 가족들은 앨리라고 부른다. 우주와 천체에 대해 해박하고 혜성을 발견하는 것이 꿈인 앨리의 별명은 우주 벌레다. 할아버지가 주신 운석 조각을 목걸이로 만들어 걸고 다니며 세티 프로젝트에도 참여중인 앨리는 천체 관측 캠프장을 운영하는 부모님을 도우며 재택 학습 중이다. 앨리의 또 다른 별명인 알파걸은 복잡하고 어려운 캠프 일을 척척 해내는 앨리의 어른스러운 모습이 반영되어 있다. 그러나 앨리에게도 깊은 외로움이 보인다. 가족들 외의 다른 사람을 만나기 어려운 오지의 삶 속에서 앨리의 친구는 하늘에서 반짝이는 별들뿐이다. 정규 학교 교육을 받지 않기에 또래 친구가 거의 없으며 교류 경험도 적다. 천체 이름을 딴 에타, 글렌, 페기라는 가상의 친구와 대화를 나누는 것으로 외로움을 달래는 앨리의 모습이 안쓰럽다.

외롭고 고립된 삶 속에서도 꿋꿋하게, 활달하게 살아가던 앨리에게 갑자기 생각지도 못한 위기가 닥친다. 오지에서 자라느라 다양한 경험이 부족하고 다른 사람들과 교류할 기회가 적은 앨리 남매를 걱정한 부모님이 몇 년 동안만 시카고에서 살아보기로 결정한 것이다. 외롭지만 오붓하게 살아가는 오지의 삶에 익숙한 앨리에게 낯선 대도시에서의 삶은 기대가 아닌 공포로 다가온다. 잘 모르는 사람들과 어울려야 하고 새로운 문물에 적응해야 하기 때문이다. 매일매일 바라보며 이야기를 나누던 밤하늘의 별들과 만나기도 어려워지고 혜성을 찾으며 가슴 뛰던 일들도 더 이상 불가능하다. 잘 알지 못하는 도시의 삶에 적응해야 한다는 부담감은 앨리를 짓누르고 앨리는 이사를 막을 궁리를 하게 된다.

2) 브리 - 타고난 모델

브리는 과학자 부모님, 우등생인 동생 멜라니와 도시에 산다. 브리는 예쁘다. 브리는 자신의 외모가 출중한 것을 잘 알고 있으며 늘 예쁜 옷을 입고 외모를 가꾸며 톱모델을 꿈꾼다. 수많은 남학생들의 이상형인 브리는 어디서나 눈에 띄는 존재다. 브리를 부러워하고 따르는 친구들도 많다. 하지만 브리의 내면은 위축되어 있다. 외모 외에 자신의 재능이나 장점은 없다고 생각하기 때문이다. 다른 사람의 마음에 들도록 자신을 꾸미지 않으면 인정받지 못할 거라는 불안도 브리를 힘들게 한다. 가족 안에서도 브리는 외롭다. 세속적인 것에는 관심 없는 과학자 부모님과, 똑똑하지만 외모에는 관심 없는 여동생은 브리의 생각을 이해하지 못한다. 브리 또한 덜덜거리는 고물차를 몰고 소박하다 못해 촌스러운 모습으로 다니는 부모님이 부끄럽고 답답하다.

외모를 무기로 더 넓고 더 화려한 세상에 나아갈 꿈에 부푼 브리에게 인생 최대 시련이 닥친다. 과학자인 부모님이 연구를 위해 달그림자 캠프장으로 이주하기로 결정한 것이다. 그것도 장장 3년 동안이나! 브리에게 별이 총총한 오지는 자신의 인생이 완전히 정지되는 연옥처럼 느껴진다. 그리고 막상 도착해서 본 캠프장의 열악한 상황은 지옥 그 자체다. 사람들 속에서 아름다운 외모를 뽐내며 자신감을 얻던 브리에게 오지에서의 고립된 삶은 자신의 정체성조차 뒤흔드는 위기로 인식된다. 도시로 돌아가고 싶은 브리는 캠프장에서의 삶을 고수하려는 앨리와 합심하여 부모님들의 결정을 되돌리려 다양한 노력을 기울인다.

3) 잭 – 외계인 그림만 그려대는 외톨이

잭은 엄마, 네 살 위 형 마이클과 함께 산다. 잭이 어렸을 때 집을 나간 아빠는 잭의 기억 속에 남아있지 않다. 어린 아이들을 두고 무책임하게 사라진 남편이 원망스러운 잭의 엄마는 사진 속의 남편 얼굴을 가위로 다 도려내어 버렸다. “우리 아버지는 머리가 없다. (…) 내가 본 건 아버지의 목 아래만 남은 사진 수백 장뿐”이라는 잭의 독백은 그의 결핍감과 외로움을 보여준다. 삶에 지친 외로운 어머니는 잭을 제대로 돌보지 못하고 고교야구팀 스타인 형과의 비교는 잭의 열등감을 부추긴다. 학교에서도 잭은 늘 혼자다. 뚱뚱하고 운동도 못하는 데다가 성적도 그저 그렇다. 교실 뒤에 앉아 외계인, 마법사를 그리며 소일하거나 공상과학, 판타지 책을 보는 것이 그의 일과다.

방학이 되어도 잭은 딱히 할 일이 없다. 두 번째 의붓아버지가 만들어 둔 작은 나무집에서 빈둥거리며 시간을 보내던 잭에게 뜻밖의 소식이 전해진다. 학교 과학 선생님이 잭에게 개기일식 체험 캠프 보조 운영자로 함께 일할 것을 제안한 것이다. 자신이 아닌 동명이인일 것이라고, 나 같은 아이가 그런 중요한 일을 할 수 없다고 계속 부인하고 의심하던 잭은 선생님의 배려와 격려로 달그림자 캠프장에서 진행되는 일식 캠프에 합류한다. 캠프에서 만난 사람들의 어려움을 해결해주고 자신에게 맡겨진 중요한 일들을 잘 해내지만 잭은 늘 불안하고 의기소침하다. 무슨 일을 하든 제대로 수행하지 못할 거라는 두려움이 잭을 움츠러들게 하고 그때마다 머리 속에서는 엄마의 “거봐, 내가 너 그럴 줄 알았어.”라는 질책이 들리는 듯하다. 꿈속에서 자유롭게 날아다니며 해방감을 만끽하는 잭은 현실에서는 외계인 그림만 그려대는 수줍고 외로운 소년이다.

펼치기

1. 달그림자 캠프장에서 만난 아이들은 어떻게 서로를 이해하고 도우며 성장하는지 알아보자.

1) 이사 가는 것이 싫은 앨리와 브리는 동생들과 합심하여 이사 방해 작전을 짠다. 아이들이 이사하지 않아야 할 이유로 찾아낸 것들은 무엇인지 이야기해보자.

의외로 학생들이 재미있어 하는 대목이다. 거주지를 옮기기 싫은 아이들은 대도시와 오지의 위험성을 극대화하여 부모님의 이사 계획을 막으려 하지만 통하지 않는다. 수업 주제와 직접적인 연관은 없지만 주인공들의 두려움과 간절한 마음을 이해할 수 있다.

* 브리네가 달그림자로 이사 가면 발생할 문제점

·브리 엄마는 벌레를 싫어하는데 달그림자는 오지라서 다양한 곤충들이 많다.
·곰 같은 야생 동물이 자주 출몰한다.
·전기 공급이 원활하지 않아 과학 연구에 적합하지 않다.
(전원을 뽑아서 단전 상황을 연출한다)
·기상 문제로 도로가 통제될 수 있어 생활이 불편하다.
·야경증 있는 멜라니가 잠결에 돌아다니다 나무뿌리 등에 걸려 부상 입을 우려가 있다.
·캠핑장을 운영하려면 열심히 일을 해야 하기 때문에 부모님이 연구에 몰두할 시간이 없다.
·재택 교육은 일반 공교육보다 비용이 많이 든다.

* 앨리네가 도시로 이사 가면 겪을 문제점

·도심에는 곤충이 드물어 곤충을 연구하려는 케니의 꿈이 좌절될 수 있다
·도시의 밤은 환해서 앨리가 좋아하는 별을 보기 어려워 앨리의 꿈도 좌절될 수 있다.
·도시 문화를 잘 몰라 아이들에게 왕따를 당할 가능성이 많다.
·갱단, 마약 같은 문제 때문에 학교생활이 위험하다.
·대도시에서 살아가려면 휴대전화 비용, 사교육비, 용돈, 의복비 등 지출이 늘어난다.

2) 앨리와 브리의 이사 방해 작전은 실패로 돌아가고 이사는 불가피하다. 잭은 한 번도 해보지 않은 외계 행성 관측을 맡아서 진행해야 한다. 새로운 상황에 적응하는 것을 두려워하던 아이들은 창고에 모여 함께 이야기하며 서로에게 조언을 해준

다. 아이들이 제시하는, 새롭고 낯선 것을 대하는 방법, 두려움을 극복하는 방법을 찾아보자. 그리고 누구의 말에 가장 공감이 가는지 이야기해보자.

캠프장 언덕 위에서 외계 행성 관측을 준비하던 아이들은 갑작스런 폭풍 때문에 창고로 대피한다. 함께 밤을 지새우며 이야기를 하던 아이들은 어려움을 극복하는 나름의 방안을 제시한다. 각각의 아이들이 제시하는 방안을 찾아보고 어떤 것이 가장 공감이 가는지, 그 이유는 무엇인지 자유롭게 이야기해보도록 한다. 타인에게 자신을 맞춰야 한다는 브리, 상상 속으로 도피함으로써 문제를 회피하려는 잭의 방식은 걱정스럽다. 자신에게 닥친 일들을 좀 더 큰 틀에서 바라보고 현실을 긍정적으로 받아들이는 것, 자기다움을 잃지 않고 당당하게 맞서는 것이 중요하다는 것을 깨달을 수 있도록 지도한다.

* 라이언 – 자신을 미워하는 아버지, 조부모의 이혼 때문에 힘들지만 상황을 받아들이려고 노력한다. 자신의 힘으로 어쩔 수 없는 상황은 최대한 좋게 받아들여야 한다.

* 브리 – 자신이 속해야 하는 집단, 어울려야 하는 사람들의 특성을 파악해서 거기에 자신을 맞춰야 한다. 마음속으로는 공감하지 않더라도 어울리는 척 해야 친구를 사귈 수 있고 인기를 얻어 잘 지낼 수 있다.

* 멜라니 – 자기 자신이 누군지, 뭘 하고 싶은지를 아는 것이 중요하다. 남이 나를 어떻게 보든 상관없다. 겁먹은 것처럼 굴지 않고 즐겁게 당당하게 내 일에 몰두하면 남들도 나를 놀릴 힘을 잃게 된다. 나 자신을 숨기지도 말아야 하고 남의 눈을 피해서 숨지도 말아야 한다.

* 앨리 – 달그림자에서는 자신을 우주의 일부로 여기게 된다. 광대한 우주를 떠올리면 나쁜 일은 생각나지 않는다. 보다 큰 관점, 우주적 시야에서 보면 크고 작은 일에 일희일비하지 않게 된다.

* 잭 – 꿈 속, 상상 속으로 도피한다. 하늘을 날아다니는 꿈을 꾸며 해방감을 느끼는 것이 현실보다 더 자유롭게 느껴진다.

3) 우주의 모든 물질은 보이지 않는 힘으로 서로를 밀고 당기며 영향을 주고받는다. 앨리와 브리, 잭도 마찬가지다. 달그림자 캠프장에서 우연히 만난 세 사람은 여러 가지 일을 함께 겪으면서 서로에게 힘을 주는 친구가 된다. 앨리, 브리, 잭이 서로에게 어떤 영향을 주었는지 설명해보자.

자신의 상황, 문제를 객관적으로 인식하는 것은 쉽지 않다. 세 아이들도 마찬가지다. 각기 자신만의 문제에 갇혀 있던 아이들은 다른 친구들과 상호작용하는 가운데 좀더 객관적인 자기 인식을 갖게 되고 어려움을 극복해나갈 힘을 얻게 된다. 서로 어떤 영향을 주었는지 파악해보고 그 의미를 설명해보도록 한다.

자신감 없이 늘 고개 숙이고 다니던 외톨이 잭은 앨리의 도움으로 별을 관찰하며 깊은 위로를 느낀다. 길을 잃고 어디로 가야할 지 몰라 헤맬 때, 하늘에서 빛나고 있는 북극성을 찾으면 자신이 어디에 있는지, 어디로 가야 하는지 알 수 있게 된다는 앨리의 말은 잭의 내면에 튼튼한 나침반 하나를 선물해준다. 브리의 변화도 잭을 자극한다. 외적인 것에 집착하고 현실적인 것만을 추구하던 브리의 내적 변화는 소심한 잭이 바깥세상으로 나아갈 결심을 하는 계기가 된다.

브리 또한 잭과 앨리의 영향으로 자신의 참모습을 인식하게 된다. 외모를 중시하고 외적인 치장만이 자신을 돋보이게 할 수 있다는 믿음을 가졌던 브리는 앨리의 도움으로 달의 표면을 보는 경험을 한다. 그리고 자기도 몰랐던 내면의 또 다른 자아를 만난다. 다른 사람들의 기호에 맞춰 자신을 꾸며오던 브리가 자신의 참모습을 확인하게 되는 순간이다. 잭과의 대화를 통해 내적 자유, 상상력의 가치를 인정하게 되는 것도 주목할 만하다. 외적인 것을 중시하고 현실적인 것만을 추구하던 브리가 삶의 다양한 가치에 대해 눈뜨게 된 것이다.

낯선 도시에서의 삶을 막연하게 두려워하던 앨리는 친구들과 소통하는 과정에서 새로운 도전을 받아들일 힘을 얻는다. 도시에서 살게 되면 별을 보기 힘들 거라며 슬퍼하는 앨리에게 잭은 달은 어디서나 잘 볼 수 있음을 일깨워준다. 불빛에 가려 잘 보이지 않을 뿐 도시의 밤하늘에도 언제나 별이 빛나고 있다. 그러니 슬퍼하거나 두려워 할 필요 없다. 도시에서의 삶도 별빛 아래이기는 마찬가지라는 깨달음은 앨리를 위로하고 격려한다.

* 개기일식
[total solar eclipse]
태양, 달, 지구가 일직선상에 놓여 태양이 달에 완전히 가려지는 현상으로 세 천체의 거리와 크기가 절묘하게 맞아 떨어지기 때문에 관측 가능하다. 개기 일식이 일어나면 평소에는 육안으로 볼 수 없었던 태양의 코로나층, 채층을 볼 수 있다.

2. 새로운 것에 적응해야 하는 것을 두려워하던 아이들은 일식을 겪으면서 각자 내적인 변화를 겪는다. 일식을 경험한 아이들의 변화된 모습을 정리해보자.

대낮에 태양이 사라지고 기이한 느낌의 어둠이 찾아오는 일식은 두려우리만치 낯선 경험이다. 하지만 평소에 보지 못했던 새로운 풍경을 볼 수 있는 놀라운 기회이기도 하다. 일식을 경험하는 아이들은 평생 처음 보는 낯선 광경에 두려움과 환희를 동시에 느낀다. 그리고 마음 속 깊은 곳에서 새로운 깨달음과 힘을 얻는다. 학생들이 주인공들의 마음속에서 일어난 변화를 찾고 그 의미를 설명해 보도록 지도한다. 나사(NASA) 홈페이지 등에서 개기 일식 이미지, 동영상 등을 준비하면 좀더 생생한 이야기를 나눌 수 있다.

* 앨리

·태양 빛 때문에 가려져 안 보이더라도 별은 항상 빛나고 있다는 것을 새삼 깨닫는다. 평소에는 보지 못했던 태양의 아름다운 모습을 보고 자신이 알고 있던 것이 전부가 아니라는 깨달음을 얻는다.
·이전에 보지 못했던 것들을 보고 나니 익숙한 자신의 방이 좁아 보이는 느낌을 받는다. "그래, 이제 넓은 세상으로 나가는 거야."라고 생각한다.
·친구들과 힘을 모아 행성 관측을 해내고 일식을 경험하면서 전혀 모르던 아이들과도 좋은 친구가 될 수 있다는 믿음을 갖게 된다.

→ 도시에서의 삶을 두려워하던 앨리는 막연한 공포 때문에 위축되어서는 안 된다는 것을 깨닫는다. 오히려 잘 모르던 것을 알게 되는 새로운 기회, 도전, 삶의 확장으로 받아들이고 능동적으로 적응할 수 있는 힘을 얻는다.

* 브리

·일식을 두려워하는 이집트 여성을 보고 일식에 대해서 제대로 알지 못했던 시절에 느꼈을 공포를 짐작한다.
·태양의 코로나를 보고 지금까지 보지 못했던 참된 아름다움을 느낀다. 외모에만 집중하던 자신이 그 동안 얼마나 많은 아름다움을 놓치고 있었는지 깨닫는다.
·브리는 친구들에게 인기를 얻는 것이 중요하다고 생각해서 다른 아이들이 원하는 대로 자신을 꾸며왔었다. 망원경으로 달을 보고 일식을 경험하면서 자신도 모르게 억누르고 있던 괴짜 기질, 진짜 자신의 성향을 확인한다.

→ 미지의 것을 막연히 두려워하는 태도의 한계를 깨닫는다. 타인의 시선, 요구에 맞춰 살지 않고 자신의 주체적인 삶을 사는 것이 중요하다는 생각을 하게 된다. 오지의 생활 속에서 느낄 수 있는 새로운 즐거움을 발견하고 삶의 다양한 가치를 인정하게 된다.

*** 잭**

·일식을 두려워하는 피트를 달래는 과정에서 태양은 언제나 그 자리에 있다는 것, 어둠은 일시적이라는 것을 깨닫고 힘을 얻는다.

·넓은 세상을 보고 나니 혼자만의 시간을 보내던 나무집이 작게 느껴질 것이라고 생각한다.

·인간과 우주의 순환 원리를 이해하고 마음의 평화를 얻는다. 자신이 광대한 우주의 일부이며 무의미한 존재가 아니라는 생각을 하게 된다.

→ 위기가 닥치더라도 이겨낼 수 있음을 믿게 된다. 자기만의 세상에 숨지 않고 세상 밖으로 나올 수 있어야 함을 깨닫는다. 자신도 광대한 우주의 일부이며 자연스러운 순환의 과정에 속해 있다는 것을 알고, 자신의 존재에 대해 긍정하는 마음을 갖게 된다. 마음 깊은 곳의 외로움을 인정하고 드러낼 수 있게 된다.

심화

1. 내 이야기하기

앨리, 잭, 브리는 개기일식을 경험하면서 익숙한 것들에 길들여졌던 자신의 한계를 발견한다. 그리고 낯선 세상, 더 넓고 새로운 세계로 씩씩하게 나아가야 함을 이해하게 된다. 주인공들과 유사한 경험이 있는지 이야기해보자. 내가 알고 있던 것들이 전부가 아니었다는 깨달음을 준 사건, 낯선 것에 도전함으로써 새로운 세계에 눈을 뜨게 된 경험 등을 이야기해보자.

→ 개기일식처럼 거창하거나 특별한 사건뿐 아니라 작고 사소한 계기, 평범한 일상 속에서도 우리의 고정된 생각은 변화 가능하고 내적 성장 또한 이루어진다는 것을 깨닫기 위한 발문이다. 자신의 한계를 깨닫고 극복한 경험, 낯선 것과 맞닥뜨려 새로운 생각을 갖게 된 경험을 구체적으로 이야기하도록 지도한다. 직접 체험한 일뿐 아니라 책이나 영화 등 간접 경험을 통한 인식의 변화와 확장을 이야기하는 것도 가능하다.

마무리

1. 글쓰기

잭은 외모, 공부, 대인 관계 등 모든 면에서 자신감이 없다. 아버지의 부재와 어머니의 잦은 핀잔은 잭을 더욱 위축시킨다. 혼자만의 공간에서 상상의 나래를 펴는 것으로 마음을 달래는 잭은 너무나 수줍고 외로운 소년이다. 하지만 달그림자 야영장에서 앨리와 브리를 만나 과학 관측을 수행하고 위기에 처한 사람들을 돕는 등 적극적인 활동을 하면서 잭은 조금씩 자신감을 되찾는다. 일식을 경험하면서 새롭게 알게 된 우주와 인간의 관계도 잭에게 큰 위안이 된다. 캠프를 마치고 일상으로 돌아간 잭은 어떤 모습으로 살게 될까? 달그림자 야영장에서 경험과 일식을 통한 각성이 잭에게 어떤 영향을 미칠지 생각하며 잭의 뒷이야기를 작성해보자. (500자 내외)

→ 잭의 내적 변화를 염두에 두고 잭의 생활이 어떻게 변할지 추측해서 후일담을 작성해본다. 캠프에서의 활약과 그에 따른 칭찬, 새로운 친구들과의 만남, 다른 아이들과 힘을 합쳐 이루어낸 과학적 성과, 우주적 존재로서의 인간에 대한 성찰, 개기 일식 경험 등이 가져온 변화를 반영하되 지나치게 극적인 변화보다 개연성 있는 이야기를 작성하도록 지도한다.

수업을 마치며

익숙하고 정든 곳을 떠나 새로운 곳으로 향하는 것은 기대와 설렘, 걱정과 두려움이 공존하는 일이다. 낯선 세상을 만난다는 것은 새로운 경험과 기회를 의미하지만 그것이 늘 행복과 기쁨을 가져다주는 것은 아니기 때문이다. 미지의 세계에 적응하는 것은 고달프고 힘든 일이며 예상치 못했던 실패와 좌절을 안겨줄 수도 있다. 하지만 새로운 도전 없이는 예전의 나에서 한 발짝도 앞으로 나아가지 못한다. 그것이 실제적인 행동의 영역이든, 자신이 갖고 있던 생각의 지평이든 마찬가지다. 그러니 닫힌 세계의 지루한 안온함을 과감하게 포기하고 열린 세상의 불안한 자유를 선택하자. 익숙한 것을 벗어나는 것, 낯선 것과의 조우를 두려워하지 않는 것, 더 넓고 자유로운 세상을 만나 다양한 경험을 쌓고 더 나은 존재로 끝없이 변이되는 것. 그것이 우리의 내적 성장을 도모하는 길이며 주체적인 삶을 사는 길이다.

빌 브라이슨, 『나를 부르는 숲』

새로움을 찾아 떠나는 길

대상_ 중학교 2~3학년

함께읽은책_ 『나를 부르는 숲』 (빌 브라이슨 / 까치 / 2018)

학습목표_

1. 여행기를 읽고 여정과 견문을 정리하고, 인상적인 부분을 찾아 감상을 나눈다.
2. 작가에게 여행의 의미는 무엇인지 이해하고 내 경우와 비교할 수 있다.
3. 나만의 컨셉이 있는 여행을 계획할 수 있다.

집필_ 전영경

물질적 성장에 치중하면서 사람들은 자신이 가진 것을 돌아보기보다는 갖지 않은 것에 집착하고, 그 속에서 쌓이는 긴장과 고통으로 괴로워하곤 한다. 그런데 이런 긴장과 고통을 자연 안에서 하나씩 덜어내며 새로운 자신을 만들어 나가는 이들도 있다. 사람마다 여행의 목적이 다르겠지만, 많은 사람들이 일상에서 벗어나는 즐거움과 시간을 오롯이 경험하는 풍요로움을 못 잊어 여행을 떠난다. 정작 실천에 옮기기 쉽지 않아서 TV나 책을 통해 여행에 대한 낭만을 꿈꾸기도 한다.

아이들 역시 다르지 않다. 여행을 가더라도 자기 스스로의 욕구를 들여다보고 그에 맞는 여행을 계획해보는 것은 중요하다. 실행에서 맞닥뜨리게 될 어려움을 예측해보고 미리 준비하는 동안 체계적인 사고 속에 현실 감각을 키울 수 있을 것이다. 또한 여행에서 예상하지 못한 상황에서 오는 위기를 극복하는 기지를 발휘하는 것, 뜻밖의 행운에 감사한 마음을 갖는 것 등은 다양한 세계에서 만나는 또 하나의 짜릿한 경험이며 자신에 대한 신뢰를 쌓아가는 데 도움이 되는 일이다.

☞ 빌 브라이슨의 저서로는 『거의 모든 것의 역사』, 『여기도 저기도 없다』, 『잃어버린 대륙』, 『작은 섬에서의 역사』, 『빌 브라이슨의 발칙한 미국여행기』, 『빌 브라이슨의 발칙한 영국 산책』 등이 있다.

『나를 부르는 숲』은 애팔래치아 트레일 종주에 도전한 빌 브라이슨의 여행기이다. 애팔래치아 트레일은 미국의 동부 해안을 따라 솟아 있는 애팔래치아 산맥 위로 굽이굽이 흐르는 길이다. 길이 3,360킬로미터에 1,500미터 넘는 봉우리가 350개나 되고, 종주하려면 적어도 5개월 이상 걸리는 험난한 여정이다. 조지아 주에서 메인 주까지 14개 주를 관통하면서 블루리지 · 스모키 · 컴벌랜드 · 그린 마운트 · 화이트 마운튼을 지나가는, 끊임없이 펼쳐지는 산길! '세상에서 제일 재미있는 여행 작가'라는 닉네임만큼이나 화려한 입담 속에 펼쳐지는 그의 모험기를 읽어나가노라면, 위험하고 힘들어도 인생에 한번쯤 이런 여행을 떠나 보고 싶다는 마음이 간절해진다.

생각열기

1. 김성현의 〈주말여행〉이란 노래를 듣고 함께 불러 보자.

"길었던 지루했던 월화수목금요일 / 가슴 답답했던 서러웠던 / 불쌍한 나를 위한 선물 // 산바람 흙냄새 / 나를 오라 손짓하는 저 바다 / 기다려라 나는 간다 저 들판 사이로…"

여행을 주제로 한 상큼한 곡 「주말여행」과 이승기의 「여행을 떠나요」를 듣고 나서 여행 노래를 함께 불러보도록 한다. 여행을 떠나는 설레임을 담은 노래이므로 '아'라는 가사를 붙여서 함께 노래를 부르면 허밍으로 부르는 것보다 더 즐거운 감정을 느낄 수 있다. 천천히 부른 다음엔 빠르고 신나게 불러보기도 한다. 가장 멀리 여행했던 곳, 최근 여행지, 기억에 남는 여행 등 여행에 관한 짧은 이야기를 나눈다. '여행을 떠나요'는 1985년 조용필이 부른 것을 2008년 이승기가 다시 부른 것인데, 이 두 곡을 비교하며 들어도 재미있다.

2. 이 책을 읽은 느낌은 어떠했는가. 다른 여행서를 읽어본 경험이 있다면 무엇이 다른지 이야기해 보자.

아이들은 재미있었다고 이야기한다. 일단 빌 브라이슨이 솔직담백한 심정 표현으로 거침없이 내뱉는 거친 말과 욕들이 신기했고, 대책 없는 친구 '카츠'라는 캐릭터가 웃겼다고 한다. '애팔래치아 트레일'이란 이름이 낯설었다는 것, 또 마을에 이어진 길이 세계적으로 유명한 트레킹로였다는 것에 대한 신기함과 부러움 등을 이야기한다.

보통 빌 브라이슨의 장점을 뛰어난 위트와 통찰력 그리고 방대한 지식으로 꼽는다. 그래서인지 작가는 공간이나 상황에 대한 방대한 지식을 중간중간 쏟아놓곤 한다. 이 부분이 참 재미있다고 생각했는데, 중학생들은 일단 낯선 말이 많아 지루하게 여기거나, 작가의 비틀기식 유머를 이해하기 힘겨워해서 좀 아쉽다. 책을 꼭 정독해야 하는 상황이 아니니, 살짝 건너뛰어 읽는 방법도 있다는 것을 귀띔해 주자. 이야기를 주고받으면서 재미있다고 생각되면 건너뛰었던 부분을 스스로 다시 찾아 읽기도 하니 말이다. 교사의 입장에서 꼭 알아야 하는 정보라고 판단된다면 함께 발췌독을 하는 것도 방법이다.

펼치기

1. [전체] 가장 인상적이었던 이야기는 무엇인가 짧게 이야기해 보자.

빌 브라이슨의 애팔래치아 트래킹 전체 여정은 책 안표지에 지도로 그려져 있다. 이것을 같이 보면서 책 읽은 기억을 되살리고, 가장 인상적이었던 이야기를 골라본다. 종주 과정에서 겪은 일들은 4번 질문에서 구체적으로 이야기하게 되니, 여기서는 생각열기의 연장선상에서 짧게 이야기하도록 한다.

2. [여행동기] 빌 브라이슨의 애팔래치아 대장정은 뉴햄프셔 주의 작은 마을로 이사한 뒤 마을 끝에서 숲으로 사라져 가는 길을 발견한 데서 시작된다. 그가 대장정에 충동을 느끼고 한 일은 여행을 위한 구실을 찾는 것이었다. 그가 찾은 구실은 무엇인가. 그는 왜 구실을 찾는가.

게으른 생활을 바로 잡을 기회, 20년간 해외 생활을 마치고 조국의 장관에 몰입하는 것은 명분과 흥미가 있는 일이다. 거친 자연 속에서 스스로를 지킬 줄 아는 것도 유용하다. 온난화로 애팔래치아 산맥의 숲이 사바나(대초원)으로 바뀌고 있으므로 독특한 아름다움을 경험하기에는 지금이 적기이다.

빌 브라이슨이 불끈 솟아오른 충동에 부여하는 구실 찾기는 그의 강한 대장정의 욕구와 더불어 두려움을 보여준다. 빌 브라이슨의 구실 찾기는 사실은 다른 사람이 아닌 스스로를 설득하기 위한 행위이다. 결국 애팔래치아 대장정은 빌 브라이슨에게 또 다른 도전인 것이다. 여행은 힐링일 수도 있지만 또다른 자신을 발견하고픈 시도도 될 수 있다. 여행에 나서기에 앞서 자신이 원하는 것이 무엇인지 생각할 계기가 될 수 있는 발문이다.

3. [계획] 빌 브라이슨이 대장정에 오르기 위해 계획 단계에 한 일은 무엇인가.

· 대장정을 할 장소와 일정을 잡는다.

· 결심을 친구와 이웃, 그리고 출판사 사장에게 전해 모두에게 알린다.

· 곰, 질병, 피살 가능성 등 여행에서 겪을 수 있는 위기에 대해 예측해 본다. 대처 방안을 마련하기 위해 여행기, 곰의 습격 등 관련된 책을 찾아 읽는다. (이건 역효과였던 듯! 하지만 재미있다!)

· 등산 장비 등 필요한 물품이 무엇인지 구체적 목록을 작성한다. 물품 구입에 앞서 전문가에게 조언을 구한다. 구입한 장비는 꼼꼼하게 점검한다.

· 여행을 함께 할 동반자를 찾는다.

여행을 가려면 구체적으로 무엇을 계획해야 하는가 생각해 볼 수 있다. 여행의 묘미는 계획을 세우면서 상상하고 그리는 설레임에서 찾을 수도 있다. 어디로 갈 것인가 목적지를 정하기 위해 정보를 찾고, 지도를 펼치는 순간 우리는 이미 여행을 시작하는 것이다.

그러나 현실은 녹록하지 않았다. 곰의 습격에 관한 것은 단순한 괴담이 아니라 실제 존재하는 위협이었고, 등산 장비는 눈이 튀어나올 정도로 비쌌으며, 오랜만에 만난 친구는 긴 여행을 함께 하기엔 체력적으로나 성격적으로 상당히 의심스러워 실소를 자아낸다.

4. [실행] 실제 종주 과정에서 어떤 일들이 일어나는가? 그중엔 정말 난처한 일도 위험한 일도 있었고, 다양한 사람을 만나 대화를 나누거나 평생 잊을 수 없는 풍경을 보기도 한다. 종주 과정에서 저자가 겪은 일들을 몇 개 골라 이야기해 보자.

언제 어디서	저자가 겪고 느낀 것들	내 생각
종주 첫날 스프링어 산	무거운 배낭을 메고 11킬로를 걷는 것은 정말 힘든 일이다. 겨우 스프링어 정상에 도착했으나 친구 카츠가 오지 않는다. 기다리다가 찾아 나섰는데, 그는 이 상황에 분노하고 잔뜩 지쳐 있었다. 그는 배낭이 너무 무거운 나머지 물건들을 계속 꺼내 버리면서 길을 왔다. 앞으로 괜찮을까?	아직 첫날인데, 필수품을 다 버리고 어떻게 여행을 계속할 수 있을까 황당하다. 작가도 재미있지만 친구가 더 웃기다.
빅 버트 마운틴, 프랭클린	폭설로 산장에 대피한 저자와 카츠는 며칠 동안 더러운 산장과 아랫마을 프랭클린에 발이 묶이게 된다. 힘든 여정에서 벗어나 처음엔 즐거웠지만, 단조로운 마을의 일상이 점점 지겨워지기 시작한다. 식탁에 까는 메뉴판까지 다 읽어치운 저자는 더 이상 견디지 못하고, 다시 여행을 시작하기로 한다.	아무 것도 없는 마을에서 계속 TV를 보면서 눈이 그치기를 기다린다면 어떨까? 친구 카츠와 주인공의 입장이 완전히 다른 것이 재미있었다.
스모키 마운틴 → 버지니아	트레일 지도 전체를 보고, 자신들이 지금껏 걸어온 길이 지도 전체 120cm 중에 5cm도 안 된다는 것에 멘붕(?). 어차피 다 못 걷는다는 생각에 차를 타고 경로를 변경한다.	나라도 그랬을 것 같다. 종주에 큰 의미는 없는 것 같다. 여행을 하는 것 자체가 중요하다.
버지니아 주 블루리지 산맥	사람을 거의 보지 못한 채 일주일을 걸었다. 운 좋게 깨끗한 대피소를 만나 묵으면서 행복해한다. 건강도 좋아지고 살도 빠지고, 지저분해졌지만 신경쓰지 않게 되었다. 투덜거리던 주인공들이, 점점 조그만 것에 감동하고 감사함을 느끼도록 변해간다.	계속 국수만 먹으며 야영하다가, 마을에 들릴 때마다 치즈버거랑 콜라를 먹고 감동하는 게 재미있다.
메인 주	몇 개월 동안 떨어져 있던 둘이 만나 트레일 마지막 부분을 탐험한다. 시작한 지 한 시간 만에, 무거운 배낭에서 또 뭔가를 잔뜩 버린다. 이번엔 물병까지 버렸다. 물에도 빠지고, 길도 잃어버린다. 또 고생 시작이다.	그렇게 다시 여행하기를 바랐는데, 등산 한 시간 만에 '내가 왜 여기 있지' 하는 마음이 된다는 게 웃긴다. 하지만 아마도 그들은 다시 여행을 떠날 것이다.

5. [계획 변경] 대장정 중도에서 빌 브라이슨은 계획된 일정을 수정한다. 그의 계획 수정에 대해 어떻게 생각하는가.

그레이트 스모키 산맥 국립공원 정문 근처에 있는 개틀린버그에서 빌 브라이슨과 카츠는 애팔래치아 트레일 전도를 살펴본 뒤, 버지니아주까지 차를 타고 가기로 결정한다. 어차피 전 거리를 다 걸을 수 없다면 너무 얽매일 필요는 없다고 생각을 전환했기 때문이다.

계획을 세우는 것도 중요하지만 상황을 파악하고 계획을 수정하는 것이 필요하다고 말하는 학생들도 있다. 반면 세운 계획대로 하지 않으면 종주의 의미가 작아진다고 아쉬워하는 학생들도 있다. 일상에서도 충분히 일어날 수 있는 일이므로 나라면 어떻게 할 것인지 생각해본다.

6. [전체] 힘들고 위험한데도 불구하고 작가가 트레일을 걷는 이유는 무엇인가? 작가에게 여행이란 무엇이라고 생각하는가?

작가는 일 때문에 중도에서 트레일 걷기를 중단하지만, 이후에도 틈만 나면 어떻게든 트레일로 돌아가서 짧은 거리라도 등산을 하려 한다. 주말마다 짧은 여행을 하고 '성에 안 차' 하던 작가는 끝내 카츠와 다시 만나 마지막 부분을 걷는다. 걸을 때는 너무나 힘들고 괴로운데, 걷지 않을 때는 그 길이 너무나 그리워지는 것을 어떻게 설명할 수 있을까? 이 책의 제목 '나를 부르는 숲'과 연관지어서 생각해본다.

심화

1. 책에서 길을 묘사한 부분들을 다시 읽으며 이야기를 나누어보자. 그런 후 인터넷을 이용해 가상 여행을 떠나보자.

1) 작가는 자기 동네 끝에서 숲으로 사라져가는 길을 발견하는데, 그것이 그 유명한 '애팔래치아 트레일'의 일부였다. 이 길을 따라 쭉 가면 어떨까 상상해보면서 작가는 진짜로 그것을 실행에 옮긴다. 가끔 짧게 기차를 탈 일이 있는데, 내리지 않고 쭉 가면 아주 멀리까지 갈 수도 있을 거란 생각을 한다. 여행이란 이렇게 쉽게 떠날 수 있지만 실천하

긴 어려운 것 같다.
(반대로, 어렵지만 의외로 쉽게 떠날 수 있는 것이기도 하다는 이야기를 나눴다.)

2) 애팔레치아 트레일은 오늘날처럼 관리되기 전에는 중간중간 덤불로 덮여 있거나 벌목으로 끊겨 있었다고 한다. 1948년에 셰이퍼라는 청년이 이 트레일을 종주했는데, 그는 '무성한 산림에서 덤불을 베어내며 걸었고, 길이 갈라지는 곳에서 길을 잃기도 했다'고 한다. 길이 없어서 만들면서 걸었다는 것이 인상적이었다. 나도 이런 길을 걷고 싶다고 하기엔 너무 힘들어 보이지만… 어쨌든 멋지다!

3) 빌 브라이슨은 애셔 브라운 듀런드가 그린 〈혈연 정신〉이라는 그림을 보고, 이런 풍경 속으로 들어가고 싶다고 했다. 이 그림 속에는 두 남자가 나오는데, 양복을 입고 있지만 잃어버린 장엄한 세계를 배경으로 바위 위에 서 있는 모습이 마치 원정이라도 곧 떠나려는 듯한 느낌을 준다고 묘사되어 있다. '그들 아래로는 시내가, 그늘진 골짜기의 둥근 바위 틈바구니로 콸콸 흘러내린다. 그 너머로는 나뭇잎의 지붕 사이로 아름답고 푸른, 험한 산들이 길게 펼쳐져 있다. 또, 좌우에는 무성한, 겹겹의 나무들이 그림의 테두리 안으로 빼곡이 들어찼다가 어둠 속으로 곧 빠져든다.' (함께 인터넷으로 〈혈연 정신〉 그림을 찾아보았다.)

예전에 어떤 유명 런닝 머신 회사가 여러 나라 사람들에게 걷고 싶은 길을 조사한 적이 있다고 한다. 사람들은 멋지고 아름다운 해안, 강변, 숲 길 등일 거라고 예측했지만, 조사 결과 사람들이 가장 걷고 싶어하는 길은 어릴 적 자신이 뛰놀던 고향 길이었다.

차와 도로가 없었을 때 사람들은 하루 평균 20km를 걸었다고 한다. 그 사람들은 길에서 어떤 세상을 만났을까. 이제 차가 지배하는 길 위에 서있는 사람들은 사람이 다져놓은 길 위에서 위안을 얻는다. 아이들이 걷고 싶은 길은 어떤 길일까? 여행을 떠나기에 앞서 아이들과 함께 길로 나서본다.

'구글 지도 트래킹'을 이용하여 가상 여행을 떠나보아도 좋다. 몽블랑(프랑스), 미니아투어 운더란드(미니어처 원더랜드, 독일), 페트라(요르단), 삼부루 국립보호구역(케냐), 쿰부(네팔), 곰베 국립공원(탄자니아) 등등을 방문하면 장소정보뿐만 아니라 가상 트레킹, 360° 파노라마 거리 이미지도 볼 수 있다.

2. 내가 꼭 걸어보고 싶은 길, 가고 싶은 여행에 관해 생각해보고, 구체적인 여행 기획서를 써보자. (여행 기간은 한 달 이상으로 정한다. 단순히 '유럽 일주' 같은 것보다는 주제가 분명한 여행을 기획해보자.)

달력과 지도, 여행서를 아이들 수만큼 준비하면 좋다. 해마다 휴가철이 되면 휴가 안내서를 쉽게 구할 수 있다. 인터넷 접속이 가능하다면 핸드폰을 이용하여 바로 정보를 찾는 것이 좋다. 실시간으로 장소나 교통편, 이용 시간 등은 물론 비용까지 검색할 수 있어서 실재감을 겸비한 현실적인 계획을 세우는데 도움이 된다. 아이들이 여행 계획서 양식과 세부 여행 일정표를 만들어 구체적으로 계획을 세우도록 한다.

아이들은 여행의 주체가 되어본 경험이 없다. 중고등학생들은 가족 여행에 대한 기대도 부모들과 달라 심지어 '부모들에게 효도하는 마음으로 다녀와 준다'고 이야기하기도 한다. 숙제를 안 하고 학원을 빼주기 때문에 그래도 가서 잠이라도 자거나 게임이라도 하는 게 낫다고 냉소적으로 이야기하는 경우도 있다.

이런 활동은 아이들의 실행능력뿐만 아니라 지리 감각 및 경제 감각도 키우는데 도움을 준다. 또한 삶과 여행의 의미를 다시 생각해 볼 기회가 될 것이다.

마무리

1. 직접 짠 여행 기획과 글을 발표하고 서로 질문하며 이야기를 나누자.

2. 자신이 생각하는 여행(또는 걷기)의 의미에 대해 이야기해 보자.

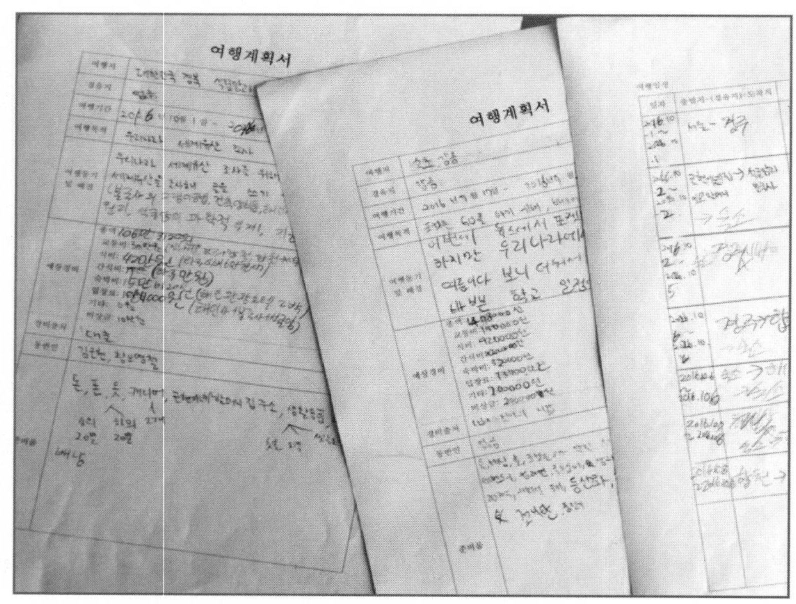

제주도를 걸어요

_ 황보명철 (중학교 2학년)

일주일동안 트레킹을 할 수 있다면 나는 제주 올레길 1~7코스를 여행하겠다. 제주도는 유네스코 세계자연유산으로 등재될 만큼 자연환경이 빼어나다. 제주도에서는 수많은 오름(기생화산), 주상절리 등을 볼 수 있고 이러한 곳을 지나는 길 중에서도 걷기 좋은 길이 올레길이다. 올레길은 1~21.코스까지 있다. 나에게 일주일의 시간이 주어진다면 나는 가보고 싶은 곳을 지나며 난이도도 적당한 1-1코스 우도 올레, 5코스 남원-쇠소깍 올레, 7-1코스 월드컵경기장-외돌개 올레, 10코스 화순-모슬포 올레, 12코스 무릉-용수 올레, 13코스 용수-저지 올레, 14코스 저지-한림 올레, 19코스 조천-김녕 올레 길을 걷겠다. 하루에 순서대로 한 코스씩 걷고 여섯째 날 두 코스(13~14코스)를 걸을 것이다.

이중 가장 기대되는 코스는 1-1코스 우도 올레이다. 4년 전 10살 때 한번 우도에 가본 적이 있다. 그때 배 시간 때문에 우도에 조금밖에 머물지 못했고 조금밖에 둘러보지 못했다. 하지만 그때 보았던 우도의 해변과 절벽들이 아름다웠고 그곳에서 먹은 음식(땅콩 아이스크림)이 계속 기억에 남아 꼭 다시 한번 방문해 보고 싶다.

여행길에서 나는 나도 모르던 나의 모습과 마주칠 거라 기대한다. 일상생활 속에서 나는 항상 다른 사람들과 어울리며 생활한다. 하지만 이 여행길에서 나는 나 혼자다. 혼자일 때 나는 나에 대해 더 많은 생각을 한다. 다른 사람들과 어울리며 생활할 때의 내가 아닌 혼자일 때 나오는 진짜 나의 모습을 살펴보고 싶다.

학생글

나를 극복하기 위하여

_ 위덕호 (중학교 2학년)

나는 호주의 그레이트 오션워크를 종주하고 싶다. 세계의 트레킹로 중에서도 유명하고 많은 사람들이 다니기도 하고, 예전부터 바닷가를 걸어보고 싶다는 생각이 있었기 때문이다. 그레이트 오션워크에는 절벽기둥과 멋진 바다가 있고, 나의 단점인 화를 내는 것을 고칠 수 있다고도 생각해서 가기로 했다. 나는 학원에서 수학문제를 풀다 안 풀리면 짜증을 낸다. 버스를 놓치거나 그냥 아침에 늦게 일어나도 그냥 짜증이 난다. 그래서 나는 이것을 고치고 싶기 때문에 여행을 가기로 결정한 것이다. 만약 내가 이 단점을 고치지 않고 계속 산다면 이것에 의해 중요한 기회나 많은 것들을 놓치게 될 것이다.

만약에 당신이 투명한 바다와 웅장한 절벽기둥을 보고 있다 생각하자. 그렇다면 당신은 화가 치밀어오를 것인가 아니면 마음이 편안해질 것인가. 화가 치밀어 온다는 사람은 비정상적인 사람일 것이다. 그러니까 나는 이 트레킹이 내 인생에서 아주 중요한 순간이 될 수 있다고도 생각한다. 혼자서 트레킹을 하면서 많은 어려움을 겪게 될 것이지만, 많은 기회들을 얻을 수 있다면 그것을 마다하지 않을 것이다.

수업을 마치며

아이들에게 '한 달 이상'의 여행 계획을 짜보라고 가이드라인을 정해준 것은, 많이 걷고 생각할 수 있도록 하기 위해서였다. 걷기는 자기 자신을 이기는 데 목적이 있지 않으며 경쟁도 필요 없다. 무엇보다 걷기의 장점은 경치와 소리 그리고 냄새 등 오감을 즐길 수 있다는 데 있다. 감각은 수많은 상황과 조우하면서 서서히 속도를 더하면서 자연을 내 안에 담는다. 또한 걷고 걷다보면 수많은 생각이 밀려드는데, 그 생각들을 하다 보면 어느 새 스스로와 마주하게 된다는 이점이 있다. 우리의 여행 계획은 책과 상상에 머물렀지만, 기획서를 쓰면서 학생들은 자신에게 '주어진' 일상이 아니라 하나부터 열까지 스스로 만들어나가야만 하는 여정에 대해서 깊이 생각하는 듯했다. 힘들고 즐거운 계획을 언젠가 실천에 옮길 수 있는 용기와 추진력이 생기기를 바란다.

서정오, 『우리가 정말 알아야 할 우리 신화』

영웅을 만드는 길

대상_ 중학교 1~2학년
함께읽은책_ 『우리가 정말 알아야 할 우리 신화』 (서정오 / 현암사 / 2003)
뽑아 읽은 설화_ 1. 옥황 선녀 오늘이 / 2. 오구신 바리데기
3. 서천꽃밭 꽃감관 신산만산 할락궁이
학습목표_
1. 우리 신화 속 주인공들의 여행에서 공통점을 찾아낼 수 있다.
2. '길'과 '길 떠남'의 의미를 다양하게 해석할 수 있다.
집필_ 강정숙

영웅은 길에서 태어난다. 동서양 모든 신화 속 주인공 영웅들도 집에 있을 때는 약한 아기였다. 하지만 아기는 자신의 초라함에 굴복하지 않고 자신 속의 가능성을 확인하고자 길을 떠난다. 길은 아기를 시험하고 단련시키고 축복한다. 왜냐하면 아기는 포기하지 않을 뿐만 아니라 자신처럼 약한 존재에 대한 연민을 가지고 그들을 도우며 길을 가기 때문이다. 그래서 아기로 출발한 주인공은 영웅이 되어 집으로 돌아온다. 동서양의 신화들이 모두 같은 양식을 가지고 있는 이유는 이러한 영웅되기 과정이 우리의 보편적 삶과 본성에 근거하고 있기 때문이다. 예수도, 부처도, 헤라클레스도, 바리데기도 아무리 귀한 신분을 타고 났어도 고난을 피한 영웅은 없다. 하지만 우리는 누구나 행복을 찾아 영웅이 될 수 있다. 우리 모두는 태어날 때부터 '귀함'을 가지고 있기 때문이다. 그러므로 누구나 초라하고 약해 보이는 삶의 길 위에서 나를 영웅으로 만들어주는 보물을 찾을 수 있다.

우리 학생들도 아직은 부모 보호 아래서, 집에서 자라고 있다. 익숙한 세계 속에서 성장했지만 자연스럽게 모험과 낯설음에 마음이 끌리는 나이가 되었다. 학생들이 좋아하는 환타지 영화나 게임의

스토리가 온통 모험인 것은 바로 학생들의 그런 본능을 만족시키기 때문일 것이다. 이야기 속의 영웅들은 '네가 약해 보이지만 사실 너는 신의 아들이야. 너는 더 큰 존재가 될 것이고, 지금 네가 맞닥뜨린 고난을 극복하는 것이 영웅이 되는 길이야.'라고 속삭인다. 그러한 속삭임을 마음에 새기고, 마음 속에 영웅이 되는 지도를 품게 되기를 희망하며 수업을 했다.

생각열기

1. 신화 속 주인공과 같이 주인공이 집을 떠나 모험을 떠나는 이야기는 아주 많다. '모험'이란 바깥이라는 공간적 이동 뿐 아니라 시간여행, 철학적 사고여행 등 다양한 낯선 경험들을 다 이르는 말이다. 이 모든 경험의 장을 '길'이라고 할 때 '길 떠나는 경험'을 소재로 한 소설이나 영화 작품들을 이야기해 보자.

- 〈나홀로 집에 2〉 : 영화 〈나홀로 집에 1〉은 가족이 나가고 주인공이 집에 혼자 있는 거지만, 2편은 가족이 집으로 돌아간 여행지에 주인공 혼자 남는 것
- 게임스토리 대부분: 주인공이 전쟁터나 세상에서 싸우고 사건을 해결하는 이야기
- 〈센과 치히로의 행방불명〉 : 낯선 세상을 경험하면서 악과 싸우는 이야기
- 〈트루먼쇼〉 : 자유를 찾기 위해 낯선 세상을 향해 가는 이야기다.

내용 이해

1. 우리 신화 '오늘이, 할락궁이, 바리데기'를 읽고 여행 과정을 정리해보자. 그리고 세 주인공이 한 여행에서 공통되는 점이나 특징을 찾아보자.

	오늘이	할락궁이	바리공주
인물	옥황상제 밑에 있는 선관선녀의 딸이지만 부모가 하늘로 올라가 버려 고아가 된다. 학이 돌봐주고 백씨부인이 키워준다.	아버지가 할락궁이 태어나기 전에 하늘로 떠나고 어머니가 김장자 구박 밑에서 홀로 키움	오구대왕, 길대부인의 일곱째 공주로 태어난다. 딸이라고 바구니에 싸 물에 버려지나 석가세존의 명을 받은 비리공덕 할아범, 할멈이 키운다.

여행목적		부모님을 찾으러	어버지 찾으러	병든 부모님 약을 구하러
여행 과정	시작	옥황상제가 알려줘서 원천강으로 간다.	노인이 흰 사슴을 타고 가라고 말해주고 어머니에게서 소금절인 메밀을 받아 간다.	서천서역국에 약이 있다는 말을 듣고 남장을 하고 간다.
	중간	→ 장상도령: 매일 글을 읽는 도령 → 연꽃 나무: 윗가지에만 연꽃이 핀다. → 여의주 세 개 물고 있는 뱀: 용이 못 된다 → 매일이: 책을 매일 읽는 여인 → 선녀들: 바가지 구멍난 것을 메꿔준다 → 선관선녀인 부모를 만나고 계절의 방을 본다. → 매일이, 뱀, 연꽃나무, 장상도령의 고민을 해결해주고 → 여의주 두 개, 연꽃가지를 받는다.	→ 김장자가 잡으려 보낸 천리동이 개: 메밀 먹고 천리수 마시러 간다. → 만리동이 개: 메밀 먹고 만리수 마시러 간다. → 아버지 만난다. → 엄마가 죽었고 그 눈물이 강을 이루었음을 알게 된다 → 아버지에게서 웃음꽃, 싸움꽃, 살인꽃, 환생꽃을 받아 돌아온다.	→ 석가세존을 만나 비단꽃을 얻는다. → 가시나무 산: 비단꽃 흔들어 평지로 만듦 → 황천간에서 저승으로 떠나는 사람들 본다; 비단꽃으로 무지개다리 만듦 → 동대산 동수자 만남: 3년 물긷고 3년 불때고 3년 나무하고 세 아들 낳아주면 약을 준다고 함 → 동수자와 9년 동안 살면서 아들 셋 낳음 → 뼈살이꽃, 혼살이꽃, 숨살이꽃, 살살이꽃과 약수 얻음
	끝	백씨부인에게 돌아와 여의주 한 개를 선물한다. 사계절을 돌보는 선녀가 된다.	김장자를 웃음꽃, 살인꽃, 싸움꽃으로 죽인다. 어머니를 환생꽃으로 살린다. 아버지, 어머니를 다시 모시고 하늘의 꽃감관이 되어 행복하게 산다.	죽은 오구대왕을 살린다. 부모님이 뉘우친다. 황천강을 지키는 저승신이 되고 세 아들도 저승신이 된다.

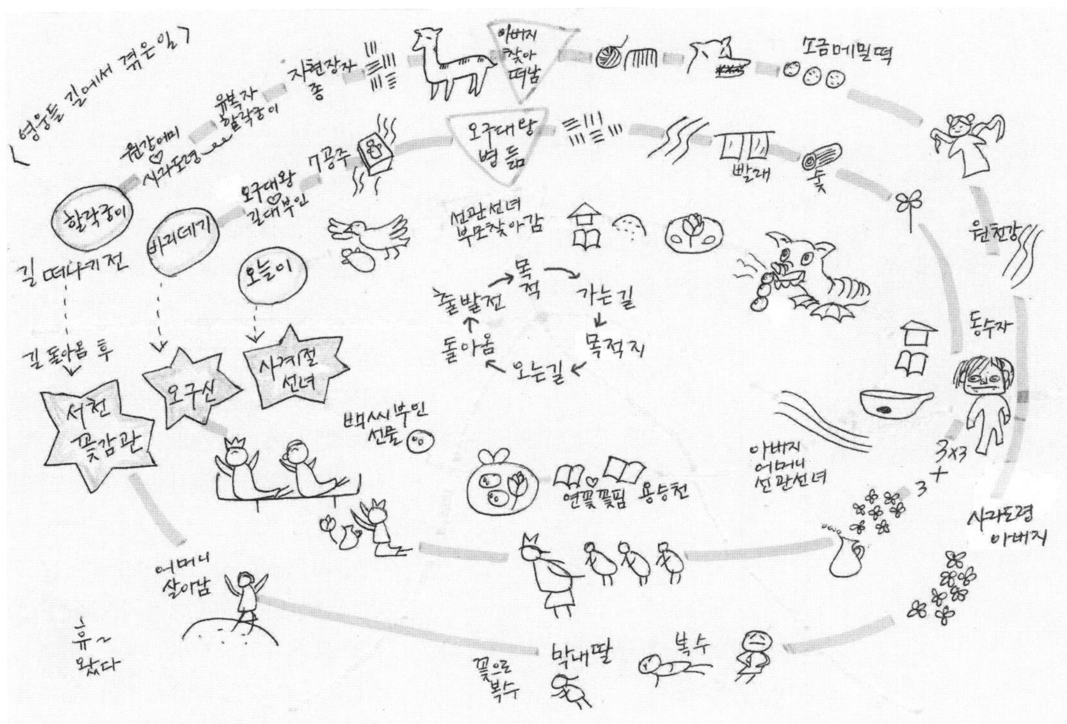

이야기 속 영웅들이 겪는 모험과 성취에는 각각 공통된 구조가 있다. 표로 작성해도 되고 그림으로 그려도 된다. 그림으로 그리면 여행 과정을 정리하는 게 쉽고, 말로 설명해내는 것도 재미있다. 세 개의 모험과정을 나란히 그리면 신화 속 영웅여행의 보편적 요소를 파악해내기가 더 쉽다. 이 활동을 재밌게 해야 이후 활동들을 제대로 이해하고 나에게 적용할 수 있다. 게임판을 만들어 여행과정 채워 넣기 활동을 해도 좋다.

펼치기

1. 신화 속 주인공들이 겪는 여행과정의 공통점을 뽑아보자. 그리고 그 과정이 주인공들에게 어떤 의미가 있는지 생각해보자.

사건	주인공에게 주는 의미 (학생들 대답 정리)
처음 귀한 신분의 부모님에게서 태어나지만 버려진다.	혼자 힘으로 살아야만 하는 상황. 주인공은 아주 보잘 것 없는 처지에서 출발한다. 그래서 출발할 때 미련 없이 떨쳐 일어날 수 있다. 거기다 착하게 굴지 않으면 아무도 돌봐주지 않고, 착한 사람들의 도움으로 살아나므로 착한 것이 중요하다는 것을 알게 된다.

과정 1 부모가 병들거나, 부모가 살아있다는 것을 알게 되어 찾으러 간다.	부모를 찾는 것은 자신의 본래 모습을 찾는 것과 같다. 여행을 시작해야만 하는 중요한 이유가 된다. 여행은 정체성을 확인하는 것이 목적이기 때문에, 주인공은 그것을 확인하러 종착지까지 가야만 한다.
과정 2 시련을 여러 차례 겪으며 불평하지 않는다.	시련을 겪으며 주인공은 자신의 힘을 단련시키게 되고 능력을 스스로 확인하게 된다. 또 목적을 포기하지 않는다는 의지를 보여준다.
과정 3 어려운 처지인 다른 이들을 만나면 도와준다.	주인공이 영웅이 되는 가장 중요한 요소이다. 착한 일을 하는 것이 나중에 자신에게 큰 도움으로 돌아오므로 꼭 미리 해놓아야 한다. 남을 돕느라 시간을 버리는 것이 바보처럼 느껴지지만 이후 더 큰 이익으로 꼭 돌아온다.
끝 부모님을 만나거나, 약을 찾는다 신이나 선관 선녀가 된다.	반드시 원래 출발했던 곳으로 돌아온다. 다시 떠난다해도 일단은 돌아온다. 그리고 은혜를 갚는다. 처음의 목적을 달성하고 이상의 것을 얻는다. 뜻하지 않았던 것을 얻는 기쁨이 있다.

각 신화 모험과정들의 특징을 뽑아보면 전체 과정에서 그 부분이 왜 필요했는가를 이해할 수 있다. 이를 정리해보면서 학생들은 고난의 의미가 자신에게 무엇인지 이해하게 된다. 어려운 일이 일어났어도 크게 보면 나중에 좋은 결과가 오는데 필요한 원인에 해당되었음을 스스로 깨닫는다.

2. 내가 주인공과 같은 경험을 한 적이 있을까? 여행 뿐 아니라 다른 경험을 통해서도 생각해보자.

- 초등 6학년 때 이곳에 전학 왔다. 낯선 친구들과 공부 속에서 처음엔 외롭고 힘들었다. 하지만 시간이 지나니 나처럼 이사 온 애들이 많다는 것도 알게 되고, 공부도 적응되었다. 지금은 편하고 좋다. 이사 와서 친구를 사귀던 시간이 내게 여행이었던 것 같다.

- 캐나다 어학연수를 6개월간 다녀왔다. 영어실력도 부족하고 처음 외국인들을 만나서 너무 걱정이 많았다. 핸드폰 번역기를 사용해서 의사소통을 하고 몸으로 말하고 고생을 많이 했다. 나중에는 외국 친구들과 친해지게 되었다. 나에겐 어학연수 6개월이 바리데기 같은 여행인 것 같다.

- 초등 3학년부터 6학년까지 4년간 태권도를 했다. 태권도 품새 외우기와 훈련이 너무 힘들어서 그만두고 싶었고 여자애가 태권도를 한다고 안 좋게 보는 애들도 있어서 고민이 많았다. 하지만 단 하나 하나를 따기 위해서 참고 참고 했다. 결국에는 검은 띠까지 땄다. 그 과정이 여행하고 비슷하다.

공간적 여행 뿐 아니라 과정이 힘들었던 다양한 경험들을 학생들은 '길 위의 과정'으로 이해했다. 낯설고 두려웠지만 지금의 내가 되기 위하여 꼭 필요한 과정이었고, 그 속에서 배우는 것과 기쁨이 있었다고 공통적으로 이야기한다. 학생들은 신화 속에서 길을 떠난 영웅들을 자신과 같은 경험을 하는 사람이라고 생각한다. 즉 신화 속에서 영웅은 환상적 경험을 하지만, 현실 속에서 자신의 경험도 영웅만큼이나 힘들고 가치 있는 것이다.

3. 신화 속 주인공들은 실제 비범한 신분을 가진 인물들이고 자연과 사람의 도움을 받으며 해피엔딩으로 결말을 맺어 큰 성취를 이룬다. 하지만 우리가 세상에서 모험을 하고자 할 때 우리도 영웅과 같이 성공할 수 있을까? 우리는 평범한 학생일 뿐이며 도와줄 사람도 없고 결과가 어떻게 될지 두렵다. 나에게 모험 기회가 주어진다면 나는 여행을 떠날 것인가?

- 여행을 떠날 것이다. 우리 셋이 함께 간다면 더 용기를 내서 갈 것이다.
- 나도 누군가 여행을 하는 걸 본다면 도와주고 싶을 것 같다. 여행에서 도와주는 사람은 꼭 있을 거다.

4. 그럼 만약 우리가 단체여행에서 뚝 떨어져 남게 되었다면 어떤 일이 벌어질지 상상해보자. 그리고 상상한 이야기를 여행의 '처음-과정-끝' 구조 속에 넣어보자.

예 시

	사건	주인공에게 주는 의미
처음	주원, 승준, 동주 셋이 공항에 남았다.	언어도 못하고 잠잘 곳도 없다. 왜 이런 일이 벌어졌을까 참 운도 없다 생각할 것이다. 가족들은 걱정하고 계실 것이다. 하지만 친구들과 함께 경험하는 거라 은근 신나고 재미있기도 할 것이다. 어른처럼 우리들 스스로 모든 것을 판단해야 한다.
과정	배고프다 돈 없다 더럽다 가족, 친구들과 연락 두절 돈을 벌기 위해 구걸을 하거나 가게에 들어가 일을 시켜달라고 해야 한다. 억울한 오해를 받을 수도 있다.	위험한 상황을 만나 도망치다보면 체력이 좋아질 것이다. 더럽고 배고픈 상황에서 부모님이나 한국에 고마운 마음이 들것이다. 인내력이 많아질 것이다. 어려운 처지에 있는 사람을 보고 공감하는 마음이 들것이다. 경제 감각이 생겨 돈이 중한 줄 알 것이다. 중국어를 좀 하게 될 것이다.
끝	외교관이나 한국인을 찾게 되어서 우리나라로 연락을 하게 되고 무사히 돌아갈 것이다.	위기대처 능력이 커질 것이다. 우정이 깊어질 것이다. 가족과 우리나라가 소중하게 느껴질 것이다. 담력이 세져서 작은 일에 걱정하는 것은 줄어들 것이다.

마무리

1. 길을 떠나 무엇을 만나는지, 그것은 내 인생을 어떻게 바꿔 놓는지 다음 빈칸을 채워 넣으면서 나의 생각을 정리해 보자.

나에게 길 떠남은 ___________이다.

길은 나를 __________ 바꾼다.

- 나에게 길 떠남은 깨달음이다. 나는 길에서 다양한 사람과 사건을 경험하고 나의 부족함을 알게 된다.
- 나에게 길 떠남은 고도의 수련이다. 나는 길에서 시련을 겪고 인내력을 갖게 된다.
- 나에게 길 떠남은 번데기가 고치를 벗는 일이다. 나는 길에서 예전의 내가 아닌 다른 모습의 사람이 된다.

2. 다음에서 주제를 골라 글을 써보자.

1) 길에서 배운 것
2) 창작신화 쓰기

내가 만든 신화 이야기
_ 오주원 (중학교 2학년)

'시마다'라는 가문에서 영석(형), 주원(동생)이 태어났다. 그 형제의 부모는 너무나 좋아했지만, 그 행복은 오래가지 못했다. 부모님은 마피아 조직과 싸우는 도중에 돌아가셨다. 그 이후 둘은 할아버지와 할머니 밑에서 자라났고, 어엿한 청년이 되었다.

그러던 어느 날, 주원 혼자 집에 있는 도중 마피아에 의해 기습을 당해 죽고 만다. 영석은 곧장 집으로 갔으나 그 마피아만 있고, 주원은 시체가 되어 있었다. 영석은 너무 화가 나 그 마피아를 죽이고 자신도 동생을 따라 같이 죽는다. 하지만, 주원은 죽지 않고 사이보그가 되어 세상에 다시 태어나고, '오버워치'라는 소속에 들어간다. 그렇게 임무를 수행하면서 주원은 오버워치의 리더가 되었고, 리더로서 가장 힘든 일을 의뢰 받는다. 그것은 다름 아닌, 전 오버워치 리더였던 영석 즉, 자신의 형을 이승으로 다시 환생시키는 의뢰였다.

주원은 저승에 갈 방법이 없었다. 형을 데려오기 위해 최선을 다했지만, 어떻게 할지 몰라 방황하였다. 그렇게 방황하던 도중, 주원은 '승준'이라는 한 수도사를 만난다. 주원은 그 수도사에게 어떻게 하면 저승으로 갈 수 있는지 물어본다. 그 수도사는 주원에게 황천강에 있는 사신, 동주를 만나보라고 한다. 하지만, 승준은 주원에게 이렇게 말했다.

"그 사신은 자신이 원하는 행동이나 말이 나오지 않으면 절대 말을 꺼내지 않는다."

주원은 그 말을 마음에 새기고 황천강으로 간다. 황천강으로 간 주원은 동주에게 '어떻게 하면 제 형을 다시 만날 수 있습니까?'라고 묻는다. 하지만, 승준의 말대로 동주는 정말 말을 하지 않았다. 주원은 밤까지 동주에게 말을 걸고 온갖 짓을 다해보았지만, 동주는 끝내 말을 하지 않고 주원은 그 자리에서 잠이 들고 만다. 꿈에서 주원은 자신의 형을 만난다. 형은 주원에게, '동주에게 환생의 꽃과 죽음의 꽃을 가져다주어라.'라고 말하고는 다시 사라진다.

주원은 잠에서 깨 곧바로 동주에게 환생의 꽃과 죽음의 꽃이 어디 있는지 물어본다. 동주는 '저 언덕을 넘으면 3개의 도적단이 보이는데, 그 도적단들을 모두 소탕하고 머리를 베어 모아두면 그 자리에 죽음의 꽃과 환생의 꽃이 핀다.'고 하였다. 주원은 바로 언덕을 올라갔다. 정말 동주의 말대로 3개의 도적단이 있었다. 사이보그가 된 주원에게는 너무나도 쉬운 일이였다. 주원은 2개의 도적단을 소탕하고 마지막 도적단들을 치러 갔다. 하지만, 그곳에는 주원과 같은 사이보그가 있었다. 게다가 2개의 도적단을 소탕하느라 지친 주원에게는 힘이 없었다. 주원은 도적단의 부하를 모두 물리치고 사이보그와 맞붙었다. 하지만, 그 사이보그는 주원보다 전투 능력이 훨씬 뛰어났다. 주원은 형을 살리기 위해 맞서 싸웠다. 그렇게 계속 칼싸움을 벌이던 도중, 누군가의 칼이 떨어졌다. 그것은 바로 주원의 칼이었다. 주원은 마지막 대항으로 자신의 허리춤에 있던 단칼을 사용하여 그 사이보그의 머리를 재빨리 베어버렸다. 그 사이보그는 피를 흘리면서 죽었다. 주원은 마지막 머리를 올려놓았다. 그 순간 사이보그의 머리에서 꽃들이 피기 시작하거니 한쪽에는 환생의 꽃, 한쪽에는 죽음의 꽃이 피었다. 주원은 각각 1송이씩 꺾어 동주에게 가져다 주었다. 동주는 미소를 짓더니, 한 유골을 가져왔다. 바로 영석의 유골이였던 것이다. 동주는 그 유골에 죽음의 꽃 꿀 한 방울과 환생의 꽃 꿀 두 방울을 떨어뜨렸다. 그 유골은 잠깐 반짝이더니, 금세 사람으로 바뀌었다. 형 영석이 돌아왔다. 두 형제는 너무 기뻐하면서 부둥켜 안았다.

주원과 영석은 함께 집으로 돌아가 할아버지 할머니께 인사를 드리려고 하였다. 하지만, 할아버지와 할머니 모두 마피아에게 피살되셨다. 주원과 영석은 너무 화가 나 칼과 활을 들고 최대 마피아 집단인 마피아 42에 간다. 둘은 마피아들의 머리를 베어 화살을 꽂아 자루에 넣어 강에 던졌다. 그렇게 복수를 끝마친 둘은 집으로 돌아와 할아버지와 할머니의 장례식을 치러 드렸다. 그리고는 절대 떨어지지 않기로 다짐하며 절을 올렸다.

나의 여행

_ 강동하 (중학교 2학년)

'여행이란 무엇일까?'라는 질문에 대해서 어떤 사람은 해외에 가서 평범한 삶을 벗어난 생활이라고 대답할 수도 있고, 또 어떤 사람은 나의 목적을 달성하기 위한 수련이라고 하는 사람도 있을 수 있다. 이것들은 환경이 바뀌고 직접 장소를 바꿔가며 필요한 것을 얻는 것 이지만, 나의 여행은 이것들과는 약간 다르다.

오늘도 나는 내가 남겨놓았던 여분의 잠이라는 짐을 들고 여행을 떠났다. 보통은 내 마음대로 꿈을 바꿀 수는 없지만. 하지만 지금은 내가 직접 세계를 창조하는 신이 될 수도 있고, 과거를 회상하는 영화를 보거나, 들리지 않는 음악 소리를 들을 수도 있다. 꿈을 꾸며 점점 재미있어지면서 깊이 빠져들 때쯤, 내가 들고 있던 여분의 잠들이 흘러나오면서, 내가 지고 있던 짐들이 다 사라진다. 여행을 마치고 돌아오니 잠깐의 유혹에 빠진 것을 깨닫고 다시 밀린 일들을 시작한다.

'여행'은 일이나 유람을 목적으로 다른 고장이나 외국으로 가는 일을 말한다. 이렇게만 보면 즐거워 보이지만 실제로는 그렇지 않다. 늘 똑같고, 힘들고, 피곤한 삶에 지친 사람들이 이 상황을 벗어나고자 계획을 세워보지만 현실을 깨닫고 포기한다. 여행을 떠난다고 해도 밀린 일에 더욱 더 지칠 뿐이다. 그렇다면 여행이란 고생한 사람들의 휴식시간인가? 아니면 유혹을 이기지 못한 사람들의 한순간의 꿈일까?

나의 여행

_ 김재윤 (고등학교 1학년)

매일같이 나는 여행을 한다. 주섬주섬 노잣돈을 챙기고 여행을 떠난다. 무언가를 이루고 싶은 것은 없다. 원하는 것도 없다. 그렇기에 나는 여행을 떠난다. 본래, 계획 없이 떠나는 여행이 제일 재미있는 법이지. 나는 오늘도 길을 떠난다. 오늘은 아무도 없는, 가로등의 빛만이 존재하는 그런 길을 걸어본다. 망고 스파클링을 쭉 들이키면서 빛이 시작되는 지점부터 천천히 걸어본다. 아무도 없는 황폐화된 놀이터, 삐걱거리는 그네, 그리고 빛을 잃은 나무들. 이런 풍경들은 언제나 익숙하다. 나의 여행길에 항상 함께 하는 동반자들이다.

걷다가 나는 하나의 난관에 빠진다. 확실한 답도 없는, 그렇다고 틀린 답도 없는 그런 시험에 들게 된다. 이 세상에 존재하는 정의는 무엇일까. 이것이 내 여행의 첫 번째 난관이자 시험이다. 하지만 나는 이 시험이 싫지는 않다. 수의 세계가 지배하는 학교의 시험들과 달리 무슨 답을 쓰든 다 옳은 답이 되기 때문이다. 그렇다고 확실한 답이 존재하느냐, 그것도 아니다. 어쨌든 이 시험의 주제인 정의에 대해 나는 또 다른 길로 여행을 떠나본다.

반은 밝고, 반은 어두움에 삼켜진 벤치에 앉아서 생각을 한다. 정의는 그저 기득권층들이 자신의 권력을 유지하기 위해 앞으로 설쳐대는 좋은 이야기 아닌가. 정의라는 힘으로 사람들을 선동시켜, 지지하도록 한다. 그렇다, 정의는 권력가들의 또 다른 권력이다. 우리 같은 일반인들에게 정의는 존재할 수 없다. 왜냐, 위에 있는 능력 있는 분들이 정의로 똘똘 뭉쳐 있을 테니까 말이다. 우리가 아무리 정의라 떠들면서 착한 일을 해도 절대 정의로운 자가 될 수 없음을 역사적으로 느낄 수 있다. 그렇다, 정의는 불합리의 시작이다. 이것이 내 대답이다. 자 그러면 다음 시험은 무엇인가.

벤치에 일어나 나는 텅 비어 있는 그네에 앉는다. 아무도 없기에, 그래서 나 혼자 느낄 수 있는 으스스한 바람이 내 몸을 감싸 혼자 있을 수 있는 공간을 만든다. 그렇게 두 번째 시험이 시작된다. 정의가 불합리의 시작이라면 고쳐야할 텐데, 그러면 비권력층이 나서서 권력층에 맞서 싸워야 하는가. 참으로 곤란스러운 시험이지만, 이 난관을 넘어서야만 여행은 계속 된다. 나는 두 번째 시험을 위해 주머니 속에 처음 꺼내어 써서 남은 노잣돈을 꺼내본다. 이 돈을 위에 던져놓고 나는 대답한다. 올바르지 않은 정의, 즉 권력을 위해 비권력층들은 싸워서 권력을 획득할 것이다. 하지만 권력을 획득한 이후에는 무엇을 할 것인가. 결국 그들도 권력을 얻으면 동시에 다른 비권력층을 만들게 된다. 비권력층이 맞써 싸울 수 있는 유일한 명분은 공리주의 아닐까. 불합리에 처한 사람들이 정의라는 권력에 흠뻑 젖어있는 사람들보다 훨씬 많기 때문에 질서가 바뀌어야 한다는 명분으로 비권력층이 권력층을 밀어내고 그들이 권력을 잡아야 하는 것인가. 결국, 비권력층이 싸우는 이유도 진정한 정의가 아닌 권력에 대한 욕심으로 꾸민 정의를 위해서일 것이다. 비권력층이 맞서 싸우든, 맞서 싸우지 않든 불합리는 존재한다. 이것이 내 두 번째 대답이다.

으스스한 바람이 사라지고, 나는 마지막으로 골목길로 걸어갔다. 불빛은 점점 밝아지고, 내 여행의 끝을 알리는 듯했다. 하지만 마지막 시험은 남아 있었다. 화사하게 빛을 밝혀주는 가로등 밑에 서서 마지막 난관을 생각했다. 그러면, 불합리한 세상에 대한 너의 해결책은 무엇이냐. 간단히 대답했다. '이러한 불합리한 세상을 만들어준 신을 죽여 새로운 세상을 만들어야 한다.'라고 말이다. 나는 불빛이 나오는 곳으로 터벅터벅 걸어갔다. 세상이 빛으로 밝혀지더니, 나는 깨어났다. 정신을 차려보니 인원 점검이 있다는 것을 알리는 종소리가 울려 퍼졌다. 이 시끄러운 분위기, 북적북적한 공간, 그리고 전혀 어둡지 않은 이 곳. 그렇다, 현실이다. 그리고 나는 깨달았다, 나의 고요하고 어두운 여행은 이게 끝이 났다는 것을.

여행에는 항상 달콤한 보상이 있다는데 나는 보상을 무엇으로 받았는지 잘 모르겠다. 정신적인 성장인가, 아니면 잠시 동안의 현실 도피인가. 하지만 확실한 것은 이러한 나의 여행은 매일매일 이루어진다는 것이다. 시간이 지나면 깨닫게 되겠지.

수업을 마치며

학생들은 우리 신화 이야기를 재미있게 읽었다. 그리스 신화처럼 괴물을 물리치는 박진감 있는 이야기는 아니었지만, 거대한 힘이나 마법 없이도 고난을 극복하는 주인공들이기에 새로워했던 것 같다. 하지만 글쓰기를 하면 역시 아이들은 가상세계를 게임처럼 상상하며 이해했고 '길 위의 경험'을 자신의 진로와 공부에 국한시켰다. 아직 현실 경험을 많이 할 수 없는 학생 시기라 그럴 것이다.

아마 기회만 주어진다면 대부분의 학생들은 일탈과 모험을 감행하고 싶어할 것이다. 실제 학생들이 생각하는 '길 떠남'은 어른들이 생각하는 '젊어 고생은 사서도 한다' 류의 고난보다는 '신선하고 재미난 경험'이다. 이런 학생들에게 철없다고 말하고 싶지 않다. 기대를 갖고 떠나고 싶어하는 것, 그것이 학생 시기의 특권이자 에너지이기 때문이다. 공부에 찌들어 마음이 현실에 굴복하고 있으면 어쩌나 생각했지만, 우리 아이들은 역시 늘 길을 떠나고 싶어하고, 낯선 세상과 경험을 꿈꾸고 있었다. 그리고 자신이 영웅처럼 멋지게 변하리라는 것을 믿고 있었다. 학생들의 에너지를 확인할 수 있어 기쁜 수업이었다.

요슈타인 가아더, 『수상한 빵집과 52장의 카드』

깨달음에 이르는 길

대상_ 중학교 3학년~고등학생
함께읽은책_『수상한 빵집과 52장의 카드』 (요슈타인 가아더 / 현암사 / 2016)
학습목표
1. 과거, 미래의 연속성 속에 현재의 '나'를 인식할 수 있다.
2. 질문하지 않는 삶, 깨어있지 않은 의식의 문제점을 이해할 수 있다.
3. 지속적인 질문을 함으로써 자신의 존재가치를 알고 주체적인 삶을 구성할 수 있다.
집필_ 전영경

전쟁 중에 적군과 사랑을 나누게 된 것은 사고일까, 사건일까? 여성이 적군과 사랑을 한 행위를 '사고'라고 본다면 이 여성은 '처리'해야 할 대상이 될 것이고, '사건'이라고 본다면 이 여성은 '해석'해야 할 대상이 될 것이다. 마을 주민들은 이를 '사고'로 보았다. 그들은 관례대로 적군의 아이를 갖게 된 이 여성의 머리를 깎고 명예를 빼앗았다. 이 여성은 사내아이를 낳았고, 아이는 적의 아들이기 때문에 바다로 떠나야 했다. 성인이 된 아이는 아름다운 여인과 결혼했다. 그러나 그 여인은 네 살 난 아이를 두고 떠났다. 아버지가 된 아이는 8년 만에 아들과 함께 아내를 찾아 나섰다. 『수상한 빵집과 52장의 카드』는 어렸을 때 집을 나간 엄마를 아버지와 함께 찾아 나선 아이, '한스 토마스'의 여행 이야기이다.

아들과 함께 나선 길에서 아버지는 아들에게 끊임없이 '나는 누구인가, 어디에서 왔는가' 생각해야 한다고 이야기한다. 아버지의 아버지, 또 그 아버지… 그렇게 태초로 하나의 고리를 따라 거슬러 올라가다 보면 인류가 30~40억 년이 흐르는 동안 살아남은 것이 경이롭게 느껴진다. 이 소설은 세상에 존재하는 모든 것은 좋은 운을 타고 난 신비로운 것으로, 우주에서의 우연은 모두 숨은 의도가 있다고 말한다. 아버지가 적군과 사랑에 빠진 할머니를 이해하기 위해 바다 멀리 돌아다닌 것처럼, 한스 토마스도 엄마가 왜 아테네로 떠나버렸는지 이해하기 위해 멀리 돌아가야 한다. 이들에게는 이 모든 것이 '사고'가 아닌 하나의 '사건'이므로…….

작가 요슈타인 가아더는 한스 토마스의 여행이 철학 여행이 되기를 원했다고 한다. 그래서 그는 존재에 대한 경이로움을 잊지 않는 '조커'라는 존재를 소환한다. 우리 내면에 있는 조커를 일깨워 어린아이의 천진난만한 눈을 되찾아 삶에 눈뜨는 것이 필요하기 때문이다. 세상은 무(無)에서 유(有)가 창조되는 경이로움으로 가득하다. 해석하기 어렵고 분량도 많지만, 차분하게 책을 읽어내면서 사고의 폭을 넓히기를 바라는 마음으로 2차시 수업을 계획했다.

1차시

생각열기

1. 다음 시를 읽고 '깨어 있는 의식'이란 무엇인지 생각해 보자.

깨어 있는 의식으로 살아라

_ 오쇼 라즈니쉬

순간 마다 일을 자각하며
깨어 있는 의식으로 살아라.
과거가 아니라 현재에 살아라.
위험을 감수하라.
그러면 그대는 주변에 전혀 다른 현상이
일어나는 것을 볼 것이다.

삶이 황홀해진다.
삶이 깊이와 의미를 갖기 시작한다.
취한 듯이 짜릿하고 황홀한 삶이 전개된다.

순간 순간 살아갈 때
그대는 지식에 따라 살지 않는다.
지식은 과거로부터 온 것이기 때문이다.
과거를 버리고 순간 순간 살아갈 때,
매 순간 과거를 죽이면서 살아갈 때,
그대는 어린아이처럼 천진난만한 삶을 산다.

어린아이처럼 사는 것,
이것이 현자(賢者)의 삶이다.
예수는 '어린아이처럼 되지 않는 한
신의 왕국에 들어갈 수 없다' 고 말한다.
지식에 매이지 않는 삶을 살아야 한다.
경이감에 넘치는 눈을 갖고 천진난만하게 살아야 한다.
항상 놀랄 준비가 되어 있어야 한다.

삶은 놀라운 일로 가득하다!
이 놀랍고 경이로운 일들을 보지 못하는 것은
지식의 먼지가 그대의 눈을 가렸기 때문이다.
지금도 사방에서 경이로운 일들이 일어난다.
삶은 기적이다.
어떻게 권태를 느낀단 말인가
삶은 하나의 기적이다.
삶은 터무니 없고 우스꽝스런 일로 가득하다.

깨어있는 의식을 갖고 산다는 것은 매 순간을 대하는 어린아이의 천진난만한 눈을 되찾는 것이다. 사람들은 평안하고 안락한 삶에 지나치게 집착함으로써 삶이 권태롭다고 삶에 책임을 전가한다. 과거의 지식으로 두 눈을 가리고 안정된 미래를 향하는 사람들은 현재를 잃어버렸다. 권태로움에 지친 사람들에게 오쇼 라즈니쉬는 내면을 흔들어 존재와 삶에 대한 경이감을 일깨운다. 함께 글을 읽으며, 익숙함에 너무 길들여져 있는 것은 아닌가 돌아본다.

내용 이해

1. 내용 이해를 위해 여행 이야기를 구조적으로 정리해 보자.

이 책은 노르웨이 아렌달에 사는 한스 토마스가 어린 시절 사라진 어머니를 찾아 아버지와 함께 그리스 아테네로 여행하는 이야기이다. 여행하는 동안 이들은 오래된 사원이나 신화와 관련된 명소를 거치며 철학적 이야기를 나눈다. '나는 누구인가', '어디서 왔는가' 하는 물음은 신뿐만 아니라 우주에서 곤충과 같은 작은 생명에 대한 경이로움까지 거침없이 이어진다. 한스 토마스의 어머니를 찾아가는 여행은 곧 철학 여행이기도 한 것이다.

여기에 한스 토마스가 여행 도중 제빵사에게 받은 작은 책의 이야기가 겹쳐진다. 이들은 스위스 국경 근처에서 한 난쟁이를 만나는데, 그는 외딴 마을 '도르프'로 가는 길을 알려 주면서 돋보기를 준다. 돋보기는 신기하게도 도르프 빵 가게에 있는 금붕어 어항의 떨어져 나간 자리에 들어맞는다. 제빵사는 한스에게 작은 책이 들어있는 롤빵을 선물로 준다. 사건이 꼬리를 물고 이어지면서 작가가 말하고자 하는 주제가 제시된다.

『수상한 빵집과 52장의 카드』는 450쪽에 달하는 두꺼운 책이다. 복잡한 이야기들이 작품 종반에 한데 꿰어져 이해되면서 독해의 쾌감과 깨달음을 주는 흥미진진한 책이다. 다만 빠른 것에 익숙한 아이들이 전반부에 싫증을 내거나 흐름을 잃어버리지 않도록, 전체 내용을 정리하는 데 많은 시간을 할애해야 한다. 그러나 방대한 이야기를 도식화하면 이야기 나누기 쉽도록 정리할 수 있다. 포스트잇을 나누어 주고 분담하여 정리하게 하면 부담도 줄이면서 수업이 활기를 띤다. 정리한 각각의 포스트잇을 커다란 종이나 칠판에 시간 순서대로 나열하여 붙인다. 이때 중심인물인 한스 토마스와 그의 제빵사 할아버지와의 첫 만남을 교차점으로 십자형으로 메모지를 정리하면 쉽다. 너무 어려울 것 같으면, 먼저 선생님이 이야기 구조도를 설계해 빈칸을 만들어 놓고 학생들이 빈칸을 채워 넣게 한다.

프를란 사건 (할머니, 독일병사)
/ 가문의 저주

손이 찬 난쟁이
도르프마을
돋보기
DORPH

불가사의한 지구
(외계인이 보아도 신비로운)

박수민 (고등학교 1학년) 그림

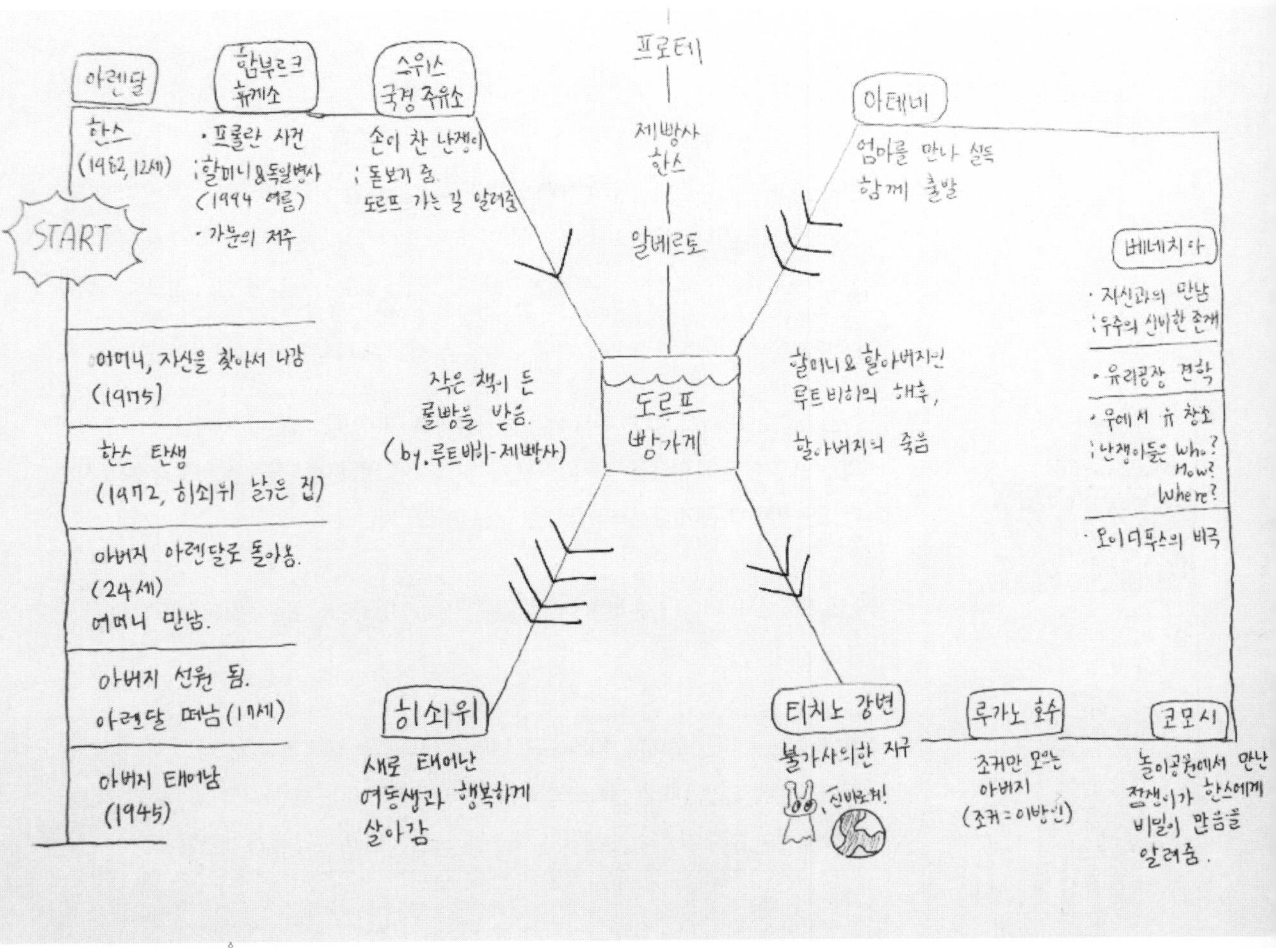

아렌달
함부르크 휴게소
스위스 국경 주유소
프로테
아테네

START

한스 (1962, 12세)
• 프롤란 사건
; 할머니 & 독일병사 (1994 여름)
• 가문의 저주
손이 찬 난쟁이
; 돋보기 줌
도르프 가는 길 알려줌

제빵사 한스
알베르토

엄마를 만나 설득 함께 출발

베네치아
• 자신과의 만남
; 우주의 신비한 존재
• 유리공장 견학
• 우에서 ㅠ 창조
; 난쟁이들은 Who? How? Where?
• 오이디푸스의 비극

어머니, 자신을 찾아서 나감 (1975)
한스 탄생 (1972, 히쇠위 낡은 집)
아버지 아렌달로 돌아옴. (24세) 어머니 만남.
아버지 선원 됨. 아렌달 떠남 (17세)
아버지 태어남 (1945)

작은 책이 든 롤빵을 받음. (by. 루트비히-제빵사)

도르프 빵가게

할머니 & 할아버지인 루트비히의 해후, 할아버지의 죽음

히쇠위
새로 태어난 여동생과 행복하게 살아감

티치노 강변
불가사의한 지구
신비롭게!

루가노 호수
조커만 모으는 아버지 (조커 = 이방인)

코모시
놀이공원에서 만난 난쟁이가 한스에게 비밀의 만음을 알려줌.

정예원 (고등학교 1학년) 정리

첫째, 한스 토마스와 아버지의 여정 + 둘째, 각 지점에서 나눈 철학적 이야기들

셋째, 한스 토마스와 제빵사 할아버지와의 첫 만남을 교차점으로 한 작은 책 인물들

2. 주요 등장인물에 대해 정리해보자.

소설의 기능을 인간 존재에 대한 탐구라고 볼 때, 소설에서 인물은 세계를 창조하는 역할을 하므로 특히 중요하다. 작가는 인물의 말과 행동으로 인물의 성격과 심리를 간접적으로 드러낸다. 따라서 소설을 읽을 때 사건 속 인물의 말과 행동을 파악하는 것은 인물을 이해하고 나아가 소설을 이해하는 열쇠가 된다. 이 소설은 도르프의 작은 빵 가게와 관련된 인물들의 긴 우연의 고리에 관해 이야기하고 있어 많은 인물이 등장한다. 인물 정리를 하며 내용을 되짚을 필요가 있다. 모둠을 형성해 분담하여 정리한 뒤 함께 수정한다.

한스 토마스: 4세에 자신을 찾기 위해 엄마가 집을 나간 뒤로 아버지와 살아간다. 아버지를 생각해 엄마에 대해 드러내고 이야기하지 않다가 여행을 통해 어머니를 이해하게 된다. 8년 동안 소식 한번 주지 않은 어머니를 직접 찾아가 만나고 함께 집으로 돌아온다.

한스 토마스 아버지: 적군 독일 병사의 사생아로 태어났다. 힘든 유년기를 보내고, 7년의 선원 생활 끝에 아들을 얻으나 '자신을 찾겠다'며 떠난 아내 덕분에 아들과 둘이 지낸다. 8년 만에 복권이 당첨되어 아내를 찾는 여행을 떠난다.

한스 토마스 어머니: 결혼하여 아이를 낳지만, 자신을 찾고 싶은 열망에 아테네로 가 모델이 된다.

린네: 한스 토마스 할머니. 벌채 도중 나무에 깔려 아버지가 돌아가셨다. 2차 세계대전 중 프롤란에서 만난 독일 병사와의 사랑으로 머리를 깎이는 등 사회적 질타를 받으며 사생아를 낳아 혼자 기른다. 반세기가 지난 뒤, 노인이 된 병사와 짧게 해후한다.

루트비히 메스너: 한스 토마스 할아버지. 2차 세계대전에 참전하여 아렌달의 렌느와 사랑을 한다. 1944년 제3 제국을 방어하기 위해 독일로 간다. 종식 후 도르프에서 알베르트를 만나 제빵사가 된다. 마법의 섬에 관한 작은 책을 쓴다, 52년 뒤에 아들과 손주를 만나고 린네 품에서 죽는다.

알베르트: 도르프에서 태어나 4세에 결핵으로 어머니를 잃고, 술주정뱅이가 된 아버지에게 방치되어 자란다. 제빵사 한스를 만나 이어받은 빵 가게를, 52년 뒤에 만난 병사 루트비히에게 물려준다.

제빵사 한스: 1811년 1월 뤼베크에서 태어났다. 아버지 오토는 뤼베크의 제빵사이지만 생활고로 15세 1826년에 아렌달에서 온 범선 '마리아' 호의 선원이 된다. 1842년 도버 해협에서 멕시코만을 향하던 중 태풍에 좌초되어 마법의 섬으로 흘러간다. 카드 형상물과 무지갯빛 레모네이드를 만든 프로데가 자신의 할아버지임을 알게 된다. 조커의 날, 섬을 빠져나와 도르프에 빵 가게를 낸다.

프로데: 제빵사 한스의 할아버지. 유리 세공사의 아들인 프로데는 스페인 쌍돛 범선을 탄다. 범선이 좌초되어 섬에서 생존하기 전 뤼베크의 스티네와 사랑을 나눈다. 카드 형상물과 무지갯빛 레모네이드를 만드는 등 섬에 활기를 부여하지만, 사람을 그리워한다. 조커의 날을 앞두고 섬에 온 제빵사 한스를 만나 손자라는 것을 알게 되지만, 조커의 날 죽게 된다.

손이 찬 난쟁이: 마법의 섬에 찾아든 조커. 존재에 대한 끊임없는 질문 끝에 섬의 비밀을 풀지만, 그림카드들에 쫓겨 섬에서 도망쳐 세상을 돌아다닌다.

심 화

1. 이 이야기의 1차적 주인공은 한스 토마스이지만, 그의 이야기는 선대의 이야기 속에 놓여 있다. 선대의 이야기와 연결하여 나의 이야기를 스토리텔링 해보자.

가족과 나

_ 오주원 (중학교 2학년)

나는 엄마 아빠의 좋은 점을 많이 닮은 것 같다. 나는 엄마를 닮아 공부를 잘 하는 편이다. 엄마께서도 대학교 때 장학금을 받고 학교를 다녔다고 하시니 공부를 잘 하셨나보다. 또 나는 책임감이 강한 편이다. 할 일을 많이 미루는 편이긴 하지만 기간 내에 전부 다 하긴 한다. 하기 싫어도 왠지 해야 될 것 같아서 결국 다 하고 만다. 엄마께서도 책임감이 강하고 나와 달리 미리미리 할 일은 끝내신다. 엄마도 아마 할아버지를 닮아서 그러신 것 같다.

할아버지는 예전에 군인이셨다. 그래서 책임감이 강하셨다. 그래서 내게는 아주 믿음직한 분으로 남아 있다. 할아버지께서 군인이셔서 엄마도 여자이지만 여러 방면으로 운동을 잘 하신다. 아빠도 배구선수로 활동하셨어서 나도 운동을 좋아하고 잘 한다. 엄마 아빠가 서로 다른 방면으로 뛰어나셔서 나는 좋은 것만 물려받은 것 같다.

또 나는 꼼꼼하고 돈을 많이 아끼는 편이다. 할아버지는 교통비도 아끼려고 웬만하면 걸어 다니셨고 밖에서 잘 사드시지도 않았다. 그래도 손자들에게는 과자도 주시고 잘 놀아주는 아주 좋은 분이셨다. 또 여러 방면으로 가족을 꼼꼼히 챙기시는 편이셨다. 엄마도 그런 할아버지 밑에서 자라서 그런지 꼼꼼하고 돈을 아낀다. 물론 나도 그렇다. 나는 왠지 모르게 나쁜 행동은 하기가 싫고 욕심이 별로 없다. 친구들이 급식 시간에 새치기를 하면 같이 하고 싶지만 왠지 그럴 수가 없다. 또 다른 친구들이 뭘 더 가져가도 별로 탐나지 않는다. 할아버지가 예의를 중요시 하셔서 그런 것 같다. 큰삼촌은 도덕 선생님이셔서 일반인보다 도덕적이시다. 아마 나도 이런 부분은 닮아 있는 것 같다.

마무리

1. [과제설명] '나는 누구인가?'라는 질문에 스스로 답을 해보자. 가족이나 친구들에게도 물어보자.

5cm×4cm의 직사각형 종이를 개인당 50~100장씩 준비해 주고 한 장에 한 개의 답을 적어오도록 한다. 50장 이상 답을 적는 이유는 다양한 관점에서 자신에 대해 생각하게 하기 위해서다. 답의 수가 적은 경우, 자신에 대해 깊게 생각하지 않고 적는 경향이 크다. 그래서 일주일이라는 시간을 두고 자신에 대해 조금씩 생각하기를 권한다.

2차시

생각열기

1. 52년 만의 조커 축제가 열리는 날, 조커는 혼자만의 카드놀이를 시작한다. 52장의 그림카드들이 암송한 문장들을 찾아 간단하게 이야기를 만들어 보자.

금붕어는 섬의 비밀을 누설하지 않지만 꼬마 빵은 누설한다. 클럽 2
주인이 잠들면 난쟁이들은 그들 자신의 삶을 산다. 클럽 10
52년 후 파선한 이의 손자가 온다. 클럽 8
제빵사는 마법의 섬의 보물을 숨기고 있다. 클럽 5
진실은 카드 속에 있다. 클럽 7
유일하게 조커만이 마술을 꿰뚫어 본다. 클럽 9
진실은, 유리 세공사 아들이 자신의 상상물을 광대로 취급했다는 것이다. 다이아 7 등

조커 축제의 날, 조커는 혼자만의 놀이를 시작한다. 52장의 그림카드들이 지난 4년간 생각해낸 문장들을 이리저리 맞추어보면서 간단하게 이야기를 만들어 본다. 짝을 지어 하거나 모둠별로 해도 좋다. 같은 문장을 이용하여 만든 이야기이지만 어떤 상상으로 이야기를 구성하느냐에 따라 조금씩 달라진다. 이야기가 만들어졌으면 돌려가며 읽어보자. 어떤 점이 같고 다른지 비교하면서 읽어보면 다른 사람의 생각도 알 수 있고, 즐겁게 수업을 시작할 수 있다.

펼치기

1. 가장 기억에 남는 문장은 무엇인가. 왜 기억에 남는가?

2. 조커가 짜맞춘 이야기를 떠올리며 다음 질문들에 대해 함께 생각해보자. 질문하지 않는 삶, 깨어있지 않은 의식의 문제점은 무엇인가?

학생들이 전체 내용을 얼마나 이해했는지 알아보기 위한 질문이다. (본문에 나와 있으므로 답은 생략한다) 마법의 섬은 우리가 사는 곳과 같고 카드의 형상물이 하는 말과 행동은 현대인의 모습과 닮아있다. 학생은 작가가 사용한 상징을 찾으면서 작가의 숨은 의도를 파악할 수도 있다. 즉 아래의 다양한 질문을 통해 학생은 질문하지 않는 삶, 깨어있지 않은 의식은 자신을 정신적 파멸과 죽음으로 이끈다는 것을 이해할 수 있다.

·한스 토마스가 주유소에서 만난 난쟁이나 52장의 그림카드들은 모두 손이 차다. 또한, 그들은 모두 나이를 먹지 않는다. 이유는 무엇인가.
·52장의 그림카드의 공통점은 무엇인가. 그들과 조커는 어떻게 다른가.
·52장의 카드, 조커가 각각 상징하는 것은 무엇인가.
·무지갯빛 레모네이드가 상징하는 것은 무엇인가. 왜 한 번만 맛보아야 할까.
·'안의 상자는 바깥 상자를 풀어 열고, 바깥 상자는 안의 상자를 풀어 연다.'라는 것은 어떤 의미인가. 책의 내용에서 예를 들어 이야기해 보자.
·프로데가 조커를 두려워한 까닭은 무엇인가.
·조커는 스페이드 킹의 문장을 마지막으로 암송하게 한다. '운명을 꿰뚫어 보는 자는 운명에서 살아남아야 한다.'라는 문장의 의미는 무엇인가.

3. 52장의 카드들은 모두 '사고'하지 못한다. 자신이 누군지, 어디에서 왔는지 묻는 이는 '조커' 뿐이다. 내가 현재 살아가는 방식은 카드에 가까운지 조커에 가까운지 이야기를 나누어 보자.

4. 여행 중 한스 토마스와 아버지가 나눈 철학적인 이야기들을 찾아보자. 모둠별로 이 가운데 한 가지를 골라 생각을 나누어 보자.

철학이란 앎을 사랑하는 학문이다. 앎 즉 안다는 것은 모른다는 것을 아는 데서 시작한다. 아이는 순수한 눈으로 호기심을 채우기 위해 질문하고 답하는 것에서 시작한다. 질문에 대한 답을 우리는 알지 못한다. 그러나 그러므로 묻고 또 묻고, 생각하고 또 생각해야 한다. 학생들은 철학을 어려워한다. 그러나 이렇게 이야기에 기대어 철학에 한 걸음 다가서게 하자. 철학 여행에서 제기하는 질문이 무엇인지 찾고, 저자의 숨은 의도를 파악하며 스스로 그에 대한 답을 찾아가며 읽는다면 학생은 사고하는 즐거움을 맛보고 느낄 수 있을 것이다. 다음은 학생들이 뽑은 질문들이다.

·한스 토마스는 아버지와 함께 잡지에 난 엄마의 사진을 보고 엄마가 자신을 찾지 못하고 있다고 판단한다. 그러한 판단을 한 이유는 무엇인가. 이때 자신을 찾는다는 것은 어떠한 의미인가.

·외계인이 보아도 지구와 그 안의 생명체들은 불가사의할 만큼 신비롭다. 그런데도 사람들은 왜 눈앞의 것들은 보지 않고 초월적인 것만 보려 하는 것인가.

·사람들이 생각하지 않는 이유는 무엇인가.

·나는 누구인가, 어디에서 왔는가.

·우리에게 일어나는 일들은 우연인가 아니면 의미가 있는 것인가.

·오이디푸스의 비극, 저주받은 운명에서 벗어나는 것은 불가능한가.

·존재에 대한 경이로움이란 무엇인가. 어떻게 느끼는가.

·경이로움을 느끼는 눈을 잃어버린 이유는 무엇인가.

·천진난만한 아이의 눈이란 무엇인가. 어떻게 되찾아야 하는가.

·지혜를 추구하는 사람을 철학자라고 한다. 그러나 한스 토마스의 아버지는 철학자가 특별히 지혜로운 것은 아니라고 한다. 왜 그러한가.

·인간은 시간의 이빨 사이에 끼어있다는 것은 무슨 의미인가. 시간이 가는 것인가, 인간이 늙는 것인가.

·소크라테스의 '너 자신을 알라'는 말은 무슨 의미인가.

·끊임없이 생각하는 것은 힘든 일이다. 그런데도 끊임없이 생각해야 하는 이유는 무엇인가.

·무에서 유가 창조된다는 것은 무엇인가 등등.

마무리

1. '나는 누구인가'라는 질문에 답해온 것을 함께 보자. 짝을 지어 상대방의 것을 분류한 뒤 그것을 가지고 '내 친구는 누구인가' 간단하게 글로 써보자.

2. 자신에 대한 친구의 글을 보고 생각을 이야기해 보자.

3. '나는 누구인가' 를 주제로 자유롭게 글을 써보자.

수업을 마치며

'나는 누구인가', '어디에서 왔는가' 하는 질문은 존재의 의미를 묻는 것이다. '나는 누구인가', '나는 어디서 왔는가'에 대한 탐구는 자기 이해를 도울 뿐만 아니라 어떻게 살 것인지에 대한 목표 설정에도 큰 도움을 준다. 작가는 삶의 본질에 대한 깊이 있는 탐구를 위해 철학적 사고가 어렸을 때부터 이루어져야 한다고 주장한다. 물론 철학 이론이 아닌 삶의 이야기를 통해 철학적으로 사고하는 것의 중요성을 깨닫게 하자는 것이다. 그는 인간의 두뇌는 너무나 복잡하므로 끊임없이 생각하고도 답을 찾지 못하는 것이 당연하다고 한다. 또한, 소크라테스 역시 끊임없이 사고하면서 자신이 모른다는 것을 알아냈다고 우리에게 힘을 준다.

만일 사유하지 않고 익숙한 것에 기대어 안일하게 살아간다면, 소설 속 카드들처럼 누군가에게 속한 존재로만, 혹은 살아있으나 죽은 상태로 지낼 것이다. 주체로 살아가기 위해서는 위험하더라도 깨어있어야 한다. 힘들고 고통스럽더라도, 선조들이 물려준 나의 한번뿐인 특별한 삶을 충실하게 살아내기 위해서.

길 위에 길이 있다

1. 길 떠남, 그 설렘과 두려움

오랜만에 먼 곳으로 여행을 가기로 한다. 차편과 숙소를 예약하고 여행지에서 볼 것들, 맛봐야 할 음식들을 검색하면서 마음이 들뜬다. 한 번도 가보지 못했던 새로운 장소에 대한 궁금증, 처음 경험할 일들에 대한 부푼 기대를 안고 여행을 준비한다. 하지만 출발일이 다가올수록 마음이 점점 복잡해진다. 길 떠날 준비를 하는 것은 꽤나 번잡스럽고, 잘 모르는 곳에 가는 것은 은근 부담스럽다. 낯선 장소에서 잠을 자고 생소한 음식을 먹어야 하는 것도 걱정스럽다. 계획을 잘 세워서 차근차근 돌아다니려 마음 먹어도 예상치 못한 일은 부지기수로 일어날 것이다. 준비해야 할 것들과 감당해야 할 일들을 머릿속으로 계산하다 그만 짐 가방을 풀어 벽장 속으로 다시 집어넣고 싶어져 버린다. 낯선 것과의 조우는 늘 그런 식이다. 가슴 떨리도록 기대되지만 그 생소함의 무게는 도망가고 싶도록 버겁다. 익숙하고 안정적인 일상이 새삼 소중하게 느껴진다. 그럼에도 우리는 길을 떠난다. 주저하는 마음을 잘 달래 가라앉히고, 새로운 세상을 마주하기 위해 힘차게 발을 내딛는다. 집 안에 머물면 몸과 마음은 편하겠지만 더 넓고 다채로운 세상을 경험할 수 없기 때문이다. 낯선 세상을 만나 새롭게 변하는 나 자신을 만날 수 없기 때문이다.

2. 떠나야 만난다

걱정과 망설임을 물리치고 씩씩하게 길을 나서지만 집 밖으로 나오는 순간 고생이 시작된다. 길 위의 상황은 예상했던 대로 전개되지 않는다. 제 아무리 호화로운 숙소도 마음대로 뒹굴던 내 방의 낡은 이부자리처럼 편하지 않고 잘 차려진 낯선 음식은 그림의 떡에 그치는 경우가 허다하다. 길을 나선 것이 후회되는 순간이다. "인간 불행의 유일한 원인은 자신의 방에 고요히 머무는 방법을 모른다는 것"이라는 파스칼의 통찰이 진리처럼 다가온다. 하지만 소소한 불편함을 참아내고 마음의 빗장을 열면, 길에 나선 자만이 누릴 수 있는 특별하고 놀라운 경험이 기다린다. 처음 보는 낯선 풍경들은 우리의 눈과 귀를 자극하고 호기심을 부추긴다. 생소한 삶의 방식을 가진 사람들은 우리의 견고한 통념을 뒤흔든다. 좁고 오래된 방 안에서 매일 보던 사물들에 둘러싸여 지내던 나른한 일상은 사라지고 처음 보는 것, 처음 듣는 것, 처음 먹는 것들이 우리를 어리둥절하게 만든다. 어린 아이처럼 호기심으로 가득 찬 눈으로 낯선 세계를 탐색하다 보면, 어느 새 경계심이 사라진 자기 자신을 발견하게 된다.

3. 만나면 변한다

여행자는 유연하다. 고정된 장소에서의 이탈은 우리의 마음을 가볍고 부드럽게 만든다. 우리가 살던 곳의 딱딱한 규범도 여행지에서는 무력화된다. 처음 보는 신선한 풍경은 낡고 고루한 시각을 자극하고 낯선 문화와 풍습은 새로운 생각을 받아들일 수 있는 여지를 만들어낸다. 공간의 움직임이 생각의 변화를 일으킨다. "여행은 생각의 산파"이며 "새로운 생각은 새로운 장소를 요구"한다는 알랭 드 보통의 성찰은 여행의 본질을 꿰뚫고 있다. 인식의 변화와 사고의 확장을 위한 여행은 물리적인 장소의 이동에 국한되지 않는다. 익숙하고 편안한 것에서 벗어나서 새로운 것, 잘 모르던 것에 과감히 다가가 생각의 전환을 가져오는 모든 행위를 아우르는 것이다. 자신이 속한 세계를 낯설게 보는 것, 편견 없이 타인을 대하는 것, 생소한 삶의 방식을 가진 사람들을 경계하지 않는 것 모두, 새로운 생각을 만나고 수용하며 변화되는 과정이다. 다양한 사유가 담긴 책을 읽고 타인의 사유를 들여다보는 것, 토론과 소통으로 인식의 지평을 넓히는 것도 우리 삶의 지형을 능동적으로 바꾸려는 노력이다. 한 곳에 안주하지 않고 부단히 움직여 새로운 세계와 만나고 끊임없이 새로운 존재로 변이되는 것, 그것이 바로 우리가 일생 동안 지속해야 할 삶의 여정이고 과제다.

4. 길 떠남은 우리 모두의 숙명

편안하게 깃들던 곳을 벗어나 새로운 세계를 만나는 것, 새로운 세상에 닿아 전과 다른 존재로 변하는 것은 우리가 거쳐야 하는 성장 과정이며 주체적인 삶을 위한 통과의례다. 아늑하고 포근하다고 엄마 뱃속에 마냥 머물 수 없듯이, 때가 되면 자신만의 삶을 찾는 여정에 올라야 한다. 누구나 떠나야 하고 아무도 대신 해 줄 수 없다. 엄마의 손길을 거부하고 혼자서 음식을 떠먹으려는 아기는 긴 여행의 첫 걸음을 떼고 있는 중이다. 방문을 걸어 잠그고 혼자만의 고민 때문에 괴로워하는 사춘기 아이들도 마찬가지다. 동서양의 수많은 신화와 전설, 민담과 전래 동화에서 다양한 모습으로 변주되며 반복되는 '길 떠남'의 모티브는 그것이 인간 보편의 숙명임을 반증한다. 계모의 질투 때문에 숲 속에 버려진 백설 공주, 딸이라는 이유로 부모에게 버림 받은 바리 공주는 '은수저를 물고 태어난' 공주조차도 자신의 삶을 스스로 개척해야 하는 인간의 숙명에서 벗어날 수 없음을 보여준다. 더 이상 부모의 돌봄을 기대하지 않고 자기 삶을 찾아나서는 아이, 자신을 지배하던 관습과 규범을 거부하고 집을 나서는 아이, 익숙한 삶의 공간을 벗어나 새로운 세상으로 나아가는 아이는 낡은 보호막과의 분리와 결별을 거쳐 독립적 개인으로 살아가야만 하는 우리 모두의 모습인 것이다.

5. 길 위에 길이 있다

안락한 집을 벗어나 길 위에 서면 모험이 시작된다. 나의 삶을 찾아 길을 나섰지만 맞닥뜨리는 상황은 만만치 않다. 이전에는 보지 못했던 광대한 지평이 눈앞에 펼쳐지고 찾아내야 할 길은 그 모습을 쉽게 보여주지 않는다. 주변의 조언자, 조력자의 도움을 얻기도 하지만 궁극적으로는 자신의 판단과 선택으로 길을 찾아가야 한다. 하나의 길을 선택하면 다른 길을 포기해야 하고, 모든 길은 그 끝을 보여주지 않기에 선택은 쉽지 않다. 하지만 망설임이 길어질수록 길 위에서 만들어나갈 수 있는 나만의 시간은 점점 짧아진다. 자신의 판단을 믿고 앞으로 나아가야 한다. 우두커니 서있지 말고 부지런히 움직여야 한다. 움직이는 만큼 볼 수 있는 세계는 점점 더 넓어지기 때문이다. 길은 역동적인 공간, 무한한 가능성의 공간이기도 하다. 어떤 길로 들어서는지, 어떤 인연을 만나는지에 따라 새로운 존재로 거듭날 수 있다. 많은 사람들이 선택하는 길, 편해 보이는 길만 고집하지 않고 새로운 길, 낯선 길을 선택하는 것은 자신의 숨어있던 잠재력을 발휘해 볼 수 있는 기회다. 난생 처음 보는 골목에 과감하게 들어가 걷다 보면 기대하지 않았던 보석 같은 풍경을 만날 수도 있다. 막다른 곳에 이르러 되짚어 나올 수도 있지만 실수와 실패를 통해서도 우리는 삶을 배운다. 그러니 주저하지 말고 길에 나서자. 그리고 즐겁게, 힘차게 걸어가자. 우리가 걸어가는 길이 우리의 삶이 된다.

6. 길 떠나는 이들을 위하여

잘 알지 못하는 세상으로 나서는 것은 누구에게나 두려운 일이다. 어른들의 그늘 속에서 안온하게 지내던 아이들에게는 더더욱 그러하다. 하지만 기성세대가 만들어놓은 낡은 보호막을 뚫고 나오지 않으면 주체적 삶은 불가능하다. 두려워하지 말고 과감하게 집을 나서도록, 스스로의 삶을 만들어갈 수 있도록 응원하고 격려하는 것이 어른들의 몫이다. 자기를 찾아가는 아이들의 여행에 도움이 되는 몇 권의 책을 소개한다.

「왜 주인공은 모두 길을 떠날까?」 (신동흔 / 샘터)

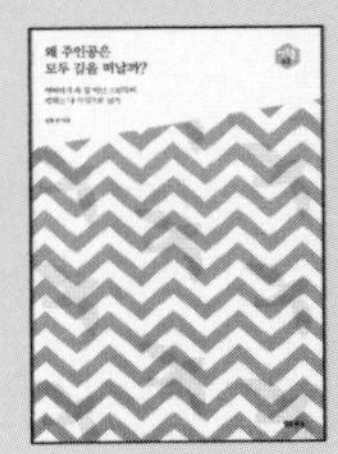

제목이 많은 것을 말해주는 책이다. 아이들에게도 익숙한 신데렐라, 백설 공주, 콩쥐팥쥐 등 동서양의 다양한 옛이야기를 통해 자기 삶의 주인공이 되기 위해서는 능동적이고 진취적인 태도와 적극적인 실천이 있어야 함을 보여준다. 딱딱하고 어려운 이론적 분석을 제시하지 않고, 쉽고 재미있는 설명과 독특하고 참신한 해석이 가득해서 흥미롭게 읽을 수 있다. 세계 곳곳의 설화와 동화에 반복적으로 나타나는 '숲'과 '집'의 상징성, 떠나는 자와 머무는 자의 대비, 능동성과 역동성의 가치 등 아이들과 함께 이야기해 볼 만한 주제가 많이 담겨 있다. 초등학교 고학년부터 읽을 수 있다.

「공부의 달인 호모 쿵푸스」 (고미숙 / 북드라망)

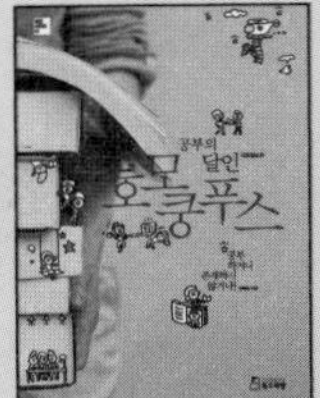

책 제목을 보고 오해하면 안 된다. 좋은 성적을 받을 수 있는 비법을 알려주는 책이 아니다. 저자가 강조하는 공부는 자신이 살아가는 세계를 낯설게 보고 질문을 던질 수 있는 힘을 갖추는 것이다. 책의 부제인 '공부하거나 존재하지 않거나!'는 공부와 인간 존재의 관계를 단적으로 보여준다. 치열한 문제의식을 통해 세상을 이해하고 다양한 생각을 만나 끊임없이 변이하면서 성장하는 것이 인간다운 삶이라는 것이다. 중학생부터 읽을 수 있지만 어려운 개념은 설명이 필요하다.

「다른 곳을 사유하자」 (니콜 라피에르 / 푸른숲)

통행, 이주, 이동, 전환, 혼합 등 부단한 변화와 자유로운 움직임을 통해 사고의 새로운 지평을 열어간 서구 지식인들의 삶과 사유를 풍부하게 담아낸 책이다. 너무 많은 지식 정보와 생각거리들이 쏟아져 부담스럽기도 하지만 '정주하지 않는 지식인의 삶과 사유'는 반복되는 일상에 매몰된 우리의 안일함을 돌아보게 만든다. 책 곳곳에 배치된 잠언, 시, 역사적 인물의 삶 등을 소재로 선택해서 학생들과 이야기할 수 있다. 다만 학생들에게 직접 읽히기에는 어려운 책이다.

난이도별 도서 목록

이 책에 소개된 책들을 난이도별로 나누고 내용 및 특징을 간략하게 설명드립니다.

★ 중학교 1학년(부터 가능)

★★ 중학교 2학년(부터 가능)

★★★ 중학교 3학년(부터 가능)

어휘와 전체 줄거리를 교사 도움 없이 2/3 이상 읽고 이해할 수 있는가를 기준으로 분류하였습니다. 어디까지나 주관적인 기준이므로, 지도하시는 학생들의 독해력을 감안하여 참고하시기 바랍니다.

「아우구스투스」 ★

『헤르만 헤세 환상동화집』 (민음사 / 2002), 『헤르만 헤세 환상동화집』 (보물창고 / 2014) 수록

어머니의 소원으로 남들에게 사랑받는 운명으로 태어난 아우구스투스는 전혀 행복하지 않다. 그는 운명을 바꾸기 위해 어머니의 소원을 되돌리기 원한다. 단순한 줄거리이지만, 인생과 행복에 관한 거장의 메시지가 깊은 감동과 여운을 준다.

『흑룡전설 용지호』 ★

(김봉래 / 문학동네 / 2014)

평범한 중학생 용지호가 자전거를 타게 되면서 다양한 세대·다양한 가치관을 가진 친구들을 만나고 자존감을 회복하는 이야기. 중학교 남학생들이 특히 좋아한다.

『그 많던 싱아는 누가 먹었을까』 ★

(박완서 / 웅진지식하우스 외 다수 / 2005)

1930년대부터 1950년 전후까지 작가의 어린 시절을 자전적으로 그려낸 소설. 끝까지 읽고 주제와 시대상을 온전히 파악하려면 중3 이상의 독해력이 요구되지만, 앞에 소개한 수업은 앞부분 위주로 읽고 자기 이야기를 자유롭게 나누는 수업이기에 중1 난이도로 분류하였다.

「앨저넌에게 꽃다발을」 ★

『SF 명예의 전당 2: 화성의 오디세이』 (오멜라스 / 2010) 수록

아이큐 68이지만 열심히 살아가던 주인공이 지능 향상 수술에 응하면서 겪는 변화를 보여주는 단편. 경쟁이 내면화된 현대 사회에서 무언가를 갖는다고 더 행복해지는 것인지 자문하게 한다. 주인공의 지능 변화에 따라 맞춤법과 문장이 변화하면서 학생들의 시선을 사로잡는다.

『통일한국 제1고등학교』 ★

(전성희 / 자음과모음 / 2017)

임박한 통일을 대비하여 남북한 사람들이 모여 사는 통일시가 만들어진다. 통일한국 제1고등학교는 남북한 학생들이 함께 다니는 최초의 학교를 만들었다. 이 학교를 대표할 학생회장을 뽑는 과정에서 다양한 문제들이 드러나게 된다. 통일이라는 시사적 주제를 중학생들이 현실감 있게 느끼고 토론하기 좋다.

『갈매기에게 나는 법을 가르쳐 준 고양이』 ★

(루이스 세풀베다 / 바다출판사 / 2015)

아기 갈매기를 키우는 책임을 맡게 된 고양이가 갈매기에게 나는 법을 가르치고 떠나보내는 이야기. 내용과 삽화가 조화롭고 아름답다. 성인도 어린이도 쉽게 읽을 수 있는 책이다.

『초콜릿 레볼루션』 ★

(알렉스 쉬어러 / 미래인 / 2011)

어느 날 초콜릿을 포함해 모든 달콤한 것을 금지하는 법안이 통과된다. 집권당인 국민건강당은 이 조치가 국민들의 건강을 위해서라며 감시와 통제를 일삼는다. 주인공 두 소년은 불의에 맞서 싸우기 시작하며, 점차 민주주의의 의미를 깨달아간다.

『우리가 정말 알아야 할 우리 신화』 ★

(서정오 / 현암사 / 2003)

우리 민간 신화 속 주인공들이 겪는 모험과 일생을 입말로 소개하여 재미있는 이야기를 듣는 것처럼 읽을 수 있다. 낯설면서도 친근한 주인공들이 나와 중학 저학년에게 인기가 많다.

『구덩이』 ★★

(루이스 쌔커 / 창비 / 2007)

매일매일 구덩이를 파야 하는 주인공의 이야기를 재미있게 읽다보면 칡덩굴처럼 얽힌 두 가문의 비밀스러운 과거가 드러난다. 정교한 이야기 구조 속에 눈치 채지 못하게 깔려있는 복선을 찾아내는 재미도 쏠쏠하다. 학생들이 좋아하는 책이지만 복잡한 이야기들이 어떻게 연결되는지까지 파악하고 오는 사람은 별로 없다. 수업시간에 이를 이해하면 감탄사를 연발하며 더 좋아하게 되는 책이다.

『리츠 호텔만 한 다이아몬드』 ★★

(스콧 피츠제럴드 / 민음사 쏜살문고 / 2016)

『테마명작관 : 돈』 (에디터 / 2012) , 『피츠제럴드 단편선 2』 (민음사 / 2009) 에도 수록

황당하리만치 기발한 설정과 흥미진진한 사건으로 아이들을 사로잡지만 진지한 생각거리와 토론거리를 품고 있는 보석 같은 책이다. 중학생 뿐 아니라 고등학생들과도 함께 수업할 수 있다.

「화성의 죽은 도시」 ★★

『플레이보이 SF 걸작선 1』 (레이 브래드버리 외 / 황금가지 / 2002) 수록

화성의 죽은 도시를 탐험하던 등장인물들은 저마다의 이상향을 발견한 채 도시에 잠식돼간다. 내가 바라는 행복은 어떤 모습인지, 그것이 환상이라 해도 머물 것인지 질문을 던지는 책. 이 단편이 실려 있는 『플레이보이 SF 걸작선 1』 (황금가지 / 2002)은 현재 구하기 힘든 책이다. 절판과 재출간을 거듭하는 SF 출판시장에서, 레이 브래드버리 단편선에 정식으로 실리기 전까지는 도서관에서 구해볼 수밖에 없겠다.

「오멜라스를 떠나는 사람들」 ★★

『바람의 열두 방향』 (어슐러 K. 르 귄 / 시공사 / 2014) 수록

공리주의적 사고의 문제점을 충격적으로 보여주는 책. 모두의 행복을 한 사람의 희생으로 유지한다는 도덕적 딜레마 상황 속에서 삶의 원칙에 대해 고민하게 한다. 발문의 난이도를 조정하면 중학교 1학년생부터 고등학생까지 폭넓게 적용하여 수업할 수 있다.

『싱커』 ★★

(배미주 / 창비 / 2010)

지하에 도시를 건설하고 인공 하늘을 보며 살아가는 신 인류가 등장한다. 주인공들은 게임 '싱커'를 매개로 잃어버렸던 자연과 다른 생명이라는 존재를 이해해간다. 특히 아이들이 동물과 오감을 직접 공유하면서 그들의 감각을 통해 세상을 새롭게 인식하게 되는 장면이 아주 생생하게 묘사된다.

「가든파티」 ★★

『가든파티』 (캐서린 맨스필드 외 / 창비 / 2010) 수록

성대한 가든파티로 분주한 로라의 집, 바로 옆 빈민촌 마차꾼의 죽음으로 죽음에 대한 절대적인 위엄성을 처음으로 인식하는 어린 로라의 심리를 그린 단편소설이다. 중고등 누구나 쉽게 읽을 수 있으면서도 열린 결말로 인간의 삶에 대해 생각해보는 수업을 할 수 있다.

「다리」 ★★

『변신·시골의사』 (카프카 / 민음사 / 1998) 수록

깊은 산 속에서 사람을 기다리던 다리의 기대와 파멸 이야기. 카프카의 기발한 상징을 담은 아주 짧은 단편이다. 무슨 메시지를 던지고 있는지 모호한 내용이라서, 그만큼 다양하고 자유로운 해석을 나누고 즐길 수 있다.

『당신의 꿈은 무엇입니까』 ★★

(김수영 / 꿈꾸는지구 / 2018)

다른 이에게 영감을 주는 삶을 인생 목표로 삼은 젊은 작가가 25개국에서 만난 365명의 꿈 이야기이다. 꿈에 대해 고민하는 학생들과 함께 읽으면 좋다. 다양한 사람들이 다양한 환경에서 어떤 꿈을 갖고 살아가는지 살펴보며 시야를 넓힐 수 있다.

『우리 모두 별이야』 ★★

(웬디 매스 / 시공사 / 2009)

일식이라는 비일상적 천체 현상을 소재로 도전과 용기의 중요성을 이야기하는 소설이다. 현실감 있는 문투와 빠른 이야기 전개로 특히 여학생들의 호응이 뜨겁다.

『제가 살고 싶은 집은』 ★★★

(송승훈, 이일훈 / 서해문집 / 2012)

국어교사인 건축주와 건축가가 집을 지으면서 주고받는 이야기가 결국 '나는 어떤 사람인가'라는 질문으로, 다시 그 답을 찾아가는 과정으로 이어진다. 금전적 가치 위주로 집을 평가하는 현실 속에서 집은 삶의 공간임을 다시금 일깨워준다.

『김선우의 사물들』 ★★★

『김선우의 사물들』 (김선우 / 단비 / 2012)

시인 특유의 통찰로 주변에서 흔히 볼 수 있는 물건들의 의미를 확장시킨 아름다운 수필집. 중학교 국어교과서에 본문 일부가 실리기도 했다. 시적인 문장과 깊은 사고를 완전히 이해하긴 어렵지만 한두 편 골라 읽어보면 읽기 전과 후, 학생들 글이 완전히 달라진다.

「치숙」 ★★★

(채만식 / 창비·휴머니스트 외 다양한 출판사에서 출간)

일제강점기, 일본말만 쓰며 일본인처럼 살아가려는 야심을 가진 젊은 조카가 화자로 등장해 자신과 정반대의 가치관을 가진 숙부와 한판 설전을 벌이는 이야기. 당시에 쓰이던 일본말·한자어가 많아 혼자 읽기는 조금 어렵지만, 함께 풀어가면서 읽으면 아주 재미있다.

『꺼삐딴 리』 ★★★

(전광용 / 을유문화사·휴머니스트 외 다양한 출판사에서 출간)

처세술의 귀재 이인국 박사가 일제시대-소련군정-미군정 이후라는 격동의 시대를 통과하는 이야기. 그간 이인국 박사는 기회주의자의 대명사로 읽혀 온 인물이지만, 현대를 살아가는 우리는 그와 무엇이 다를까? 틀에 박힌 해석에서 벗어나 현재 나의 가치관과 우리 시대에 관해 깊이 생각해볼 수 있다.

『갑신년의 세 친구』 ★★★

(안소영 / 창비 / 2011)

19세기 말, 보다 나은 사회를 위해 위험을 무릅쓰고 거사를 시도한 젊은이들의 고민과 행동을 다루고 있는 책. 해당 시기에 관해 배우지 않은 학생들에겐 작품 속에 등장하는 실제 사건들을 이해하는 것만도 버거울 수 있다. 2차시 이상으로 진행하여 해당 시기 역사적 사실에 관해 충분히 이해한 뒤 찬반토론으로 들어가는 것이 좋겠다. 자기 생각을 논리적으로 정리하고 주장하는 연습을 해볼 수 있다.

『허클베리 핀』 ★★★

(마크 트웨인 / 민음사 / 2009)

미국 남북 전쟁 후를 배경으로 한 허클베리 핀의 모험 이야기. 600쪽 넘는 장편임에도 대부분의 학생들이 재미있게 읽어내는 책이다. 장편이 부담된다면 모험의 여정에 따라 끊어 읽기로 함께 읽어나가도 좋다. 경쾌하면서 스릴도 있고, 함께 나눌 이야기가 풍부하다.
'도망친 흑인 노예를 구해야 하는가'라는 쟁점에 집중하고 싶다면 축약본을 읽혀도 괜찮지만, 문장의 맛을 즐기기 위해서는 역시 완역본을 읽기를 권장한다.

『나를 부르는 숲』 ★★★

(빌 브라이슨 / 까치 / 2018)

저널리스트인 작가가 미국 애팔래치아 트레일을 걸은 경험을 쓴 책이다. 유머와 재치가 풍부한 글을 천천히 따라가다 보면 웃음과 함께 숲이 주는 여운을 맛볼 수 있다. 지치거나 무료해하는 학생들이 자신만의 여행을 계획하면서 활기찬 수업을 할 수 있다.

『수상한 빵집과 52장의 카드』 ★★★

(요슈타인 가아더 / 현암사 / 2016)

열두 살 소년 한스 토마스가 엄마를 찾아 노르웨이에서 아테네까지 여행을 떠난다. 『소피의 세계』로 유명한 작가가 던지는 철학적 통찰과 상상력이 돋보이는 매력적인 책이다. 다소 독해력을 요구하지만 상상과 현실을 넘나드는 절묘한 글의 구성 속에서, 조각난 이야기가 퍼즐처럼 맞춰지는 즐거움을 느낄 수 있다.